JN325562

相続税の申告と書面添付

―安心の相続を実現するために―

TKC全国会
相続税書面添付検討チーム
内海敬夫　今仲　清
押田吉真　坪多晶子
山本和義

TKC出版

発刊にあたって

　本書の書名『相続税の申告と書面添付―安心の相続を実現するために―』は、相続税申告をする納税者にとっての大きな安心とは、「実地調査がないこと」であり、そのためにも、相続人と税理士との信頼関係構築がベースとなる書面添付を行うことが、形式面でも実質面でも正しい相続税申告書の作成・提出につながるとの基本的な考え方を表しています。

　今日、法人税申告において、税理士による「書面添付」の件数は、年間約20万件（平成25年度）に達しており、これは税理士が関与する全申告件数の約8％に相当します。

　この「書面添付制度」（「税理士法第33条の2に規定する書面添付制度」）とは、税理士が税務申告書を作成する過程で、どの程度まで関与したかを明らかにする制度で、具体的には、「計算し、整理し、又は相談に応じた事項」を記載した書面を、税務申告書に添付する制度を指します。特に法人税の税務申告書への書面添付について、日本の会計学界の最高権威、武田隆二元神戸大学教授は、「税理士による証明行為であり、決算書類の実質的適正性を保証するもの」と述べています。

　書面添付制度の創設は、昭和31年に遡りますが、法制度も未整備であったことから、その利用は長期間低調でした。やがて昭和50年代半ばにTKC全国会が、書面添付制度に着目し、その実行に先鞭をつけました。TKC全国会は、創設以来「租税正義の実現」を掲げ、TKC会員は、税理士法第45条に規定された「真正の事実」を確保するために「巡回監査」を実行しており、この「巡回監査」の延長線上に「書面添付」の実行が位置付けられました。しかし当初は件数がなかなか伸びず、地道な書面添付推進運動が継続されました。

　やがて、平成13年度の税理士法改正で、書面添付実施企業への税務調査の事前通知前に税理士への意見聴取を行う制度が拡充され、これが一つの契機となって、書面添付の実践数が次第に増加していきました。その後、税理士への意見聴取の結果、調査の必要性がないと認められた場合には、税理士にその旨

の通知文書の送付が開始されるなど、税務当局による書面添付重視の対応がより強化されています。

　こうした経過を経て、今や法人税等への書面添付は、税務当局にとって税務行政の円滑化に寄与するものと評価され、また実施企業にとっては金融機関など対外的信用力の向上に寄与することが理解され、税理士にとっては、税理士の公共的な使命の遂行、税理士業務の完璧な履行を意味するとの認識が、広く定着するに至りました。

　このように法人税申告書への書面添付の件数が次第に増加する一方で、近年、書面添付割合が低い相続税申告書への書面添付の増加が、税務当局からも期待され要請されるようになりました。その背景には、平成25年度税制改正で相続税法が改正され、平成27年1月1日以後に開始する相続案件から申告納税者が増えるとの予測があると思われます。

　相続税の書面添付割合が低い要因として、「相続税の書面添付は更正事案が多い」「納税者が巡回監査の対象ではない」「財産評価が複雑で被相続人の全財産・負債を完全に把握することが難しい」などの理由が税理士側から挙げられています。

　TKC全国会では、「租税に関する法令に規定された納税義務の適正な実現を図る」との税理士の使命は、法人税と所得税に限定されるものではなく、「相続税申告においても、申告書作成に当たって、どの程度内容に立ち入って検討し責任を果たしたかを書面添付によって明らかにするべきである」との基本的な考えから、平成26年12月から、相続税の書面添付のスタンダード（TKC版）をまとめるために、本書の制作チームを結成し、半年余りをかけて、本書が完成した次第です。

　全体の構成としては、第1章、第2章では、相続法と相続税法の歴史を取り上げ、家督相続から均分相続への転換、相続税法の変遷の要点を説明。第3章「相続税申告の考え方とスケジュール」では、依頼人との信頼関係構築、相続財産の調査と確定、書面添付の基本的な流れを解説。第4章から第10章では、財産の評価方法、相続税の特例、遺産分割等の基本と実務を詳述しています。第11章は相続税の書面添付の具体的手順、第12章は、相続税申告と書面添付の

実務とシステム（TPSシリーズ）を解説しています。

　執筆陣としては、相続税業務の豊富な実務経験を持つ山本和義・今仲清・坪多晶子会員（TKC全国会資産対策研究会）が相続税の歴史や基本実務の各章を分担し、管理文書（訪問記録簿・各種確認書等）の一部も公開いただきました。また、TKC全国会書面添付推進委員会委員長内海敬夫会員、TKC全国会システム委員会委員長押田吉真会員には関係委員会の章等を執筆いただきました。

　本書の完成まで、寸暇を惜しんで尽力いただいた会員各位に敬意を表するとともに、本書が、多くの税理士と税理士事務所に勤務する職員さんにとって、安心して相続税の申告業務を実施し、書面添付を標準業務としていただく指針となることを願ってやみません。最後に、本書の出版に多大なご支援をいただいた株式会社TKC飯塚真玄会長にこの場をお借りして御礼申し上げます。

TKC全国会会長
粟飯原一雄

目　次

第1章　相続法の歴史と現況 ── 1

- 第1節　均分相続の現代における家の承継は困難極まる……… 2
- 第2節　戦前までの旧民法の原則は"家督相続"……… 4
- 第3節　"家督相続"の順序と留意点……… 9
- 第4節　家督相続時代から現行の民法による均分相続時代に……… 15
- 第5節　相続人への生前贈与は遺産分割時に精算……… 19
- 第6節　相続開始と同時に遺産は法定相続される……… 24
- 第7節　遺産分割の方法と成立までの手続き……… 28
- 第8節　遺言のみが法定相続分を変更できる……… 33

第2章　相続税の歴史と現況 ── 39

- 第1節　日本の相続税の幕開けと変遷……… 40
- 第2節　戦後から現行相続税への道程……… 44
- 第3節　今後検討される可能性の高い遺産取得課税方式……… 52
- 第4節　平成27年から相続税申告書提出者の激増が予測される……… 56
- 第5節　資産家ほど相続税は増税になる……… 61
- 第6節　相続税のあらましと仕組み……… 66
- 第7節　相続時精算課税適用者は相続税の納税義務者になる……… 71
- 第8節　相続税の計算方法と納付すべき税額の算出方法……… 76
- 第9節　相続税から控除される各種税額控除……… 80
- 第10節　相続税における財産評価……… 85
- 第11節　完全な財産把握と正確な評価が相続税申告の要……… 89

第3章 相続税申告の考え方とスケジュール —— 95

- 第1節 相続税申告の考え方と取組み方 …… 96
- 第2節 相続税申告の全体スケジュール …… 108
- 第3節 被相続人・相続人の税務上の手続き …… 127
- 第4節 被相続人の人物像と経歴等 …… 134

第4章 相続財産の調査と確定 —— 137

- 第1節 親族の確認と相続人の確定 …… 138
- 第2節 不動産の確認 …… 145
- 第3節 金融資産の確認 …… 152
- 第4節 生命保険契約の確認 …… 157
- 第5節 各種契約の確認 …… 161
- 第6節 債務・負債等の確認 …… 163
- 第7節 過去の申告書・調書・届出等の確認 …… 168
- 第8節 その他の事項の確認 …… 172

第5章 不動産の評価 —— 181

- 第1節 土地評価のための資料収集と確認作業 …… 182
- 第2節 土地の評価単位の原則 …… 190
- 第3節 各地目の評価に当たっての留意点 …… 194
- 第4節 家屋及び附属設備の評価 …… 224

第6章 取引相場のない株式の評価 ── 229

- 第1節 株式の評価方法 …… 230
- 第2節 株主の判定方法 …… 234
- 第3節 取引相場のない株式の評価は会社の規模の判定から …… 238
- 第4節 会社の区分により異なる評価方法 …… 241
- 第5節 類似業種比準方式の計算方法 …… 245
- 第6節 類似業種の業種判定 …… 248
- 第7節 類似業種比準価額の要素のポイント …… 253
- 第8節 純資産価額方式の計算方法 …… 258
- 第9節 3年以内に取得等した土地等又は建物等の評価の取扱い …… 263
- 第10節 一定の株式を所有している会社の株式評価 …… 266
- 第11節 土地保有特定会社及びその他一定要件の会社の株式評価 …… 271
- 第12節 配当還元方式とそれにより評価できる株主 …… 277
- 第13節 種類株式の評価方法 …… 280

第7章 その他財産の評価 ── 285

- 第1節 事業用財産の評価 …… 286
- 第2節 生命保険・損害保険契約の評価 …… 289
- 第3節 死亡退職金等の評価 …… 295
- 第4節 未収給与等・貸付金債権等・ゴルフ会員権等の評価 …… 297

第8章 財産の帰属判定 ── 303

- 第1節 金融資産の帰属判定 …… 304
- 第2節 不動産の帰属判定 …… 317
- 第3節 非上場株式等の帰属判定 …… 321

第9章 相続税の特例とその適用判断 ─── 325

- 第1節 配偶者に対する相続税の税額軽減 ……… 326
- 第2節 小規模宅地等についての相続税の課税価格の計算の特例 ……… 331
- 第3節 農地等の相続税の納税猶予等の特例 ……… 340
- 第4節 非上場株式等の相続税の納税猶予等の特例 ……… 354
- 第5節 延納・物納 ……… 364
- 第6節 相続財産に係る譲渡所得の課税の特例 ……… 370

第10章 遺言書・遺産分割への対応 ─── 375

- 第1節 遺言書に関する事項 ……… 376
- 第2節 遺産分割の工夫による相続税等の軽減 ……… 381
- 第3節 第2次相続を考慮した遺産分割 ……… 401
- 第4節 相続発生後でもできる事業承継対策の具体例 ……… 417
- 第5節 相続税の申告期限までに遺産が未分割である場合 ……… 432

第11章 相続税の書面添付 ─── 453

- 第1節 所得税・法人税の書面添付と相続税の書面添付の違い ……… 454
- 第2節 相続税申告に書面添付を実施する効果 ……… 456
- 第3節 書面添付を担保する書類 ……… 460
- 第4節 相続税申告業務チェックリスト ……… 471
- 第5節 相続税の書面添付記載内容 ……… 474
- 第6節 相続税申告添付書類一覧表 ……… 482

| 第12章 | 適正な相続税申告と確かな書面添付を支えるTKCシステム ──── 487 |

- 第1節 TKC全国会の書面添付推進 ………… 488
- 第2節 TKCの相続税関連システム ………… 501

◆参考文献／527

本書における、法令等の略称は以下のとおりです。

相法	………………	相続税法
相令	………………	相続税法施行令
相基通	………………	相続税法基本通達
評基通	………………	財産評価基本通達
所法	………………	所得税法
所令	………………	所得税法施行令
所基通	………………	所得税基本通達
法基通	………………	法人税基本通達
通則法	………………	国税通則法
国外送金調書法	…	内国税の適正な課税の確保を図るための国外送金等に係る調書の提出等に関する法律
消法	………………	消費税法
措法	………………	租税特別措置法
措令	………………	租税特別措置法施行令
措通	………………	租税特別措置法関係通達
地税法	………………	地方税法
民訴法	………………	民事訴訟法
都計法	………………	都市計画法
建基法	………………	建築基準法
使用貸借通達	……	「使用貸借に係る土地についての相続税及び贈与税の取扱い」（昭和48.11.1直資2-189ほか）
相当地代通達	……	「相当の地代を支払っている場合等の借地権等についての相続税及び贈与税の取扱いについて」（昭和60.6.5直資2-58ほか）

［使用例］相法3①三 → 相続税法第3条第1項第3号

第1章 相続法の歴史と現況

第1節

均分相続の現代における家の承継は困難極まる

> **ポイント**
> 家督相続を思い描く親世代と、戦後の均分相続を学んだ子世代では、相続についての考え方が大きく異なっています。兄弟関係のみならず親子関係まで崩壊した相続事例も多々あります。歴史を知り、現実を認識することが重要です。

【解説】

1. 家督相続から均分相続へ

　戦前の家督相続の時代とは異なり、現在の民法では共同相続が原則とされており、財産を次世代に引き継ぐには「遺産分け」と「相続税」という大きな2つの問題があります。生前にしっかり対策をしておかないと、資産や会社の次世代への承継はますます困難になるでしょう。

　戦後教育により、子たちの平等相続という概念が非常に強くなりました。後継者が「家」を承継するという覚悟を持ったとしても、財産分けに関しては兄弟姉妹の要求が激しく、なおかつ、換金性のない、割に合わないものを相続させられることも多く、後継者は相続税の納税に苦慮することになりかねません。現代の後継者は、「家」や「会社」を引き継ぐ重い責任ばかりの、悩みの尽きない立場になったといえるのではないでしょうか。

2. 「争族」になれば承継は不可能に

　相続において、以前の常識では考えられないような事例が多発しています。例えば、父と母を献身的に介護し看取った長男一家に対し、年に数回しか帰

省しなかった姉が、今までの長男一家の苦労など一顧だにせず、2分の1の法定相続分を要求したため、代償金を支払うことができなかった長男は、姉と2分の1ずつの共有相続となった自宅を売却し、長年の住居を後にせざるを得なかったというやりきれない事例がありました。

また、売上規模100億円超の会社の創業社長が相続税対策を考え、自己の所有する自社株式を長男と二男に毎年贈与していた結果、生じたもめ事にも驚きました。

リスクを避けるよりも新規事業を開拓したい二男は、歴史を尊重しながら少しずつ成長していく戦略を重視する社長（父親）と意見が合わず、会社を飛び出しました。その後、二男は外資系の投資会社の取締役に抜擢されて就任し、容赦なく、その外資系投資会社に自分の所有する持株を譲渡したいと、会社に対して承認の請求をしてきました。社長は激怒し、譲渡承認を否決すると息巻きましたが、そうなると会社が二男の所有する株式を買い取らなければなりません。買取価額の合意についてさらにもめ事が拡大すると考えた長男は、社長を説得し、その譲渡を承認することにしました。現在のところ、二男から外資系投資会社への株式の譲渡は行われていないようで、彼は株式を現金化したかったのではないかと、長男は推測しています。しかし、その外資系投資会社がいつ株主として出現するか分からず、総務部門は株主対策に大わらわです。

二男は自社株式の贈与の際に贈与税を払っているにもかかわらず、資金を手にすることもできず、親子の断絶はますますひどくなり、双方とも悩みは深まる一方です。後継者である長男も、現在会社の過半数の株式を所有する父親の相続発生時のことを考えると、どうしたらいいのか分からず、お手上げ状態です。

このように、相続人間における遺産分けの問題、相続せざるを得ないが換金性の低い不動産や事業用資産にかかる多額の相続税など、後継者にとっては相続が発生すれば解決しなければならない問題が山積みです。

「家」を中心とした相続を思い描く高齢化してきた親世代と、戦後教育で平等観念の強い子世代。まさに相続に関する悩みの尽きない時代に突入したといえるのではないでしょうか。

歴史を知れば今が分かるといいます。第1章では、日本の相続の歴史と現行の相続制度について説明します。

第2節

戦前までの旧民法の原則は "家督相続"

> **ポイント** 戦前までの日本人は「家」を守ることを重要視し、「家」を承継する家督相続という制度が決められていました。これにより新戸主に、「家」の統率者としての地位が承継されるとともに、すべての財産権利が譲り渡されていました。

【解説】

1. 明治から戦前までは「家督相続」

　第2次世界大戦の終戦を迎えるまでの相続では、資産家に相続が発生しても、財産分けや相続税で困ったという人はあまりいませんでした。

　幼いころに、戦死した父から広大な土地や建物を相続した、ある都心の地主さんは、他の兄弟に財産分けをすることもなく、相続税をほとんど払うこともありませんでした。昭和21年の自作法（自作農創設特別措置法）による農地解放政策によって土地を手放さざるを得なかったケースを除き、戦前の相続で財産を手放すことなく、大地主のまま90歳を超えて元気に生活されています。

　一体どうしてでしょうか？

2.「家制度」の概要

　第2次世界大戦直後までの日本人は、先祖から子孫へと流れる「家制度（いえせいど）」の一部となること、すなわち自分が親から受け継いだ家・家業・不動産、そして何よりも氏（血脈）を守り、次世代に渡していくことを重要視していました。

この「家制度」は、明治31年に制定された民法（以下「旧民法」）において規定された日本の家族制度であり、親族関係を有する者のうち、さらに狭い範囲の者を、『戸主』と『家族』として1つの「家」に属させ、『戸主』に「家」の統率権限を与えていました。江戸時代に発達した、当主に家の統率権限を与えるという武士階級の家父長制的な家族制度を基にしています。

　「家」は、『戸主』と『家族』から構成され、『戸主』は「家」の統率者であり、『家族』は「家」を構成する者のうち戸主でない者をいい、1つの「家」は1つの戸籍に登録され、同じ「家」に属するか否かの証明は、その「家」の戸籍に記載されている者であるか否かにより行われていました。

　そのため、旧民法の条文は「父ノ家ニ入ル」「家ヲ去リタル」などという表現になっています。これは戸籍の面から、それぞれ「父の家の戸籍に入籍する」「家の戸籍から除籍された」ことを意味します。「家付き娘」や「勘当」などの言葉がよく出てくる時代小説には、そのころの人が考えていた家制度が背景にあるのです。

　なお、戸籍を管理するための法律として、旧民法に代わり昭和23年に施行された戸籍法では、三代以上の親族を同一戸籍に記載できないとされていますが、旧民法における家制度では、家の構成員は二代に限らず何世代にわたってもよく、戸籍上の制約はありませんでした。

3. 戸主の権利・義務

　現在の民法では、20歳を超えれば、結婚するに当たって必要なのは両者の合意のみで、親の同意はいりません。もちろん、住所をどこにするかも子の自由です。現在の社会では、20歳になることは「成人」になることであり、法律的には親の束縛から自由になるという非常に大きな分岐点です。

　一方、戦前の旧民法における戸主は、家の統率者としての身分を持つ者として戸籍の筆頭に記載され、戸籍の特定は戸主の氏名と本籍で行われました。さらに、以下のような戸主権を有し、家族に絶対的な権力を持っていたのです。
(1) 家族の婚姻・養子縁組に対する同意権（旧民法750）
(2) 家族の入籍又は去家に対する同意権（ただし、法律上当然に入籍・除籍が生じる場合を除く）（旧民法735・737・738）

(3) 家族の居所指定権（旧民法749）
(4) 家籍から排除する権利
　①家族の入籍を拒否する権利
　　・戸主の同意を得ず婚姻・養子縁組した者の復籍拒絶（旧民法741二号・735）
　　・家族の私生児・庶子の入籍の拒否（旧民法735）
　　・親族入籍の拒否（旧民法737）
　　・引取入籍の拒否（旧民法738）
　②家族を家から排除する（離籍）権利（ただし未成年者と推定家督相続人は離籍できない）
　　・居所の指定に従わない家族の離籍（旧民法749）
　　・戸主の同意を得ずに婚姻・養子縁組した者の離籍（旧民法750）

　なお、配偶者、直系卑属、直系尊属による扶養義務の方が優先されてはいましたが、戸主には家の統率者として家族に対する扶養義務が課されており、責任も重かったのです。

4. 女戸主制度の概要

　戸主は男性であることが原則でしたが、直系男子がいないなど特定の場合には、女性であっても家督相続や庶子・私生児などの一家創立などにより、女戸主になることもできました。しかし男戸主に比べ、次のようないくつかの差異があり、戸主の地位は男性に重きが置かれていました。
(1) 男性の戸主が隠居するには、年齢その他の要件を満たしている必要がありましたが、女戸主の場合は年齢要件を満たす必要はありませんでした（旧民法755）。
(2) 男性の戸主が婚姻して他家に入るには、女戸主の家に婚姻で入る場合と婚養子縁組（婚姻と妻の親との養子縁組を同時に行うこと）に限られていましたが、女戸主が婚姻するためであれば裁判所の許可を得て隠居・廃家ができました（旧民法754）。
(3) 婚姻により夫が女戸主の家に入る（入夫婚姻）際、当事者の反対意思表示が無い限り入夫が戸主となりました（旧民法736）。

ただし大正3年以降の戸籍法では、入夫婚姻の届書に入夫が戸主となる旨を記載しなければ、女戸主が継続する扱いとされていました。

【家制度における廃家・絶家・離籍】
①廃家 ⇒ 戸主が他家に入るために、自ら家を消滅させる身分行為
②絶家 ⇒ 家督相続人の不存在及び無財産のため、家が自然に消滅すること
③離籍 ⇒ 家族が戸主の居所指定に従わないとき又は戸主の同意を得ずして婚姻や縁組をしたときに、戸主がその者を家籍から追放すること（要届出）

5．家督相続の開始時期

　戸主の地位は、戸主の財産権とともに、家督相続という制度により承継される相続の一形態とされていました。また、「家」の統率者としての地位の承継も含まれているため、遺産相続と異なり、旧戸主から新戸主へすべての財産権利が譲り渡される単独相続である点が、現在の民法と大きく異なっています。
　戸主以外の家族の財産については死亡相続のみでしたが、家督相続については隠居や入夫婚姻、国籍喪失といった、次に掲げるような事象により、戸主の生存中に家督相続が発生することもありました。
　①戸主が死亡したとき
　②戸主が隠居したとき
　③戸主自身が婚姻し別戸籍に去ったとき
　④女戸主が入夫婚姻を行い夫に戸主を譲るとき
　⑤入夫婚姻により戸主となった夫が離婚により戸籍を出るとき
　⑥戸主が日本国籍を失ったとき
　このように、小説やテレビドラマの中に出てくる「隠居」という制度が法律として存在しており、生前に家や財産を自分の意思で後継者に承継させることができました。隠居した時代劇の主人公が仕事や資産がなくなったとぼやいていた理由、また、高齢者がよく口にする「生前相続」という言葉の意味もこれ

で分かります。

まさに、生前のうちに「家」を譲り、相続を済ませてしまうということだったのです。

図1-2-1　家督相続（明治民法で規定されていた家族制度に基づく相続制度）

モデルは江戸期の武士階級の家父長制度

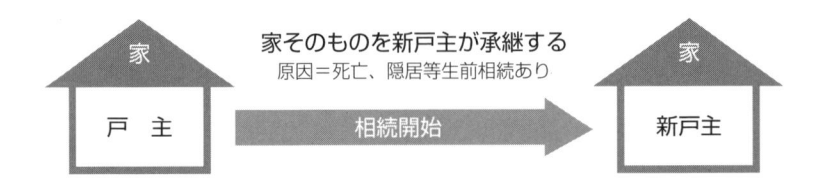

家そのものを新戸主が承継する
原因＝死亡、隠居等生前相続あり

家　戸主　→相続開始→　家　新戸主

第3節

"家督相続"の順序と留意点

ポイント 家督相続人はまず直系卑属、次に旧戸主の指定者、さらに親族会等で選定された旧戸主と同籍の家族、そして直系尊属とされていました。配偶者には相続権がなく、長男による家督相続が最優先でした。

【解説】

1．家督相続人の種類

　第2節で説明したように、戸主の地位は、戸主の財産権とともに、家督相続という制度により承継される相続の一形態であり、家督相続は旧戸主から新戸主へすべての財産権利が譲り渡される単独相続とされていました。では、誰が家督相続人となったのでしょうか。

　家督相続人の種類は、法定家督相続人、指定家督相続人及び選定家督相続人とされており、配偶者は血族でないため原則として相続権はありませんでした。さらに、家督相続における法定家督相続人には、相続放棄が許されませんでした。まさに、個人の自由より、血脈による家制度の存続が何よりも大事とされていたのです。

(1) 法定家督相続人

　法定家督相続人には、第一種法定推定家督相続人と第二種法定推定家督相続人とがあり、第一種は被相続人の家族である直系卑属であり、第二種は被相続人の家族である直系尊属とされていました。

　また、入夫が戸主となる場合の入夫も法定家督相続人とされていましたが、

入夫婚姻による家督相続においては入夫が家督相続人となるので順位に問題は生じません。ところが、入夫の離婚による家督相続の場合の家督相続人は法定の順位により定められており、戸主の地位が自動的に旧戸主である女戸主に戻るのではなく、新たな家督相続が開始するとされていました。この場合、入夫である戸主の家督相続人が相続することになるため、場合によってはその家とつながりのない者が家督相続人となることもあったのです。

(2) 指定家督相続人

指定家督相続人とは、第一種法定推定家督相続人がいない場合で、戸主の死亡又は隠居による家督相続に限って、旧戸主（被相続人）が生前の届出又は遺言によって指定した者をいいます。家の継続を第一義としているため、血縁のない者でも指定できるとされていました。

(3) 選定家督相続人

選定家督相続人とは、第一種法定推定家督相続人も指定家督相続人もいない場合に、被相続人の父又は母もしくは親族会が選定した相続人であり、家族の中から選定した場合を第一種選定家督相続人といい、家族以外の者から選定した場合を第二種選定家督相続人といいました。

選定家督相続人は、家督相続原因のいかんを問わず、家督相続開始後において選定されるものです。選定者は第1に父、第2に母、第3に親族会とされ、父母は家督相続開始時に家族であることが必要で、父母には養父母、継父母、嫡母も含まれていました。養家に養母と実母がいる場合には養母に選定権があり、家に実母と養父がある場合には実母に選定権があるものとされ、その家に縁故関係の深い者が先順位の選定者とされていました。

【家督相続人の種類】
①法定家督相続人　⇒　旧戸主と同じ家に属する者の中から、法定の順で決められた上位の者
②指定家督相続人　⇒　被相続人（旧戸主）により指定された者
③選定家督相続人　⇒　旧戸主の父、母や親族会により選定された者

2. 家督相続人の順位

旧民法下では次のような順序で、家督相続するのが大原則でした。

(1) 第1順位…第一種法定推定家督相続人

第1順位は直系卑属である第一種法定推定家督相続人とされており、第一種法定推定家督相続人が複数いるときは、順位が民法により決められていました。家督相続人（新戸主）となる者は、相続開始当時、被相続人の戸籍に同籍している直系卑属で、男女・嫡出子庶子・長幼の順で決められた上位の者が家督相続人になるという明確なルールがあり、法定された次の順序によって1人が相続することになっていました。

①旧戸主の家族たる嫡出男子中の年長者
②旧戸主の家族たる庶男子中の年長者
③旧戸主の家族たる嫡出女子中の年長者
④旧戸主の家族たる庶女子中の年長者
⑤旧戸主（女）の家族たる私生男子中の年長者
⑥旧戸主（女）の家族たる私生女子中の年長者

女子より男子、庶子より嫡出子、かつ年齢が上の者が先順位となっていました。

(2) 第2順位…指定家督相続人

第2順位は旧戸主が生前に又は遺言によって指定した指定家督相続人となっていました。なお、生前指定の場合、その旨を戸籍法の定めに従って届け出ると、被相続人（戸主）の身分事項欄に指定家督相続人が記載され、相続開始前でも指定家督相続人が明らかにされていました。

(3) 第3順位…第一種選定家督相続人

第3順位は第一種選定家督相続人とされていました。第一種であるため、被選定者は相続開始の時及び選定の時に同籍の家族であることが必要でした。

(4) 第4順位…第二種法定推定家督相続人

第4順位は第二種法定推定家督相続人とされていました。第二種であるため、旧戸主の家族たる直系尊属となり、直系尊属が数人いる場合は次の順序によりました。

① 旧戸主の家族たる父
② 旧戸主の家族たる母
③ 旧戸主の家族たる祖父
④ 旧戸主の家族たる祖母（曾祖父母等はこれに準ずる）

第3順位までの家督相続人がいない場合、同籍の直系尊属が法律上当然に家督相続人となり、直系卑属の場合と同様に、法定の家督相続人は相続放棄できませんでした。

(5) 第5順位…第二種選定家督相続人

第5順位は第二種選定家督相続人でした。第4順位までの家督相続人がいない場合に、親族会が、被相続人の親族、分家の戸主又は本家、分家の家族もしくは他人の中から家督相続人を選定しなければならないと規定されていました。まずは同籍でない親族から選定し、それでもいない場合は他人の中から選定することになっていました。

3. 法定家督相続での注意点

法定家督相続はこのように、長男相続が第一義であるため、長男は生まれたときから跡継ぎとして育てられました。また、男子がおらず家女が入夫婚姻をしたときに注意しなければならないのは、その家の血統を問題とせず、専ら旧戸主その人についてのみ着眼して家督相続人を定めたことです。したがって、入夫として戸主となった者が死亡し、家女である妻との間に嫡出子がないときは、夫の庶子又は引取入籍によって入家した夫の直系卑属（その家とは血族関係にない者）があれば、その者が家督相続人となったのです。家女の親族にとってはとても残念なことだったでしょう。

準正、又は養子縁組により嫡出子たる身分を取得したときは、その身分を取得した時に生まれたものとされました。したがって、弟が生来の嫡出子で、弟

の出生後に兄が認知され準正が生じた場合、兄の方が後に生まれたものとされ弟が優先されました。同様に、生来の嫡出子があるのに養子縁組により養子となった者は、生来の嫡出子より年長でも生来の嫡出子に優先することはありませんでした。

また、法定推定家督相続人のある戸主は婿養子を除き、男子を養子にすることはできないものとされていました。例外的に、旧民法においては、自分の嫡出子でも他家にある者は養子にできるものとされ、他家にある戸主の嫡出子を養子として縁組をした場合には、縁組の時期に関係なく、嫡出子となった時期によるものとされていました。

被相続人の直系卑属が親族入籍又は引取入籍によって他家からその家に入ってきた場合には、家督相続の際に、嫡出子又は庶子たる他の直系卑属がいない場合に限って家督相続人となれました。この場合、入籍者である嫡出子は年少庶子女よりも順位が後になります。同意による入籍者がもともと家にいる嫡出子や庶子に先立って家督相続することは、人為的に法定の相続順位を変更することになり好ましくないとされたからです。このことは、入籍後にその家で嫡出子、庶子が生まれた場合も同様とされていました。

このような親族入籍、引取入籍は新たな入籍であり、復籍ではありません。一方、離婚、離縁による場合は、その実家における身分が回復するので復籍とされ、復籍の場合は、最初から家族であったものとされるので、復籍の時期に関係なく年長者が優先されました。

なお、前述のように、法定家督相続人には家督相続の放棄は認められていませんでしたが、債務の負担を考慮して、限定承認は認められていました。旧戸主の身分や財産をすべて1人で受け継いだ家督相続人は、原則として、家の財産を守り、一族の面倒をみる立場にも立たされるため、戸主となる者はとても強い権限を持っていたといえます。

このように、旧民法の家督相続については、今の常識では考えられない様々な決まり事がありました。

第1章 相続法の歴史と現況

【戸主以外の相続】
　戸主以外の相続は、家督相続の適用がないため遺産相続となり、現在と似たような遺産均分相続制度が旧民法に設けられていました。
遺産相続　⇒　戸主以外の家族の死亡による共同相続
第1順位：被相続人の直系卑属 ⎫
第2順位：被相続人の配偶者　　⎬　⇒現在の遺産相続制度と近似
第3順位：戸主　　　　　　　　⎭

第4節

家督相続時代から現行の民法による均分相続時代に

ポイント 家督相続から現行民法による均分相続になると、配偶者と血族（子⇒直系尊属⇒兄弟姉妹）が相続人となります。同順位は常に均分相続となるため、全員の相続割合が同じとなり、家や会社を承継するのが困難になっています。

【解説】

1. 家督相続から均分相続へ

　婚姻や養子縁組などについて戸主の同意を必要とするものがあるなど、家制度には家族の権利が犠牲にされる側面がありました。特に嫁入りした配偶者には相続権も無く、男尊女卑の社会で夫亡き後、肩身狭く生きてきたのです。

　そこで、憲法第24条などに反するとして、日本国憲法の施行日（昭和22年5月3日）に女性参政権の施行と同時に、民法が大幅に改正され、翌年（昭和23年）の1月1日から施行されました。これにより、親族編・相続編が根本的に変更されて家制度は廃止となりました。

　この民法改正により家督相続制度も廃止され、長男、二男、長女等、性別や年齢に関係なく、子であれば均分に相続することができる法定相続制度が定められました。特に、配偶者に相続権を認めたことは画期的であり、女性参政権と同様、女性が法的に一人前の人間として財産を持てることになったのです。戦後の民法改正は現在の遺産相続制度が創設されたのではなく、家督相続制度がなくなっただけであるといえます。

　戦後、日本人は家制度や集団の存続を重視するより、個人として家から分離独立する傾向が強くなったといわれていますが、この家督相続制度の廃止など

が大きな要因ではないでしょうか。しかし、均分相続はかつての独占的な家督相続に比べて聞こえはいいですが、先祖の祭祀や事業・家業を承継するという点からみると、皮肉にも遺産をめぐる相続トラブルは昔より増えているのです。

図1-4-1 民法改正による相続に関する規定の大幅な変更

民法改正（昭和23年1月1日施行）

①相続は死亡によってのみ開始する（隠居等の制度は消滅）
②配偶者が常に相続人となる（均分相続制、夫婦財産共有制）
③同順位の相続人は均分に相続する（共同相続）

大争族時代の始まり!!

2. 民法で定められている相続人

現行の民法では、人が亡くなった場合の相続人（法定相続人）は、亡くなった人の配偶者と一定範囲の血族と定められています。亡くなった人のことを被相続人といい、被相続人の配偶者は常に相続人となり、配偶者のほかに、被相続人と一定の血族関係にある者を相続人と定めています。なお、血族相続人は次のような順位で相続人になると定められています（民法887、889、890）。

(1) 第1順位（子及びその代襲相続人等）
①血族相続人の第1順位は、被相続人の子です。
②子が被相続人の死亡以前に死亡した場合には、その者の子（孫）が相続人となります。その者の子も被相続人の死亡以前に死亡していた場合には、さらにその者の子（曾孫）が相続人になります。これを「代襲相続」といいます。

(2) 第2順位（被相続人の直系尊属）
第1順位の血族相続人がいない場合には、第2順位として被相続人の直系尊属が相続人となります。

(3) 第3順位（被相続人の兄弟姉妹）

①第1順位と第2順位の相続人がどちらもいない場合には、第3順位として被相続人の兄弟姉妹が相続人となります。

②既に兄弟姉妹が死亡している場合にはその子が代襲相続しますが、第3順位の場合の代襲相続は一代限りとなっています。

3. 民法で定められている相続分

現行の民法では、人が亡くなった場合に各相続人がどれくらいの割合で財産を相続するかという「相続分」（法定相続分）についても定められています（民法900）。この法定相続分は図1-4-2のような割合となります。

昭和55年の民法改正（昭和56年1月1日施行）で、第1順位における法定相続の場合、配偶者の相続分が3分の1から2分の1に引き上げられました。昭和56年1月1日以後に死亡した被相続人の相続に関しては改正後の規定が適用され、女性の地位向上とともに、妻たる配偶者が遺産の2分の1を相続できることになり、このときに、欧米と同様の男女平等が完全に確立したといえます。

図1-4-2	法定相続分		
期間	第1順位	第2順位	第3順位
昭和22.5.3〜昭和55.12.31	配偶者：1/3 直系卑属：2/3	配偶者：1/2 直系尊属：1/2	配偶者：2/3 兄弟姉妹：1/3
昭和56.1.1〜（現行民法）	配偶者：1/2 直系卑属：1/2	配偶者：2/3 直系尊属：1/3	配偶者3/4 兄弟姉妹：1/4

いよいよ妻（配偶者）の権利が欧米の水準まで保障されるようになり、男女平等が確立？？

4. 同順位の相続人は均分に相続

現行の民法は同じ順位の相続人同士は、原則として相続割合は同じであるとし、均分相続と定めています。例えば、子が相続人で複数いる場合、それらの

子の相続分は原則として全員同じ割合となります（民法900四）。

かつては、非嫡出子の相続分は嫡出子の半分とされていましたが、平成25年9月の最高裁判決により、この割合は憲法違反であるとされ民法の改正が行われ、嫡出であるか否かを問わず、子には平等な相続割合があるとされました。この民法改正で、いよいよ日本は家制度の血脈の束縛から逃れ、子はすべて平等であるという認識が根付いたといえるでしょう。

例えば、被相続人に配偶者がなく3人の子があり、そのうちの1人を家や会社の後継者とする場合でも、後継者の法定相続分は他の2人の子と同じで各自3分の1ずつの相続ということになります。被相続人の遺産の大半が不動産や事業用資産である場合、地主や会社経営者が事業の承継をスムーズに進めるためには、後継者が不動産や事業用資産をすべて相続することが望ましいにもかかわらず、3人の子それぞれが遺産の3分の1の権利を持っているということになります。

このように家督相続の廃止により、後継者が先祖から引き継いだ財産を守り、家や会社を承継していくことが難しくなってしまったのです。

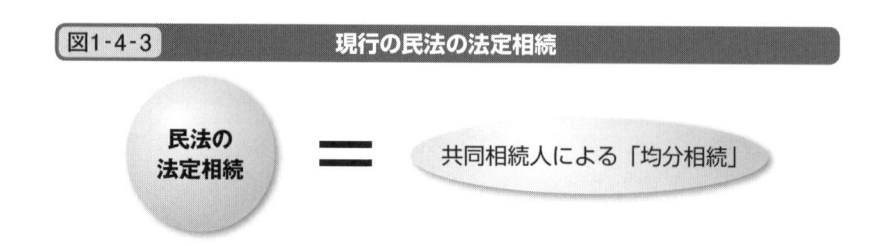

図1-4-3　現行の民法の法定相続

民法の法定相続 ＝ 共同相続人による「均分相続」

これが、現行民法の相続法の規定が、必ずしも不動産や会社の承継には適していないといわれる理由の一つです。そのため、不動産や会社の承継計画を立てるには、民法の法定相続の内容を実質的に修正する具体的な対策により、後継者がきちんと家や会社を承継できるような財産分けの方法を考える必要があります。

第5節

相続人への生前贈与は遺産分割時に精算

> **ポイント** 民法では、共同相続人の中に被相続人から特別受益を受けた者がいた場合、遺産にその贈与財産の価額を加えたものを相続財産とみなします。そのため、原則として、生前贈与しても法定相続分や遺留分を減少させることはできません。

【解説】

1. 贈与は相続時に持ち戻される

　現行の民法では、共同相続人の中に、①被相続人から遺贈を受けた者、又は②婚姻、養子縁組もしくは生計の資本として贈与を受けた者があるときには、被相続人が相続開始の時に有していた財産の価額にその贈与財産の価額を加えたものを相続財産とみなし、各相続人の相続分を計算することとしています（民法903①）。

　遺贈や贈与を受けた相続人は、これらの計算方式により算出された、相続分から遺贈又は贈与の価額を差し引いた残額しか相続分として受け取ることができません。これを「特別受益の持戻し」といいます。

　「特別受益の持戻し」は被相続人からの生前贈与を遺産分けの一つの形態であるとし、相続時にこれを相続財産の一部とみなして、遺産分割の際に精算し相続分を計算する制度です。

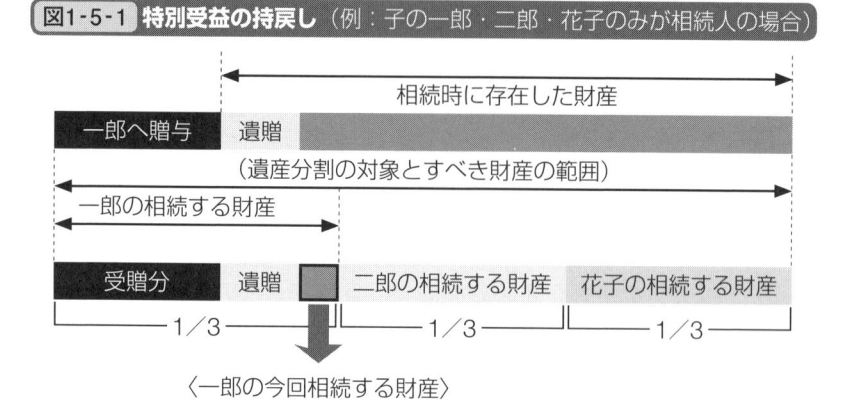

図1-5-1 特別受益の持戻し（例：子の一郎・二郎・花子のみが相続人の場合）

相続時に存在した財産
一郎へ贈与　遺贈
（遺産分割の対象とすべき財産の範囲）
一郎の相続する財産
受贈分　遺贈　二郎の相続する財産　花子の相続する財産
1/3　1/3　1/3
〈一郎の今回相続する財産〉

　贈与をすれば、相続と関係ないのだから「遺産分割から除外できる」又は「遺留分の対象外になる」と考えている方はご注意ください。原則として、相続人に贈与しても、法定相続分や遺留分を減少させることはできません。

2．相続財産に持ち戻すときの留意点

(1) 相続税法とは異なる民法上の取扱い

　生前贈与については民法と相続税法の取扱いは異なっているにもかかわらず、同様であると誤解されている方もいます。

　相続税法上は、生前贈与は贈与税を納付した上で行われており、被相続人の財産から切り離されているため、原則として相続財産に持ち戻すことはありません。ただし、相続直前の贈与により相続税を減少することを防止する目的で、相続又は遺贈により被相続人から財産を取得した者に限り、相続開始以前3年以内に被相続人から贈与等により取得した財産は相続財産に加算することとされています（相法19①）。そのことと混同して、法定相続分や遺留分の計算に関しても、相続開始前3年以内の贈与だけが相続財産に持ち戻されると勘違いしている方が少なくありません。

　しかし、民法上の考え方は異なります。共同相続人の中に遺贈や婚姻、養子縁組又は生計の資本として贈与を受けた者があるときには、何年前であっても、たとえ贈与税を支払って行われた贈与であっても、非課税対象で贈与税のかか

らない贈与であっても、その者に対する贈与については、相続開始時に相続財産の一部とみなされて法定相続分が計算されるのです。

(2) 生計の資本としての贈与が持戻し対象の贈与

持戻しの対象となる生計の資本としての贈与とは、広く生計の基礎として役立つような財産上の給付を指すものとされ、独立する子の住居としての宅地・建物の贈与、事業を承継させる際の事業用資産の贈与、それらの資産の取得資金、さらには以下に掲げる贈与等がこれに該当するとされています。

①高等教育の費用

親の扶養義務の範囲に属する教育費を超えた高等教育の費用は、特別受益に該当するものとされています。扶養の範囲を超えたかどうかの判断は時代によって変わり、また、被相続人の生前の資産状況や社会的地位によっても変わるものと考えられ、様々な判決があります。

子が全員大学に進学しているような資産家の家族において、大学の学費が特別受益に該当するか否かなどは、個々の家の事情によるでしょう。しかし、私立大学の医学部や音楽大学への入学のための費用や学費、国外留学費用等は非常に高額となるため、原則として特別受益になるとされています。

②生命保険金

従来から、生命保険金の受取人が特定の相続人とされていた場合に特別受益に該当するか否かが争われてきました。最高裁は養老保険契約に基づく死亡保険金につき、「被保険者が死亡した時に初めて発生する権利であり、保険契約者の払い込んだ保険料と等価関係に立つものではないことから、原則として特別受益に該当しないが、保険金受取人である相続人と他の相続人との不公平が到底是認できないほどに著しい場合には特別受益に準じて持戻しの対象となる」と判示しています。

ゆえに、相続直近の預金の高額引出し等による保険契約等は、特別受益として持戻しの対象になる可能性があると考えられます。

3. 特別受益の具体的な計算方法

> **事例** 被相続人である西園寺太郎（社長）の相続人は、妻ひとみと3人の子、一郎、二郎、花子です。一郎は太郎から以前に2,000万円の事業資金の贈与を受け、花子は500万円の遺贈を受けています。なお、遺産は1億円でした。
>
> ①**特別受益の持戻し**
>   1億円（遺産）＋2,000万円（一郎の特別受益）＝1億2,000万円
> ②**妻ひとみの相続分**
>   1億2,000万円×1/2＝6,000万円
> ③**一郎の相続分**
>   1億2,000万円×1/2×1/3－2,000万円（贈与による特別受益）＝0円
> ④**二郎の相続分**
>   1億2,000万円×1/2×1/3＝2,000万円
> ⑤**花子の相続分**
>   1億2,000万円×1/2×1/3－500万円（遺贈による特別受益）＝1,500万円

4. 持戻し免除の意思表示

　特別受益に該当する場合でも、被相続人は遺言により、持ち戻さずに財産分けをするよう意思表示をすることができます。ただし、遺留分の規定に反することはできませんので注意が必要です（民法903③）。

5. 特別受益となる受贈財産の評価時期

(1) どの時点の評価で加算するのか
　実際の相続において、生前贈与した財産の価額は贈与時、相続開始時、遺産分割時によって異なることが少なくありません。相続税では加算する価額は贈与財産の贈与時の価額となっていますが、民法では異なり、最近の判例ではほとんどが相続開始時とする考え方を採用しています。

第5節 相続人への生前贈与は遺産分割時に精算

つまり、生前贈与は相続税対策となっても、法定相続分や遺留分の対策とはならないのです。

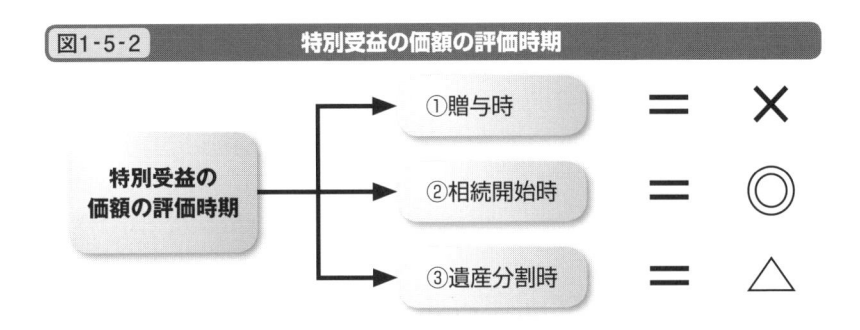

図1-5-2　特別受益の価額の評価時期

特別受益の価額の評価時期
- ①贈与時　＝　✕
- ②相続開始時　＝　◯
- ③遺産分割時　＝　△

(2) もらった物の滅失や増減があった場合

　贈与を受けた物がもらった人の責任で、破壊による滅失・焼失等、物理的に滅失した場合や、売買等により経済的に滅失した場合には、いずれも相続開始の時点においても、なお原状のままであるものとみなして特別受益の計算をすることとされています。

　例えば、贈与時に2,000万円の価値のある物を、受贈者が失火により焼失させた場合でも、その物が相続開始時に存在していれば3,000万円の価値があると評価されれば、3,000万円の特別受益があったとして処理されます。同様に、その物を4,000万円で売却していたとしても、相続開始時の価額が3,000万円であると評価されれば、3,000万円を持ち戻せばよいことになります。

　つまり、生前贈与をしてもらっても、相続時にもらっても、経済的には全く同一であるとする考え方なのです。親から贈与を受ければ、親の相続時に贈与財産を持ち戻して相続分の計算が行われることを、贈与を受けた人はしっかり認識しておく必要があるでしょう。

第6節

相続開始と同時に遺産は法定相続される

> **ポイント** 相続が開始すると、遺産は相続人に自動的に承継されます。不動産は相続分による共有、預貯金は法律的には相続割合を取得、会社株式は相続分による準共有、債務等については相続割合を当然に承継することになります。

【解説】

1．相続開始時の遺産の権利状態

　相続が開始すると、被相続人が生前所有していた財産は相続人に自動承継されます。相続人が1人の場合は、1人ですべてを相続するので簡単ですが、複数の場合は、各相続人が相続財産に対してどのような状態で権利を取得するのかが問題になります。
　具体的な事例でご説明しましょう。

> **事例** 被相続人である西園寺太郎（社長）の相続人は、妻ひとみと3人の子、一郎、二郎、花子です。遺産は、①会社に賃貸している土地、②預貯金、③定額郵便貯金、④会社株式等の財産であり、⑤会社の金融機関に対する債務の個人保証もしていました。

(1) 不動産

　被相続人が所有していた不動産は、相続開始後は遺産分割協議によって取得者が決まるまでは、相続人全員による各自の法定相続分の割合による共有状態

第6節 相続開始と同時に遺産は法定相続される

となります。共有状態ですから、相続した不動産の売却や、担保の提供には全員一致が必要です。

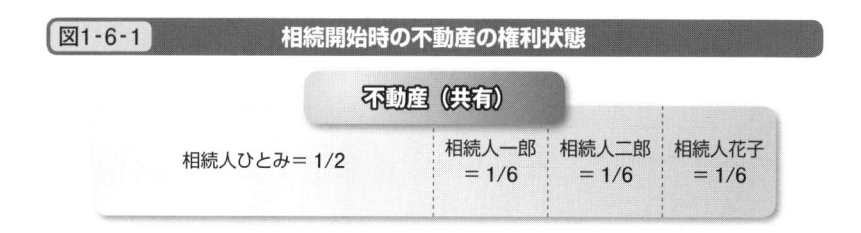

図1-6-1　相続開始時の不動産の権利状態

不動産（共有）

| 相続人ひとみ＝1/2 | 相続人一郎＝1/6 | 相続人二郎＝1/6 | 相続人花子＝1/6 |

　また、共有不動産の管理に関する事項は、共有者の持分の過半数で決定することになります。共有不動産が賃貸されている場合には、賃貸借契約の解除や新規契約は「管理に関する事項」に該当しますので、持分が過半数に満たない共有者が、単独で意思表示をしても効力は生じません。

(2) 預貯金

　相続財産としての預貯金とは、法律的には預貯金払戻請求権という債権です。預貯金債権は可分債権とされ、相続人が各自の法定相続分に従い当然に取得するものであるとされています。

　例えば、被相続人である太郎が3,000万円の預貯金を有していた場合、相続開始後の妻ひとみの法定相続分は2分の1ですから、1,500万円の預貯金債権を当然に取得することになります。同様に3人の子である一郎、二郎、花子は残りの1,500万円を各自3分の1の割合で相続しますので、各自500万円ずつ預貯金債権を取得することになります。このように、預貯金は遺産分割手続を経ることなく「当然分割」とされているのです。

　この取扱いは法的には確立されたものですが、金融機関の実務はこれとは異なっています。金融機関では、遺言があったとか遺産分割が完了していた等の後々の紛争を避けるため、一般的には、印鑑証明を添付した相続人全員による払戻請求がなされない限り、被相続人の預貯金の払戻しに応じてくれません。

図1-6-2 相続財産としての預貯金の取扱い

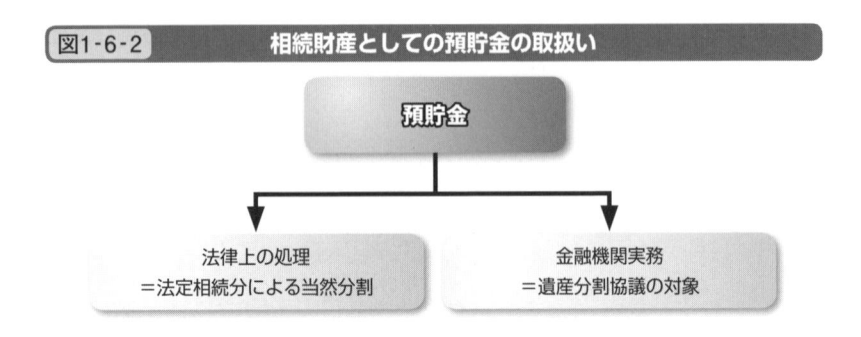

預貯金
- 法律上の処理＝法定相続分による当然分割
- 金融機関実務＝遺産分割協議の対象

(3) 会社株式

会社株式は、最高裁の判例では相続人各自の相続分に応じた準共有状態となるものとされています（最高裁昭和45年1月22日判決）。つまり、被相続人である太郎が会社株式を6,000株有していた場合、6,000株のすべての株式につき1株ごとに共同所有することになります。

株式が相続人全員の準共有状態になると、共有者は株主としての権利行使者1人を定めて会社に通知しなければなりません。この権利行使者を定めて通知をしない限り、共有者はその株式についての権利行使をすることができません。

図1-6-3 相続財産としての会社株式の取扱い

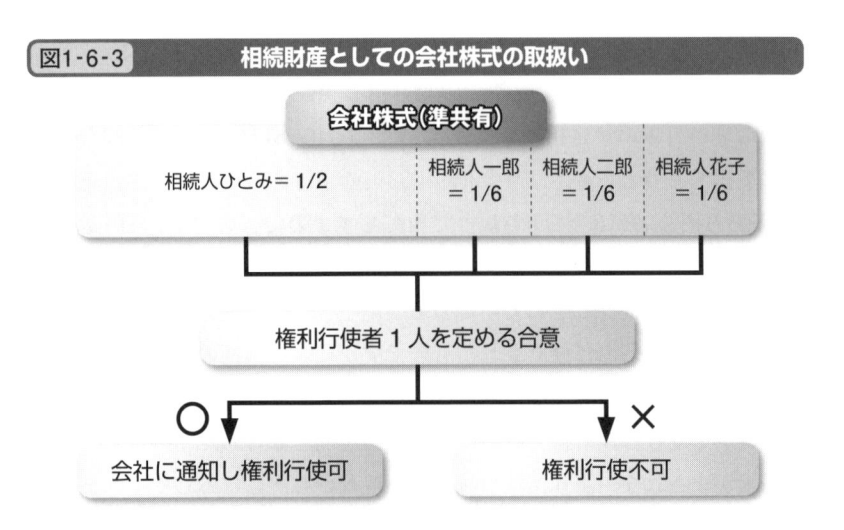

会社株式（準共有）
- 相続人ひとみ＝1/2
- 相続人一郎＝1/6
- 相続人二郎＝1/6
- 相続人花子＝1/6

権利行使者1人を定める合意
- ○ 会社に通知し権利行使可
- × 権利行使不可

したがって、相続人は相続人中の1人を権利行使者にすることを合意できなければ、誰も株主としての権利行使ができなくなります。被相続人である太郎

が、会社の議決権の3分の2以上の株式を保有していた場合には、共有者である相続人株主がもめて権利行使者を定めることができないと、会社の役員選任議案に必要な定足数すら満たすことができず、代表取締役さえも選任できない事態になります。会社は結果として動きが取れなくなり、太郎社長の死亡保険金を請求することもできない等、致命的な損害が発生する可能性もあります。

(4) 債務や個人保証債務

債務は預貯金債権と同様に遺産分割の対象ではなく、相続人各自の相続分に応じて当然に分割されますが、相続人間では合意すれば誰が引き受けてもよいことになっています。ただし、債権者に対しては相続人間の合意は無効とされ、原則として法定相続分での引継ぎとされます。

これは、被相続人が第三者の金融機関債務等につき個人保証をしていた場合も同様で、債務は預貯金債権と同様に、相続人各自の相続分に応じて当然に分割されます。したがって、被相続人である太郎が、会社の借金6,000万円の連帯保証をしていた場合には、妻ひとみが3,000万円、子である一郎、二郎、花子は各自1,000万円ずつの割合で連帯保証債務を負担することになります。

連帯保証については、債務が確定していないため、原則として相続税法上控除できる債務となりません。その存在さえ知らなかったという相続人も多くいます。いざ保証しないといけなくなったときに慌てることのないよう、相続に際しては、連帯保証の有無を確認しておくことが重要です。借金の連帯保証人になるときは、その保証に係る契約書のコピーを取るなど、自分自身のみならず家族にもその存在が分かるようにしておくことが必要でしょう。

【相続開始時の遺産の権利状態】
① 不動産　⇒　相続分の割合による「共　　有」
② 預貯金　⇒　相続分の割合による「当然分割」
③ 株　式　⇒　相続分の割合による「準 共 有」
④ 債　務　⇒　相続分の割合による「当然分割」

第7節

遺産分割の方法と成立までの手続き

> **ポイント**
> 遺産分割はいつでもどのように分割しても相続人の自由ですが、共同相続人全員の合意が必要です。合意できない場合には、家庭裁判所における調停による合意、さらに審判へと移行して成立することになります。

【解説】

1. 遺産分割の基準

　民法では、「遺産の分割は、遺産に属する物又は権利の種類及び性質、各相続人の年齢、職業、心身の状態及び生活の状況その他一切の事情を考慮してこれをする。」と定められています（民法906）。このような抽象的な表現では、実際に相続が発生した場合、相続人はどうすればよいのか分からないでしょう。

　不動産経営を継いだ子に不動産を、会社経営を引き継いだ子に事業用資産を相続させることが家や会社の承継には最適なのですが、相続人が複数いる場合、民法上は各自が法定相続分を有することになります。相続人全員に各自の法定相続分を満足するように遺産を分割しようとすると、不動産経営を継いだ相続人に不動産を、会社経営を引き継いだ相続人に事業用資産を、というように相続させることができない場合も多いでしょう。そこで、相続人全員がその自由意思で合意するのであれば、法定相続分に従わず、どのように遺産分割してもよいとされています。

　したがって、不動産経営を継いだ相続人には不動産を、会社経営を引き継いだ相続人には事業用資産を相続させ、結果として他の相続人の相続分が法定相続分よりも少なくなる遺産分割協議であっても、相続人全員が一致すれば問題

なく行えます。しかし、家督相続の時代とは異なり、昨今では兄弟間でも全員平等であることを求める傾向が強く、遺産分割協議の成立が非常に困難になっています。

2. 遺産分割の方法

遺産分割の方法には以下の3つがあります。

(1) 現物分割
相続財産を、実際の物で分割する方法で、例えば会社株式を一郎に、不動産を二郎に、預貯金を花子に、というように相続させる一般的な方法です。

(2) 換価分割
現物での分割が困難な相続財産の場合は、競売や任意売却により換価処分し、売却代金を相続人が受け取るという方法です。しかし、不動産や会社株式・事業用資産を売却してしまっては資産や事業の承継ができません。

(3) 代償分割
特定の相続人が相続分を超える価額の現物を取得し、他の相続人に代償金を支払うという方法です。不動産や会社の承継の場合には、後継者がこれらの現物を取得し、他の相続人に相続分の不足に見合う代償金を支払うという、この方法が取られることが少なくありません。

【遺産分割の方法】
①現物分割　⇒　現物を各相続人が取得する。
②換価分割　⇒　遺産を売却処分した代金を取得する。
③代償分割　⇒　現物を取得した者が他の相続人に代償金を支払う。

3. 遺産分割協議がまとまらない場合

　原則として、各相続人はいつでも遺産分割を求めることができます。遺産分割請求権には時効はなく、相続税法上の特例を活用するための期限は別として、遺産分割の期限は決められていません。そのため、十数年にわたって遺産分割協議を続けているケースもありますが、不動産や会社の承継においては、遺産の分割内容を早期に決定しなければ、様々な問題が出てきます。

　そこで、当事者間で遺産分割の協議がまとまらない場合には、各共同相続人は、家庭裁判所に対して遺産の分割を請求することができます。この遺産分割請求については、家庭裁判所に遺産分割の調停を求める方法と、審判を求める方法とがあります。

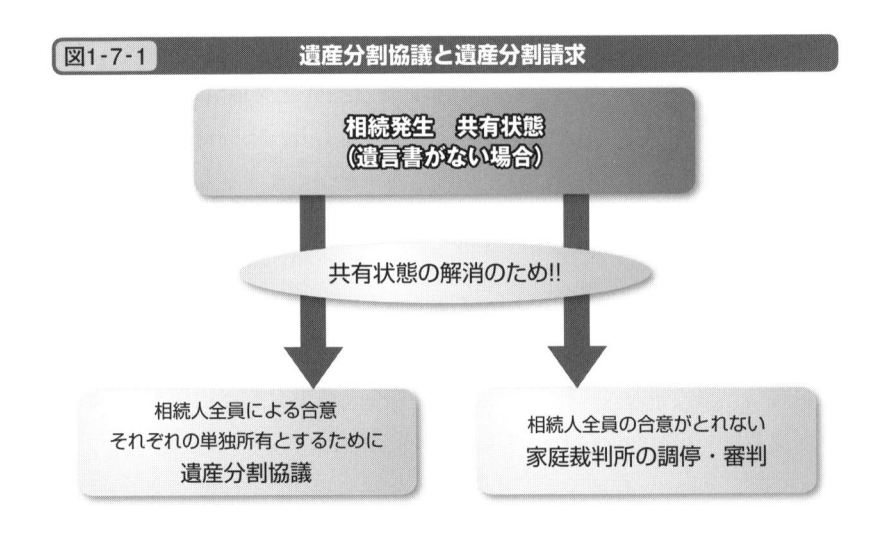

図1-7-1　遺産分割協議と遺産分割請求

相続発生　共有状態
（遺言書がない場合）

↓

共有状態の解消のため!!

- 相続人全員による合意
  それぞれの単独所有とするために
  遺産分割協議

- 相続人全員の合意がとれない
  家庭裁判所の調停・審判

4. 遺産分割調停による解決方法

(1) 調停申立の方式

　法律上は、調停の申立ては書面でも口頭でも行うことができますが、実務では書面による申立てがほとんどです。不動産や会社の承継において、調停手続を利用する場合は、調停手続で求める遺産分割の内容を明確にしておく必要もありますので、書面で行う方がよいでしょう。

遺産分割の調停は共同相続人の全員で申し立てる必要はなく、各相続人がそれぞれ申し立てることができます。この場合、共同相続人の1人が他の残りの相続人全員を相手方として遺産分割調停を申し立てることになります。

(2) 調停機関、内容、成立

調停手続は、家事審判官と調停委員で組織される家事調停委員会が行います。実際には、家事審判官の指揮により、調停委員2名が中心になって、調停期日に相続人や関係者の出頭を求め、実情を聴取して話し合いを進めます。

調停は、調停手続の中で遺産分割に関する相続人の全員一致による合意を目的とするものです。したがって、当事者となる相続人の全員一致が得られない限り調停は成立しません。また、当事者同士の話し合いによる解決であり、遺産分割の内容について格別の基準があるわけではなく、当事者間での遺産分割の協議の場合と同様、必ずしも法定相続分に従った内容での分割協議にはこだわりません。

調停手続で相続人が遺産の分割内容に全員一致で合意した場合には、これを調停調書に記載すると調停は成立します。成立した調停は、確定した判決と同一の効力を有し、遺産分割の完了となります。調停では、調停委員が相続人間の不一致を第三者として解決できるよう助言をしてくれます。この段階で協議がまとまることが、後継者にとっては理想的であるといえるでしょう。

【調停手続の概要】
①調停申立の方式　　⇒　書面又は口頭
②申立権者　　　　　⇒　各相続人・包括受遺者・相続分譲受人等
③調停機関　　　　　⇒　家事審判官＋調停委員2名（原則）
④調停の遺産分割基準　⇒　法定相続分に制約されない
⑤調停調書　　　　　⇒　確定判決と同一の効力
⑥調停不成立　　　　⇒　審判手続へ移行

5. 調停の不成立と審判への移行

　調停において当事者間に合意の成立見込みがない場合には、調停機関は調停が成立しないものとして調停手続を終了させます。調停が不成立となったときは、調停申立時に審判の申立てがあったものとされ、遺産分割の審判手続が開始されます。申立人の側で新たに審判申立の手続きを取る必要はありません。

　審判の場合は調停と異なり、当事者間の合意を根拠に遺産分割を行うのではなく、家庭裁判所の家事審判官は法律に基づき遺産分割の内容を決定しますので、審判においては、各相続人の法定相続分を無視することができません。

6. 審判の内容と決定

　審判は、実務上は家事審判官のみで行われるのが一般的です。遺産分割事件における家事審判官は、民法に定める一切の事情を考慮して遺産分割を行うということを根拠に、不動産や会社の承継の絡む相続事案において、後継者に法定相続分を超えた相続財産を取得させる内容の審判をしてくれるでしょうか。もし、それが可能なのであれば、家事審判官に会社経営の実情を訴え、後継者に会社株式や他の多くの相続財産を取得させる内容の審判を得るように努力すれば、それなりの結論が得られることになりそうです。

　しかし実際は、審判が家庭裁判所の手続きである以上、民法の規定する法定相続分に従うことが求められ、各相続人の法定相続分を無視した遺産分割審判はできないものとされています。したがって、家庭裁判所の審判に移行した場合、不動産や会社の承継にとって適切な内容の審判が受けられるという保証はないということに注意しておく必要があります。

　裁判にまで持ち込まれて解決する方法は、後継者にとって有利な結果にはならないことが多いでしょう。だからこそ、家や会社の承継には相続人全員の協力が何よりも大切なのです。

第8節

遺言のみが法定相続分を変更できる

ポイント 法定相続割合以外で相続させたいときは、被相続人が遺言書を作成するか、生前贈与するしかありません。ただし、相続人に対する遺贈や贈与は遺留分減殺請求の対象となる場合がありますので注意が必要です。

【解説】

1．民法の法定相続分による相続

　何の対策も講ずることなく相続が発生すれば、被相続人の財産は民法の定める相続人により、民法の定める相続分に従って相続されることになります。

　例えば、財産の大半が不動産や事業用資産である被相続人の相続が開始した場合、配偶者が既に死亡しており、一郎、二郎、花子の3人の子のみが相続人であれば、3人の子の相続分は各自3分の1ずつとなります。ところが、自社株式等の事業用資産を後継者である一郎に相続させるとすると、二郎、花子に対して相続させるのは、自宅と若干の預貯金と有価証券のみとなり、二郎、花子の法定相続分を満足させることができません。

2．遺産分割協議は成立するのか？

　上記事例では後継者の法定相続分が3分の1しかないため、自社株式等の事業用資産を現物分割することになり、これらが会社を承継しない者にも分散することになります。後継者以外の相続人が現物で取得すれば、将来にわたり、賃料の増額請求であるとか、株式の買取請求、立退き請求の不安、さらには経

33

営権の剥奪のリスクが高まります。しかし、現物分割ができないからといって、相続財産を売却した金銭を相続人間で分けること等は不可能です。

　均分相続と承継を両立するには、後継者が自社株式等の事業用資産を取得し、他の相続人の法定相続分に不足する金額を代償金として支払う方法しかありませんが、それが可能な後継者は決して多くはありません。このままでは、法定相続分を前提とした遺産分割協議の成立は極めて困難です。

3. 法定相続分の変更

　後継者の有する法定相続分が、不動産や自社株式等の事業用資産を取得するために決定的に不足している場合は、家や会社の後継者の相続分を増やさなければなりません。民法で定められている法定相続分を変更できるのは被相続人に限られており、その方法が「遺言」です。被相続人は遺言で推定相続人の相続分を民法と異なる内容に指定することができ、遺言で指定された相続分を「指定相続分」といいます。遺言による「指定相続分」を活用すれば、地主たる後継者には不動産、会社の後継者には自社株式等の事業用資産を取得できるだけの相続分を与えることもできます。なお、特定遺贈といって、相続できるものを指定することもできます。

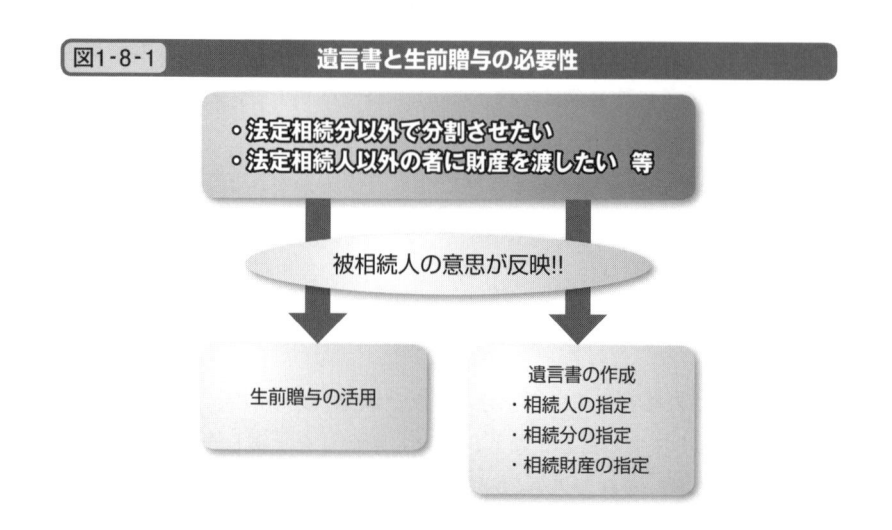

図1-8-1　遺言書と生前贈与の必要性

- 法定相続分以外で分割させたい
- 法定相続人以外の者に財産を渡したい　等

↓

被相続人の意思が反映!!

↓

生前贈与の活用

遺言書の作成
・相続人の指定
・相続分の指定
・相続財産の指定

4. 遺留分とは

　生前に贈与したり、遺言を残したりすること等により、後継者に必要な財産を残せると考える方が多いのですが、日本の民法においては、遺言でも生前贈与でも侵害することのできない、相続人の最低限度の取得分である「遺留分」を認めています（民法第5編第8章）。つまり、民法は遺言の自由を認め、被相続人が自己の相続開始後に、誰に遺産をどの程度相続させるかは自由に決定できることを原則としています。その一方で、遺留分として、一定の相続人については最低限度の取得分を認め（民法1028）、その限りにおいて遺言の自由を制約しています。

【遺留分の概要】

遺留分権利者の範囲	①配偶者 ②第1順位の血族相続人（子などの直系卑属） ③第2順位の血族相続人（直系尊属） ＊相続人のうち第3順位の血族相続人（兄弟姉妹）のみが遺留分を有しない。
遺留分の割合	①直系尊属のみが相続人＝被相続人の財産の3分の1 ②その他の場合　　　＝被相続人の財産の2分の1
遺留分減殺請求権	遺留分を有する相続人は、自己の遺留分を侵害する遺贈や贈与があった場合は、遺留分を保全するのに必要な限度で、遺贈や贈与の減殺を請求することができる。

5. 遺贈又は贈与に対する遺留分減殺請求権

　遺留分を有する相続人は、自己の遺留分を侵害する遺贈や贈与が有効であることを前提に、遺留分を保全するのに必要な限度で、遺贈及び民法に規定する一定範囲の贈与について減殺の請求をすることができます。
　「減殺の請求」の内容は、裁判実務では「遺留分を保全するのに必要な限度で遺贈や贈与が失効し、その対象財産は遺留分の割合で遺留分権利者に帰属することになる」と解されています。

(1) 遺贈

遺贈とは遺言によって行われる財産の無償譲渡のことをいいます。民法上、遺贈には「特定遺贈」「包括遺贈」の2種類があります（民法964）。

①特定遺贈

相続財産中の特定の財産を無償譲渡するもの。特定遺贈を受けた者を「特定受遺者」といいます。

②包括遺贈

相続財産の一定割合を無償で譲渡するもの。包括遺贈を受けた者を「包括受遺者」といい、包括受遺者は相続人と同一の権利義務を有するものとされています（民法990）。

(2) 遺留分減殺の対象となる贈与

贈与については、相続開始前の1年間にしたものに限り、その価額を遺留分の計算に算入します。しかし、例外的に、贈与契約の当事者双方が遺留分権利者に損害を与えることを知って贈与がなされた場合には、その贈与の価額も遺留分の計算に算入されますので、遺留分減殺の対象となります。

6. 特別受益としての贈与や不相当な対価の譲渡

前述のように、原則として、贈与は相続開始前の1年間にしたものに限って遺留分の計算に算入しますが、特別受益を受けた相続人に対する贈与の場合は、相続開始1年前であるか否かを問うことなく、しかも損害を与えることを知っていたか否かを問うことなく、遺留分計算に算入されます。ゆえに、相続人への生前贈与は遺留分対策にはならないのです。

また、有償行為であっても不相当な対価による譲渡の場合には、当事者双方が遺留分権利者に損害を与えることを知って行ったものについては贈与とみなされ、遺留分の対象となります（民法1039）。

7. 遺言による相続分の指定

被相続人が生前に遺言で相続分を指定していた場合も、それが遺留分を侵害

する場合には、遺言による相続分の指定も同じく減殺請求の対象となります。被相続人は、遺言で共同相続人の相続分を指定することができますが、遺留分に関する規定に反することができないとされています（民法902①）。

8. 遺留分減殺請求権が行使された場合

　相続が開始すると、例えば相続人が一郎、二郎、花子の3人の子である場合、各自3分の1の平等な相続分があります。被相続人は後継者一郎に本家を守り続けるようにと不動産の大半を遺贈する旨の遺言書を書いていました。遺言によって一郎が遺産の大半である不動産を取得すると、二郎、花子は相続財産の半分について遺留分を有していますので、遺留分減殺請求権を行使すると、二郎、花子は遺留分の限度（各自、全遺産の6分の1）ですべての不動産を共有することになります。

　法定相続分に従うと各自3分の1の割合による不動産の共有となるので、これを防ぐために遺言をしたのですが、他の相続人から遺留分減殺請求権が行使されると、結局二郎と花子も各自6分の1の割合で不動産を共有することになります。ただし、不動産を共有させるのではなく価額弁償によって、遺留分を免れることもできます。

　ゆえに、遺言がないよりははるかに有利ですが、それでも不動産が共有になる、又はその分の価額弁償がいるため、完全な問題解決とはなりません。

9. 遺留分減殺請求権の消滅時効

　民法においては、「減殺の請求権は、遺留分権利者が、相続の開始及び減殺すべき贈与又は遺贈があったことを知った時から1年間行使しないときは、時効によって消滅する。相続開始の時から10年を経過したときも、同様とする。」（民法1042）とされており、遺留分減殺請求権については通常の債権等に比べて短期の消滅時効を定めています。

　このように時効が進行を始めるのは、第1に、遺留分権利者が相続の開始を知ったこと、第2に被相続人による贈与又は遺贈があったことも知っていること、さらに、その贈与又は遺贈が遺留分を侵害することを知ることが必要です。

消滅時効は、遺留分権利者が当該贈与又は遺贈が遺留分を侵害するという事実まで知ったときに初めて進行し、1年後に消滅するものですから簡単ではありません。なぜなら、相続後何年もたってから贈与があったのを知ったなどと申出があれば、そこから遺留分の時効が進行するからです。

　完全に遺留分減殺請求権の時効が成立するのは、相続開始の時から10年経過後ですから、なかなか安心できるものではありません。相続に際しては、このことをしっかり認識しておく必要があるでしょう。

第2章 相続税の歴史と現況

第1節

日本の相続税の幕開けと変遷

> **ポイント** 日本は相続税など不向きな家督相続の国でしたが、日露戦争の戦費調達の目的で相続税制度が創設されました。以後も戦費調達のため増税が続く中、家督相続に配慮し「家」を護るため、相続税は低く抑えられたまま終戦を迎えたのです。

【解説】

1. 相続税創設の目的は日露戦争の戦費調達

　明治37年2月に開戦した日露戦争の膨大な戦費調達のため、同年に第1次増税として非常特別税法により、各種の増税が図られました。しかし、戦局が進むにつれて戦費がさらに必要とされ、明治38年には、第2次非常特別税法により、地租や所得税などの税率が再び引き上げられたほか、相続税も通行税とともに創設されました。

　しかし、相続税については非常特別税法としてではなく単独法として規定されており、戦時の臨時的な増税と位置付けられず、永久的性質の財源とされ恒久化されることになったのです。

　相続税は江戸時代の世襲制度とは真っ向から対立する制度で、日露戦争以前にはなく、戦費調達財源として創設されたということです。

　以下、菊池紀之氏による「相続税100年の軌跡」(『税大ジャーナル1号』平成17年4月)の論文を参考にさせていただきながら、相続税の歴史について解説していきます。

2. 相続税は偶然所得に対する課税

　相続税創設時の立法の根拠とされたのは、相続財産の取得という事実に着目し、それを相続による偶然所得の発生と捉え、その所得（財産）に対し、負担能力に応じて課税を行おうとする「偶然所得課税説」であるといわれています。なお、現在の相続税課税の根拠としては「富の再分配」が第一に挙げられていますが、創設時の税収は戦費に使われ、また極端な低税率であることから「富の再分配」機能はありませんでした。

　「富の再分配」という根拠が登場するのは終戦後で、GHQによる財閥解体という占領政策上の必要から、税制改正の勧告の中に色濃く打ち出されました。日本は本来、相続税など不向きな家督相続の国だったのであり、現在のような高率の相続税は外圧により始まったことを認識しておきたいものです。

　ちなみにドイツでは1906年（明治39年）、アメリカでは1916年（大正5年）、イギリスでは1949年（昭和24年）に創設されており、日本は世界でも相続税の"先進国"といえるかもしれません。

3. 創設時の相続税のあらまし

　このように、明治時代に相続税は、相続・遺贈又は死因贈与により財産を取得した個人を納税義務者とし、相続財産を課税標準として創設されました。相続税の課税方法としては、①遺産の総額を対象とする「遺産課税方式」と、②取得者ごとの取得財産を対象とする「遺産取得課税方式」がありますが、創設時においては「遺産課税方式」が採用されています。

　家督相続は家系・地位の一切を相続し、その義務が多大であるとして、創設時の相続税は、相続を家督相続と遺産相続に分けて課税しており、家督相続の場合の最低税率は1,000分の12と大変低いものでした。

　また、遺産相続の場合は、家督相続の場合よりも若干高くなっており、最低税率は1,000分の15とされていました。

　なお、家督相続と遺産相続、それぞれの中で、被相続人と財産の取得者との親族関係に応じた3種の税率区分が設けられており、以下のように計6種類の税率表となっていました。

【家督相続の税率】

課税価格	相続人が被相続人の家族たる直系卑属	相続人が被相続人の指定したる者、民法第982条により選定せられたる者、被相続人の家族たる直系尊属又は入夫なるとき	相続人が民法第985条により選定せられたる者なるとき
5,000円以下の金額	0.012	0.015	0.020
5,000円を超ゆる金額	0.015	0.017	0.025
10,000円を超ゆる金額	0.017	0.020	0.030
20,000円を超ゆる金額	0.020	0.025	0.035
30,000円を超ゆる金額	0.025	0.030	0.040
40,000円を超ゆる金額	0.030	0.035	0.045
50,000円を超ゆる金額	0.035	0.040	0.050
70,000円を超ゆる金額	0.040	0.045	0.055
100,000円を超ゆる金額はその50,000円毎に（1百万円に至って止む）	1000分の5を加ふ	1000分の5を加ふ	1000分の5を加ふ

【遺産相続の税率】

課税価格	相続人が直系卑属なるとき	相続人が配偶者又は直系尊属なるとき	相続人がその他の者なるとき
1,000円以下の金額	0.015	0.017	0.025
1,000円を超ゆる金額	0.017	0.020	0.030
5,000円を超ゆる金額	0.020	0.025	0.035
10,000円を超ゆる金額	0.025	0.030	0.040
20,000円を超ゆる金額	0.030	0.035	0.045
30,000円を超ゆる金額	0.035	0.040	0.050
40,000円を超ゆる金額	0.040	0.045	0.055
50,000円を超ゆる金額	0.045	0.050	0.060
70,000円を超ゆる金額	0.050	0.055	0.065
100,000円を超ゆる金額はその50,000円毎に（1百万円に至って止む）	1000分の5を加ふ	1000分の5を加ふ	1000分の5を加ふ

また、贈与については、一般的に贈与税の課税はなく、推定相続人等の特定の者に高額な動産などを贈与した場合に、相続が開始したものとみなされて相続税を課税するという特殊な形態が採られていました。

　当時は申告納税制度ではないので、納税手続としては、相続人から相続財産の目録及び債務等の明細書の提出を受け、税務署が課税価格及び税額を通知するという賦課課税方式でした。

　相続人・遺言執行者等は、課税価格決定に対し異議があるときは異議申立をして再審査を請求することができ、税務署長は再調査した上、相続税審査委員会に諮問して課税価格を決定していました。この相続税審査委員会は税務署ごとに設置され、大蔵大臣の任命を受けた収税官吏2名と、直接国税を100円以上納める者3名で構成されていました。このころの高額納税者はとても社会的な地位が高かったのです。高額納税者にとってはうらやましい限りです。

4. 戦前の相続税の変遷

　その後、相続税は、たびたび改正が行われ、明治43年には家督相続の税率が高いという世論の反発により税率が引き下げられ、大正3年には家督相続に対する特別控除金が認められました。しかし、大正15年度税制改正では、低所得者の負担を軽減するために、生活必需品に対する課税が廃止される一方、高額所得者の負担は若干増加となり、酒・たばこ等の嗜好品に対し増税が行われました。相続税は、課税最低限は引き上げられましたが、税率の引上げなど社会政策を多分に加味した改正が行われました。

　以後、相続税は、昭和12年には臨時租税増徴法により再び増税となり、昭和15年には大東亜戦争の戦費調達のため、一段の増税が行われました。しかし、この間においても相続税法では、創設当初と同様に家督相続に配慮し「家」の保護を行うため、相続税は低く抑えられており、創設時における基本的な構造を変えずに終戦を迎えました。

第2節

戦後から現行相続税への道程

> **ポイント**　戦後、申告納税制度に転換するとともに、財閥の復活阻止という米国の占領政策のため、相続税は非常に高税率に改正されました。その後、遺産課税方式から遺産取得課税方式へ、さらに併用方式へと順次改正され、現在に至っています。

【解説】

1. 戦後の相続税の変遷

　戦後に入り、昭和22年の憲法、民法の全文改正により家督相続が廃止されました。それに伴い、昭和33年までの短い期間に、4度の大きな改正が行われています。

　4度の改正とは、わが国が連合国軍による占領下に置かれていた昭和22年のシャベル勧告によるもの、昭和25年におけるシャウプ勧告によるもの、そして、サンフランシスコ講和条約が昭和27年に発効し占領から独立した後となる昭和28年、昭和33年に行われた改正です。

　ここでは、これらの改正について説明します。

2. シャベル勧告による税制改正

　昭和22年度の相続税法の抜本的な改正の主要な事項は、以下の3点でした。
　①民法の改正に対応した家督相続と遺産相続の課税区分の廃止
　②贈与者の一生を通じた贈与財産の累積額に対して課税する贈与税の創設
　③賦課課税方式の廃止による申告納税制度の採用

これらの改正は、昭和21年11月に、GHQから日本政府に発せられた「日本の相続税及び贈与税に関する原則と勧告」(シャベル勧告)に基づいて行われたもので、勧告では最低税率(1.5％)の引下げ、最高税率(55％)の大幅引上げが提案されました。

しかし、インフレ解消のための税収確保を狙う現実的な選択としては、当時の相続税の課税財産の中心である中小資産階層の相続財産に税源を求めざるを得ないため、税率は10％〜60％と中小資産階層に対する課税が強化される改正となりました。

このように、結局はシャベル氏が意図した税率の大幅な引上げは成らず、廃止しようとした親族関係の親疎に基づく税率区分は残り、贈与税は創設されたものの相続税とは統合されませんでした。完全に実施されたのは、家督相続に対する優遇課税の廃止と申告納税制度の採用ということになったのです。

また、現在のわが国における相続税の課税根拠の一つとされている「富の再分配」機能が、このときに初めて立法者側から課税の根拠として示されました。しかし、当時これは、財閥の復活を阻止するという占領政策の布石の一つでもありました。

3. シャウプ勧告による税制改革

シャベル勧告後、マッカーサー元帥に招聘されたシャウプ博士の勧告に基づき行われた昭和25年度税制改正の中でも、相続税法は改正前の制度と比較して最も大きな改正が行われたものの一つでした。

改正の主要な事項として、以下の3点がありました。

①相続税と贈与税を統合する「累積的取得税」の創設
②被相続人との親疎の別による差別税率の廃止
③「累積的取得税」の税率を25％〜90％とする

また、具体的な課税方法については、それまでの遺産課税方式を遺産取得課税方式に切り替え、さらに財産取得者が一生を通じて取得した財産すべてを総合累積して課税する計算方法に改正されたのです。

わが国の相続税は、明治38年に創設され、50年近くにわたって遺産課税方式が維持されてきましたが、シャウプ勧告による昭和25年度税制改正により、

遺産取得課税方式の相続税と贈与税を組み合わせた、これまで世界のどこにもなかった「累積的取得税」に生まれ変わったのです。

また、昭和22年度のシャベル勧告改正後の相続税法では、納税義務者が被相続人の直系卑属と配偶者である場合には、適用される税率が10％～60％、直系尊属と兄弟姉妹である場合には13％～63％、その他の納税義務者については15％～65％と、被相続人との近親者には税が軽減されていました。しかし、昭和25年度のシャウプ勧告による改正により、この差別税率は廃止され、1種類の累積的取得税の税率が採用されることとなりました。

改正された税率は次のとおりです。

【昭和25年度改正による税率】

基礎控除後の課税価格	超過累進税率
20万円以下の金額	100分の25
20万円を超える金額	100分の30
50万円を超える金額	100分の35
100万円を超える金額	100分の40
150万円を超える金額	100分の45
200万円を超える金額	100分の50
300万円を超える金額	100分の55
400万円を超える金額	100分の60
500万円を超える金額	100分の65
700万円を超える金額	100分の70
1,000万円を超える金額	100分の75
1,500万円を超える金額	100分の80
2,500万円を超える金額	100分の85
5,000万円を超える金額	100分の90

4. サンフランシスコ講和条約と相続税改正

昭和26年9月8日、サンフランシスコ平和会議において、日本が連合国との間で調印した講和条約が、翌昭和27年4月28日に発効し、日本は6年8か月という長きにわたった連合国による占領下から、ようやく独立できました。こう

した中で、占領の終結を待っていた日本政府は、講和条約の発効前から早くも相続税制の改正に着手しています。昭和27年度税制改正においては、相続税の免税点（基礎控除額）を15万円から30万円に引き上げ、税率も次のように20%〜70%へと引き下げました。

【昭和27年度改正による税率】

基礎控除後の課税価格	超過累進税率
20万円以下の金額	100分の20
20万円を超える金額	100分の25
50万円を超える金額	100分の30
100万円を超える金額	100分の35
200万円を超える金額	100分の40
300万円を超える金額	100分の45
500万円を超える金額	100分の50
1,000万円を超える金額	100分の55
2,000万円を超える金額	100分の60
5,000万円を超える金額	100分の65
1億円を超える金額	100分の70

このように、高い累進性を持ち、最高90%というシャウプ勧告による驚異的な税率は早くも姿を消すこととなりましたが、累積的取得税に関しては、このときには手がつけられておらず、免税点の引上げと税率の改正が最優先課題だったことを示しています。

さらに、昭和28年度税制改正において、前年度に積み残した累積的取得税が廃止され、遺産取得課税方式の相続税と、暦年ごとに財産取得者に課税される贈与税の二本立てとする改正が行われました。

これにより、シャウプ勧告によって昭和25年に導入された累積的取得税は、3年という短命のうちに姿を消したのです。

> 【相続税の課税方式】
> ①遺産課税方式　　　⇒　遺産総額に対して課税（創設時の相続税）
> ②遺産取得課税方式　⇒　取得者ごとの財産額に対して課税
> ③遺産課税と遺産取得課税の折衷方式
> 　　　　　　　　　　⇒　遺産総額に対して総税額を算出後、相続人の財産取得割合に応じて相続人ごとに課税

5. 昭和33年度の相続税改正

　昭和32年12月の税制特別調査会による、「相続課税方式は遺産取得税体系を維持することが適当であるが、実際の取得財産により遺産総額に対する相続税の負担が大きく変わる方式はこの際棄て、共同相続人が遺産を民法第900条の相続分の割合により取得したものと仮定して算出した税額を、各相続人が相続により実際に取得した財産の価額に応じて納付させる方式をとることが適当である。」との答申を受け、昭和33年度税制改正により、遺産取得課税方式から「法定相続分による遺産取得課税方式と遺産課税方式の併用方式」という現行の方式への改正が行われました。

　昭和32年の税制特別調査会の答申では「相続税課税の意義」等について、次の2つの理由により、相続税は税制上重要な役割を果たすものだと述べています。

①個人の死亡の際に相続税を課税し、その富の一部を社会に還元することにより富の集中の抑制を行う。

②被相続人の生前に受けた社会及び経済上の各種の要請に基づく税制上の特典その他租税の回避等による負担の軽減を清算する。

　シャウプ勧告では財閥解体後における財閥復活阻止のための「富の集中排除」という占領政策としての色彩が強いものでしたが、ここで示された「富の集中抑制」は、現在、相続税の意義としていわれている「社会に還元」するためのものだとされ、公的な見解としては、この時に初めて相続税に社会政策的な意味を持たせたといえるでしょう。

　戦前は、家督相続であるならば、遺産分けにも相続税にも経済的には悩まず

に済みました。都市化、教育、国際化など、法律以外の要因も大きいことは確かですが、戦後の「富の再分配」機能としての相続税法の改正が、現在の相続問題や家族制度に大きな影響を与えているのではないでしょうか。

　その後は順次、基礎控除額と配偶者税額軽減額が増加し、また税率が引き下げられるなどの改正により、相続税の減税が続き現在に至りました。しかし、国家予算が不足している中、平成27年1月1日の相続開始から、戦後初めて相続税の増税が行われることになり、いよいよ相続税増税時代の到来がささやかれています。

第2章 相続税の歴史と現況

図2-2-1　戦後の相続税の変遷

改正年	課税方式	遺産に係る基礎控除	税率
～昭和22.5.2	家督相続 遺産課税方式・賦課課税方式	免税点 家督相続2万円・遺産相続3千円	家督相続1.5%～55% 遺産相続2.6%～70%
昭和22.5.3～	均分相続 遺産課税方式・申告納税方式	5万円	直系卑属10%～60% 直系尊属・兄弟姉妹13%～63% その他15%～65%
昭和25年	均分相続 累積遺産取得税・申告納税方式	15万円	25%(20万円以下) ～90%(5,000万円超)
昭和27年		30万円(一生を通じて)	20%(20万円以下) ～70%(1億円超)
昭和28年	遺産取得課税方式	50万円(財産取得者ごと)	15%(20万円以下) ～70%(1億円超)
昭和33年	遺産課税と遺産取得課税の折衷方式(遺産取得者課税)	150万円+30万円×法定相続人数	10%(30万円以下) ～70%(1億円超)
昭和37年		200万円+50万円×法定相続人数	
昭和39年		250万円+50万円×法定相続人数	
昭和41年		400万円+80万円×法定相続人数 (配偶者控除新設:最大200万円を基礎控除に加算)	10%(60万円以下) ～70%(1億5,000万円超)
昭和46年		配偶者控除最大400万円	
昭和48年		600万円+120万円×法定相続人数 (配偶者控除最大600万円)	
昭和50年		2,000万円 +400万円×法定相続人数 (配偶者控除廃止)	10%(200万円以下) ～75%(5億円超)
昭和56年			
昭和58年			
昭和63年		4,000万円 +800万円×法定相続人数	10%(400万円以下) ～70%(5億円超)
平成4年		4,800万円 +950万円×法定相続人数	10%(700万円以下) ～70%(10億円超)
平成6年		5,000万円 +1,000万円×法定相続人数	10%(800万円以下) ～70%(20億円超)
平成13年			
平成15年			10%(1,000万円以下) ～50%(3億円超)
平成27.1.1～		3,000万円 +600万円×法定相続人数	10%(1,000万円以下) ～55%(6億円超)

第2節 戦後から現行相続税への道程

配偶者軽減	生命保険金の非課税 (死亡退職金)	贈与税	その他
配偶者は相続人でない			旧民法に基づく
		贈与者課税、一生累積課税 基礎控除5万円(一生を通じて) 税率15%〜65%	シャベル勧告 財閥解体目的、贈与税創設、2年内贈与加算
配偶者控除新設、債務控除後の価格から5/10を控除			シャウプ勧告 贈与税が相続税と統合
			富の再分配目的
		受贈者課税、暦年課税、基礎控除10万円 税率20%(20万円以下)〜70%(3,000万円超)	贈与税復活
遺産額3,000万円以下、納付税額1/2を税額控除		基礎控除20万円 同一人3年累積課税 税率15%(30万円以下)〜70%(3,000万円超)	3年内贈与加算・2割加算新設
		基礎控除40万円	
(昭和42年)遺産額3,000万円以下で法定相続分まで非課税		配偶者控除160万円 基礎控除20万円 税率10%(30万円以下)〜70%(3,000万円超)	
		配偶者控除360万円	
(昭和47年)婚姻期間(10年超)に応じて3,000万円まで非課税		配偶者控除560万円	
遺産の1/3又は4,000万円のいずれか大きい金額	250万円×法定相続人数 (200万円×法定相続人数)	配偶者控除1,000万円 基礎控除60万円、3年累積課税廃止 税率10%(50万円以下)〜75%(7,000万円超)	相続税の納税猶予制度創設
遺産の1/2又は4,000万円のいずれか大きい金額			民法:法定相続分の改正
			小規模宅地等の特例創設
法定相続分又は8,000万円のいずれか大きい金額	500万円×法定相続人数 (500万円×法定相続人数)	配偶者控除2,000万円 税率10%(100万円以下)〜70%(7,000万円超)	
		税率10%(150万円以下)〜70%(1億円超)	
法定相続分又は1億6,000万円のいずれか大きい金額			
		基礎控除110万円	
		相続時精算課税制度創設 特別控除2,500万円(税率20%) 税率10%(200万円以下)〜50%(1,000万円超)	
		特例税率10%(200万円以下)〜55%(4,500万円超) 一般税率10%(200万円以下)〜55%(3,000万円超)	

出典:菊池紀之著『税大ジャーナル(1号)平成17年4月発行「相続税100年の軌跡」』国税庁ホームページ(一部改変)

第3節

今後検討される可能性の高い遺産取得課税方式

ポイント 相続税の納税猶予の適用を受ける場合や、小規模宅地等の特例の適用を受ける場合には様々な問題があるため、将来において、各人が相続等により取得した財産に対して課税する遺産取得課税方式の導入も考えられます。

【解説】

1. 検討の可能性の理由

　現行の法定相続分課税方式においては、自社株式や医療法人の持分につき事業承継税制を適用する場合、事業の後継者以外の相続人の相続税の計算に当たっては、全く評価減が考慮されないため、税負担が軽減されず非常に相続税が重いという指摘があります。また、小規模宅地等の特例の適用を受ける場合には、特例適用者のみならず、課税財産が減少するので、相続人全員の税額が軽減されるなどの問題もあります。

　また、個人情報の重要性が増す中、相続税の調査で指摘があれば、特定の相続人の申告漏れにより他の相続人にも増差税額が出るなど影響を及ぼす等の問題点も生じています。これらの解決策の一つとして、相続税の課税方式をいわゆる遺産取得課税方式に改めることも検討課題とされているようです。

2. 制度の内容

　遺産取得課税方式とはどのような課税方法なのか、現行の法定相続分課税方式とどのように違うのかを説明します。

第3節 今後検討される可能性の高い遺産取得課税方式

(1) 現行の法定相続分課税方式

現行の法定相続分課税方式は、課税財産の総額から基礎控除額を差し引いた金額を、実際に分割した財産とはかかわりなく、法定相続人が法定相続分で取得したものとして超過累進税率を掛け、各人ごとの相続税額を計算し、これを合計した金額が相続税の総額となります。こうして計算した相続税の総額を、実際に相続した財産の額であん分して各人の負担税額を計算することになります。

つまり、課税される遺産額と法定相続人が同じ構成であれば、財産の分割額にかかわらず、相続税の総額は変わらない仕組みになっています。そのため「法定相続分課税方式」と呼ばれるのです。この方式では、実際に相続した財産の多寡にかかわらず、各人の相続税の負担割合が原則として同一になります。

【現行制度（法定相続分課税方式）】

概　要	遺産取得課税方式を基本として、相続税の総額を法定相続人の数と法定相続分によって算出し、それを各人の取得財産額に応じあん分して課税する方式。
考え方	①累進課税の緩和を意図した仮装分割への対応。 ②農業や中小企業の資産等分割が困難な資産の相続への配慮といった観点から、実際の遺産分割の状況により、負担に大幅な差異が生じることを予防。
留意点	①自己が取得した財産だけでなく、他の相続人が取得したすべての財産を把握しなければ、正確な税額の計算・申告ができない。したがって、相続人の1人の申告漏れにより他の共同相続人にも追徴課税が発生する。 ②相続により取得した財産の額が同額であっても法定相続人の数によって税額が異なる。 ③居住や事業の継続に配慮した課税価格の減額措置により、居住等の継続に無関係な他の共同相続人の税負担まで緩和される。

(2) 遺産取得課税方式

遺産取得課税方式は、相続人各人が実際に取得した財産の合計額に対して税率を掛け、それぞれの税額計算をすることになります。イメージとしては、現行の暦年課税における一般贈与の計算方法に準じます。

したがって、前提条件が全く同一であれば、法定相続分どおりに財産を取得

した場合には、相続税の総額は法定相続分課税方式と同じになりますが、そうでない場合には相続税額の総額は異なることになります。取得した財産が多い相続人の方が税金の負担割合が多くなり、取得した財産の少ない相続人は負担割合が低くなり、納税負担から考えると、この方式の方が公平ともいえます。

平成21年度の税制改正案で、自民党と民主党が提出した案を参考までに紹介します。

【自民党・民主党が提出した平成21年度税制改正案】

課税方式	遺産取得課税方式（自由民主党案）	遺産課税方式（民主党案）
概要	相続等により遺産を取得した者を納税義務者として、その者が取得した遺産を課税物件として課税する方式	遺産全体を課税物件として、例えば、遺言執行者を納税義務者として課税する方式
採用国	ドイツ・フランス	アメリカ・イギリス
考え方	偶然の理由による富の増加を抑制する等、社会政策面を強調する説から来るもので、富の集中の抑制を図るという考え方	被相続人に対する所得税の補完税としての性格を重視する説から来るもので、被相続人の一生を通ずる税負担の清算を行うという考え方
特色	①財産取得者の個人的担税力に則し合理的な課税ができる ②遺産分割の仕方によって税負担に差異を生ずることから、事実と異なる申告が行われやすい ③分割困難な資産に対する税負担は相対的に重くなる	①遺産分割の仕方による税負担の変動がないため、遺産取得課税方式に比べて税務執行が容易である ②制度として分かりやすい ③財産取得者の個人的担税力に則し合理的な課税を行うという点において、遺産取得課税方式に劣る ④富の集中の抑制を図るという点において、遺産取得課税方式に劣る

(3) 遺産取得課税方式は税金が増える？

税率と基礎控除額が現行と同一であると仮定するなら、法定相続分課税方式より、遺産取得課税方式による相続税の総額の方が多くなることが考えられます。これは、遺産取得課税方式では、取得した財産総額に対してそれぞれ超過累進税率によって課されるため、法定相続分より多く相続した者に対し、現行

より高い累進税が適用される結果となるためです。法定相続分と異なる遺産分割をすると増税になることが予想されます。

3. 今後の注意点

　今まで、お客さまに対して様々な相続税対策を実行してきた場合、当然、相続税については法定相続分課税方式を前提にしています。もし、将来の税制改正で相続税の計算方式が根本から変わることになれば、前提が変わるのですから、対策も見直さなければなりません。

　例えば、遺産取得課税方式になれば、取得する財産に応じて税額が確定することになり、おそらく取得する財産が増えるほど税額が累進的に増えることが予想されます。税率に大きな変更がない場合には、法定相続分より実際に相続した財産が少ないケースでは減税に、相続した財産が多いケースでは増税になることが考えられます。

　基礎控除額の取扱い次第で、これまで非課税だった相続人に課税が発生することも考えられます。特に、相続税がかからないと思って、相続時精算課税制度の適用を受けた場合は相続時の課税に要注意です。暦年課税で少しずつ贈与を受けていた方がよかったということにもなりかねません。

　これからの相続税の計算方法の動向をしっかり踏まえ、相続税法が大きく改正された場合には、納税対策について再検討をする必要があるでしょう。

第4節

平成27年から相続税申告書提出者の激増が予測される

ポイント 平成27年1月1日以後の相続等から、基礎控除額が引き下げられ相続税の申告書を提出しなければならない人が急増すると思われます。さらに税率構造の改正もあり、相続税の負担が重くなることになりました。

【解説】

1. 相続税の申告事績

　国税庁の統計によると、平成25年中に亡くなった約127万人のうち、相続税の課税対象となった被相続人数は約5万4,000人で、課税割合は4.3％となっており、平成24年より0.1ポイント増加しました。この課税割合は全国平均であり、東京国税局では7.4％（約1万8,000人）、大阪国税局では4.6％（約9,300人）、名古屋国税局では5.9％（約8,300人）となっています。3大都市圏だけで全国の納税者の約65.9％（東京33.3％、大阪17.2％、名古屋15.4％）を占めており、これが、相続税が都心税といわれるゆえんでしょう。

　また、全国の相続税の課税価格は11兆6,253億円で、被相続人1人当たりでは2億1,362万円となっており、相続税額の合計額は1兆5,367億円で、被相続人1人当たりでは2,824万円となっています。相続財産の構成比は、土地41.5％、現金・預貯金等26.0％、有価証券16.5％の順となっています。相続財産に占める土地の割合は毎年減少してはいますが、相変わらず半分近くを占めており、相続税は都心地主には避けて通れない税金ともいえるでしょう。

　なお、全国の相続税額のうち、東京国税局の相続税額は6,627億円（約43.1％）、大阪国税局の相続税額は3,720億円（約24.2％）、名古屋国税局の相続税額は

1,577億円（約10.3％）となっており、3大都市圏だけで全国の相続税合計額の約78％を占めています。3大都市圏にお金持ちが集中しているからともいえますが、やはり相続税は地価の高い都心に集中するからではないでしょうか。

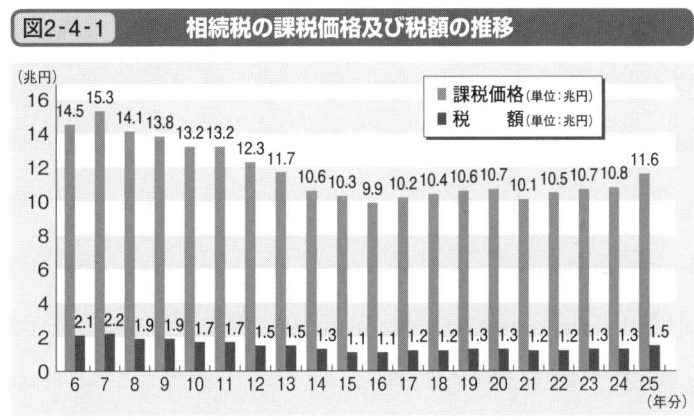

図2-4-1　相続税の課税価格及び税額の推移

年分	課税価格（兆円）	税額（兆円）
6	14.5	2.1
7	15.3	2.2
8	14.1	1.9
9	13.8	1.9
10	13.2	1.7
11	13.2	1.7
12	12.3	1.5
13	11.7	1.5
14	10.6	1.3
15	10.3	1.1
16	9.9	1.1
17	10.2	1.1
18	10.4	1.2
19	10.6	1.3
20	10.7	1.3
21	10.1	1.2
22	10.5	1.2
23	10.7	1.3
24	10.8	1.3
25	11.6	1.5

注）「課税価格」は、相続財産価額から、被相続人の債務・葬式費用を控除し、相続開始前3年以内の被相続人から相続人等への生前贈与財産価額及び相続時精算課税適用財産価額を加えたものである。

出所：国税庁ホームページ

2. 相続税の課税割合の増加

　社会保障に係る財源不足に対応するため、消費税率が8％に引き上げられ、さらに平成29年4月1日から10％に引き上げられる予定です。低所得者にはこれ以上の増税の負担が重いとして、資産家や高所得者層にさらなる負担を求める税制改正が行われています。

　相続税の基礎控除額が長く据え置かれたため、被相続人のうち相続税の課税対象となった方の割合が大きく下がっていました。そして、最高税率の引下げを含む税率構造の緩和も行われてきた結果、相続税の再分配機能が低下しているとして、平成27年1月1日以後の相続等から、相続税の基礎控除額が「5,000万円＋1,000万円×法定相続人数」から「3,000万円＋600万円×法定相続人数」へ引き下げられました。これにより、課税割合は6％～7％台になると予測され、改正後は都心部の課税割合が飛躍的に増加すると思われます。

図2-4-2　相続税の課税割合の推移

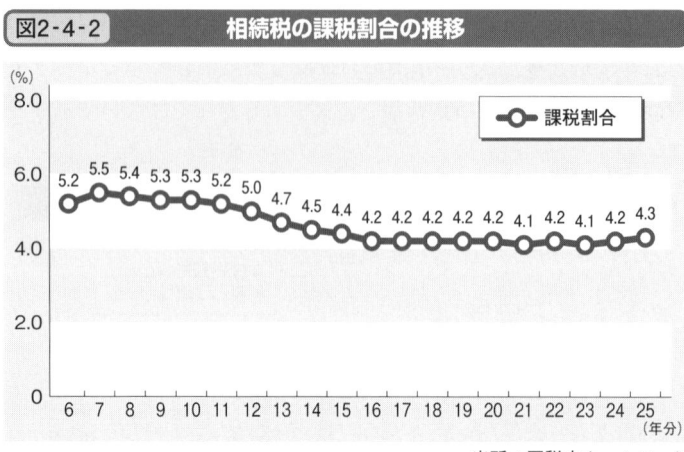

(%) 課税割合
6年: 5.2, 7年: 5.5, 8年: 5.4, 9年: 5.3, 10年: 5.3, 11年: 5.2, 12年: 5.0, 13年: 4.7, 14年: 4.5, 15年: 4.4, 16年: 4.2, 17年: 4.2, 18年: 4.2, 19年: 4.2, 20年: 4.2, 21年: 4.1, 22年: 4.2, 23年: 4.1, 24年: 4.2, 25年: 4.3

出所：国税庁ホームページ

3．相続税申告者数の激増

　予測される「6％〜7％台」という課税割合は、提出された申告書のうち、相続税額のある者の割合ですから、基礎控除額を超える相続財産はあるけれど、配偶者の税額軽減や小規模宅地等の特例を適用して、結果として相続税額が無くなる場合は含まれていません。

　例えば、自宅の敷地が50坪（165㎡）あり、路線価が1㎡当たり25万円である場合、宅地だけで相続税評価額が4,125万円となります。相続人が配偶者と子2人の場合には、その他の財産が1,000万円以上あると、遺産総額が基礎控除額（3,000万円＋600万円×3人＝4,800万円）を超えることになり、相続税の申告書の提出が必要となります。しかし、遺産分割の完了を要件として、小規模宅地等の特例を適用することができれば、課税価格は基礎控除額以下となり相続税はかかりません。

　また、配偶者の税額軽減等の特例の適用を受ければ、1億6,000万円までの課税財産ならば配偶者には相続税はかかりません。ただし、これらの特例を受けるには相続税の申告書の提出が必要です。

　基礎控除額が大幅に減少する平成27年1月1日以後の相続等から、上記事例のように、相続税はかからないけれど相続税の申告書の提出をしなければならない人が、都心部の戸建住宅の所有者を中心に激増すると思われます。

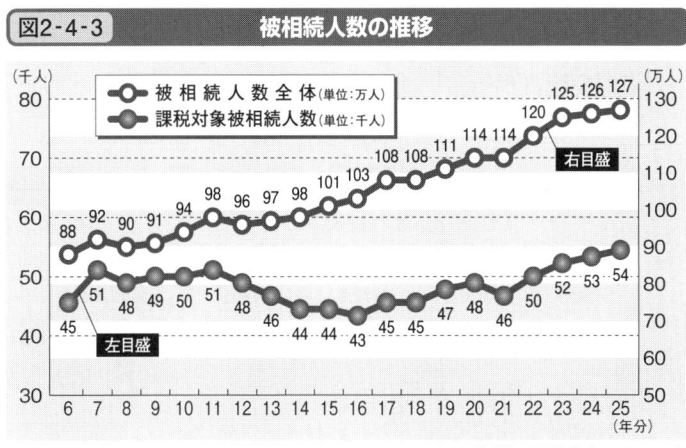

第4節 平成27年から相続税申告書提出者の激増が予測される

図2-4-3 被相続人数の推移

出所：国税庁ホームページ

4．税率構造も引上げ

　高額の遺産取得者を中心に負担を求める観点から、相続税の最高税率が6億円超の部分については50％から55％へと、2億円超3億円以下の部分については40％から45％へと引き上げられています。
　このように、資産家にとっては、ますます増えていく相続税にどう対処するかは、頭の痛い問題です。

第2章 相続税の歴史と現況

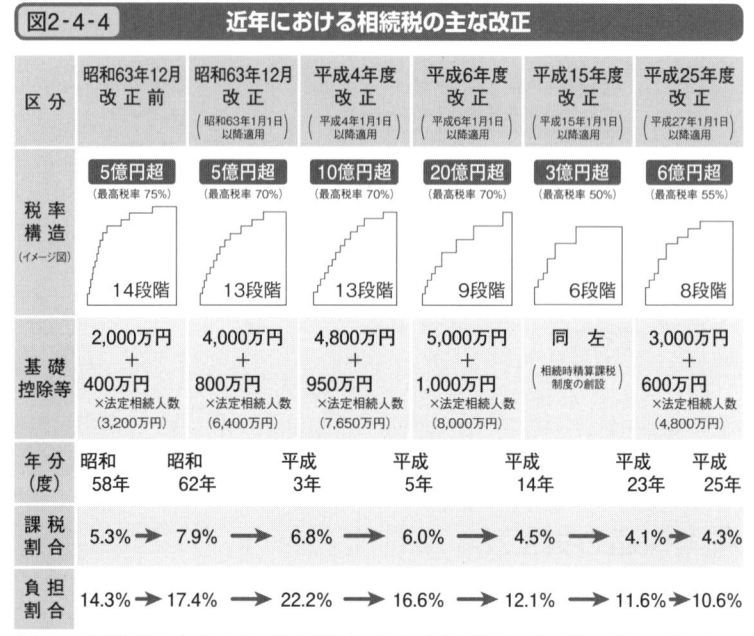

図2-4-4　近年における相続税の主な改正

区分	昭和63年12月改正前	昭和63年12月改正（昭和63年1月1日以降適用）	平成4年度改正（平成4年1月1日以降適用）	平成6年度改正（平成6年1月1日以降適用）	平成15年度改正（平成15年1月1日以降適用）	平成25年度改正（平成27年1月1日以降適用）
税率構造（イメージ図）	5億円超（最高税率75%）14段階	5億円超（最高税率70%）13段階	10億円超（最高税率70%）13段階	20億円超（最高税率70%）9段階	3億円超（最高税率50%）6段階	6億円超（最高税率55%）8段階
基礎控除等	2,000万円＋400万円×法定相続人数（3,200万円）	4,000万円＋800万円×法定相続人数（6,400万円）	4,800万円＋950万円×法定相続人数（7,650万円）	5,000万円＋1,000万円×法定相続人数（8,000万円）	同左（相続時精算課税制度の創設）	3,000万円＋600万円×法定相続人数（4,800万円）
年分（度）	昭和58年	昭和62年	平成3年	平成5年	平成14年	平成23年　平成25年
課税割合	5.3% →	7.9% →	6.8% →	6.0% →	4.5% →	4.1% → 4.3%
負担割合	14.3% →	17.4% →	22.2% →	16.6% →	12.1% →	11.6% → 10.6%

注）1　基礎控除の（　）内は、法定相続人が3人（例：配偶者＋子2人）の場合の額である。
　　2　課税割合は、課税件数／死亡者数であり、負担割合は、納付税額／合計課税価格である。
　　3　合計課税価格とは、小規模宅地の特例による減額等を行った後、基礎控除を差し引く前の課税対象財産の価格である。

出所：財務省ホームページ

第5節

資産家ほど相続税は増税になる

ポイント 相続税は累進税率であるため、基礎控除額の減少に伴う増税により遺産の多い人ほど高額になります。第1次相続において1億6,000万円までの配偶者の税額軽減を活用すると、かえって第1次相続と第2次相続における相続税の合計額が増加することもあるため要注意です。

【解説】

1. 平成27年からの相続税の増税

相続税の税率は、バブル期の不動産や株式の価額上昇に対応するために、昭和63年、平成4年、平成6年と順次引き下げられました。

さらに平成15年には地価は下落を続けているにもかかわらず、活力ある経済社会を構築するとして、最高税率が70%から50%に引き下げられ、税率構造も緩和されました。

ところがその後、財政不足が続き、消費税率も引き上げられる中、資産家に今まで以上の税負担を求めるとして、平成27年1月1日以後の相続等から、基礎控除額の引下げと、相続税の最高税率が6億円超の部分について50%から55%へ、2億円超3億円以下の部分の税率についても40%から45%へと引き上げられ、増税が行われました（相法16）。

第2章 相続税の歴史と現況

図2-5-1　平成27年からの相続税の基礎控除額の引下げと速算表

1　相続税の基礎控除額の引下げ

（平成26年12月31日まで）5,000万円＋1,000万円×法定相続人数
⇩
（平成27年1月1日以後）3,000万円＋600万円×法定相続人数

2　相続税の速算表

法定相続分に応じた各相続人の取得金額	平成26年12月31日まで	平成27年1月1日以後
1,000万円以下	10%	10%
1,000万円超　3,000万円以下	15%－　　50万円	15%－　　50万円
3,000万円超　5,000万円以下	20%－　 200万円	20%－　 200万円
5,000万円超　1億円以下	30%－　 700万円	30%－　 700万円
1億円超　2億円以下	40%－1,700万円	40%－1,700万円
2億円超　3億円以下	40%－1,700万円	45%－2,700万円
3億円超　6億円以下	50%－4,700万円	50%－4,200万円
6億円超	50%－4,700万円	55%－7,200万円

2. 世界から見た日本の相続税

　相続税を廃止している国も多くある中、改正後の日本の相続税の最高税率は世界でもトップ水準であり、資産家にとってはますます厳しい国になりました。

　被相続人と相続人双方の住所が5年以上国外にある場合には、日本にある遺産に対してのみ相続税が課税されます。しかし、相続時に相続人が国外に住んでいようとも、被相続人又は相続人のどちらか一方が相続開始前5年以内に日本に住所を有していた場合には、全世界にある遺産に日本の相続税が課税されます。

　日本の相続税を回避するには、日本のすべての財産を国外に持ち出して家族全員で移住するほかないのです。しかも、被相続人と相続人双方の移住後5年以上経過しなければなりません。そして、その場合も、株式等の国外移転には譲渡所得課税があります。

　しかし、移住した国で相続税が課税されたのでは意味がありません。移住者

に人気のある、相続税のない国を参考までに挙げると、スイス、カナダ、オーストラリア、ニュージーランド、スウェーデン、イタリア、マレーシア、シンガポールなどがあります。相続税の廃止理由として、事業承継の妨げになるという批判、家庭への国家の介入は最小限にすべきという考え、タックス・ヘイブンとして海外から資産家を呼び込みたいという意図など、国によって様々な要因が背景にあるようです。

これ以上の相続税の増税が実施されると、日本の資産家たちが国内資産を国外財産に組み換え、資産を携え相続税のない国に家族そろって国外脱出するのではないかと心配になります。

3. 資産家への課税強化

しかし、日本から不動産を持ち出すことのできない地主さんや、日本を離れられない中小企業のオーナーなどはそうはいきません。これらの方々は担保が付されている不動産や自社株式等の換金できない財産が大半を占めているため、今回の相続税の増税は非常にこたえます。

基礎控除額が下がれば課税遺産総額が増え、相続税は累進税率であり課税遺産総額が多ければ多いほど税率が高くなります。つまり、基礎控除引下げによる増加分の課税財産額が同じであったとしても、課税遺産全体の額が大きいほど相続税負担が累進的に増えるのです。今回の相続税増税の問題は、相続税の納税者が増えたことではなく、資産家に対する課税強化である点です。

次頁の3つの表は、配偶者と子2人が法定相続分どおり相続したものと仮定して作成した相続税額の比較表です。財産が多ければ多いほど、相続税額が累進的に増えているのがよく分かります。

【第1次相続：配偶者が生存している場合の相続税の総額（配偶者税額軽減後）】

		平成26年12月31日まで	平成27年1月1日以後	増加額
相続税の課税価格	1億円	100万円	315万円	215万円
	3億円	2,300万円	2,860万円	560万円
	5億円	5,850万円	6,555万円	705万円
	10億円	1億6,650万円	1億7,810万円	1,160万円
	20億円	4億950万円	4億3,440万円	2,490万円

注）相続人は配偶者と子2人であり、法定相続分により相続したものとして、相続税額を計算。

【第2次相続：配偶者の相続した第1次相続分がそのまま第2次相続されると仮定した場合の相続税の総額】

		平成26年12月31日まで	平成27年1月1日以後	増加額
相続税の課税価格	5,000万円	0	80万円	80万円
	1億5,000万円	1,200万円	1,840万円	640万円
	2億5,000万円	4,000万円	4,920万円	920万円
	5億円	1億3,800万円	1億5,210万円	1,410万円
	10億円	3億7,100万円	3億9,500万円	2,400万円

【第1次相続・第2次相続を通じて子が支払う相続税の総額】

		平成26年12月31日まで	平成27年1月1日以後	増加額
相続税の課税価格	1億円	100万円	395万円	295万円
	3億円	3,500万円	4,700万円	1,200万円
	5億円	9,850万円	1億1,475万円	1,625万円
	10億円	3億450万円	3億3,020万円	2,570万円
	20億円	7億8,050万円	8億2,940万円	4,890万円

4. 配偶者の相続税額の軽減の活用法

　相続税の計算方法に関しては、基礎控除額と税率構造の見直し以外は従来どおりなので、配偶者が法定相続分又は1億6,000万円まで相続しても税額軽減される措置は継続されています（相法19の2）。したがって、配偶者の法定相続分が1億6,000万円以下であっても、配偶者が1億6,000万円までを相続すれば相続税はかかりません。そのため、基礎控除額が下がったことにより、相続税がかかることになった又は相続税が増えた場合、遺産分割において相続税対策として、配偶者が法定相続分を超え1億6,000万円まで相続するケースが増えることが予想されます。

　しかし、1億6,000万円までの無税を狙い、配偶者が法定相続分を超える相続をした場合の方が、結果として、子にとって両親の相続に関して支払うべき相続税の合計額が増加する場合も多々あると思われます。第1次相続のときに支払う相続税だけを考えて遺産分割せず、第1次相続と第2次相続の双方を考慮して総合的に判断してください（第10章第3節参照）。

第6節

相続税のあらましと仕組み

> **ポイント**
> 民法上の相続財産のほか、生命保険金等のみなし相続財産、3年以内の相続人等への贈与財産にも相続税がかかります。ただし、墓地等の非課税財産には税金がかからず、一定の債務や葬式費用も遺産から控除することができます。

【解説】

1. 相続税のあらまし

相続税は、個人が亡くなった人（被相続人）の財産を相続、遺贈や相続時精算課税に係る贈与によって取得した場合に、その取得した財産の価額を基に課される税金です。

2. 基礎控除額を超えると相続税がかかる

相続税は、各人が相続した正味の遺産額が基礎控除額を超える場合に課税されます。

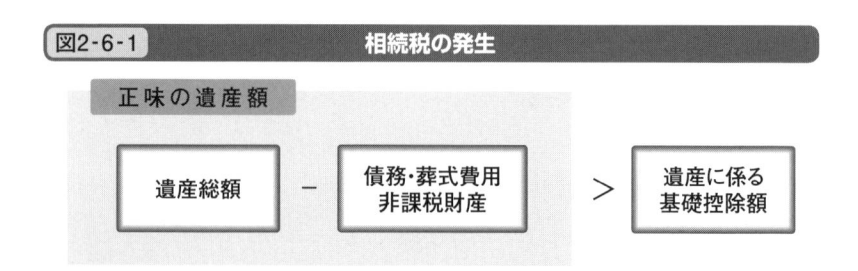

図2-6-1　相続税の発生

正味の遺産額

遺産総額 － 債務・葬式費用 非課税財産 ＞ 遺産に係る基礎控除額

遺産に係る基礎控除額は、次のように計算します（相法15①）。

$$3,000万円＋600万円×法定相続人の数＝基礎控除額$$

相続人が配偶者と子2人の場合、法定相続人は3人となりますから、次の金額が、遺産に係る基礎控除額となります。

$$3,000万円＋600万円×3人＝4,800万円$$

この場合、正味の遺産額が4,800万円以下ならば、相続税は課税されません。

なお、算式における「法定相続人の数」は、相続の放棄をした人があっても、その放棄がないとした場合の相続人の数をいいます。

3. 相続税のかかる財産

相続税のかかる財産には、被相続人が死亡の日に所有していた現金・銀行預金・郵便貯金・株式・公社債・土地・建物・事業用財産・家庭用財産・ゴルフ会員権など一切の財産が含まれます。これらの土地、建物、有価証券、預貯金などのすべての財産は時価で評価します（相法22）。なお、この相続税法の時価は財産評価基本通達などにより、その財産の種類ごとに評価の方式が定められています。

4. みなし相続財産

以下の財産は相続財産ではなく受取人固有の財産ですが、実体は相続又は遺贈により取得したのと同様であるとして、相続財産とみなされ相続税がかかります（相法3①）。

①被相続人の死亡に伴って支払われる死亡保険金、損害保険金等のうち、被相続人が負担した保険料に対応する部分の金額
②死亡退職金等、死亡に伴い支払われる退職金、功労金、退職給付金など
③生命保険契約に関する権利（被相続人が保険料を負担し、被相続人以外の人が契約者となっている生命保険契約で、相続開始の時において、まだ保険金の支払事由が発生していないもの）

④被相続人が掛金や保険料を負担していた年金等
⑤被相続人の遺言によって債務の免除を受けた場合などの経済的利益
⑥贈与税の納税猶予の特例を受けていた農地等や非上場株式等など

5. 相続税のかからない財産

次のような財産には、相続税はかかりません（相法12①）。
①墓地、墓碑、仏壇、仏具などの祭祀具
②相続人が受け取った生命保険金等のうち、一定の金額
　（非課税限度額＝500万円×法定相続人の数）
③相続人が支給を受けた退職手当金等のうち、一定の金額
　（非課税限度額＝500万円×法定相続人の数）
④心身障害者扶養共済制度に基づく給付金の受給権
⑤宗教、慈善、学術その他公益を目的とする事業を行う一定の人が取得した財産で、その公益を目的とする事業の用に供することが確実なもの
⑥相続税の申告期限までに、国、地方公共団体、特定の公益法人、認定特定非営利活動法人等に寄附した一定の財産

6. 相続財産から控除できる債務のあらまし

(1) 控除できる債務

　被相続人の債務は、相続財産（相続時精算課税適用財産を含む）の価額から差し引かれます。差し引くことができる債務には、借入金や未払金などのほか、被相続人が納めなければならなかった国税や固定資産税などで、納めていなかったものが含まれます（相法13①②）。
　なお、相続を放棄しない限り、保証債務や連帯保証債務も自動的に相続することになりますが、保証債務や確定していない債務は控除できませんのでご注意ください。

(2) 控除できる葬式費用

　被相続人の葬式に際して相続人が負担した費用は、相続財産の価額から差し

引かれます。葬式費用とは、次のものをいいます（相法13①二、相基通13-4〜13-6）。

① 葬式もしくは葬送に際し、又はこれらの前において、埋葬、火葬、納骨又は遺がい、もしくは遺骨の回送その他に要した費用（仮葬式と本葬式とを行うものにあっては、その両者の費用）
② 葬式に際し施与した金品で、被相続人の職業、財産その他の事情に照らして相当程度と認められる葬儀社、タクシー会社などへの支払い
③ お通夜に要した費用など、葬式の前後に生じた出費で通常葬式に伴うものと認められるもの
④ 死体の捜索又は死体もしくは遺骨の運搬に要した費用

ただし、次に掲げるような費用は、葬式費用として取り扱われません。
・香典返戻費用
・墓碑及び墓地の買入費並びに墓地の借入料
・法会に要する費用
・医学上又は裁判上の特別の処置に要した費用
・初七日等の法要に要した費用など（たとえ当日に払ったとしても葬式費用には含まれない）

7．加算する贈与財産

　相続又は遺贈等により財産を取得した相続人等が相続開始前3年以内に被相続人から贈与された財産は、贈与税の110万円の基礎控除額の範囲のものを含め、原則として相続財産に加算します。ただし、加算した贈与財産につき、既に支払った贈与税があれば相続税額から差し引かれますが、控除し切れない額は切り捨てとなります（相法19①）。

　また、相続時精算課税制度の適用を受けた贈与財産の価額（相続開始時の価額ではなく、贈与時の価額）は、相続税の課税価格に加算され、相続税がかかります。暦年課税と同様、加算した贈与財産につき、既に支払った贈与税があれば相続税額から差し引かれ、なお控除し切れない額は還付されます（相法21の14〜21の16）。

図2-6-2　相続税の計算方法のあらまし

積極財産

民法上の相続財産
＊仏壇・仏具等の非課税財産を除く

みなし相続財産
- 生命保険金
- 生命保険契約の権利
- 死亡退職金
- 定期金に関する権利 等

贈与財産
- 相続開始前3年以内に相続等により財産を取得した人等に贈与された財産 等
- 相続時精算課税制度の適用を受けた財産 等

純資産価額

課税遺産総額

基礎控除
3,000万円+600万円×法定相続人の数

消極財産

債務・葬式費用
- 銀行借入金
- 公租公課
- 病院費用
- 葬式費用一式 等

↓

法定相続分による分割※
配偶者 1/2　　子Ⓐ 1/4　　子Ⓑ 1/4

※前提条件…配偶者　子Ⓐ、Ⓑ　2名

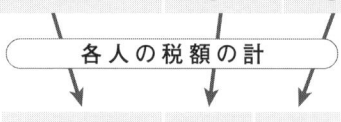

↓

各人の税額の計
配偶者の税額　子の税額　子の税額

↓

相続税の総額

↓

実際の取得割合であん分して
各人の負担税額を計算

第7節

相続時精算課税適用者は相続税の納税義務者になる

> **ポイント**　相続時精算課税の適用を受けた場合、2,500万円までの特別控除と一律20％の贈与税率で済みます。しかし、相続時には贈与時の課税価格で持ち戻されて相続税が計算されますので、相続税の申告時には注意が必要です。

【解説】

1. 相続時精算課税制度の仕組み

　贈与を受けた人は暦年課税に係る贈与税の申告を行うか、相続時精算課税の適用を受けて贈与税の申告を行うかを選択します（相法21の9）。

　相続時精算課税を適用した場合には、その他の財産と区分して、贈与者各人からの精算課税適用財産の価額の合計額を基に計算した贈与税の申告を行い、納税します。相続時精算課税適用者の贈与税の計算については、特別控除額が2,500万円、2,500万円を超えた場合には、その超えた部分の金額に対して20％とされています（相法21の12、21の13）。

　その後、相続が発生したときに、相続時精算課税適用者が被相続人から取得した相続時精算課税適用財産の価額は、相続税の課税価格に加算されて、相続税額が計算されます。つまり、相続時精算課税の適用を受けた人は、父母、又は祖父母の相続時に、それまでの相続時精算課税適用財産の価額を集計し、相続財産と合わせて相続税額を計算するのです（相法21の14、21の15）。

　なお、相続時精算課税適用者が、相続や遺贈によって財産を取得しない場合であっても、被相続人から取得した相続時精算課税適用財産の価額は相続又は遺贈により取得したものとみなされ、相続税がかかります（相法21の16）。

そうして計算した相続税額から、二重課税とならないように、既に支払った贈与税額を控除します。もし相続税額から控除し切れない贈与税相当額があれば、還付を受けることができます（相法21の14、21の15）。つまり、制度の名称どおり、相続のときに、贈与税と相続税との間の精算を行うという仕組みになっているのです。

2. 相続時精算課税制度の適用対象者と計算方法

　平成27年1月1日以後の贈与から、相続時精算課税に係る贈与者は満60歳以上である父母又は祖父母とされており、満20歳以上の子である推定相続人（代襲相続人も含まれ、養子も可）及び孫に対する贈与に限り適用されます（相法21の9①）。受贈者の人数に制限はなく、受贈者ごとに制度を選択でき、父母、又は祖父母についてもそれぞれの贈与者ごとに選択することができます。

　暦年課税に係る贈与については、受贈者ごとにその年に受けたすべての人からの贈与により取得した財産を合計して贈与税を計算しますが、この相続時精算課税の適用を受けた場合には、ここから切り離して贈与者ごとに計算し、その贈与者に相続が発生するまで合算して、贈与税を計算します。

3. 相続時精算課税制度の選択の手続き

　相続時精算課税の適用を受けようとする人は、贈与を受けた年の翌年2月1日から3月15日までの間に、相続時精算課税の適用を受ける旨の「相続時精算課税選択届出書」を「贈与税の申告書」とともに、贈与者ごとに、税務署長に提出する必要があります（相法21の9②）。

　一度この相続時精算課税の適用を受けると、その贈与者からの贈与については、相続発生時まで継続して適用され、暦年課税に係る贈与に戻ることはできません（相法21の9⑥）。贈与の回数や財産の種類、1回の贈与金額、贈与の期間などに制限はありませんので、2,500万円に達するまでは何度でも無税で贈与できます。

　この制度を適用するときは、暦年課税に係る贈与による110万円の基礎控除額はありませんので注意が必要です（相法21の11）。

4. 相続税課税時に加算する相続時精算課税適用財産の価額

　相続税の計算においては相続財産は相続発生時の価額で評価しますが、合算される相続時精算課税適用財産の価額は贈与時の課税価格で加算します（相法21の15①）。ここが、この相続時精算課税の大きなポイントです。結果として、贈与時点と比較して、相続時に贈与財産が値上がりしていれば相続税負担は軽くなり、値下がりしていれば相続税負担は重くなるからです。

　相続税のかかる家族にとって、贈与を受けた財産について相続時精算課税の適用を受けるかどうかは難しい判断です。

5. 贈与者ごとに適用の可否を判断する

　相続時の相続税負担を軽減する対策としては、相続税がかかる推定相続人等が贈与により取得した財産については、暦年課税を選択する方が有利です。ただし、将来値上がりする可能性の高い財産や着実に収入を生む財産を事前に、一括して移転するためには相続時精算課税の適用を受けるのもよいでしょう。

　相続時精算課税は贈与を受けた受贈者が別々に、贈与者を各人ごとに区別して適用を受けることができます。例えば、父、母、祖父母それぞれからの贈与につき相続時精算課税を選択すると、最高で2,500万円×6人＝1億5,000万円まで無税で贈与してもらうことができます。それ以外の人からの贈与については相続時精算課税の適用はありませんので、暦年課税での申告になります。

　そうすると、父、母、父方の祖父、母方の祖父、父方の祖母、母方の祖母からの贈与については、暦年課税制度の①特例贈与財産と②一般贈与財産、相続時精算課税制度の③一般贈与財産と④住宅取得等贈与資金、⑤住宅取得等資金贈与非課税措置、⑥教育資金一括贈与非課税措置、⑦結婚・子育て資金一括贈与非課税措置、という7つの贈与税の計算方法が考えられます。

　相続税の申告に際しては、相続時精算課税適用者がいないかどうか綿密な調査が必要でしょう。

第2章 相続税の歴史と現況

図2-7-1　相続時精算課税制度の税額計算の流れ

事例　夫婦と子2人の家族で、子Cは親Aからの贈与について相続時精算課税制度を選択し、2回の贈与を受けていた。

贈与財産…1年目：1,500万円、2年目：1,800万円

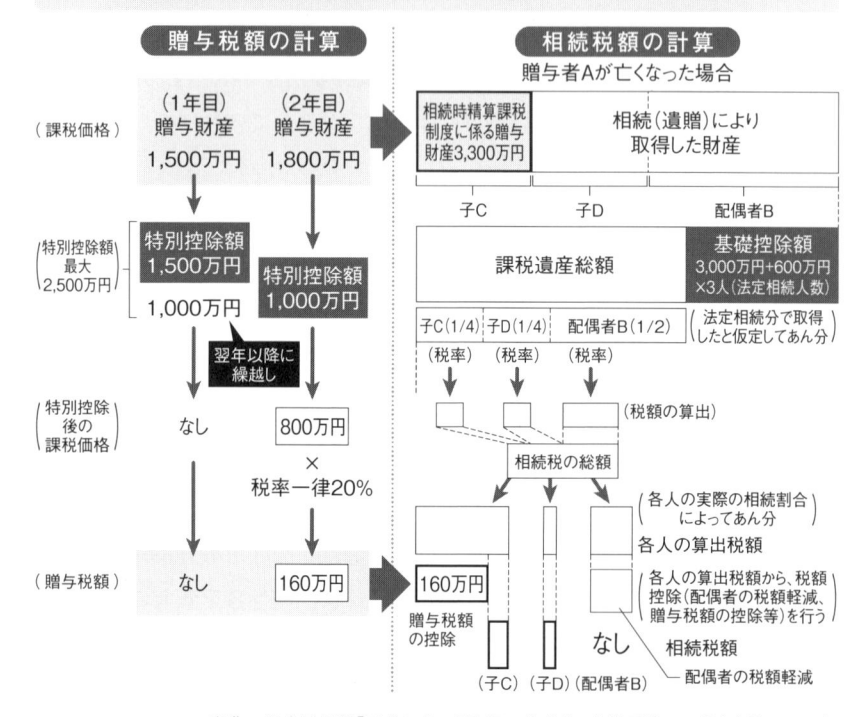

贈与税額の計算

（課税価格）	（1年目）贈与財産 1,500万円	（2年目）贈与財産 1,800万円
（特別控除額 最大2,500万円）	特別控除額 1,500万円	特別控除額 1,000万円
		翌年以降に繰越し 1,000万円
（特別控除後の課税価格）	なし	800万円 × 税率一律20%
（贈与税額）	なし	160万円

相続税額の計算

贈与者Aが亡くなった場合

（課税価格）	相続時精算課税制度に係る贈与財産 3,300万円	相続（遺贈）により取得した財産
	子C　子D　配偶者B	
	課税遺産総額	基礎控除額 3,000万円+600万円×3人（法定相続人数）
	子C(1/4) 子D(1/4) 配偶者B(1/2)　（法定相続分で取得したと仮定してあん分）
	（税率）（税率）（税率）
	→（税額の算出）
	相続税の総額
	各人の実際の相続割合によってあん分
	各人の算出税額
	各人の算出税額から、税額控除（配偶者の税額軽減、贈与税額の控除等）を行う
	160万円 贈与税額の控除　（子C）（子D）（配偶者B）なし　相続税額　配偶者の税額軽減

出典：坪多晶子著『平成25年9月改訂　成功する事業承継Q&A』清文社、2013年

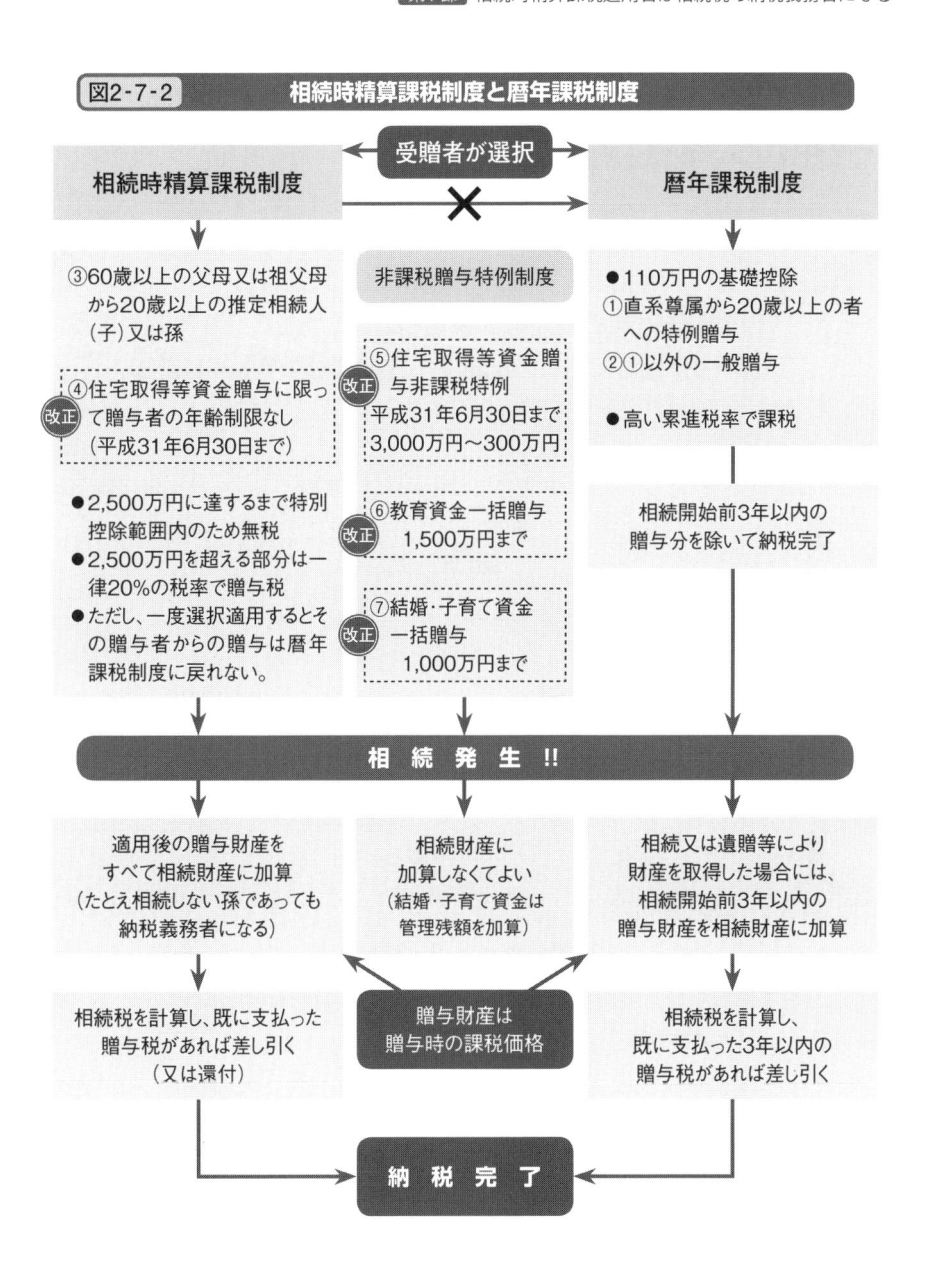

第7節 相続時精算課税適用者は相続税の納税義務者になる

図2-7-2　相続時精算課税制度と暦年課税制度

受贈者が選択

相続時精算課税制度

③60歳以上の父母又は祖父母から20歳以上の推定相続人（子）又は孫

④[改正] 住宅取得等資金贈与に限って贈与者の年齢制限なし（平成31年6月30日まで）

- 2,500万円に達するまで特別控除範囲内のため無税
- 2,500万円を超える部分は一律20％の税率で贈与税
- ただし、一度選択適用するとその贈与者からの贈与は暦年課税制度に戻れない。

非課税贈与特例制度

⑤[改正] 住宅取得等資金贈与非課税特例
平成31年6月30日まで
3,000万円〜300万円

⑥[改正] 教育資金一括贈与
1,500万円まで

⑦[改正] 結婚・子育て資金一括贈与
1,000万円まで

暦年課税制度

- 110万円の基礎控除
  ①直系尊属から20歳以上の者への特例贈与
  ②①以外の一般贈与
- 高い累進税率で課税

相続開始前3年以内の贈与分を除いて納税完了

相 続 発 生 !!

適用後の贈与財産をすべて相続財産に加算（たとえ相続しない孫であっても納税義務者になる）

相続財産に加算しなくてよい（結婚・子育て資金は管理残額を加算）

相続又は遺贈等により財産を取得した場合には、相続開始前3年以内の贈与財産を相続財産に加算

相続税を計算し、既に支払った贈与税があれば差し引く（又は還付）

贈与財産は贈与時の課税価格

相続税を計算し、既に支払った3年以内の贈与税があれば差し引く

納 税 完 了

第8節

相続税の計算方法と納付すべき税額の算出方法

> **ポイント**　相続税額は、各人の課税価格の合計額から基礎控除額を差し引き、法定相続人が法定相続したものとして計算します。その総額を実際の各人の課税価格であん分し、2割加算や各種税額控除をして各人の納付すべき相続税額を計算します。

【解説】

1. 相続税額の計算方法

各人の納付すべき相続税額の計算方法について、順序を追って説明すると次のとおりです。

(1) 各人の課税価格の計算

まず、相続、遺贈や相続時精算課税に係る贈与によって財産を取得した人ごとに、相続税のかかる財産の価額から、債務・葬式費用を差し引いて各人の課税価格を計算します（相法15①）。

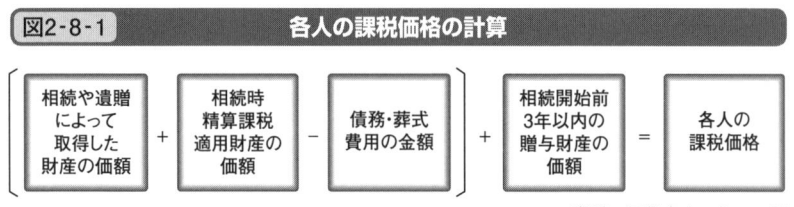

図2-8-1　各人の課税価格の計算

相続や遺贈によって取得した財産の価額　＋　相続時精算課税適用財産の価額　－　債務・葬式費用の金額　＋　相続開始前3年以内の贈与財産の価額　＝　各人の課税価格

出所：国税庁ホームページ

(2) 課税遺産総額の計算

上記（1）で計算した各人の課税価格を合計した金額が「課税価格の合計額」となり、その合計額から遺産に係る基礎控除額（3,000万円＋600万円×法定相続人の数）を差し引いた金額が課税遺産総額となります。

図2-8-2　課税遺産総額の計算

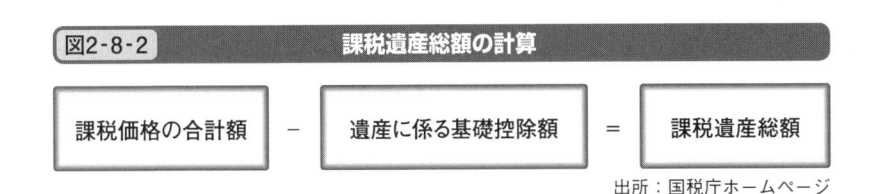

課税価格の合計額 － 遺産に係る基礎控除額 ＝ 課税遺産総額

出所：国税庁ホームページ

(3) 相続税の総額の計算

相続税の総額は、まず、相続人等が遺産を実際にどのように分割したかに関係なく、上記（2）の課税遺産総額を法定相続人の数に応じた法定相続分に応じて取得したものと仮定し、各人ごとの取得金額を計算します。

次に、この各人ごとの取得金額にそれぞれの相続税の税率を掛けた金額（法定相続分に応じる税額）を計算し、各人ごとの金額を合計します。この合計した金額を相続税の総額といいます（相法16）。

図2-8-3　相続税の総額の計算（配偶者と子2人を相続人とした場合）

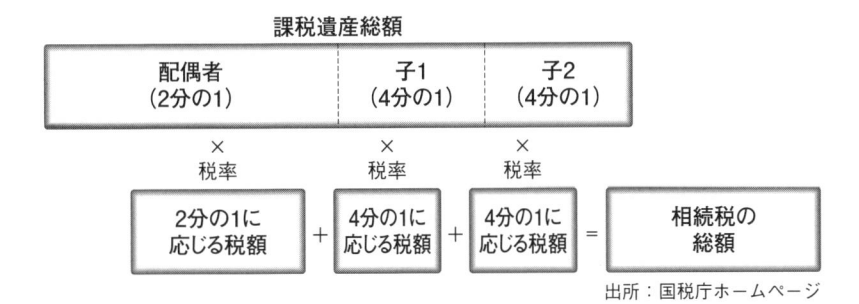

課税遺産総額

配偶者 （2分の1）	子1 （4分の1）	子2 （4分の1）
×税率	×税率	×税率
2分の1に応じる税額	4分の1に応じる税額	4分の1に応じる税額

2分の1に応じる税額 ＋ 4分の1に応じる税額 ＋ 4分の1に応じる税額 ＝ 相続税の総額

出所：国税庁ホームページ

【平成27年1月1日以後の相続税速算表】

法定相続分に応ずる取得金額	税率及び控除額
1,000万円以下	10%
1,000万円超 3,000万円以下	15% － 50万円
3,000万円超 5,000万円以下	20% － 200万円
5,000万円超 1億円以下	30% － 700万円
1億円超 2億円以下	40% － 1,700万円
2億円超 3億円以下	45% － 2,700万円
3億円超 6億円以下	50% － 4,200万円
6億円超	55% － 7,200万円

(4) 各人の納付すべき相続税額の計算

(3)の相続税の総額を、(2)の課税価格の合計額に占める(1)の各人の課税価格の割合であん分して計算した金額が、各人ごとの相続税額となります(相法17)。

なお、相続、遺贈や相続時精算課税に係る贈与によって財産を取得した人が、被相続人の一親等の血族(代襲して相続人となった孫等を含む)及び配偶者以外の人である場合には、その人の相続税額に、その2割に相当する金額が加算されます(相法18①)。

この場合の一親等の血族には、被相続人の養子も含まれます。ただし、被相続人の孫(直系卑属)は、被相続人の養子になっていても、被相続人の子が相続開始前に死亡した等のため、その孫が代襲相続人になっている場合を除き、この場合の一親等の相続人には含まれず、2割加算の対象となります(相法18②)。

相続時精算課税適用者が相続開始の時において、被相続人の一親等の血族に該当しない場合であっても、相続時精算課税に係る贈与によって財産を取得した時において、被相続人の一親等の血族であったときは、その財産に対応する一定の相続税額については2割加算の対象とはなりません。

最後に、各人ごとの相続税額から「贈与税額控除額」「配偶者の税額軽減額」「未成年者控除額」などの税額控除の額を差し引いた金額が、各人の納付すべき相続税額又は還付される税額となります。

第8節 相続税の計算方法と納付すべき税額の算出方法

図2-8-4　相続税の計算（具体例）

○「相続財産」の価額が8,000万円、「債務・葬式費用」の合計額が1,200万円である場合

相続人は妻と子2人で、「相続財産」の取得及び「債務・葬式費用」の負担は次の表のとおりとします。

	妻	子	子
① 相続財産	5,000万円	1,500万円	1,500万円
② 債務・葬式費用	1,200万円	―	―
③ 課税価格（①－②）	3,800万円	1,500万円	1,500万円

【課税価格の合計額の計算】
　3,800万円 ＋ 1,500万円 ＋ 1,500万円 ＝ 6,800万円

【課税遺産総額の計算】
　課税価格の合計額6,800万円から、遺産に係る基礎控除額4,800万円（※）を差し引いた金額、2,000万円が課税遺産総額となります。　　　※　3,000万円 ＋（600万円×3人）
　6,800万円 － 4,800万円 ＝ 2,000万円

【相続税の総額の計算】

課税遺産総額（2,000万円）

妻（2分の1）	子（4分の1）	子（4分の1）
1,000万円	500万円	500万円

まず、課税遺産総額2,000万円を法定相続分（「法定相続人の数」に応じた相続分）であん分します。

次に、あん分したそれぞれの金額に税率（下記「（参考）相続税の速算表」参照）を掛けて税額を計算します。

（×税率）	（×税率）	（×税率）
100万円	50万円	50万円

計算したそれぞれの税額を合計した金額が相続税の総額となります。

↓　　　　↓　　　　↓

相続税の総額　200万円

【各人の納付すべき相続税額の計算】

相続税の総額を課税価格の合計額に占める各人の課税価格の割合であん分します。

妻 112万円	子 44万円	子 44万円
200万円×3,800万円/6,800万円	200万円×1,500万円/6,800万円	

あん分した税額から、配偶者の税額軽減等の各種の税額控除の額を差し引きます。

（参考）相続税の速算表

区分	1,000万円以下	3,000万円以下	5,000万円以下	1億円以下	2億円以下	3億円以下	6億円以下	6億円超
税率	10%	15%	20%	30%	40%	45%	50%	55%
控除額	―	50万円	200万円	700万円	1,700万円	2,700万円	4,200万円	7,200万円

（注）1　納付税額が算出される場合は、申告期限（被相続人の亡くなった日の翌日から10か月以内）までに納付してください。
　　　2　納期限（申告期限）までに金銭で一時に納付することが困難な事由がある場合には、例外的な納付方法である延納又は物納が認められています（国税庁ホームページ【www.nta.go.jp】に、詳しい手続等を記載した「相続税・贈与税の延納の手引」又は「相続税の物納の手引」を掲載していますので、ご利用ください。）。

【相続税の主な特例】
1　小規模宅地等の特例
　被相続人又は被相続人と生計を一にしていた被相続人の親族の事業の用又は居住の用に供されていた宅地等がある場合には、一定の要件の下に、相続税の課税価格に算入すべき価額の計算上、一定割合を減額します。　※ 居住の用の場合：限度面積 330㎡、減額される割合 80％
2　配偶者の税額軽減（配偶者控除）
　被相続人の配偶者の課税価格が1億6,000万円までか、配偶者の法定相続分相当額までであれば、配偶者に相続税はかかりません。

※　**1及び2の特例を適用するためには、相続税の申告書を提出する必要があります。**

出所：国税庁ホームページ

第9節

相続税から控除される各種税額控除

> **ポイント** 各人の納付すべき相続税額を計算する際に、一定要件の下、あん分された税額から贈与税額控除、配偶者の税額軽減、未成年者控除、障害者控除、相次相続控除、外国税額控除等の各種の税額控除をすることができます。

【解説】

1. 税額控除のあらまし

　相続税の計算では、相続税の総額を各人の課税価格の割合であん分した金額から各種の税額控除の額を差し引いて、各人の納付すべき相続税額を計算します。税額控除には以下のものがあり、その控除は次の順序に従って行います。
　なお、以下の2から6までの控除によりマイナスになる場合は、納付すべき相続税額はありませんが、還付されることはありません。配偶者の税額軽減は第9章で解説しますので、この節では未成年者控除と障害者控除を中心に説明します。

2. 暦年課税分の贈与税額控除

　相続、遺贈や相続時精算課税に係る贈与によって財産を取得した人に、相続開始前3年以内の贈与財産について課せられた贈与税がある場合には、その人の相続税額からその贈与税額（贈与税の外国税額控除前の税額）を控除します（相法19①②）。

3. 配偶者の税額軽減 (詳細は、第9章第1節参照)

　相続や遺贈によって財産を取得した人が被相続人の配偶者である場合には、その配偶者の相続税額から、法定相続分又は1億6,000万円までの財産に係る相続税額を控除します。なお、配偶者の税額軽減を受けることによって納付すべき相続税額がなくなる人であっても、相続税の申告書の提出が必要です。

4. 未成年者控除

(1) 未成年者控除の推移

　未成年者控除は、シャウプ勧告による昭和25年度税制改正により、子が自立し得るまでに必要とする養育費を、相続財産から優先的に控除すべきであるとして設けられました。当初は遺産取得課税方式を採っていましたので、1万円に18歳に達するまでの年数を乗じて算出した金額が課税価格から控除されていました。

　昭和33年度税制改正により、現行の相続税の計算方式にされたのに伴い、未成年者控除制度についても、課税価格から控除するのではなく、納付すべき税額から未成年者が20歳に達するまでの年数1年につき1万円が税額控除されることとなりました。さらに、この税額控除は、昭和48年には2万円、昭和50年には3万円、昭和63年には6万円にと控除額が順次引き上げられてきました。

(2) 未成年者控除の適用要件

　昭和63年以来長年にわたって据え置かれていましたが、平成27年1月1日以後の相続等から、相続又は遺贈により財産を取得した者（制限納税義務者を除く）が、被相続人の法定相続人（相続の放棄がなかったとした場合の相続人）に該当し、かつ、20歳未満の者である場合において、その者について、「10万円×20歳に達するまでの年数（1年未満の端数切上げ）」により算出した金額を相続税額から控除することができるようになりました（相法19の3①）。

　　　未成年者控除額 ＝ 10万円 ×（20歳に達するまでの年齢）※

※1年未満の端数切上げ

さらに、未成年者控除額がその人の相続税額を超える場合には、その超える金額を、その人の扶養義務者の相続税額から控除することができます（相法19の3②）。なお、過去に未成年者控除の適用を受けた人の控除額は、上記により計算した金額と次の①から②を差し引いた金額のうち、いずれか少ない方の金額となりますのでご注意ください（相法19の3③）。

① 10万円に前の相続開始の日からその人が満20歳に達するまでの年数を掛けて計算した金額

② 過去の相続税額の計算において、その人及びその人の扶養義務者が実際に控除を受けた未成年者控除の金額

5. 障害者控除

(1) 障害者控除の推移

　昭和47年度の税制改正により、未成年者に対する援助措置に準ずるものとして障害者控除が新設され、障害者が相続により取得した財産に係る相続税について、70歳までの1年につき1万円（特別障害者については3万円）の税額が控除されることとなりました。この税額控除は、昭和48年には2万円、昭和50年には3万円、昭和63年には6万円にと控除額が順次引き上げられてきました。そして、平成22年度税制改正において、平均寿命が大きく伸長しているとして、障害者控除の計算に用いる年齢が「70歳」から「85歳」へ引き上げられました。

(2) 障害者控除の適用要件

　未成年者控除と同様に、長年にわたって据え置かれていた障害者控除額が、平成27年1月1日以後の相続等から、相続又は遺贈により財産を取得した者（非居住無制限納税義務者又は制限納税義務者を除く）が、被相続人の法定相続人（相続の放棄がなかったとした場合の相続人）に該当し、かつ、障害者である場合において、その者については、「10万円×85歳に達するまでの年数（1年未満の端数切上げ）」、その者が特別障害者である場合には「20万円×85歳に達するまでの年数（1年未満の端数切上げ）」により算出した金額を相続税額から控除することができるようになりました（相法19の4①）。

一般障害者控除額 ＝ 10万円 × （85歳に達するまでの年齢）※

※1年未満の端数切上げ

特別障害者控除額 ＝ 20万円 × （85歳に達するまでの年齢）※

※1年未満の端数切上げ

(3) 成年被後見人は相続税法上も特別障害者の対象に

　家庭裁判所から「精神上の障害により事理を弁識する能力を欠く常況にある者」として後見開始の審判を受けた、いわゆる成年被後見人は、所得税法と同様に、相続税法上においても障害者控除の対象となる特別障害者に該当する文書回答（平成26年3月14日）が、国税庁から明らかにされています。相続税の申告に際しては、障害者の認定を受けていないからといって、この特別障害者控除の適用を受けることを忘れないようにしてください。

6．相次相続控除

　今回の相続開始前10年以内に被相続人が相続、遺贈や相続時精算課税に係る贈与によって財産を取得し相続税が課せられていた場合には、その被相続人から相続、遺贈や相続時精算課税に係る贈与によって財産を取得した人（相続人に限る）の相続税額から一定の金額を控除します（相法20）。

7．外国税額控除

　相続、遺贈や相続時精算課税に係る贈与によって外国にある財産を取得したため、その財産について外国で相続税に相当する税金が課された場合には、その人の相続税額から一定の金額を控除します（相法20の2）。

8．相続時精算課税適用財産の贈与税額控除

　相続時精算課税適用者に相続時精算課税適用財産について課せられた贈与税がある場合には、その人の相続税額からその贈与税額（贈与税の外国税額控除前の税額）に相当する金額を控除します（相法21の15②）。

この場合に、なお控除し切れない金額があるときは、その控除し切れない金額に相当する税額の還付を受けることができます。ただし、相続時精算課税適用財産に係る贈与税について外国税額控除の適用を受けた場合には、その控除し切れない金額からその外国税額控除額を控除した残額しか還付を受けることはできません。

　また、この税額の還付を受けるためには、納付すべき相続税がない場合であっても、相続税の申告書を提出しなければなりません（相法27③）。

第10節

相続税における財産評価

ポイント 原則として宅地は路線価、家屋は固定資産税評価額、上場株式は3か月間の平均終値の最低値、取引相場のない株式は財産評価通達等により評価します。また、貸地や貸家、貸家建付地は一定の借地権や借家権等が控除されます。

【解説】

1. 相続財産の評価のあらまし

相続財産の価額は、原則として、相続開始の時の時価で評価します（相法22）。詳細は第5章～第7章でご説明しますが、主な財産の評価のあらましは次のとおりです。

(1) 不動産の評価
①宅地

宅地の評価方法には、路線価方式と倍率方式という2つの方法があります（評基通11）。

路線価方式とは路線価が定められている地域の評価方法です。路線価とは、路線（道路）に面する標準的な宅地の1㎡当たりの価額のことです（評基通14）。

宅地の価額は、原則として、路線価をその宅地の形状等に応じた各種補正率（奥行価格補正率、側方路線影響加算率など）で補正した後、その宅地の面積を掛けて計算します（評基通13）。

図2-10-1 路線価方式

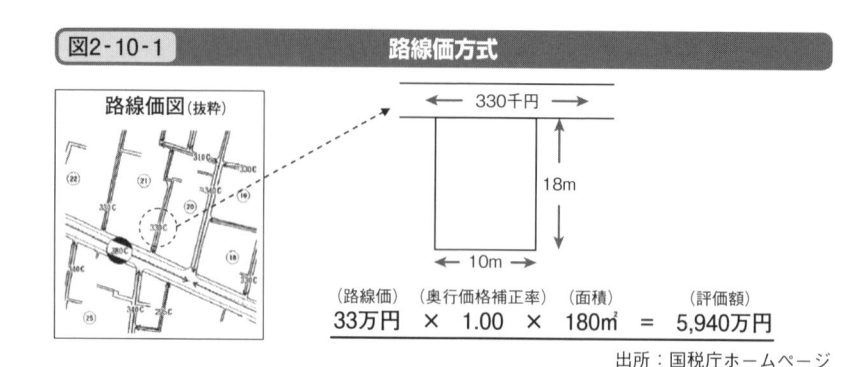

路線価図(抜粋)

　　　(路線価)　(奥行価格補正率)　(面積)　　　(評価額)
　　　33万円　×　1.00　×　180㎡　＝　5,940万円

出所：国税庁ホームページ

　倍率方式とは、路線価が定められていない地域の評価方法です。宅地の価額は、原則として、その宅地の固定資産税評価額に一定の倍率（倍率は「評価倍率表」で確認することができる）を掛けて計算します（評基通21）。

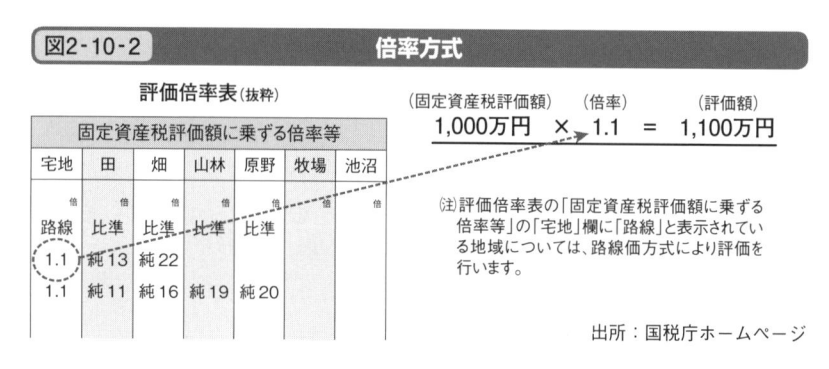

図2-10-2 倍率方式

評価倍率表(抜粋)

　　　(固定資産税評価額)　(倍率)　　(評価額)
　　　1,000万円　×　1.1　＝　1,100万円

| 固定資産税評価額に乗ずる倍率等 |
宅地	田	畑	山林	原野	牧場	池沼
倍	倍	倍	倍	倍		
路線	比準	比準	比準	比準		
1.1	純13	純22				
1.1	純11	純16	純19	純20		

(注)評価倍率表の「固定資産税評価額に乗ずる倍率等」の「宅地」欄に「路線」と表示されている地域については、路線価方式により評価を行います。

出所：国税庁ホームページ

②借地権等

借地権等の評価については、次のとおりです（評基通27、27-2、25、26）。

1) 借地権：原則として、路線価方式又は倍率方式により評価した価額に借地権割合を掛けて計算します。
2) 定期借地権：原則として、相続開始の時において借地権者に帰属する経済的利益及びその存続期間を基として計算します。
3) 貸宅地：原則として、路線価方式又は倍率方式により評価した価額から、借地権、定期借地権等の価額を差し引いて計算します。
4) 貸家建付地：原則として、路線価方式又は倍率方式により評価した価額から、借家人の有する敷地に対する権利の価額を差し引いて計算します。

③田畑又は山林

原則として、固定資産税評価額に一定の倍率を掛けて計算します。ただし、市街地にある田畑又は山林については、原則として付近の宅地の価額に比準して計算します（評基通37～40ほか）。

④家屋

原則として、固定資産税評価額（取得価額のおおむね50%～60%くらい）により評価します。さらに家屋が賃貸用であれば、借家権割合30%が控除できます（評基通89、93）。

⑤賃貸建物の敷地である土地

借地権や借家権が考慮された貸家建付地として評価されます（評基通26）。

(2) 上場株式の評価

原則として、次の①から④までの価額のうち、最も低い価額によります（評基通169）。

①相続の開始があった日の終値
②相続の開始があった月の終値の月平均額
③相続の開始があった月の前月の終値の月平均額
④相続の開始があった月の前々月の終値の月平均額

(3) 取引相場のない株式・出資の評価

原則として、その会社の規模の大小、株主の態様、資産の構成割合などに応じ、次のような方式により評価します。具体的には「取引相場のない株式（出資）の評価明細書」を用いて評価します（評基通178～180、185、188ほか）。

①類似業種比準方式（原則として大会社）
②純資産価額方式（原則として小会社）
③①と②の併用方式（原則として中会社）
④配当還元方式（原則として同族以外の株主）

(4) 預貯金の評価

原則として、相続開始の日現在の預入残高と相続開始の日現在において解約するとした場合に支払いを受けることができる既経過利子の額（源泉徴収され

るべき税額に相当する額を差し引いた金額）との合計額により評価します（評基通203）。

　被相続人が実質の所有者である場合には、名義を問わず相続財産として課税対象となります。

(5) 家庭用財産・自動車、書画・骨とう等の評価

　原則として、類似品の売買価額や専門家の意見などを参考として評価します（評基通129、135ほか）。

(6) 電話加入権の評価

　原則として、相続開始の日の取引価額又は標準価額により評価します。平成27年現在では1,500円となっています（評基通161、162）。

(7) 保険契約に関する権利の評価

　原則として、相続開始の日現在において解約した場合の返戻金相当額により評価します（評基通214）。預貯金と同様、契約者が誰であるかにかかわらず、被相続人が保険料負担者である場合には、みなし相続財産として相続税の課税対象となります。

第11節

完全な財産把握と正確な評価が相続税申告の要

> **ポイント** 財産債務調書及びマイナンバー制度の導入や国際間の自動的情報交換により、税務当局には正確な資料が迅速に集まるようになります。今や、相続税申告に、完全な財産把握と正確な評価、その過程を説明する書面添付が求められているのです。

【解説】

1. 海外資産関連事案の調査件数が増加

　国税庁が公表した、平成25事務年度の相続税の調査状況における実地調査件数は11,909件（前事務年度12,210件）、うち申告漏れ等の非違件数は9,809件（同9,959件）となっています。特に、海外資産関連事案の実地調査件数は753件（同721件）、うち非違件数は124件（同113件）、申告漏れ課税価格については163億円（同26億円）と、それぞれ過去10年間で最高を記録しました。また、申告漏れ課税価格については、大型事案発生があったため、平成25事務年度は対前事務年度比620％と大幅な増加となっています。

2. 相続税調査の非違割合が増加

　このように、相続税の調査における非違割合は82.4％（同81.6％）となっており、平成25事務年度における申告漏れ課税価格は前事務年度比より減少した3,087億円（同3,347億円）、実地調査1件当たりでは2,592万円（同2,741万円）となっていました。申告漏れ相続財産の金額のうち、現金・預貯金等が1,189億円（同1,236億円）と前事務年度と同様に最も高く、土地が412億円（同560

億円）、有価証券が355億円（同431億円）となっています。加算税を含む追徴課税額は539億円（同610億円）、実地調査1件当たりでは452万円（同500万円）でした。

また、無申告事案に関する実地調査件数は881件（同1,180件）、非違件数が650件（同866件）、申告漏れ課税価格が788億円（同1,088億円）とそれぞれ減少しています。実は、国税庁は書面照会を推進しており、平成25事務年度のお尋ね等の書面照会の件数は、相続税に関しておよそ5,000件、贈与税に関してはおよそ1万件となっています。このように実地調査以外の手法を通して、自発的な適正申告を促す取組みを行っていること等によるものと思われます。

3．国税当局におけるデータの蓄積と財産債務調書

国税当局においては、資産家や高額所得者を中心に国税総合管理（KSK）システムに、様々なデータを蓄積しています。

このKSKシステムとは、過去において各税務署に分散していた税に関する情報を、一元的に管理する近年の税務IT化の基礎となっているシステムです。全国の国税局・国税事務所と税務署をネットワークで結び、電子申告・電子納税の基盤になっています。平成2年から本格的な開発を開始し、平成7年以降、順次導入を進め、平成13年11月からは全国での運用が開始されています。

このKSKシステムには、電子申告・電子納税の実績や各種の情報がデータベースとして蓄積され、国税債権などが一元的に管理されるとともに、業種・業態・事業規模といった観点からこれらが分析され、税務調査や滞納整理に活用されています。

また、平成27年度税制改正により、財産債務明細書について見直しが行われ、新たに財産債務調書として整備されました（国外送金調書法6の2）。まず、提出基準が「その年分の所得金額が2,000万円超であること」に加え、「その年の12月31日において有する財産の価額の合計額が3億円以上であること、または、同日において有する国外転出をする場合の譲渡所得等の特例の対象資産の価額の合計額が1億円以上であること」が追加され、提出義務者が絞られました。

次に、記載事項が今までの「財産の種類、数量及び価額」のほか、財産の所在別、用途別等が加えられました。例えば、不動産の場合は所在別の面積及び

価額、有価証券の場合は銘柄別の数量及び価額、預貯金等の場合は支店別及び預金別の価額等まで記載しなければなりません。高額所得者で資産家である人にとっては、平成28年1月1日以後の提出分から財産を詳細に漏れなく、きちんと税務署に報告することになり、資産は透明化されるといえます。

KSKシステムと財産債務調書と平成28年からのマイナンバー導入による情報が合体すれば、社会保障と税（所得）に関して、地域や税目を超えて情報が一元管理され、個人ごとに所得や資産を把握できる本格的な透明化時代になると思われます。

4．国外財産調書と国際相続税調査

金融や不動産等の資産運用の国際化に伴い、日本人でも国外に財産を保有する人が増えています。それに対応するため、平成26年1月1日以後、その前年12月31日現在で合計5,000万円を超える国外財産を有する居住者は、財産の種類・数量・価額等を記載した「国外財産調書」を翌年3月15日までに提出しなければなりません（国外送金調書法5）。

さらに、国際条約等により世界中の税務当局が手を組み情報交換が行われ、脱税の摘発がされる時流となっています。国外財産に関する相続税の税務調査は、次の点を重視して行われます。

①国外に財産を所有している。
②相続人、被相続人のいずれかが国外に居住している。
③国外財産に関する資料がある。
④国外の金融機関と取引がある。

例えば、国外送金等調書により生前に外国の税務当局から外国税の還付金を受け取っていたことが判明している場合には、国外に不動産などを所有していることや国外の金融機関に預金があることが想定できます。また、国外の銀行に100万円超の送金をすると、振込銀行から税務署へ報告書が提出され、その書類には、不動産を購入するためといった「送金の目的」が記載されています。金融機関に、その証拠として契約書や請求書のコピーの提出が求められますので、送金目的はウソがつけません。このため、国外財産が国外財産調書にも相続税の申告書にも記載されていなければ、税務当局から申告漏れと指摘され重

加算税の対象とされるでしょう。

5. 調査事例

(1) 生前に贈与された現金及び多額の生命保険金を申告から除外 （東京国税局）

　国税当局の資料情報から、被相続人Aは多額の資産の保有が想定され、また支払調書によると、多額の生命保険金の支払いがあったものの相続税の申告財産に含まれていなかったため、調査が行われました。その結果、Aは亡くなる1年前から、妻である相続人Bに多額の現金を手渡しており、Bはそれをほとんど使うことなく風呂敷に包んで自宅に保管していたこと、Aの死後、Bは多額の保険金の支払いを受けていたことが判明しました。さらに、Aは生前、所得税の申告に際して、売上を除外し所得税を免れており、それを原資に多額の生命保険を契約していたことも判明したため、相続税及び所得税とも追徴を受けることとなりました。

　相続税：申告漏れ課税価格約3億5,000万円、追徴税額（加算税込み）約1億2,000万円

　所得税：申告漏れ所得金額約8,200万円、追徴税額（加算税込み）約2,300万円

(2) 相続財産（国外預金）を申告から除外（大阪国税局）

　国税当局は国外の税務当局との自動的情報交換資料により、被相続人Cに対し、生前より海外の金融機関から利子が支払われていることを把握していたものの、相続税の申告財産にその支払利子に見合う海外預金が含まれていなかったため、調査が行われました。その結果、Cの死後、妻である相続人Dが自らC名義の預金の名義変更手続を行っており、この海外預金の存在を知っていたことが判明しました。また、Cは所得税の申告においても、この利子についての申告を行っていなかったため、相続税及び所得税とも追徴を受けることとなりました。

　相続税：申告漏れ課税価格約600万円、追徴税額（加算税込み）約240万円

　所得税：申告漏れ所得金額約100万円、追徴税額（加算税込み）約30万円

(3) 租税条約に基づく情報交換により、相続財産の無申告を把握
（東京国税局）

　国税当局は国外送金等調書により、被相続人Eが、生前に海外の金融機関に対し多額の送金をしていた事実を把握していましたが、その送金に見合う海外資産の申告がなかったため、調査が行われました。当初、子である相続人Fは海外資産については知らない旨を回答していましたが、国税当局が海外の税務当局に対し、租税条約等に基づく情報交換を要請したところ、Eが生前、海外の金融機関に多額の預金及び有価証券を保有していた情報を把握することができ、またFがEの死後、E名義の預金口座を自分名義の口座に移管する手続きを行っていたこと、移管手続終了後、現地にて現金を引き出していた情報も把握することができました。Fは海外資産の存在を知りながら、相続税の申告から除外していたことが判明したため、相続税の追徴を受けることとなりました。

　相続税：申告漏れ課税価格約1億5,000万円、追徴税額（加算税込み）約6,600万円

6. 透明化時代には書面添付をした相続税申告が必要とされる

　最近では、土地や取引相場のない株式の評価はもとより、上場株式などの金融資産も配当金等の資料との突合でその存在の確認が行われています。さらに、親族名義預金のチェックを最重要視するなど、調査担当官は課税漏れに目を光らせています。

　記帳により把握できる法人税や所得税と異なり、相続税は情報の収集が勝負どころです。高額所得者や資産家については、税務当局が生前から正確な財産把握に努めており、マイナンバー法の施行によって、より一層の情報把握に注力するものと考えられます。

　だからこそ、相続税の申告に当たっては、完全な財産把握と正確な評価をするとともに、申告の過程を説明する理論武装した書面添付を心がけ、税務調査をする余地のない申告書の作成を心掛けなければならないのです。

第3章 相続税申告の考え方とスケジュール

第1節

相続税申告の考え方と取組み方

> **ポイント**　相続税の申告は、相続人やその他の親族の名義財産も含めて、被相続人の全財産・債務を短期間で把握しなければなりません。適正な申告を実現するには、相続人等との信頼関係構築による意思疎通が重要となります。

【解説】

1．所得税・法人税申告と相続税申告の違い

　巡回監査の対象関与先の所得税・法人税の申告においては、日常の取引が会計帳簿に詳細に記録されています。また、その取引の原始帳票についても、取引の順序に従って保存され、会計帳簿と証憑書番号で確認できるよう保存・管理されています。もし会計処理の間違いがあれば月次巡回監査で修正し、その場で即答できない疑問点についても時間をおいて解消し、正しく処理されています。

　しかし、個人の財産については、日常の金銭や預貯金の動きが継続して家計簿などに残されている例はまれです。巡回監査※を実施している関与先であっても事業主や法人の代表者、もしくは元代表者等の個人財産まで顧問税理士が把握していることはまずありません。ゆえに、相続税申告に当たっては、被相続人の相続開始日における財産及び債務について、依頼を受けて契約をした段階から調査を始めることになります。

　たとえ長年の信頼関係ができている月次巡回監査の対象関与先の経営者や元経営者の相続税の申告であっても、所得税・法人税の月次巡回監査に基づく申告書作成とは、根本的に申告の基となる情報が異なることを認識する必要があ

ります。

※巡回監査とは、関与先を毎月及び期末決算時に巡回し、会計資料並びに会計記録の適法性、正確性及び適時性を確保するため、会計事実の真実性、実在性、網羅性を確かめ、かつ指導することです。

2. 被相続人の相続税申告の依頼者は相続人

　相続税の申告で、被相続人が財産をどのように運用し、日常、預貯金や資金を使っていたかを相続人がすべて知っているということは通常ありません。被相続人は株の売買が好きで、よく証券会社を通じて上場株式の取引をしていたということは知っていても、どの銘柄をどれだけ保有していたか、どの証券会社と取引していたかまでは知らないなどといったこともよくあります。被相続人はこの世にいないので、取引記録や日記その他の残されている情報と相続人が見聞きしたことに基づいて、相続財産を把握していく必要があります。

　関与先関係者以外の相続の依頼を受けた場合は、どのような経歴の被相続人かも知らない状態から始まります。

3. 相続税申告における税理士の責任

　税理士法第1条にある税理士の使命の条項は、税理士が憲法第30条にある納税の義務の適正な実現を図るという、極めて重大な公共的使命を担うものであることを規定したものです。その意味するところは、依頼者である納税者の立場を十分に踏まえることを前提としながらも、一方的に納税者の立場に立つのではなく、また、税務当局からも独立した公正な立場において、租税に関する法令に規定された納税義務の適正な実現を図るという重大な使命を果たしていくことにあります。相続税申告においても、税務の専門家として公正な立場で、被相続人の財産について真実性・適法性及び網羅性を確保し、適正な申告を遂行することが義務付けられています。

4. 被相続人しか知り得ない情報についても、相当の注意をもって真正の事実に基づいて申告書作成

　被相続人の財産・債務について、相続人の誰も知らない事実が、申告書作成の書類や金融機関における調査の過程で出てくることがあります。しかし、あらゆる資料や、金融機関をはじめとするあらゆる機関の調査をしても、言い換えると、税理士として可能な限り相当注意義務を果たしても見つからない財産があるということもあり得ます。このような場合には、税理士としての責任を果たしているといえます。

5. 徹底した会話によって意思疎通を図り、信頼関係構築

　被相続人及び相続人と税理士との過去からの関与状況のいかんにかかわらず、相続税申告において税理士の使命と責任を全うする上でまず求められるのが、依頼者である相続人たちとの意思疎通を十分に行うことによる信頼関係の構築です。通常、税理士に依頼するのは四十九日が過ぎてからですが、相続開始から既にひと月半が経過しており、残された期間は8か月強しかありません。このわずかな間に信頼関係をしっかり構築する必要があります。相続税申告の依頼があった場合、信頼関係構築のスタートは、最初にご自宅に訪問した際のご霊前でのお参りでしょう。また、従来からの関与先である場合には、被相続人の通夜又は告別式への出席は必須です。

6. 相続税申告の説明と料金表の提示及び約定書の締結

(1) 相続税の申告をすることの意味を分かりやすく説明する

　依頼者から相続税申告に関する相談・依頼を受けた場合、被相続人の財産、負債及び相続税申告に影響を及ぼす一切の問題を完全網羅的に、真実を整然明瞭に提示した上で、これらに関する受任者である税理士の質問に忌憚なくその事実を開示し、被相続人に係る相続税申告が税務当局から申告是認又は調査省略などの判定を受けることの重要性を理解してもらうことから始める必要があります。

例えば、「長く専業主婦であった奥さまには、奥さま自身のご両親の相続によって取得した財産やその財産からの収入、贈与税を納税して贈与を受けた財産等しかないはずです。ご主人から毎月預かった生活費の中から奥さまの才覚でためたお金は残念ながらご主人の財産になります」「毎年110万円の非課税の範囲で子や孫に贈与してたまった預金についても、その預貯金の通帳や印鑑を、贈与した被相続人が保管していたものは、子や孫の名義の預金ではありますが、民法で規定している贈与が成立していませんので、被相続人の財産として申告する必要があります」といったように、相続税の税務調査の経験談なども交えて、被相続人の財産とするのか、配偶者や子、孫の財産であるのかを様々な原始資料や証拠書類をお預かりして、民法や税法に照らして正しく判断する必要があることをお話しし、納得していただくことが重要です。

(2) 相続税申告が初めてで不安を抱いている方も多い

関与先の企業経営者の場合には、会社で税務調査を受けていて慣れているため、あまり重圧を感じない方もおられます。しかし、相続税の場合には税務調査を受けた経験のない方も多く、相続税の税務調査があると聞いただけで寝込んでしまう方すらいます。このような方には、法律に従って1円も多くなく少なくもなく、適正に申告をすれば決して怖くないことを丁寧にお話しします。

(3) 料金表と約定書の提示

相続税の税務調査は平均で10件の申告のうち3件といわれています。しかし、本書で示すようにしっかりとした相続人との意思疎通と調査、確認を行い、その過程と内容を書面化して税理士法第33条の2の書面添付をした場合には、超大口案件を除いてほとんどが調査対象となっていないという事実があります。税理士への意見聴取において単純ミスに気付いた場合でも実地調査が行われないことが多いのが実情です。そのようなことを相続人によく説明した上で、相続税申告の料金表とともに「相続税申告業務の委任に関する約定書」(図3-1-1)を提示します。

「相続税申告業務の委任に関する約定書」は税理士と相続人全員とが「財産及び債務(葬式費用を含む)並びに相続開始前の生前贈与、その他相続税申告に影響を及ぼす一切の問題を、完全網羅的に、真実を整然明瞭に提示すること、

また、これらに関する税理士の質問に対して忌憚なくその実態を開示すること」及び「提出された資料を基に、相当の注意（税理士法第45条第2項）を以って法の許す限りの税額軽減策を図ると同時に、豊かな見識と経験を駆使して、将来構想も視野に入れ適正なる相続税申告書を作成すること」を約定するものです。

この時点で約定書に署名押印を頂くことができれば、次からの手続きは非常にスムーズに進むことになります。最初の面談で相続人全員と面会できることはまれです。相続人の代表者にお渡しして全員の方の署名押印を頂けることもあれば、再度全員とお会いした上で最初からお話をして署名押印を頂くこともあります。

料金は、財産総額を基準とし、土地の物件数や非上場株式等の評価の有無、納税猶予適用の有無などによるため、その場で確定することはできません。例えば、財産総額が5億円で、土地が5物件、納税猶予の適用がない場合には、というように例示することで概略の金額を把握していただきます。正式な契約は後日とし、約定書をお渡しして次回までに署名押印をお願いすることができればよいでしょう。

7. 契約書の締結

契約書の締結は、相続税申告報酬規定表を基に相続税申告報酬見積計算書を作成し、見積額によって契約金額を記入し、実際に財産総額が確定した時点で、あらためて相続税申告報酬規定表に基づいて計算し直して差額について精算する方式が考えられます。報酬は契約時に半金を受領し、申告完了時に残金を清算することとします。

8. 相当注意義務を担保する訪問記録簿・確認書

被相続人の財産・債務について、相続人の誰もが知らない事実がある可能性もあります。税理士法第45条第2項の相当注意義務を果たしても、その事実が明らかにならないまま相続税申告に至ることもあり得ます。そのことについて後日、税理士として相当注意義務を果たしていたかどうかが、相続人との間で、

図3-1-1　相続税申告業務の委任に関する約定書

相続税申告業務の委任に関する約定書

被相続人＿＿＿＿＿＿（平成　年　月　日死亡）の相続税申告書について、税務当局から最高の信頼（申告是認または調査省略などの判定）を受けるため
被相続人＿＿＿＿＿＿の全相続人（以下甲という）と（TKC会計人）
税理士＿＿＿＿＿＿＿＿＿＿（以下乙という）とは次のとおり約定する。

第1条　甲は乙に対し、被相続人＿＿＿＿＿＿の財産及び債務（葬式費用を含む）並びに相続開始前の生前贈与、その他相続税申告に影響を及ぼす一切の問題を、完全網羅的に、真実を整然明瞭に提示しなければならない。また、これらに関する乙の質問に対して甲は忌憚なくその実態を開示しなければならない。

第2条　乙はTKC会計人の誇りと会計人としての使命とに鑑み、甲から提出された資料を基に、相当の注意（税理士法第45条第2項）を以って法の許す限りの税額軽減策を図ると同時に、豊かな見識と経験を駆使して、将来構想も視野に入れ適正なる相続税申告書を作成しなければならない。

第3条　前二条に関連して甲乙間に意見の相違が生じたときは、甲乙は、前二条に掲げた趣旨を全うすべく、ともに誠意を以って協議し、意見の一致を図らなければならない。

以上の約定の証として、甲乙は自署捺印のうえ、各々正本一通を保管する。

平成　年　月　日

　　　　　　　　　　（住所）
当事者(甲)相続人　（氏名）＿＿＿＿＿＿＿＿＿＿＿＿＿＿＿＿＿印

　　　　　　　　　　（住所）
　　　　　相続人　（氏名）＿＿＿＿＿＿＿＿＿＿＿＿＿＿＿＿＿印

　　　　　　　　　　（住所）
　　　　　相続人　（氏名）＿＿＿＿＿＿＿＿＿＿＿＿＿＿＿＿＿印

　　　　　　　　　　（住所）
　　　　　相続人　（氏名）＿＿＿＿＿＿＿＿＿＿＿＿＿＿＿＿＿印

　　　　　　　　　　（住所）
　　　　　相続人　（氏名）＿＿＿＿＿＿＿＿＿＿＿＿＿＿＿＿＿印

当事者(乙)　　　　（住所）
　　　　　　　　　（事務所・所長）＿＿＿＿＿＿＿＿＿＿＿＿＿印

©TKC全国会2015

図3-1-2　相続税申告業務委託契約書（例）

業務契約書（相続税申告業務用）

委託者：　　　　　（以下甲という）と、受託者：税理士法人〇〇〇〇（以下乙という）とは、下記の通り業務委託契約を締結する。

第1条（契約の目的）
　甲は、乙に対して本契約第2条に定める業務を委託し、乙はこれを受託した。

第2条（委託業務の内容）
　乙は甲に対し、次の業務を行う。
　相続税申告代理、申告書類作成、税務相談、提出義務。

第3条（契約期間）
　本契約の期間は、被相続人〇〇〇〇の相続税申告期限（平成　年　月　日）までとする。

第4条（資料提示）
　委託業務の処理に必要な書類、帳簿、及び資料は、甲の責任と負担において一切取り揃え、遅延なく乙に提示するものとする。

第5条（委託業務にかかる報酬）
　① 甲の、乙に対する報酬は　金　　　円（消費税別途）とする。但し、財産総額が確定した時点において、相続税報酬規定表に基づいて計算した金額との差額については、残金支払時に清算するものとする。
　② 未分割等の理由により上記第3条の契約期限の請求等の提出が必要となった場合には、別途報酬一覧によるものとする。
　③ 本相続税申告書に係る意見聴取・調査が入った立会・折衝については、甲は乙に対し税別途）の日当を支払うものとする。また場合には、申告書作成料について甲・乙ものとする。

資料提供：税理士法人今仲清事務所

項目（例）

第 1条（契約の目的）
第 2条（委託業務の内容）
第 3条（契約期間）
第 4条（資料提示）
第 5条（委託業務にかかる報酬）
第 6条（支払方法）
第 7条（受託者の責任範囲）
第 8条（免責事項）
第 9条（契約の解除）
第10条（信義原則、守秘義務）
第11条（実費）
第12条（その他）

もしくは税理士法上、問題になることもあり得ます。そこで重要なのが、相続人に依頼した事項や相続人から依頼された事項、税務判断の必要な質問事項、相続人が報告書によって説明を受けた事項、相続人が選択した内容の確認書の授受、預かり書類、返還書類、その他の情報交換内容を時系列に沿って記録し、その都度面談した相続人から署名を頂くことです。相続税申告の受託から申告完了までの間に財産目録、土地・非上場株式等の評価、各種特例選択、遺産分割協議書などの説明と報告や単純な書類の授受などで少なくとも10回、多ければ20回近く訪問、もしくは来所いただいて面談することになります。その都度、「訪問記録簿」（図3-1-3）を作成し、面談内容を記録し依頼者から署名を頂くことによって、相互の信頼関係の醸成と責任範囲の明確化による法的防衛も可能となります。

「訪問記録簿」は2枚複写とし、1枚は相手にお渡しし、1枚は事務所内に案件ごとに時系列で保管します。

9. 完全性宣言書

相続税の税務調査は、申告してから1年以上経過した後に実施されることが多いようです。税務調査の結果、修正申告に至った場合、お客さまとの間で修正申告の原因と責任について問題を発生させないためにも、「完全性宣言書」（図3-1-4）、様々な確認書及び税理士法第33条の2の添付書面の作成・署名押印は重要です。

これらは、税理士として責任の限界を明確にするための手続きでもあります。当然のことながら、提出されなかった資料や開示されなかった事実が明らかになったことにより、修正申告になることも考えられます。「完全性宣言書」は相続人全員が、税理士に対し「法が求める真正の事実を踏まえた内容であるべきことを深く認識し、相続開始日における被相続人の所有に係る全ての財産及び債務（葬式費用を含む）並びに相続開始前の生前贈与、その他相続税申告に影響を及ぼす一切の問題について、私たちが知る限りの真実を報告し提示したことを宣言」し、「税理士法第33条の2第1項に規定する添付書面の内容を確認」し、「仮装隠蔽の事実及び許されない租税回避行為を行った事実がないことを宣言」して相続人全員が署名押印するものです。

第3章 相続税申告の考え方とスケジュール

図3-1-3　訪問記録簿（兼預り証）（例）

訪問記録簿（兼預り証）

－審理部・事務所控－

No. ＿＿＿＿＿＿＿

サイン

＿＿＿＿＿＿＿ 殿

税理士法人〇〇〇〇
担当者（訪問者）

サイン

本日は下記の通り貴社（殿）の訪問を完了致しましたのでご確認の上、上記にサインをお願い致します。

訪問日時　平成　　年　　月　　日（　）（　　時　　分～　　時　　分）＿＿月分

内　容	報告内容（　相談　回答　宿題　課題　説明　）

税務相談記録簿　有・無

	書類内容	返却時期お預り日	書類内容	返却時期お預り日
お預り 資料		預・渡		預・渡
お渡し		預・渡		預・渡
		預・渡		預・渡

次回訪問日	所長	審理部	上長	担当者 アシスタント
月　　日（　）（　　時　　分）				

資料提供：税理士法人今仲清事務所

図3-1-4　完全性宣言書（相続税）

完全性宣言書（相続税）

平成　　年　　月　　日

ＴＫＣ会計人
税理士
_____殿

相　続　人　_____印

相　続　人　_____印

相　続　人　_____印

相　続　人　_____印

相　続　人　_____印

　私たち相続人は、私たち全員の責任において、被相続人_____の遺産に係る相続税申告書は、法が求める真正の事実を踏まえた内容であるべきことを深く認識し、相続開始日における被相続人の所有に係る全ての財産及び債務（葬儀費用を含む）並びに相続開始前の生前贈与、その他相続税申告に影響を及ぼす一切の問題について、私たちが知る限りの真実を貴事務所に報告し提示したことを宣言いたします。

　なお、私たちが知る限り、貴事務所に報告したもの以外に被相続人の財産評価に関係する重要な契約、法的な紛争、その他の係争事件や債務関係について貴事務所に報告しなかったものは無いことを誓約し、税理士法第33条の2第1項に規定する添付書面の内容を確認いたしました。

　また、報告提示した資料には仮装隠蔽の事実及び許されない租税回避行為を行った事実は全くありません。

　なお、当宣言書が虚偽であり、その結果、貴事務所または私たち自身が損害を被った場合は、私たちが責任を負担することを申し添えます。

以上

©ＴＫＣ全国会2015

コラム　各種隣接業界（弁護士・行政書士等）との連携・対応

　相続税申告代理業務には、必然的に避けて通ることのできない税理士業務以外の法律行為の代理が極めて多く存在しています。したがって、業務を受託する前に、①当該行為が意思表示を伴うものであるかどうか（法律行為か事実行為か）、②当該行為の代理事務を「業として」行うかどうか（業法違反に当たるか）を確認した上で、事前に行政書士登録を行うなど、法令に完全準拠した受託体制の整備を行う必要があります[注]。他の関連業法との関係については、法律専門家（弁護士）による下記の見解（「他の関連業法との関係Q&A（例）」）を参考にしてください。

■他の関連業法との関係Q&A（例）

Q1　司法書士の業務である不動産の相続登記手続事務を私が行うことができますか？
A1　第1に、相続登記に係る書類作成業務を行うためには行政書士登録が必要です。第2に、登記業務は司法書士の独占業務ですから当然行ってはいけません。専門家に任せることが望ましいといえます。

Q2　宅地建物取引業登録が必要な不動産売買の仲介や取次業務を、登録をしていない者が行うことは違法となりませんか？
A2　当該登録をしていない者が当該業務を行うことは違法となります。したがって、当該業務を「業として」単独で行う場合は、当然登録をしなければなりません。

Q3　上場株式等の名義変更・売買・取次等の業務を行う場合は、証券外務員の登録などが必要となりませんか？
A3　上場株式等の名義変更に係る手続書類の作成は、相続人の意思決定を受けての単なる代筆ですから、法律行為の代理とはならず事実行為となります。また、相続人の使者として当該書類を提出する行為も事実行為ですから、何ら資格を要するものではありません。

Q4　官公庁等へ車・刀剣・美術品・墓地等の名義変更手続を行うことは、何も問題がありませんか？
A4　官公署に対する各種財産の名義変更手続に関して書類の作成を要する場合は、行政書士登録をした上で当該書類の作成をすることが望ましいといえます。

Q5　預貯金の名義変更手続を行う場合に特別な資格を要しませんか？
A5　「使者」として当該手続を行う場合は、特に資格等を必要とはしません。ただし、預貯金の解約手続は法律行為であると解されているので、当該行為の代理は行うことができません。

Q6　電気・ガス・水道・電話等の名義変更手続を行う場合、特に資格が必要ですか？
A6　官公署に対する手続きではないので、行政書士の資格は要しないと考えられます。もちろん、相続人の「使者」として当該手続の書類を提出することは全く問題がありません。

Q7 埋葬料や遺族年金等の請求手続を行うことは、問題がありませんか?
A7 当該手続事務を「業として」行う場合は、社会保険労務士法違反となります。

Q8 かねてより公正証書遺言書で遺言執行者に選任されています。私には弁護士資格がありませんが、その事務を行うと、法律上問題になりますか?
A8 当該事務を「業として」行う場合は、弁護士法及び兼営法違反となります。

Q9 私は今回の相続で遺言執行者の履行補助者となりました。弁護士の資格がなくてもよいのでしょうか?
A9 遺言執行の履行補助者は、誰でも就任が可能です。

Q10 遺言執行に関連し、財産目録を作成しなければなりません。この書類を作成するには何か資格がいるのでしょうか?
A10 財産目録は遺産分割協議書ではありませんから、特別な資格は必要ありません。

Q11 遺産分割協議書の作成は誰でもできるのでしょうか。また、遺産分割に関する相談を詳細に受け、回答することには問題がありませんか?
A11 まず、遺産分割協議書の作成(相続人等全員の協議結果に基づいて代書する行為)については、行政書士の登録をすることが望ましいといえます。また、遺産分割の相談を受け、回答する行為は法律行為とされるため、これを「業として」行う場合は弁護士法違反となります。

注:理解しておくべき法律用語等
①法律行為…意思表示という法律事実を不可欠の要素として構成される法律要件であり、意思表示の内容に従った法律効果(法律関係の変動)を生じさせる制度。これに対して、意思表示を含まないものが「事実行為」。
②使　者…本人の完成した意思を伝達する者、又は本人の決定した意思を相手方に表示し、意思表示を完成させる者。したがって、使者の行為は「事実行為」。
③次に掲げる事務を行うことを業とする(各種隣接業法の規定ぶり)
　1)税理士法第2条第1項　「税理士は、他人の求めに応じ、租税(中略)に関し、次に掲げる事務を行うことを業とする。　一　税務代理　二　税務書類の作成　三　税務相談」　同条第2項　「税理士は、前項に規定する業務(以下「税理士業務」という。)のほか、　…中略…　その他財務に関する事務を業として行うことができる。ただし、他の法律においてその事務を業として行うことが制限されている事項については、この限りでない。」
　2)司法書士法　第3条第1項(略)
　3)行政書士法　第1条の2(略)、第1条の3第1項(略)
　4)社会保険労務士法　第2条第1項(略)
　5)宅地建物取引業法　第2条第2号(略)
　6)兼営法　第1条第1項第7号(略)
④業とする…当該事務を反復継続して行い、又は反復継続して行う意思をもって行うことをいい、必ずしも有償であることを要しない(この考え方をもって無償独占の根拠とされている。税理士法基本通達2-1参照)。

「TKC財産承継アドバイザー」研修資料より(一部改変)

第2節

相続税申告の全体スケジュール

> **ポイント**　スケジュールに沿って、書面による説明と相続人の確認を積み重ねることにより、信頼関係が構築され、適正な相続税申告を実現することができます。TKC相続税申告書作成システム（ASP8000/TPS8000）には、必要な書類が用意されています。

【解説】

1. 相続税申告業務の進め方

相続税の申告業務を適正に進めていくには、関与先に対する月次巡回監査と同じように最低でも月に1回以上、相続人と面会し、次のような説明・確認等を実施します。

①全相続人又は相続人代表者と原則として1か月に1回以上直接面会して、説明、報告会を実施する。
②説明、報告は原則として書面で行い、口頭で補足する。
③説明、報告をした内容について、全相続人又は相続人代表者から確認を得る。
④全相続人又は相続人代表者は、遺産分割提案など選択肢のあるものについて検討する。
⑤次回までに実行するように依頼したこと、依頼されたこと、意思決定しておくべきことなどの宿題を再確認する。
⑥訪問記録簿を作成し、その都度相続人代表者の署名を頂く。

相続人に渡す報告書は、相続人が知っておくべき相続税申告手続に関する基

本的な内容を分かりやすく書面にまとめたもので、例えば「相続税申告のスケジュール」「資料収集のお願いと確認事項」「名義預金」「生前贈与財産」「遺産分割の工夫」「準確定申告及び消費税・地方消費税の申告」「納税方法の選択」などの項目が挙げられます。

　相続人への報告書には、制度の概要、適用要件などについて、専門用語をできるだけ避けながら図や設例などを用いて分かりやすく解説します。その上で、当該事案の事実関係に当てはめて適用の可否を示します。事実関係で不明な点があれば、これを明らかにする書類や事実関係の確認をする文章も挿入しておきます。不明点が明らかにならなかった場合には明らかにならなかったという事実を、提出された書類によって事実が明らかになった場合は、その書類の提出を受けた事実を、申述によって明らかになった場合には、申述によって明らかになった事実を訪問記録簿に記載しておき、後日添付書面等に記載します。

　報告書の内容を口頭で説明する際には、専門用語を極力避け、年配の方がおられる場合にはできるだけゆっくり、大きな声でお話しすることが大事です。相続税申告に係る紹介者がいる場合には、相続人の了承の上で、相続人に説明する都度、紹介者に同席してもらい、税理士が説明している内容を相続人が理解しているか、それとなく観察していただき、理解度が不十分と思われるときは紹介者自らが質問することによって理解度を上げていく工夫なども必要となります。

　相続人を何度も訪問して会話を交わし、入出金確認表や財産形成確認表、概算推定所得表などの作成過程で、忘れていた事実を思い出すことも多く見受けられます。このような積み重ねこそが適正な申告を実現する上で非常に重要になります。

　これらを綿密に行っていない状態で、相続税の現地調査の場になって、いきなり「〇月〇日に300万円の出金がありますが、何に使いましたか？」と調査官から聞かれても、被相続人が行ったことでもあり、また、緊張している状態なので、相続人が冷静にすらすらと答えることは困難です。そして、その場で答えられないと、より一層の緊張状態へと追い込まれることにもなります。

　相続税申告業務は時間をかけて埋もれている事実関係を徐々に掘り起こしていく作業でもあります。その積み重ねの結果、「完全性宣言書」に署名押印を頂けるだけの事実関係の掘り起こしが可能となり、何よりも相続人との信頼関

2. 相続開始から3か月以内

(1) 相続税申告手続に係るタイムスケジュールを相続人に説明する

相続税の申告期限までに、「何を」「いつ」「どのように」行う必要があるのかについて、相続税申告書作成システム（ASP8000/TPS8000）に被相続人の①住所、②氏名、③生年月日、④職業、⑤相続発生日等の必要事項を登録し、「相続税申告までの手続き（申告スケジュール）のご確認」(**図3-2-1**)を印刷します。書面にして、相続人に申告終了までのタイムスケジュールを分かりやすく説明します。

(2) 相続税申告に必要な資料等の収集と分担の確認

相続税の申告に必要な資料等の収集について、相続人と、誰が必要書類を収集するのかを書面で確認する必要があります。通常は相続人が必要書類の収集をすることが多いようですが、税理士が必要書類の収集を行う場合には、ここで預貯金や有価証券等の名義書換えを一緒に請け負うのかどうかを書面で確認しておくことが非常に大切です。名義書換えを依頼された場合には、遺産整理業務を相続税申告業務と一緒に請け負うことになるので、遺産整理業務の報酬が発生することを説明し、見積り金額を提示することが必要になります。相続税の申告では必要な書類が一度にすべてそろうことはまずあり得ませんので、早めに打ち合わせをしなければなりません。

この打ち合わせの際にも、相続税申告書作成システム（ASP8000/TPS8000）から出力できる「相続人様へのお願い」(**図3-2-2**)を印刷し、書面を用意して各項目を一つひとつ読み上げながらチェックし確認していくことがポイントになります。準備してもらう書類については日付と何通必要かも併せて記入します。この預かる日程と必要部数を、あらかじめ指定しておくことはとても大切です。その理由は、少しでも早く相続税の概算額の提示をするためです。

第2節 相続税申告の全体スケジュール

図3-2-1　相続税申告までの手続き（申告スケジュール）のご確認

相続税申告までの手続き（申告スケジュール）のご確認

依頼人：甲野　一郎　様　　　　　　　　　　　　　　平成27年9月1日

　故：甲野　太郎　様に係る相続税の申告までの標準的な手順は、以下のようになりますのでご確認ください。なお、具体的な日程については、後日のご相談となります。

日　程	関　連　事　項	備　考
相続の開始 [平成27年4月10日(金)]	□ 被相続人の死亡 □ 葬儀 □ 四十九日の法要	死亡届の提出（7日以内） 葬式費用の領収書の整理・保管 [平成27年5月28日(木)]
3　か　月　以　内 [平成27年7月10日(金)]	□ 遺言書の有無の確認 □ 遺産・債務・生前贈与の概要と相続税の概算額の把握 □ 遺産分割協議の準備 □ 相続の放棄又は限定承認 □ 相続人の確認	家庭裁判所の検認・開封 未成年者の特別代理人の選定準備（家庭裁判所へ） 家庭裁判所へ申述
4　か　月　以　内 [平成27年8月10日(月)]	□ 百か日の法要 □ 被相続人に係る所得税の申告・納付（準確定申告） □ 被相続人に係る消費税・地方消費税の申告・納付	[平成27年7月18日(土)] 被相続人の死亡した日までの所得税を申告 被相続人の死亡した日までの消費税・地方消費税を申告
10　か　月　以　内 [平成28年2月10日(水)]	□ 根抵当の設定された物件の登記（6か月以内） □ 遺産の調査、評価・鑑定 □ 遺産分割協議書の作成 □ 各相続人が取得する財産の把握 □ 未分割財産の把握 □ 特定の公益法人へ寄附等 □ 特例農地等の納税猶予の手続き □ 相続税の申告書の作成 □ 納税資金の検討 □ 相続税の申告・納付（延納・物納の申請） □ 遺産の名義変更手続き	[平成27年10月13日(火)] 農業委員会への証明申請等 被相続人の住所地の税務署に申告

(注) 1. 被相続人の事業を承継する場合の所得税や消費税の申請書等の提出期限
　　　…別紙「事業承継の場合の申請書等の提出期限」参照
　　 2. 相続税額の取得費加算の特例適用、未分割財産についての配偶者の税額軽減や小規模宅地等・特定計画山林・特定事業用資産の特例適用
　　　…申告期限後3年（平成31年2月10日(日)）以内に相続財産を譲渡又は未分割財産を分割

出典：ASP8000/TPS8000帳表

図3-2-2	相続人様へのお願い

相 続 人 様 へ の お 願 い

依頼人：甲野　一郎　様　　　　　　　　　　　　平成27年 5月22日

　故：甲野　太郎　様に係る相続税の申告にあたり、以下の各項目についてのご確認をお願いいたします。

Ⅰ　被相続人に関する確認事項

行	確認事項	確認	確認していただく書類	交付を受ける機関	書類の準備	準備していただく日
1	被相続人について	□有 □無	□ 被相続人の戸籍(除籍)謄本(出生から相続開始まで)(相続開始後10日以後に作成されたもの)	本籍地の市区町村役所(場)	□要 □否	月　日 (　　通)
			□ 被相続人の住民票の除票(本籍と現住所が異なる場合)	住所地の市区町村役所(場)	□要 □否	月　日 (　　通)
2	確定申告はしていますか？	□有 □無	□ 被相続人の所得税確定申告書(控)		□要 □否	月　日 (　　通)
			□ 財産・債務の明細書及び国外財産調書		□要 □否	月　日 (　　通)
3	今回の相続開始以前に相続により財産を取得していますか？	□有 □無	□ 前回の相続税の申告書		□要 □否	月　日 (　　通)

Ⅱ　相続人に関する確認事項

行	確認事項	確認	確認していただく書類	交付を受ける機関	書類の準備	準備していただく日
1	相続人について	□有 □無	□ 各相続人の戸籍謄本(相続開始後10日以後に作成されたもの)	本籍地の市区町村役所(場)	□要 □否	月　日 (　　通)
			□ 各相続人の住民票(本籍地の記載があるもの)	住所地の市区町村役所(場)	□要 □否	月　日 (　　通)
			□ 遺言書(認知に関する記載)		□要 □否	月　日 (　　通)
2	未成年者がいますか？	□有 □無	□ 特別代理人選任の審判の証明書	家庭裁判所	□要 □否	月　日 (　　通)
3	成年被後見人がいますか？	□有 □無	□ 成年後見登記事項証明書		□要 □否	月　日 (　　通)
4	障害者がいますか？	□有 □無	□ 身体障害者手帳等		□要 □否	月　日 (　　通)
5	被相続人の兄弟姉妹がいますか？(被相続人の子や親がいない場合)	□有 □無	□ 被相続人の父及び母の戸籍謄本(父母の出生から死亡まで)	被相続人の父母の本籍地の市区町村役所(場)	□要 □否	月　日 (　　通)
6	相続放棄をした人はいますか？	□有 □無	□ 家庭裁判所の相続放棄申述受理証明書	家庭裁判所	□要 □否	月　日 (　　通)
7	相続欠格者はいますか？	□有 □無	□ 相続欠格事由の存否		□要 □否	月　日 (　　通)

			□ 贈与税の申告内容の開示書	被相続人の死亡時の住所地の所轄税務署	□ 要 □ 否	月　　日 (　　通)
2	過去3年以内に被相続人から暦年課税の贈与を受けていませんか？（基礎控除額未満の贈与も含まれます。）	□ 有 □ 無	□ 贈与契約書、贈与税の申告書控え（相続開始前3年分） □ 相続開始前3年間の預貯金通帳及び有価証券等の取引明細書（家族分を含む。）		□ 要 □ 否 □ 要 □ 否	月　　日 (　　通) 月　　日 (　　通)
3	過去3年以内に被相続人からの贈与の有無を、税務署に開示請求しましたか？	□ 有 □ 無	□ 贈与税の申告内容の開示請求書		□ 要 □ 否	月　　日 (　　通)

Ⅶ 農地等納税猶予に関する確認事項

行	確認事項	確認	確認していただく書類	交付を受ける機関	書類の準備	準備していただく日
1	相続税の納税猶予の適用を受けますか？	□ 有 □ 無	□ 農業委員会の適格者証明書等	農業委員会	□ 要 □ 否	月　　日 (　　通)
2	特定市の区域内の農地等がありますか？	□ 有 □ 無	□ 納税猶予の特例適用農地等該当証明書	所在地の市区町村役所(場)	□ 要 □ 否	月　　日 (　　通)
3	贈与税の納税猶予の特例の適用を受けていませんか？	□ 有 □ 無	□ 贈与税の免除届出書 □ 贈与税の申告書の控え		□ 要 □ 否	月　　日 (　　通)

　　　　　　　　上記の通り、確認した書類を添付します。

　　　　　　　　平成　　　年　　　月　　　日

　　　　　　　　確認者　住所＿＿＿＿＿＿＿＿＿＿＿＿＿＿＿＿＿＿＿＿

　　　　　　　　　　　　　　　　＿＿＿＿＿＿＿＿＿＿＿＿＿＿＿＿＿＿＿＿

　　　　　　　　　　　　氏名＿＿＿＿＿＿＿＿＿＿＿＿＿＿＿＿＿＿＿＿

出典：ASP8000/TPS8000帳表

(3) 銀行や証券会社への過去7年間程度の取引記録の写しの請求

　相続税の申告実務の中で、金融資産の確認が最も困難で、かつ重要です。相続税の税務調査でも、修正申告の対象となる財産の大半を金融資産が占めていることから、被相続人の金融資産については、相続開始前7年ほど遡り、大口の資金の移動についてチェックすることが欠かせません。そのため、古い預金通帳や取引記録が保存されていない場合には、銀行や証券会社などから取引記録を取り寄せる必要があります。さらに、税務調査で問題となることが多い名義預金の存在の確認のために、被相続人の配偶者や親族についてもチェックが必要となり、同様に取引記録を取り寄せなければならないこともあります。

　取引記録は、一部の金融機関では有料であり、請求してから1か月以上も時間を要することもありますので、早めに請求をするようにします。資料の収集ができたら、順次、大口の預金の引出しとその運用先の突合を行い、家族間での預金の移動がないかなどの確認を行います。

　銀行や証券会社に預けている金融資産については、最初はどの相続人も税理士にはなるべく見せない、話さないということが多いように思います。しかし、税務調査を受けると、銀行や証券会社の口座は全記録が残っているため、資金の移動などの動きはすべて調べられるので、被相続人の資金移動はもちろん、配偶者や親族についても、銀行や証券会社の口座をチェックしておかなければならないということを相続人に何度も根気よく説明し、理解してもらう必要があります。

　土地の評価については、税務署との見解の相違ということはありますが、金融資産についてはすべてがハッキリしているため、見解の相違ということはほとんどありません。ここですべて把握しておかないと、調査終了後、金融資産の未計上により修正申告書を提出することとなった場合、この金融資産については、配偶者の税額軽減規定が使えなくなることもあります。そして結果的に大きな納税額が発生して、納税者とのトラブルになる危険性があるので注意してください。

(4) 生前贈与財産の概要確認

　被相続人が生前に相続人に対して贈与をしていた場合には、現在、暦年課税制度の①特例贈与財産と②一般贈与財産、相続時精算課税制度の③一般贈与財

産と④住宅取得等贈与資金、⑤住宅取得等資金贈与非課税措置、⑥教育資金一括贈与非課税措置、⑦結婚・子育て資金一括贈与非課税措置、という7つの制度があります。

①及び②の暦年にかかる贈与の110万円の非課税枠は、その贈与財産のうち相続発生の日から遡ること3年分の贈与については、相続税の申告上相続財産として取り込んで申告をしなければなりません。

③及び④の相続時精算課税にかかる贈与は、一度選択をしたら、その後の贈与については、すべて相続税の申告に取り込んで申告をしなければなりません。

⑤及び⑥の非課税特例による贈与は、贈与した時点ですべてが終了し、相続財産に加算する必要はありません。

⑦の結婚・子育て資金一括非課税贈与は相続開始時点における残額、及び結婚・子育て資金に該当しない引出し額を相続税の申告に加算して申告しなければなりません。

贈与をしている場合には、すべての贈与税の申告書をそろえてもらい、もし贈与をしているにもかかわらず贈与税の申告書がない場合には、所轄の税務署に贈与税の申告内容の開示を請求しなければなりません。

(5) 概算税額の試算と提示

税理士に対するクレームに、「説明してくれない」というものがあります。相続税の申告業務を税理士に依頼し、指示された資料を提示したにもかかわらず、「進捗状況などについての報告も連絡も全くない」などというクレームを時々耳にします。また、相続税の特例をどのような判断基準でどのように適用したのか、そのことについても説明を行わずに、税理士が独断で申告書を作成してしまっていることも少なからずあるようです。

相続人は、納付すべき相続税がどのくらいの金額なのか、相続財産の預貯金などから納税が可能なのか、などについて概算でもいいから早く知りたいと願っています。そこで、被相続人の固定資産の名寄帳などが入手できたら、路線価地域であれば正面路線価と地積と利用区分を反映させて計算し、その他の財産は概算数値を入力するなどして相続税の総額を試算し、相続税の申告書様式を利用して、できるだけ早く提示することが大切です。その場合、相続税の申告書に記載する相続人等の氏名・ふりがな・住所・職業・電話番号などについ

ても念のため確認するようにします。

その後は、毎回の定期面談の際に、新たに収集できた資料や事実関係を基に相続税の申告データを上書きして申告書の精度を高めていくようにします。このように、毎回、相続税の申告書様式を提示しながら相続人に説明をすることで、徐々に相続人は申告内容を理解するようになっていきます。

3. 相続開始から4～6か月以内

(1) 共同相続人への第1回目の説明会

相続税の申告業務は、特定の相続人から依頼を受けることが多いと思われます。その場合、他の共同相続人は相続税の申告を担当する税理士が、自分にとって有益なアドバイスをしてくれるのか疑問に感じていることが少なからずあります。

そこで、税理士として公正・中立の立場で適正納税を実施したいということを、できるだけ早く共同相続人全員に理解をしてもらうために、収集できた資料を基に簡易な財産目録を作成し、第1回目の説明会を開催するようにします。その際には、相続税の申告期限までのタイムスケジュール、相続に係る法定相続分や遺留分などの説明を、書面を用いて行うようにします。

そして相続税の申告期限までに遺産分割協議が調うことが、共同相続人にとって税務上大きなメリットがあることを説明し、そのために、専門家として、かつ公正・中立な立場の「行司役」として、共同相続人の相談に乗りアドバイスすることも併せて伝えておかなければなりません。

(2) 準確定申告及び消費税・地方消費税の申告（4か月以内）

①所得税の準確定申告

その年の1月1日から死亡までの所得税について、相続人（包括受遺者を含む）は、相続開始のあったことを知った日の翌日から4か月を経過した日の前日（同日前に相続人が出国する場合には、その出国の時）までに、死亡した人について一般の確定申告書に準じた確定申告書（以下「準確定申告書」）を、死亡した人の死亡した当時の納税地の所轄税務署長に提出しなければなりません（所法124①）。

なお、この準確定申告書には、各相続人の氏名、住所、被相続人との続柄、及び限定承認した場合にはその旨等を記載することになっています。各相続人の氏名、住所などを記載するための、「死亡した者の所得税及び復興特別所得税の確定申告書付表（兼相続人の代表者指定届出書）」が税務署に用意されています。

　例えば、平成27年2月15日に父が死亡した場合には、平成26年分の所得税の確定申告と、平成27年1月1日から2月15日までの所得税の準確定申告を、それぞれ平成27年6月15日までに、相続人が、父に代わって申告することとなります。

　この場合、所得税が還付されるときには、未収入金として相続財産を構成し、納付すべき税額がある場合には、債務として相続財産から控除することができます。なお、納税地は被相続人の死亡時の住所地の所轄税務署となります。

②消費税の準確定申告

　課税期間の中途で死亡した事業者の消費税の申告義務は、相続人が承継することになります。なお、相続があった年の課税期間開始の日から相続した日までにおける課税資産の譲渡等に係る消費税の確定申告書は、その相続があったことを知った日の翌日から4か月を経過した日の前日までに、被相続人の死亡当時の納税地の所轄税務署長に提出することになっています（消法45③）。

　また、前年分の消費税確定申告書を提出すべき個人事業者が、確定申告書の提出期限までに提出しないで死亡した場合も、その相続人が申告義務を承継することになります。この場合の確定申告書の提出期限は、その相続があったことを知った日の翌日から4か月を経過した日の前日までです（消法45②）。

　これらは、「死亡した事業者の消費税及び地方消費税の確定申告明細書」に記載して提出します。

(3) 所得税の青色申告承認申請書の提出

　所得税の青色申告の承認を受けていた被相続人の業務を相続等したことにより、相続人等が新たに青色申告の承認申請をする場合、その相続開始の時期により申請をする期限が異なります。相続の開始が、その年の1月1日から8月31日までの場合は死亡の日から4か月以内に、9月1日から10月31日までの場合は、その年12月31日までに、11月1日から12月31日までの場合は、翌年2

月15日※までに「所得税の青色申告承認申請書」を提出する必要があります(所法144)。

> ※翌年2月15日までを翌年3月15日までと勘違いしないようにしましょう。相続開始年分の所得税青色申告承認申請は翌年2月15日までです。相続開始翌年分の青色承認申請は翌年3月15日までが申請期限となります。

図3-2-3　「所得税の青色申告承認申請書」の提出期限一覧

対象者・申告状況等		相続開始日・所得税の青色申告承認申請書の提出期限等				
被相続人	相続人	1/1〜1/15	1/16〜3/15	3/16〜8/31	9/1〜10/31	11/1〜12/31
白色申告	白色申告		3/15が提出期限	相続開始年適用なし		
白色申告	新規開業	3/15が提出期限	相続開始日から2か月以内が提出期限			
青色申告	白色申告		3/15が提出期限	相続開始年適用なし		
青色申告	新規開業	相続開始日から4か月以内が提出期限			12/31が期限	翌年2/15が期限

(4) 消費税課税事業者選択届出書の提出

被相続人が提出した「消費税課税事業者選択届出書」の効力は、相続により当該被相続人の事業を承継した相続人には及びません。したがって、事業を承継した相続人がこの規定の適用を受けようとするときは、当該相続人は新たに「消費税課税事業者選択届出書」を提出しなければなりません(消法9④)。

そこで、事業を営んでいない相続人が相続により被相続人の事業を承継した場合や、個人事業者である相続人が相続によりこの規定の適用を受けていた被相続人の事業を承継した場合において、当該相続人が相続のあった日の属する課税期間中に「消費税課税事業者選択届出書」を提出したときは、当該課税期間は課税事業者に該当します。

図3-2-4　「消費税課税事業者選択届出書」の提出期限一覧

相続人の区分	被相続人の届出	届出書の提出期限
事業を承継して新たに事業を開始する相続人		相続開始日の属する課税期間の末日
相続開始以前から事業を継続している相続人	届出書を提出済	相続開始日の属する課税期間の末日
	届出書を未提出	相続開始日の属する課税期間は選択不可

(5) 消費税簡易課税制度選択届出書の提出

「消費税簡易課税制度選択届出書」についても上記（4）と同様の規定の適用があります（消法37①）。

図3-2-5　「消費税簡易課税制度選択届出書」の提出期限一覧

相続人の区分	被相続人の届出	届出書の提出期限
事業を承継して新たに事業を開始する相続人		相続開始日の属する課税期間の末日
相続開始以前から事業を継続している相続人	届出書を提出済	相続開始日の属する課税期間の末日
	届出書を未提出	相続開始日の属する課税期間は選択不可

(6) 遺産未分割の場合の各種届出書の提出

遺言書がある場合を除いて、上記の各種届出書の提出期限までに遺産分割が確定していることは、通常ほとんどありません。遺産未分割の場合には、各相続人が法定相続分によって取得したものとして各種届出をすることとなります。例えば、相続人のうちの特定の者が不動産所得を生ずる賃貸物件を相続することが確実だとして、その特定の者だけが青色申告承認申請書を提出していたが、その後の分割協議で他の者が取得することとなった場合、その者の相続開始年分の不動産所得について青色申告をすることができなくなります。無駄になるかもしれませんが、相続人全員について青色申告承認申請書を提出することが重要です。

(7) 贈与税の申告内容の開示請求手続

相続税の申告や更正の請求をしようとする者が、他の相続人等が被相続人から受けた①相続開始前3年以内の贈与、又は②相続時精算課税制度適用分の贈与に係る贈与税の課税価格の合計額について、開示を請求する場合の手続きです。

開示請求は、被相続人の死亡時の住所地等を所轄する税務署長に、相続税の申告や更正の請求をしようとする者が、被相続人が死亡した年の3月16日以後に請求します（相法49①）。

なお、相続時精算課税に係る権利・義務を承継した者が開示請求する場合で、その承継した者が2人以上の場合は開示請求を連名で提出することとされています。開示請求を連名で提出する場合は、代表者を指定します。

(8) 被相続人の遺産・債務の調査と確定

相続開始から3か月経過する前に、相続税申告書システム（ASP8000/TPS8000）の「相続人様へのお願い」として書面でお願いした事項の資料収集と、それに基づく事務所の調査確認事項等を基に、ASP8000/TPS8000の「相続申告業務チェックリスト」「土地・家屋等評価業務チェックリスト」「自社株評価業務チェックリスト」「上場株式等評価業務チェックリスト」「その他の財産評価業務チェックリスト」に従って、遺産・債務の確定を行います（第12章第2節参照）。

(9) 被相続人の不動産の現地確認

相続財産の大半を占める不動産のうち、特に路線価地域の土地等については、建築基準法や都市計画法など各種法令上の規制等の確認が欠かせません。

そのためには、まず現地に赴き、道路の状況や周辺の環境をしっかりと観察して、どのような法令上の規制があるかなどの概要を把握します。その後、市役所など所管する関係部署で確認し、規制に関する資料を収集するようにします。

確認に時間を要することもありますので、早めに作業に着手したいものです。

(10) その他の手続き

土地評価をする場合に、市街化区域内であるにもかかわらず路線価の記載のない道路や、区画整理地内のため、まだ路線価の付されていない道路等は、税務署において特定路線価をつけてもらう必要があります（評基通14-3）。また、土地の鑑定評価をする場合には、早めに不動産鑑定士に依頼しておかなければなりません。

骨董品や美術品についても、早めに鑑定人に鑑定評価を依頼しておく必要があります。

4. 相続開始から7〜8か月以内

(1) 財産評価についての課税庁との事前協議

　土地等の相続税評価では、特殊事情のあるものなど評価に困難を伴うものも存在します。その場合は、評価方法や課税上の取扱いなどについて、課税庁との事前の協議を行うことが実務対応としては望ましいと考えます。課税庁と事前協議を行う際のポイントは、前提条件や税理士としての見解などを書面にまとめ、事実確認ができるように必要資料なども添付して行うことです。課税庁側が税理士の見解に対して、首を縦に振るか、横に振るかの意思表示のみをするだけでよいほどに、しっかりと書面や添付資料を整備しておくことです。

　このように、事前に課税庁と協議する時間的余裕があればよいのですが、申告期限が迫っているなど事前協議が困難なケースもあると思います。期限後申告になってしまうと加算税や延滞税等が生じ、不利な取扱いを受けることになるので、これは絶対に避けなければなりません。そこで、当初申告では、とりあえず確実な評価（結果として過大な評価）により申告し、事実関係が確定した後や、評価方法について課税庁と確認ができた後に、更正の請求をすることで対処するのも一つの選択肢といえます。

　なお、更正処分を受けた場合の立証責任は原則として課税庁側が負うとされていますが、更正の請求を行った場合の立証責任は納税者側が負うことになるので注意してください。

(2) 遺産分割案ごとの共同相続人の相続税負担額比較など、シミュレーションの実行

　相続税に関する法令及び通達等には、共同相続人等が適用要件等を満たしてさえいれば、選択を行うことができる項目が数多くあります。

　そのため、税務判断や税務申告処理等について、共同相続人と税理士との間においても、医療現場における医師と患者との間で既に実践されているインフォームド・コンセント（十分な説明と同意）が大切です。税理士に対する損害賠償請求の激増の一因は、このインフォームド・コンセントが実践されなかったり、不十分であることによるものと思われます。

　そこで、税理士は、この時期においても、遺産分割協議に際して、共同相続

人間の利害にも配慮しながら、税の優遇制度をフルに利用することで、税負担を軽減させる具体策を盛り込んだ複数の遺産分割案を提示し、相続税額をシミュレーションし、その内容を分かりやすく説明し、共同相続人が十分に比較検討できる材料と時間を与えるようにしなければなりません。

(3) 相続人ごとの相続税の納税方法の確認と準備

　遺産分割協議と並行して、相続人ごとの相続税の納税方法についても確認と準備が必要です。延納を選択する場合は、原則として担保の提供が求められますので、どの財産を担保提供するのかについての検討が必要です。

　また、物納を選択する場合は、金銭納付困難事由の要件を満たすための遺産分割の工夫も必要です。土地の物納を行う場合には、測量図面なども添付する必要があることから、できるだけ早く着手しなければなりません。

(4) 貴重品の保管状況の確認

　税務調査になれば、必ず貴重品の保管状況の確認が実施されますので、予め税理士立会いの下で確認を行っておくようにします。預金通帳や実印などの貴重品は、家の中の金庫や、袋に入れてたんすの中に置いてあることがあります。また、古い紙幣や記念硬貨などを大切にしまっていることもよくあります。さらに、定期預金や証券会社の計算明細書などが金庫などに一緒に保管されていることもあります。

　実印や銀行の届出印などの印章は通常は一緒に保管されています。税務調査では必ずこれらの印影は写しを取られ、事前に金融機関から入手した被相続人や相続人の預貯金等の届出印と突合し、印章が誰の管理下にあったかということの判断材料とされます。

　銀行の貸金庫も税務調査の対象となりますので、同様に確認をしておき、税務調査で誤解を生じる可能性のある資料などはきちんと整理をしておくようにします。

　これらは相続人代表者が単独で行わず、可能な限り相続人全員で確認し、遠方の居住者や都合で参加できない場合には了承を得た上で実施し、その場で事実関係を訪問記録簿に記載して参加者に確認の署名を頂き、参加できなかった相続人には後で報告します。

5. 相続開始から9〜10か月以内

(1) 延納・物納の場合の申請手続

相続税の納税については、①何年かにわたって金銭で納める延納と、②相続又は遺贈でもらった財産そのもので納める物納という制度があります。この延納又は物納を希望する場合には、申告書の提出期限までに税務署に申請書などを提出して許可を受ける必要があります（相法39①、42①）。

(2) 遺産分割協議書の作成

遺言書がない場合には、財産目録を基に共同相続人間で遺産分割協議を行い、税理士は前項の（2）のようにそのサポートをした上で、協議がまとまれば遺産分割協議書を作成します※。遺産分割協議がスムーズに進めばよいですが、難航する場合もあります。相続税の申告期限内に遺産分割協議が調わないときには、相続税の特例の適用を受けることができなくなるので、相続税の申告期限内に共同相続人が協力して少しずつ譲り合って遺産分割協議が調うよう、税理士は最後まで、公正・中立の立場で行司役を担わなければなりません。

※107頁「Q11」参照。

(3) 相続税の申告書の作成と提出

相続税の申告書の「財産を取得した人の氏名」欄は、できれば相続人それぞれに自筆で記入してもらい、実印を押印してもらいます。

相続税の申告書は製本し、相続税の申告の際に提出しなければならない書類や財産評価に必要な資料などを添付の上、申告期限内に被相続人の納税地の税務署長に提出します（相法27①）。期限に遅れると無申告加算税が課せられ、その上、農地や取引相場のない株式等の相続税の納税猶予の適用や、延納・物納の適用も受けられず、相続人が多額の損害を被ることになるので、余裕をもって申告期限よりも2〜3日早めに提出するようにしましょう。

また、相続税の申告書の控えは何部用意する必要があるのかを相続人に確認し、税務署に提出したものと同様のもの、すなわち、相続税の申告書の控えだけでなく、申告に際して提出した添付資料一式も一緒に必要部数をお渡しするようにします。

相続税の申告期限までに遺産分割ができなかったときは法定相続分で相続したものとして相続税の申告をすることになります。その際には、相続税の申告書に「申告期限後3年以内の分割見込書」を添付しなければなりません。

また、相続税の申告期限の翌日から3年を経過する日において、相続等に関する訴えが提起されているなど、一定のやむを得ない事情がある場合には、申告期限後3年を経過する日の翌日から2か月を経過する日までに、「遺産が未分割であることについてやむを得ない事由がある旨の承認申請書」を提出しなければなりません。その申請について所轄税務署長の承認を受けた場合には、判決の確定の日など一定の日の翌日から4か月以内に更正の請求をすることにより、「小規模宅地等の特例」や「配偶者の税額軽減」などの特例の適用を受けることができます。

(4) 完全性宣言書・添付書面・代理権限証書及び確認書への署名押印

相続税申告書に押印を頂く際に、先に説明した「完全性宣言書」に相続人全員の署名押印を頂きます。税理士に対し「法が求める真正の事実を踏まえた内容であるべきことを深く認識し、相続開始日における被相続人の所有に係る全ての財産及び債務（葬式費用を含む）並びに相続開始前の生前贈与、その他相続税申告に影響を及ぼす一切の問題について、私たちが知る限りの真実を報告し提示したことを宣言」し、「税理士法第33条の2第1項に規定する添付書面の内容を確認」し、「仮装隠蔽の事実及び許されない租税回避行為を行った事実がないことを宣言」していただきます。

税理士が当初からグレーゾーンとして指摘した事項などについて、相続人との協議の上、課税関係を確定させて申告したものの、課税庁との見解の相違でやむなく修正申告を行うことになる可能性もあります。そのため、確認書は、会議の議事録の要領で、相続人との協議の都度、作成するとよいでしょう。税法上の特例選択に関する事項についての確認や、特別に処理した事項についての確認等も記録します。そして、申告書に署名押印してもらうときに、併せて確認事項を再確認してもらった上で、確認書（議事録）綴の表紙に相続人全員の署名と押印を頂くようにします。

最後に、税理士法第33条の2の書面添付について、再度その趣旨を説明し、添付書面の記載内容の全文を読み上げて、その内容に間違いがないかどうかを

確認の上、税務代理権限証書と共に相続人全員の署名押印を頂きます。もちろん、申告書に添付する添付書面には署名押印しないものを付けますが、その内容を確認してもらうことが非常に重要です。税務代理権限証書については相続人全員の署名押印を頂きます。

(5) 相続財産から相続税を納付する場合の預金等の相続手続

相続税の納税に当たり、相続財産である預貯金から納税する予定の場合には、その預貯金に係る部分の相続人への名義変更等を早めに行う必要があります。この場合は、遺産分割協議書を作成し、金融機関所定の書類等に共同相続人全員が署名押印するなどの手続きが必要です。また、相続人固有の預貯金から納税する場合には、特段の手続きは必要ありませんが、相続税の税務調査の際には、どの預貯金から納税したのかの確認が行われますので、後日に備えて資料等はしっかりと整備しておかなければなりません。

また、相続人の代表者などが好意で他の相続人の相続税を納付した場合などは、贈与税の対象になりかねないことも伝えておきます。

(6) 不動産の相続登記

土地や建物等の不動産を相続等により取得した相続人は、所有権移転登記をして、その相続人の名義に変更します。もし、登記をしないうちに他の相続人の債権者から差押え等がされた場合には、自分の持っている法定相続分以外の権利を失う可能性もあります。

遺言書がある場合で、その遺言書にその相続人が取得する不動産が明確に記載されているときは、遺言書に記載された者が単独で登記申請をすることができます（昭和47年4月17日 法務省民事局長通達）。

遺産分割協議が不成立に終わった場合は、法定相続分（持分）どおりに登記することになります（ただし、現実には未登記のまま放置されている場合も少なくありません）。

また、被相続人が過去に相続した不動産の名義が、まだ被相続人の名義に変更されていない場合で、その被相続人が単独で相続しているとき（「明治民法時代の家督相続のとき」「相続人が1人だけのとき」「遺産分割協議書があるとき」など）は、1回の登記申請で相続人へ直接所有権の移転ができます。

(7) 借用していた資料の返却

当然のことながら、借用していた資料は、申告手続が完了次第、すべて返却します。借用するときに、借用書を作成して相続人に渡している場合は、資料の返却時に借用書を返却してもらいます。

後日、税務調査があったときにすぐ提示できるように、相続人には、できる限り1人の相続人（例えば相続人の代表者）のところに資料をまとめて保管をしておくようお願いします。相続税の税務調査が多いこと、税法上の保存期間の規定などをここであらためて説明しておきます。

なお、資料は、財産別等に分類して返却すると喜ばれるでしょう。

(8) 相続財産を譲渡する相続人への対応

不動産を相続した相続人には、相続した不動産を譲渡する場合には相続税の取得費加算の特例などがあることを説明して、譲渡をする際には、必ず連絡をくれるようお願いしておきます。そして、譲渡所得の申告を依頼されたときのために、借用した資料の中に金・有価証券及び不動産の取得時の契約書等があった場合は、必ずコピーをとっておきます。

また、相続後に譲渡する相手を探しているような場合は、提携企業を紹介するなどして相続人の便宜を図ります。

(9) 相続財産を運用する相続人への対応

新たに不動産所得、事業所得等を有することとなった相続人には、正確な確定申告が必要であることを説明し、確定申告の依頼を受託できるようにします。そのためにも、所得税や消費税等の各種届出書類を期限に遅れることなく、漏れなく提出することが必要です。

第3節

被相続人・相続人の税務上の手続き

> **ポイント**　相続税の申告手続に関連して、社会保障に関する手続きも欠かせません。これらの手続きによって生じる精算金等は相続財産を構成したり、相続人の所得税の課税関係にも影響を与えます。

【解説】

1. 介護保険料、後期高齢者医療制度の保険料等

　被相続人の死亡時の年齢が65歳以上など一定年齢以上であれば、介護保険料、後期高齢者医療制度の保険料及び未支給年金などの精算金等が生じます。
　この精算金等は、相続人へ払戻し等が行われますが、被相続人の相続財産として、又は相続人の一時所得として課税問題が生じますので、相続税の申告に当たって、確認が欠かせません。

(1) 介護保険料

　介護保険制度により、65歳以上の方（第1号被保険者）は介護が必要となれば、何歳であっても介護サービスを受けることができます。したがって、保険料も年齢に関係なく毎年納めることとされています。保険料の支払方法については、原則として、特別徴収（年金からの天引き）によることとされています。
　65歳以上の方（第1号被保険者）が死亡した場合、介護保険の被保険者資格の喪失日は、死亡した日の翌日となります。介護保険料は被保険者資格喪失日の前月までを月割りで算定し、介護保険料額が変更となった場合は、後日市役所等から、「介護保険料変更決定通知書」が送られてきます。この精算金は相

続財産となります。

【算定方法（例）】

月の末日に死亡した場合は、死亡した月までを算定し、月の末日以外に死亡した場合は、死亡した前月までを算定します。

（例）

死亡した日	資格喪失日	介護保険料算定期間
6月30日	7月1日	4月から6月まで（3か月分）
6月29日	6月30日	4月から5月まで（2か月分）

死亡による介護保険料額の変更に伴い、介護保険料が納めすぎとなった場合は市役所等から遺族（相続人）に還付（返金）し、不足する場合は、遺族（相続人）は不足分を納付しなければなりません。

(2) 後期高齢者医療保険料

75歳以上は、後期高齢者医療制度（長寿医療制度）の対象者（被保険者）となり、65歳以上75歳未満でも一定程度の障害状態にあれば対象者になります。

後期高齢者医療制度の保険料は、偶数月に支払われている公的年金から、当該支払月ごとに2か月分を特別徴収することを原則としています。前年の所得が確定するまでは、仮算定された保険料を天引きし（仮徴収）、前年の所得確定後に「年額保険料－仮徴収した保険料」を3期に分けて徴収されます（本徴収）。具体的には、「4月・6月・8月⇒仮徴収」、「10月・12月・2月⇒本徴収」となります。そのため、一定の過不足が発生することから、相続財産としての確認が不可欠です。

図3-3-1 後期高齢者医療保険料特別徴収（年金天引き）のスケジュール

4月	6月	8月	10月	12月	翌年2月
第1期	第2期	第3期	第4期	第5期	第6期
仮算定（仮徴収）			本算定（本徴収）		
前年度と同段階区分にて算定			決定した年間保険料額から仮徴収額を差し引いた額を3回に分けて納付		

【算定方法（例）】

月の末日に死亡した場合は、死亡した月までを算定し、月の末日以外に死亡した場合は、死亡した前月までを算定します。

(例)

死亡した日	資格喪失日	後期高齢者医療制度の保険料算定期間
6月30日	7月1日	4月から6月まで（3か月分）
6月29日	6月30日	4月から5月まで（2か月分）

死亡による後期高齢者医療制度の保険料額の変更に伴い、後期高齢者医療制度の保険料が納めすぎとなった場合は市役所等から遺族（相続人）に還付（返金）し、不足する場合は、遺族（相続人）は不足分を納付しなければなりません。

(3) 高額療養費

高額療養費制度とは、公的医療保険制度の一つで、医療機関や薬局の窓口で支払った額（入院時の食費負担や差額ベッド代等は含まない）が、暦月（月の初めから終わりまで）で一定額を超えた場合に、その超えた金額を支給する制度です。最終的な自己負担額となる毎月の負担の上限額は、保険加入者が70歳以上か否かや、加入者の所得水準によって分けられています。

支給されるまでに受診した月から3か月以上かかることから、被相続人の高額療養費は相続人に払戻しされますが、その金額は相続財産となります。

図3-3-2　高額療養費の自己負担上限額（70歳以上の人の場合）

所得区分		1か月の自己負担の上限額	
		外来(個人ごと)	
現役並み所得者（月収28万円以上などの窓口負担3割の人）		44,400円	80,100円＋(医療費－267,000円)×1%
一般所得者		12,000円	44,400円
低所得者（住民税非課税の人）	Ⅱ(Ⅰ以外の人)	8,000円	24,600円
	Ⅰ(年金収入のみの人の場合、年金受給額80万円以下など、総所得金額がゼロの人)		15,000円

注）同一の医療機関等における自己負担（院外処方代を含む）では、上限額を超えないときでも、同じ月の複数の医療機関等における自己負担を合算することができます。この合算額が負担の上限額を超えれば、高額療養費の支給対象となります。

出所：厚生労働省ホームページ

なお、民間の医療保険に加入している場合にも、死亡保険金の請求に伴い、併せて入院給付金や手術給付金などが死亡保険金と一緒に支払われることもあります。死亡保険金は、法定相続人1人当たり500万円まで非課税とされていますが、被相続人が受け取るべき入院給付金や手術給付金については、本来の相続財産とされ、死亡保険金の非課税の対象にはなりません。

(4) 未支給年金

　原則として、国民皆年金であることから、65歳以上であれば老齢基礎年金の給付を受けているはずです。年金は、年6回に分けて支払われ、支払月は、2月、4月、6月、8月、10月、12月になっています。それぞれの支払月には、その前月までの2か月分の年金が支払われます。

　例えば、4月に支払われる年金は、2月、3月の2か月分です。年金受給者が死亡した場合には、死亡した月の分まで支払われます。死亡した人に支払われるはずであった年金が残っているときは、遺族にその分の年金（未支給年金）が支払われます。

　「未支給年金・保険給付請求書」に、戸籍謄本、年金を受けていた方と請求者が生計を同じくしていたことが分かる書類を添えて、最寄りの年金事務所又は街角の年金相談センターに提出します。

　未支給年金を受け取ることのできる遺族は、年金を受けていた人の死亡当時、その人と生計を同じくしていた配偶者、子、父母、孫、祖父母又は兄弟姉妹です。未支給年金を受けられる順位もこのとおりです。

　なお、未支給年金は相続財産ではなく受取人の一時所得となります。

2. 被相続人に係る相続税以外の税務手続

　相続税以外の税務手続には、被相続人に係るものと相続人に係るものとがあります。それらの手続きは、相続税の申告期限よりも前に届出等の手続期限が到来しますので、早めの対応が求められます。

　個人事業を行っていた被相続人については、以下の手続きが必要となります。
　① 「個人事業の開業・廃業等届出書」…個人事業を廃業した場合
　　　開業又は廃業した日から1か月以内に提出

② 「所得税の青色申告の取りやめ届出書」…青色申告だった場合
　翌年3月15日までに提出
③ 「給与支払事務所等の開設・移転・廃止届出書」…給与を支払っていた場合
　廃止の事実があった日から1か月以内
④ 「個人事業者の死亡届出書」…消費税の課税事業者である個人だった場合
　事由が生じた後、速やかに提出

3. 相続人に係る手続き

(1) 所得税の青色申告承認申請書　本章第2節を参照。

(2) 消費税の各種選択届出書　本章第2節を参照。

(3) 所得税の棚卸資産の評価方法・減価償却資産の償却方法の届出書

　事業所得者、不動産所得者、山林所得者又は雑所得者のうち、新たに業務を開始した人などの場合は、その手続対象者となった日の属する年分の確定申告期限までに「所得税の棚卸資産の評価方法・減価償却資産の償却方法の届出書」を提出する必要があります（所令100、123）。

　被相続人が不動産所得者である場合、遺言書がないときには遺産分割協議が調うまでの間、賃貸不動産から生じる賃料等は法定相続人が法定相続分により取得することになる（民法898、所法12、所基通12-1）ことから、相続人の中には新たに不動産所得者に該当することになるケースもあります。その場合、建物附属設備・構築物・車両・器具備品などについて、個人事業者の法定償却方法である「定額法」ではなく、「定率法」による償却方法を選択しようとするときには、減価償却資産の償却方法の届出書を提出する必要があります。

(4) 根抵当権に係る債務者変更登記

　根抵当権の債務者兼担保提供者が死亡し、債務者としての地位を根抵当権者（銀行）と相続人との合意により特定の相続人が承継することとなった場合、相続開始の時から6か月以内に登記することが要件となり、これをしないときは、根抵当権の担保すべき元本が相続開始の時に確定します。

なお、この期間内に合意がされない場合や、合意はされたが当該登記がされなかった場合にも、被担保債権は相続開始の時に遡って確定したものとみなされてしまいます。

したがって、相続による変更手続が遅れて元本が確定してしまうと、根抵当権は抵当権に近い性格のものになり、相続後に発生する債務はその根抵当権で担保されません。つまり、事業継続上、新たに資金が必要な場合には、あらためて根抵当権などを設定する必要が生じます。

根抵当権を存続させるために必要な登記は、相続に係る所有権移転登記、債務者変更登記及び合意登記であり、当該登記にかかる費用は新たに根抵当権を設定する登記（登録免許税は極度額の1,000分の4）に比べると少額で済むことになります。

設例

1. 根抵当権極度額　　　1億円
2. 現時点での債務額　6,000万円

＊新たに設定する抵当権は従前と同じく1億円とする。
＊土地の評価額は1億5,000万円とする。

	6か月以内に債務者を変更した場合		債務者変更手続が6か月を超えた場合で根抵当権1億円を設定するとき	
効　果	従前と同じ1億円まで借入れが可能		債務額6,000万円で元本確定	
所有権移転登記	評価額×1,000分の4	1億5,000万円×0.4％＝600,000円	同左	600,000円
債務者変更登記	不動産1筆につき1,000円	1,000円		
合意登記	不動産1筆につき1,000円	1,000円		
根抵当権設定登記			極度額の1,000分の4	1億円×0.4％＝400,000円
合　計		602,000円		1,000,000円

相続人は銀行等と根抵当取引を継続するためには、次の手続きを相続開始後6か月以内に行わなければなりません。

①所有権移転の登記

　遺産分割協議の成立に時間を要する場合には、いったん共同相続として相続人全員の共有として登記し、後日、遺産分割協議が成立したとき、その者に変更するようにします。

②被担保債務の承継

③相続による債務者の変更の登記（なお、この登記申請は根抵当権者と設定者の共同申請で行うため、相続証明書の添付は不要）

④合意の登記

　根抵当権は相続人が担保物件を共同相続した場合、共同相続人全員との間で債務者を定める合意（契約）をし、その旨の登記をします。

(5) 固定資産税等に関する届出書

　固定資産税及び都市計画税は、土地又は家屋の所有者として登記簿又は土地補充課税台帳もしくは家屋補充課税台帳に、登記又は登録されている個人が納付しなければなりません。

　しかし、その個人が、賦課期日（毎年1月1日）前に死亡している場合には、賦課期日においてその土地や家屋を現に所有している人が納税することとなります（地税法343）。該当する人は、住所、氏名又は名称、固定資産の種類、所在などについて「現所有者に関する申告書」（大阪市の場合）によって届け出ることとされています。

　なお、遺産分割協議によって届け出た人と相続する人が異なることとなった場合には、相続登記によって名義の変更が行われた翌年度からその名義人に固定資産税等が課せられますが、名義変更を行わない場合には、実際に納付する人に納税通知書を送付するよう該当窓口に連絡します。

第4節

被相続人の人物像と経歴等

> **ポイント** 相続税の申告は、会計事務所の関与先経営者の相続ばかりではありません。新規クライアントの相続の場合には、被相続人の人物像や経歴などについて相続人等から確認するようにします。特に、病歴や死亡原因などの確認は欠かせません。

【解説】

1. 被相続人の人物像と経歴等についての確認事項

被相続人の人物像や経歴等について、以下のような項目を確認します。

(1) 職歴や趣味・嗜好品等

例えば、被相続人の職歴等によっても、どのような分野に強かったのかが類推でき、資産運用の方法を推測できます。趣味や嗜好品等が分かれば、相続財産として計上すべき物（ゴルフ会員権、絵画、書画・骨とう等）を確認することになります。

また、過去の住所の変遷が分かれば、その居住地の近くに金融資産が残されていないかなども必要に応じて確認しておくべきでしょう。

(2) 病歴と死亡原因

病歴を確認すると、病気の発症時期などから、相続対策を本格的に実行したおおよその時期や、被相続人の意思能力がいつごろまで明瞭だったのかが分かります。意思能力を欠く人（意思無能力者）の法律行為は無効とされ、判断能力の程度は民法第7条の「事理を弁識する能力」（事理弁識能力）に相当する

レベルと理解されており、一般的には認知症にある者には、意思能力がないとされています。そこで、認知症の発症時期等については、介護認定の状況を相続人に確認することで、意思能力について推測することができます。

これにより、相続開始前に行われた一連の行為が、被相続人の意思によるものか否かという重要な判断ができます。

(3) 人物像と家族関係

人物像は、複数の相続人からの聞き取りによって確認します。世間話を織り交ぜながら、被相続人はどのような価値観を持っていたか、特に税に対する姿勢（優良法人として認定された法人の応接室には、「表敬状」が掲げられていたりします）はどうであったか、親子の関係は良好であったのかなど、さりげなく質問して確認します。

誰と同居していたか、誰が身の回りの面倒を見ていたか、同居親族の生活費は誰が幾ら負担していたのかなどの確認も必要です。そして、預金通帳、銀行の届出印、不動産の権利書などの重要書類の管理者は誰であったのかの確認も欠かせません。

以上のように被相続人の経歴等をまとめて記載する様式例を、次頁に掲載していますのでご参照ください。

図3-4-1　被相続人の経歴等の記載様式例

被相続人の概要

住　　所		相続開始日	平成　　年　　月　　日
被相続人の氏名		職業	
死亡原因		電話番号	（　　　）　　－
死亡場所		申告期限	平成　　年　　月　　日

被相続人の経歴書

最終学歴	明治・大正・昭和　　年　　月　　日
最終職歴	昭和・平成　　年　　月　　日

被相続人の出生から死亡までの経歴をわかる範囲で次にご記入下さい。

項　　目	年　月　日	内　　容
本籍地		
先代からの相続		
学　　歴		
職　　歴		
結　　婚		
住所移転状況		
趣味・趣向		書画・骨董・ゴルフ・自動車・その他（読書・鑑賞等）
交友関係		ライオンズ・ロータリー・同業者組合・同好クラブ・その他
病　　歴		
財産管理		被相続人・親族（　　　　　　）

相続人の氏名	本籍地	住所地

第4章 相続財産の調査と確定

第1節

親族の確認と相続人の確定

ポイント 遺言書が残されているなど一定の場合には、被相続人の死亡の事実を証明する戸籍謄本等があれば、不動産の相続登記を行うことができます。しかし、相続税の申告が必要な場合には、被相続人の出生から死亡の時までの連続した戸籍謄本等が必要とされています。

【解説】

1. 相続人の確定のための戸籍謄本等の収集

　相続手続には、相続人を特定するため戸籍謄本などが必要です。銀行などの手続きでは一部の戸籍謄本で足りる場合もありますが、不動産の名義変更登記などには、被相続人の過去に遡って（実務上は被相続人の出生まで遡って）すべての戸籍謄本などを添付しなければなりません。したがって、戸籍謄本・除籍謄本・改製原戸籍謄本などが必要になり、かつ、それらがつながっていなければなりません。

　相続人が先に亡くなっている場合には、その人の戸籍も必要になります。また、被相続人に離婚・再婚などがあった場合には、相続人である子の存在を戸籍上明確にする必要があり、そちらも取り寄せることになります。昔は兄弟姉妹が多かったので、たくさんの戸籍を取り寄せなければならないこともあります。

　戸籍は今まで何回か改製され、そのたびに様式が改められ、古い戸籍から新しい戸籍へと有効な部分のみが新しい様式へ移行されています。

　改製後の戸籍が「現在戸籍」であり、その様式変更以前の戸籍を「改製原戸籍」といいます。亡くなった人の出生時以降、戸籍の改製があったら、現在戸

籍から順序よく遡り、すべて取得する必要があります。なぜなら、改製のたびに、現在効力のある主な項目しか新しい戸籍に移されないからです。

例えば、夫婦2人と子2人の家族の戸籍があったとします。子2人は結婚し、新しく戸籍を作り、そちらに移転しました。その移転後に戸籍の改製があった場合、夫婦2人の改製後の戸籍には、子2人が記載されていません。戸籍の改製があると、そのとき戸籍から抜けている人は、新しい戸籍には移転されません。そのため、被相続人の生存中に戸籍の改製があった場合には、前の改製原戸籍が必要になります。

改製原戸籍がどこの役所にあるのかを知るには、戸籍謄本の一面の右上にある「○○年○月○日××県××町△△番地から転籍」を参照すれば分かります。

なお、遺言書が残されている場合には、受遺者が相続人以外の者で、かつ、遺言執行者の定めがないとき以外は、被相続人の出生から死亡の事実を証明する戸籍謄本、除籍謄本等は必要なく、死亡の事実を証明する戸籍謄本、除籍謄本等があれば不動産の相続登記を行うことができます。

しかし、相続税の申告が必要な場合には、相続人が遺産を相続するか否かにかかわらず、法定相続人の数により相続税の基礎控除を求めることとされていることなどから、相続人の確定のために被相続人の出生から死亡の事実を証明する戸籍謄本、除籍謄本等が必要となります。

相続人自らが戸籍謄本を収集する場合でも、念のため相続人関係図の作成については司法書士に依頼し、専門家によるチェックを受けておくようにすることが賢明な選択と思われます。

2. 相続人が行方不明の場合

相続人の中に行方不明の人や、又は生死すら分からない人がいると、遺産の分割協議ができず、困ったことになります。このような場合には、次の措置を講ずることで遺産分割協議を進めることができます。

(1) 不在者財産管理人を置く

従来の住所又は居所を去り、容易に戻る見込みのない者（以下「不在者」）

で財産管理人がいない場合に、利害関係人（不在者の配偶者、相続人に当たる者、債権者など）は、家庭裁判所に「不在者財産管理人」を選任してもらうよう申立てできます（民法25、家事審判法9甲3）。

不在者財産管理人は、行方不明の相続人の相続分の目録を作り、それを保管できる権限を持ちます。また、不在者財産管理人は家庭裁判所の許可を得れば、他の相続人と遺産分割の協議をすることができます。

(2) 失踪宣告を申し立てる

不在者につき、その生死が7年間（起算日は、実際に失踪したと思われる時）明らかでないとき（普通失踪）、又は戦争、船舶の沈没、震災などの死亡の原因となる危難に遭遇し、その危難が去った後その生死が1年間明らかでないとき（危難失踪）は、利害関係人（不在者の配偶者、相続人に当たる者、財産管理人、受遺者など失踪宣告を求めるについての法律上の利害関係を有する者）は、その期間の経過後に、家庭裁判所に失踪宣告の申立てをすることができます。申立てが受理されると家庭裁判所が事実関係等を調査し、失踪について6か月以上の期間を設けて公示催告（家庭裁判所の掲示板に掲示し、官報に公告）します。この期間を経過するまでに不在者の生死が確認されなければ、家庭裁判所は失踪宣告を行います。失踪宣告とは、生死不明の者に対して、法律上死亡したものとみなす効果を生じさせる制度です。そのため、失踪宣告を受けた者は普通失踪の場合、7年の期間満了時に死亡したものとみなされ、戸籍謄本にもその旨が記載されます（民法30～32）。

3. 相続人が海外に住所を定めている場合

その相続人のいる国の日本大使館や領事館から在留証明書、署名（サイン）証明書又は拇印証明書を取り寄せて、相続手続を行うことができます。領事館には、証明を受けたい書類のほかに、本人確認資料として①パスポート、②海外居住であることの証明書を持っていく必要があります。

また、海外に住所を定めている人が一時帰国している場合は、日本の公証役場で証明書類の取得ができます。日本の公証役場で本人確認資料として、①パスポート、②海外の住所が分かるもの（在留証明書や免許証等）を持参の上、

公証人の面前で持参した書類（契約書、遺産分割協議書、委任状等）に自分で署名することで、当該書類に本人が自署したという"サイン証明"を作成することが可能です。このサイン証明も、日本における印鑑証明書と同じ公的な証明書類として取り扱われます。

ただし、この方法でサイン証明した遺産分割協議書を使用して不動産の相続登記手続をする際には注意が必要です。なぜなら、その海外居住者が不動産の相続人（所有者）になる場合には、登記手続において別途"住所を証明する書類"が必要になり、結局、居住地の領事館で在留証明書を取得しなければなりません。

また、預貯金や有価証券の相続手続についても、各金融機関所定の必要書類がありますので、公証役場のサイン証明付きの遺産分割協議書だけでは、結局処理できないことになってしまう可能性があります。そのため、実務対応としては、各金融機関所定の必要書類を事前に収集しておき、当該書類に公証人のサイン証明を作成してもらうことで対処できると考えます。

居住者が預貯金等を相続し、非居住者には代償金を支払う方法によって遺産分割協議書を作成し、金融機関と預貯金の相続による名義変更手続について交渉してみるのも一つの選択肢です。

4. 特別代理人の選任手続

遺産分割は法律行為ですから、未成年者がこれに加わる場合には法定代理人を選任しなくてはなりません。一般的には親権者が法定代理人になりますが、相続の場合は、被相続人の配偶者である母親などは未成年の子の法定代理人になれません。法定代理人は中立的な第三者でなくてはならず、母親などは、未成年の子と相続上利益相反する関係にあるからです。そこで、利益が相反しない第三者を特別代理人として選任することを、家庭裁判所に申し立てる必要が生じます（民訴法35）。

この場合、特別代理人が、その未成年者に代わって遺産の分割協議を行い、その協議結果に基づいて相続税の申告をします。

家庭裁判所への申立てから選任されるまでの時間は通常1か月以上必要であり、申立てが遅れるとその分特別代理人の選任が遅くなり、遺産分割協議を開

始できません。相続税の申告期限等に間に合わず税務上不利な取扱いを受けることになりかねませんので、早めの手続きが大切です。

5. 成年後見人

認知症や知的障害のある方など判断能力の不十分な方々の財産管理や身上監護を、権限を与えられた成年後見人等が行うことによって、本人を保護し、支援するために法定後見制度が設けられています（民法843以下）。

相続人の中に認知症などで判断能力がない者がいる場合、その人のために、家庭裁判所に後見開始の審判を申し立てて成年後見人を選任してもらい、成年後見人に遺産分割協議に参加してもらいます。この場合、本人の同意はいりません。

なお、「保佐」「補助」の場合で、保佐人や補助人が遺産分割を代理するには、保佐（補助）開始の審判とは別に、遺産分割の代理権を保佐人（補助人）に付与する旨の審判が必要になります。

6. 未成年後見人

死亡等のため、相続人である未成年者の親権者がいない場合、家庭裁判所に対して、未成年者（意思能力があることが必要）、未成年者の親族、又はその他の利害関係人が、未成年者の住所地の家庭裁判所へ未成年後見人の選任の申立てをします。

未成年後見人とは、未成年者（未成年被後見人）の法定代理人であり、未成年者の監護養育、財産管理、契約等の法律行為などを行います（民法第5章）。

実務において未成年後見人の選任を申し立てる事例で多いのは、祖父母と養子縁組をしている場合です。養子縁組を行うと親権は養親に移動しますので、養親が全員亡くなると、その子の親権者が不在となります。養親が全員死亡しても、実の親に親権が自動的に復活することにはなりません。

未成年後見人の選任申立て以外の方法として、死後離縁の制度があります。これはその名のとおり、養子縁組の当事者の一方が死亡した場合、もう一方から養子縁組の関係を断絶させるものです。ただ、これを行うためには家庭裁判

所の許可を得なければなりません。

未成年後見人が選任されていない場合、死後離縁の申立てを未成年者の実父母が行っても、家庭裁判所は受理するそうです。

7．相続放棄の手続き

相続の放棄をしようとする者は、その旨を家庭裁判所に申述しなければなりません（民法938～940）。通常、相続放棄は、被相続人が債務超過である場合や、限定承認をしたいけれども相続人の一部の人が反対するためできないときなどに有効な方法です。しかし、資産が負債よりも多い場合であっても、相続放棄することができます。

相続の放棄は限定承認と異なり相続人全員が共同でする必要はありません。相続の放棄をしたいと思う相続人1人ひとりが家庭裁判所に申述すればよいのです。相続の放棄をした者は、その相続に関しては、初めから相続人とならなかったものとみなされます。そのため、第1順位の子が全員相続の放棄をすると、相続の順位が変動し、第2順位の父母が相続人となり、続いて第2順位の父母が相続の放棄をすると、第3順位の兄弟姉妹が相続人となります。

この相続放棄の手続きは、自己のために相続の開始があったことを知った時から3か月以内（熟慮期間内）に家庭裁判所に相続放棄申述書を提出しなければなりません（民法915～917）。この「自己のために相続の開始があったことを知った時」とは、相続人が相続開始の原因たる事実の発生を知り、かつ、そのために自己が相続人となったことを知った時をいいます。

もっとも、この熟慮期間内に相続人が相続財産の状況を調査してもなお、相続放棄をするか否かを決定できない場合には、家庭裁判所は、申立てにより、この3か月の熟慮期間を伸長することができます。伸長は3か月に限られるのが原則ですが、再度の伸長申請も可能ですので、相続財産の調査などの必要があれば、伸長申請を繰り返すことにより、6か月、あるいは9か月と、熟慮期間を伸長することもできます。また、限定承認手続についても同様に熟慮期間を伸長することができます。

なお、被相続人の租税債務について準確定申告をした場合、国との関係で債権債務の確定行為を行うことになり、それが財産の処分として、相続を単純承

認したとみなされてしまう可能性がありますので、相続人全員が相続の放棄を行うことを検討している場合には、相続放棄の手続きが完了するまで準確定申告を行わないことも選択肢の一つと考えられます。

8. 限定承認の手続き

　限定承認とは、条件付きで相続財産を承継しようとするものです。すなわち、相続人は、相続によって得た財産の限度においてのみ、被相続人の債務又は遺贈を弁済すべきことを留保して承認することができます（民法922）。この限定承認は、①相続財産や債務の額が不確定な場合、②被相続人が連帯保証人になっていて債務者が債務弁済不能になる可能性が高いと予想される場合、③被相続人が上場会社の役員等で、株主代表訴訟によって多額の損害金を請求される可能性が考えられる場合、などに有効な方法です。

　相続人は、自己のために相続の開始があったことを知った時から3か月以内に家庭裁判所に対して「相続の限定承認の申述書」等を提出して限定承認をしなければなりません（民法915～917）。限定承認は、共同相続人の全員が共同してのみ、これをすることができます（民法923）。

　したがって、相続人が複数いるときは全員でこれをしなければなりません。相続人の中で、限定承認を希望する人と、全部相続することを希望する人がいる場合、限定承認の手続きを取ることはできないので、限定承認を希望する人が相続債務の負担を避けようと思えば、相続放棄をすることになります。

第2節

不動産の確認

> **ポイント** 土地の相続税評価額を算定するには、評価すべき土地に係る各種法令規制や税務上の届出書の提出の有無などの確認が欠かせません。そのためには、可能な限り現地に赴き、その土地の周辺の環境なども含めて確認しておきましょう。

【解説】

1. 不動産は現地まで赴き確認

　相続財産の中で、土地の相続税評価額の算定については、道路法、建築基準法、都市計画法など多くの土地に関する法規制の有無について、関係省庁を回って確認する必要があります。そのため、必ず現地に赴き、評価対象地とその周辺の状況を正確に把握することが求められます。住宅地図などで場所を確認し、後日の再確認を容易にするため写真も撮っておくようにします。

　なお、土地の相続税評価額を求める場合に、確認すべき具体的な方法については、第5章を参照してください。

2. 特殊関係者間における土地貸借に係る届出書や申出書

　特殊関係者間において、土地貸借が行われる場合に、借地権等の課税関係を回避するために、各種届出書が所轄税務署に提出されていることがあります。

　念のため、それらの届出書の提出の有無について確認しておかなければなりません。

(1)「土地の無償返還に関する届出書」と地代の支払い

①届出書の概要

　法人が借地権の設定等により他人に土地を使用させた場合で、その借地権の設定等に係る契約書において将来、借地人等がその土地を無償で返還することが定められている場合に、これを届け出る手続きです。この届出を行っている場合には、権利金の認定課税は行われないこととなります。

　この届出書は、土地を無償で返還することが定められた後、遅滞なく、当該法人の納税地の所轄税務署長に提出することとされています（法基通13-1-7）。

②地代の支払い

　地主が個人、借地人が法人で、法人が個人に地代を支払う場合と支払わない場合とが考えられます。

　地代を支払う、すなわち土地の貸借関係を「賃貸借」とすると、相続税の土地評価において20％評価が減額されます（土地の無償返還に関する届出書を提出している場合）。賃貸借契約とするためには、固定資産税と都市計画税の合計額を上回るような地代（一般的には固定資産税と都市計画税の合計額の2～3倍程度が目安）を設定する必要があります。

　一方、地代を支払わない方法（使用貸借契約）も考えられます（固定資産税相当額程度の地代の支払いは使用貸借と考えます）。ところが、地代の授受がない場合には、相続税の土地評価は自用地で評価され、土地の評価減はありません。

図4-2-1　無償返還方式における相続税評価額

区　分	相続税評価額	
	賃貸借の場合	使用貸借の場合
借　地　権	0	0
同族会社の株価の計算上純資産価額に加算される金額※	自用地評価額×20％	0
貸　宅　地	自用地評価額×80％	自用地評価額

※地主が個人、借地人が法人の場合。

図4-2-2　無償返還方式における課税関係

		借地人（法人）	地主（個人）
借地権設定時		課税関係なし	課税関係なし
地代の額		0から相当の地代の額の間で自由に設定可能	
地代の取扱い		損金の額に算入	不動産所得の収入金額
土地の相続税評価額	賃貸借	（株価計算）自用地評価額×20%	自用地評価額×80%
	使用貸借	（株価計算）0	自用地評価額

(2)「相当の地代の改訂方法に関する届出書」と地代の支払い

①届出書の概要

　法人が、借地権の設定等により他人に土地を使用させ、その使用の対価として権利金に代えて法人税基本通達13-1-2に定める相当の地代を収受することとした場合に、その契約期間内に収受する地代の額の改訂方法について届け出る場合の手続きです。

　相当の地代を収受することとした後、遅滞なく、当該法人の納税地の所轄税務署長へ提出することとされています（相当地代通達）。

②地代の支払い

　相当の地代は以下の2つに区分され、いずれかを選択することができます。

・改訂型…土地の価額の上昇に応じて相当の地代を改訂する方法
・据置型…借地権設定時の相当の地代を据え置く方法

　どちらの方法を選択したかについて、土地の賃貸借契約書に記載するとともに「相当の地代の改訂方法に関する届出書」を遅滞なく、土地所有者等の所轄税務署長に届出をしなければなりません。届出がないと、据置型を選択したものとみなされます。

　どちらを選択するかは、その後の借地権や底地の評価につながりますので、それぞれの特徴を確認してください。

1) 改訂型の特長：相当の地代の額を、土地の価額に応じて順次改訂する方法をいいます。なお、地代の改訂はおおむね3年ごとに行えばよいこととなっています。改訂型の場合、常に土地の価額に対して適正な運用利回りに相当する地代を収受していることとなりますので、土地の評価は更地としての価値が常に地主に留保されていることになります。

図4-2-3　相当の地代方式の地代改訂型の場合の相続税評価額

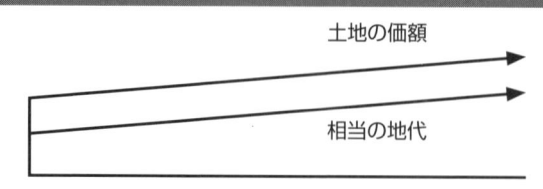

区　　分	相続税評価額
借　地　権	0
同族会社の株価の計算上 純資産価額に加算される金額※	自用地評価額×20%
貸　宅　地	自用地評価額×80%

※地主が個人、借地人が法人で、法人が個人に地代を支払う場合。

2) 据置型の特長：相当の地代を半永久的に据え置く方法をいいます。据置型を選択すると、地価が上昇した場合、地代を据え置くことで、土地の価額に対する地代率が低くなっていきます。地代率が下がることによる底地割合の縮小が、借地権を自然発生させて借地人に徐々に帰属していきます。この地価の上昇による自然発生借地権の帰属については、借地権の認定課税は行われません。

　据置型を選択する目的としては、積極的に借地権を借地人に移転したい場合などが考えられます。借地権を法人に移転させるためには、土地の価額が上昇することがポイントであり、地価が上昇していない場合にはあまり効果が期待できません。

図4-2-4　相当の地代方式の地代据置型の場合の相続税評価額

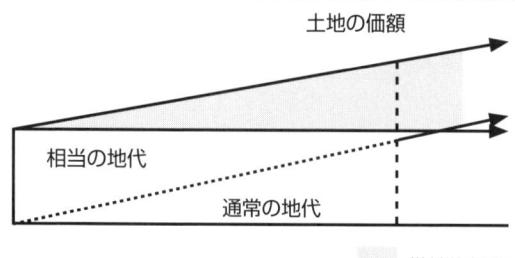

区　　分	相続税評価額
借　地　権	自用地評価額 × 借地権割合 × (1 − $\dfrac{実際の地代 − 通常の地代}{相当の地代^{※1} − 通常の地代}$)
同族会社の株価計算上純資産価額に加算される金額[※2]	次の①又は②のいずれか大きい金額 ①借地権の算式により計算した金額 ②自用地評価額 × 20%
貸　宅　地	次の①又は②のいずれか小さい金額 ①自用地評価額 − 借地権の算式により計算した金額 ②自用地評価額 × 80%

※1　この場合の相当の地代は、過去3年間の土地の相続税評価額の平均値×6%。
※2　地主が個人、借地人が法人で、法人が個人に地代を支払う場合。

図4-2-5　相当の地代方式における課税関係

		借地人（法人）	地主（個人）
借地権設定時		課税関係なし	
地代の額	改訂型	おおむね3年以下の期間ごとに改訂する	
	据置型	借地権設定時の相当の地代を据え置く	
地代の取扱い	改訂型	損金の額に算入	不動産所得の収入金額
	据置型		
土地の相続税評価額	改訂型	（株価計算）自用地評価額 × 20%	自用地評価額 × 80%
	据置型	（株価計算）(注)により計算した価額	自用地評価額 −(注)

(注) 次の①又は②のいずれか大きい金額
　①自用地評価額 × 借地権割合 × (1 − $\dfrac{実際の地代 − 通常の地代}{相当の地代 − 通常の地代}$)
　②自用地評価額 × 20%

(3)「借地権者の地位に変更がない旨の申出書」

　借地権の目的となっている土地（所有権）を、その借地権者以外の者が取得し、その土地の取得者と借地権者との間にその土地の使用の対価として地代の授受が行われないこととなった場合に、地代の授受が行われないこととなった理由が、その土地の貸借が使用貸借となったことに基づくものでなく、借地権者は借地権者としての地位を放棄していない旨を、その土地の取得者が申し出る手続きです（使用貸借通達）。

借地権の目的となっている土地を借地権者以外の者が取得した後、速やかに土地の所有者の住所地を所轄する税務署長へ提出することとされています。

(4)「借地権の使用貸借に関する確認書」

借地権を有する者（借地権者）から、その借地権の目的となっている土地の全部を使用貸借により借り受けて、その土地の上に建物等を建築した場合などに、その借受けが使用貸借に該当するものであることについて、その使用貸借に係る借受者、借地権者及び土地の所有者がその事実を確認し、その内容を借受者が申し出る手続きです（使用貸借通達）。

使用貸借に係る借受者が、借地権を使用貸借により借り受けた後、使用貸借に係る借受者の住所地を所轄する税務署長に速やかに提出することとされています。

3. 小規模宅地等の特例の適用要件

小規模宅地等についての相続税の課税価格の計算の特例（以下「小規模宅地等の特例」）は、相続人の相続による取得財産等のうち、その相続の開始の直前に被相続人（遺贈者を含む。以下同じ）又は被相続人と生計を一にしていた被相続人の親族（以下「被相続人等」）の事業の用又は居住の用に供されていた宅地等について、相続税の課税価格を軽減する措置です（措法69の4）。この措置は、これらの宅地等が生活の基盤そのものであって、相続人が事業又は居住を継続していく上で欠くことのできない資産であり、その処分についても相当の制約を受けるのが通常であることから設けられたものです。

小規模宅地等の特例の適用を受けることができるか否かについての確認と、相続した宅地等に対して誰がこの特例の適用を受けるかなどについては、慎重に判断しなければなりません（詳細については、第9章第2節参照）。

4. 先代名義の不動産

固定資産税の課税明細書などを確認していると、既に死亡している先代名義の不動産を発見したりすることがあります。この場合、先代名義の不動産は誰

の所有なのか慎重に判定しなければなりません。

　まず、先代名義の不動産について遺産分割協議が調っていて、相続登記だけが終わっていないケースです。この場合には、遺産分割協議などによって相続した人が決まっているわけですから、その相続人の固有の不動産と判定されます（この機会に、相続登記をしておくことを薦めましょう）。

　もう1つのケースは、先代名義の不動産について遺産分割協議などが調っていない場合です。この場合には、いまだ未分割状態にあり、先代の共同相続人による共有状態になっていますので、今から遺産分割協議が必要となります。

　そのため、共同相続人のうちの1人が死亡し、相続税の申告期限までに先代名義の遺産分割協議が調わなかった場合には、先代名義の不動産の共有持分に相当する部分の金額については相続財産として申告し、後日、先代名義の不動産の遺産分割協議が調った際に、申告している金額とその分割協議の結果が異なる場合には、修正申告又は更正の請求によって相続税を精算することとなります。

5. 公衆用道路

　相続財産である土地については、固定資産税評価額や登記事項証明書などで確認します。その際、公衆用道路のように固定資産税が課されていないものについても、相続税の申告書に記載しておくようにします。

　仮に、相続税評価額もゼロ円として評価される場合でも、相続税の申告書に記載してあれば、遺産分割協議書を作成したり、相続登記を行うときに手続きの漏れを防止することに役立ちます。

第3節

金融資産の確認

> **ポイント** 金融資産については、相続開始時の被相続人名義の預貯金等の残高だけでなく、過去の入出金の履歴も確認し、特に同居親族等へ被相続人の資金が流れていないかなどの確認が欠かせません。また、国外に預けられている金融資産についても相続人等に質問するなど、申告漏れが生じないよう細心の注意が必要です。

【解説】

1. 金融機関から残高証明書を入手する

　金融機関から相続開始日における残高証明書を入手します。これは、相続開始日における預貯金等の残高を確認するためだけではありません。

　残高証明書を入手する主たる目的は、その金融機関とのすべての取引に関する残高を確認することです。そのため、預貯金残高だけの証明書を請求するのではなく、すべての取引に関する残高証明書を金融機関に請求しなければなりません。預貯金以外に借入金があればその残高も証明書に記載されるはずですし、出資金なども同様に証明書に記載されます。

　銀行でも国債や投資信託等を販売しているところが多くありますので、その残高の有無にも注意を払う必要があります。

2. ゆうちょ銀行の貯金

　ゆうちょ銀行の貯金は、1人につき財形定額貯金等を除く貯金（通常貯金、定額貯金、定期貯金等）を合わせて1,000万円までとされています。そのため、貯金事務センターで預かり残高を管理するため名寄せされ、一括管理されてい

ます。貯金事務センターでは、貯金の調査可能な期間は過去7年分（ただし、通常貯金の取引履歴は、口座が特定されている場合は過去10年分）とされているようです。

　ゆうちょ銀行の貯金については、「貯金等照会書」と「委任状」で代理請求を行うことができます。貯金口座がない場合には、「貯金調査結果のお知らせ」によって、ないことの回答をしてもらえます（貯金がある場合には、貯金の種類及び貯金通帳等の記号番号などが記載された「貯金調査結果のお知らせ」が届きます）。

3. 上場株式等

(1) 取引証券会社等の確認

　平成21年1月5日に株式等決済合理化法が施行され、株式会社証券保管振替機構（以下「ほふり」）は、証券会社に口座を開設している加入者の情報を「加入者情報登録簿」に登録し、この加入者情報登録簿に登録した情報（以下「登録済加入者情報」）を、発行会社（株主名簿管理人）に通知することとなりました。

　登録済加入者（株主）情報とは、氏名、住所、生年月日など株主として特定を行うために必要な情報です。この情報は、加入者が口座を開設する口座管理機関（証券会社等）に届け出た氏名、住所等がそのままほふりを通じて株主名簿管理人に届けられています。

　この登録済加入者情報の開示請求は、加入者自身が行うことが原則ですが、相続人が、ほふりに対して「登録済加入者情報開示請求書」に一定の書類を添付して行うこともできます。相続人が開示請求を行う場合には、以下の書類を添付しなければならないとされています。

①登録済加入者情報開示請求書
②相続人が誰であるかを確認できる書類（被相続人の改製原戸籍・除籍・戸籍謄本（出生から死亡まで連続して編成されたもの）など）
③被相続人の住所を確認できる書類（住民票除票又は戸籍の附票）
④相続人全員の戸籍謄本・抄本及び住民票

⑤相続人の代表者が開示請求の手続きをする場合には、開示請求をすることについて、相続人の代表者以外の相続人全員からの委任状（代表者以外の相続人の実印を押印し、代表者以外の相続人の印鑑証明書を添付したもの）

＊②及び③の書類については、原本を提出する。
＊④及び⑤の書類については、発行後6か月以内の原本を提出する。

なお、開示請求の際には開示費用として、1回1,620円（消費税込み）を、ほふりが指定した銀行口座に振り込むこととされています。

「登録済加入者情報通知書」には、氏名、住所、配当金振込指定の情報、株主名簿管理人の名称及び口座を開設している証券会社等の名称などが記載されています。この通知書に記載されている証券会社等に対して、特定口座年間取引報告書や取引残高証明書などを請求することで上場株式等の残高などを確認することができます。

(2) 単元未満株式等の確認

被相続人が長年、同じ銘柄の上場株式等を有していた場合には、単元未満株式がないか確認しなければなりません。通常、単元未満株式は特別口座で管理されていることが多くあります。

特別口座とは、株券電子化に伴い、ほふりに預託していない株券を、株主の権利を保全する（守る）ために、発行会社が信託銀行などの金融機関（通常は株主名簿管理人）に開設する口座です。単元未満株券も、平成21年1月5日の株券電子化実施日以降、発行会社が開設する特別口座に記録して管理されています。

そのため、被相続人の特定口座の残高を確認しただけでは、単元未満株式の申告漏れを起こす可能性があります。そこで、配当金の支払通知書の控えの有無などを相続人等に対して質問し、それらの書類から単元未満株式の存在を確認するようにします。

所有する株式の銘柄については、株主名簿管理人（多くは信託銀行。『会社四季報』などで確認できる）に対して、株式の残高証明書、異動明細書を電話依頼で取得できます。その場合、単元未満株式のみの残高証明書を依頼することや、日付を指定することも可能です。

電話依頼の際は、被相続人の氏名（漢字・読み仮名）・生年月日・住所等を伝えるだけです。証明書等は被相続人（又は相続人）の住所に2週間〜4週間後、郵送で届くことになります。

4. 国外財産の確認

被相続人が仕事などで、海外で居住していたような場合には、その国において預貯金などの金融資産が残されている事例も少なくありません。被相続人の経歴や居住地などについて相続人等に質問するなどして、海外の金融資産などについて申告漏れを生じないように注意しましょう。

なお、税務署では、国外財産の把握のために、以下のような調書などを収集・分析しています。

(1) 国外送金等調書

「内国税の適正な課税の確保を図るための国外送金等に係る調書の提出等に関する法律」（以下「国外送金調書法」）によって、銀行等の金融機関は100万円を超える国外送金（平成21年3月までは200万円超）が行われた場合には、税務署へ「国外送金等調書」を提出する義務があります。

銀行等が税務署に提出する国外送金等調書には、次のような内容が記載されます。

①国外送金か、国外からの送金の受領（入金）か、の別
②国外の送金者又は受領者の氏名又は名称
③国外の銀行等の営業所等（支店）の名称、取次ぎ金融機関の営業所等の名称
④国外送金等に係る相手国
⑤本人口座の種類、口座番号
⑥国外送金等の金額：外貨種類、外貨額、円換算額
⑦送金原因　など

(2) 国外財産調書

国外財産に係る情報の把握のために、納税者本人から国外財産の保有につい

て申告を求める仕組みとして「国外財産調書制度」が平成24年度税制改正で創設され、その年の12月31日において5,000万円を超える国外財産を有する居住者は、当該財産の種類、数量及び価額その他必要な事項を記載した調書(国外財産調書※)を翌年3月15日までに税務署長に提出する義務があります。

平成25年分の国外財産調書提出状況については、総提出件数5,539件(東京局・大阪局・名古屋局の順に多く、この3局で88％を占める)となっています。

※国外財産調書については、第2章第11節、本章第7節参照。

【国外財産の種類別総額】

財産の種類	総額（億円）	構成比（％）
有価証券	1兆5,603	62.1
預貯金	3,770	15.0
建物	1,852	7.4
土地	821	3.3
貸付金	699	2.8
上記以外の財産	2,396	9.5
合計	2兆5,142	100.0

注）各々の種類で四捨五入しているため、合計が一致しない場合があります。

出所：国税庁ホームページ

第4節

生命保険契約の確認

ポイント 生命保険契約に関する権利など、生命保険金等が支払われていないものについて細心の注意を払いながら相続財産への申告漏れを防止しなければなりません。所得税の確定申告書や、預貯金等の保険料の引落としの件数などからも検証が必要です。

【解説】

1. 生命保険料控除・地震保険料控除の確認

　所得税の生命保険料控除の対象となるものは、保険金等の受取人のすべてをその保険料等の払込みをする人又はその配偶者その他の親族とする一定の保険契約等です。

　また、特定の損害保険契約等に係る地震等損害部分の保険料や掛金を支払った場合には、一定の金額の所得控除を受けることができます。これを地震保険料控除といいます。一定の長期損害保険契約等（満期返戻金等のあるもので保険期間又は共済期間が10年以上の契約など）に係る損害保険料については、地震保険料控除の対象とすることができます。

　所得税の確定申告の所得控除を確認すれば、これらの保険料の支払いの有無が分かります。これらの保険契約に伴う、生命保険金等や建物更生共済契約に関する権利、生命保険契約に関する権利、定期金に関する権利（年金の方法により支払いを受ける生命保険契約や損害保険契約に係る保険金の額）として相続財産となるものを確認します。

2. かんぽ生命・簡易生命保険

　かんぽ生命や簡易生命保険については、サービスセンター（旧簡易保険事務センター。簡易生命保険及びかんぽ生命保険の管理等を行う組織）で加入の有無を確認することができます。

　かんぽ生命保険や簡易生命保険について、株式会社かんぽ生命保険及び独立行政法人郵便貯金・簡易生命保険管理機構が定めている「証明書発行依頼書」と「委任状」によって代理請求し、保険契約の有無を確認することができます。

3. 生命共済等

　農業を営んでいた被相続人であれば、ＪＡ（全国農業協同組合連合会）との取引があると思われます。その場合、生命共済の契約の有無の確認も重要ですが、建物更生共済制度による積立金（相続開始日における解約返戻金）についても残高証明書を入手しておかなければなりません。

　また、ＪＡへの出資金もあることが多いと思われますので、預金の残高証明書を入手するときに、取引のすべての残高証明書を請求するよう相続人にアドバイスをし、かつ、相続人にもそれらの財産の有無について質問をするようにしておきます。

4. 預金口座からの引落とし件数の確認

　保険料の払込方法には、毎月払い込む「月払」、半年ごとに払い込む「半年払」、毎年1回払い込む「年払」、契約時に保険期間全体の保険料を1回で払い込む「一時払」などがあります。

　生命保険料等の払込方法については、一時払以外では、クレジットカード払いや預金からの口座振替によるものが大半を占めています。そして、原則、1つの保険契約ごとに保険料が引き落とされていますので、保険料として預金から引落としされている件数と、生命保険金等や生命保険契約に関する権利等の数が一致しているかを確認するようにします。

5. 弁護士会照会制度

　弁護士会照会制度は、弁護士が事件を処理する様々なケースにおいて、証拠を取得する手段として利用されています。被相続人の生命保険契約の有無や契約内容を調べたい場合、生命保険協会に対して、生命保険契約の契約日、保険の種類・番号、保険期間、保険金額、被保険者、保険金受取人等を照会することができます。

　遺産争いなどがあって生命保険契約の有無や契約内容について確認が欠かせない場合、弁護士の協力を得て弁護士会照会を行ってみることも選択肢の一つと考えられます。

6. 団体信用生命保険

　団体信用生命保険は、例えば、住宅ローンの返済途中で死亡、又は高度障害になった場合に、本人に代わって生命保険会社が住宅ローン残高を支払うというもので、主に住宅ローンを組む際によく利用されています。この保険の契約者及び受取人は融資をしている金融機関となりますので、たとえ被保険者（住宅ローン債務者）の死亡により支払われるものであっても、その死亡保険金は相続税の「みなし相続財産」とはなりません。

　また、団体信用生命保険により補填されることが確実である住宅ローンの残債は相続人が支払うべきものではなく「確実な債務には当たらない」と考えられるので、債務控除は受けられません。

　相続発生後に住宅ローン等の弁済の状況を確認することで、団体信用生命保険が付保されていたか否かを確認できます。

7. 契約者の保険証書の確認

　被保険者を相続人等とし、被相続人が契約者となり保険料を負担していた保険契約について、ある時点で契約者及び今後の保険料負担者を相続人等に変更していた場合には、相続開始時点の解約返戻金のうち、既払込保険料総額に占める被相続人の負担した保険料の割合に相当する金額はみなし相続財産となり

ます。契約者変更がかなり前の場合には相続人自身にその認識がないこともありますので、相続人全員の保険証書の裏書等の確認が必要です。

第5節

各種契約の確認

ポイント　財産に関連する各種契約書についても確認します。特に不動産の賃貸借契約書は、敷金の有無や土地貸借が普通借地か定期借地かなどの確認が欠かせません。そのほか、同族会社との債権・債務の有無についても会社の議事録などを確認しましょう。

【解説】

1. 不動産の賃貸借契約書

　敷金・保証金の有無の確認が必要です。また、土地を貸借している場合には、普通借地権によるものか、定期借地権の設定であるのかの確認も重要です。

　登記事項証明書を入手して、所有者の持分も確認します。併せて、抵当権の設定登記についても確認しておかなければなりません。

2. 金銭消費貸借契約書

　銀行借入金についても残高の確認だけでなく、金銭消費貸借契約書の内容の確認が重要です。融資条件において、金利の取扱い、繰上返済等を行う場合のペナルティー条項、連帯保証人又は連帯債務者の確認なども欠かせません。

　個人的に金銭貸借をしている場合には、契約書を作成していないケースも見受けられますので、債務者又は債権者に貸借残高を書面で確認するようにします。

3. 同族会社との取引

　取引相場のない株式等を生前贈与などによって移転している事例が多くあります。中小企業の大半は、株式等の譲渡について譲渡制限を設けているので、譲渡又は贈与に当たり譲渡制限の解除の承認を受けているかも議事録等で確認する必要があります。また、死亡退職などに伴い退職金を支給する場合には、退職金規定や弔慰金規定も確認するようにします。
　さらに、同族会社との債権・債務の有無の確認も欠かせません。

4. その他

　生前贈与を実行していた場合、贈与税の申告の有無だけでなく、贈与契約書についても確認します。また、受贈者が贈与財産を自ら管理処分できる状況下にあるかどうかの確認も重要です。

第6節

債務・負債等の確認

> **ポイント**　債務については、銀行借入金だけでなく、未納となっている公租公課などの債務控除漏れがないように注意が必要です。また、被相続人が連帯保証人となっていたか否かも、残された資料などから慎重に検証します。

【解説】

1. 債務（入院費・固定資産税・未納所得税・葬式費用・預り保証金など）

　相続財産から控除すべき債務は、確実と認められるものに限られます（相法14）。実務上よく控除の対象となるものは、被相続人の死亡の際、債務と確定しているもののほか、被相続人に係る所得税、相続税、贈与税、登録免許税、自動車重量税及び消費税等があります。

　公租公課のような債務は、相続税の申告期限までに相続人が支払っている場合も多くあることから、納付の事実を質問によって引き出し、相続財産から債務控除の漏れを防止するようにします。

(1) 病院で亡くなった場合

　被相続人が病院で亡くなった場合、病院代の支払サイトを確認し、死亡後の支払いは誰が行ったかを確認します。さらに、その病院代は、被相続人の債務か、又は相続人の所得税から医療費控除とされるものかも整理して確認するようにします。

(2) 固定資産税や個人住民税等は誰が支払ったか

固定資産税は、毎年1月1日（賦課期日）に、「土地・家屋・償却資産」を所有している者に課税され、納税通知書は毎年4月～6月ごろに郵送されます。納期は4期に分かれ、6月、9月、12月及び翌年2月となっていますが、1年分を一括納付することもできます。

そのため、10月に相続が発生した事案で固定資産税が債務控除されていない場合に、残り2期分が未納であるのか、1年分を一括納付したため未納固定資産税はないのかなどは、相続税の申告書上では判断ができません。

同様に、個人住民税や個人事業税なども債務控除が適正に行われているのか判断できません。

そのため、1年分を一括納付した場合には、相続税の申告書第13表の「債務及び葬式費用の明細書」の「債務の明細」欄に固定資産税などの項目を表示し、金額を「0」と記入するようにすれば、債務控除漏れを防止することに役立ちます。

(3) 準確定申告による所得税及び消費税

所得税の確定申告を済ませた被相続人が、その後に亡くなった場合、具体的には、3月16日～4月の中旬ごろに相続開始する場合には、振替納税を選択していると、確定した所得税などの納付は未納のままとなっています。これは、指定された預金口座が名義人の死亡を銀行が認識した時点で凍結され、振替納税の日に引落としができなかったためです。この場合、相続人が後日現金で納付していることが多いようです。

そのため、所得税の未納分が債務控除漏れとなる事例も見受けられますので注意が必要です。

(4) 葬式費用

葬式費用の中で、戒名料、お寺への御礼など領収書のないもので支払ったものはないかを質問します。通常お寺などへの支払いについては、領収書等が交付されないことが多くありますので、支払金額やその支払事由、支払った先のお寺の名前や住所などを質問します。また、お寺の戒名料の支払いの有無や、支払った金額の中に、初七日の費用などが混在していないかなども確認が必要

です。
　また、お葬式の後、かなり時期が遅れて納骨費用が発生することもありますので、その点にも注意が必要です。

(5) 賃貸不動産がある場合の敷金・保証金
　賃貸不動産がある場合の敷金・保証金について、賃貸借契約書などでその有無を確認します。
　管理業者が一括して借り上げている場合には、その管理業者が敷金等を預かっていることもありますので、それらの点についても確認しておきます。

(6) ひも付きの借入金の確認
　銀行借入金などがある場合には、その資金で何を取得したのかを確認します。ひも付き関係の資産と負債は一括して相続するようにし、相続後の相続人の所得税において不利益な取扱いを受けることを回避します。
　例えば、全額借入金により土地を取得し、青空駐車場として貸していた父が亡くなったことにより、その駐車場を長男・二男及び長女が3人で均等に共有する相続をし、父の借入金の残額は長男が引き継ぐこととなった場合、相続後の所得税の計算において、その借入金利子がどのように取り扱われるかについて考えてみましょう。
　不動産所得の計算上必要経費となるものは、不動産所得を生ずべき業務の遂行上生じた費用に限られています。
　そこで、父が青空駐車場の土地を借入金で取得し、長男が、その土地の3分の1と借入金の残債を相続してその業務を承継した場合には、長男の不動産所得の計算上その引き継がれた借入金の利子を必要経費とすることができます。
　しかし、土地の3分の1しか相続していませんので、長男が不動産所得の計算上、引き継いだ借入金の利子を必要経費として控除できるのは、借入金の残額の3分の1に対応する利子だけとなります。
　二男及び長女については、それぞれの持分に応じた不動産所得が発生しますが、借入金の残債を承継していませんので、借入金利子を必要経費とすることができないこととなります。
　このように、土地と借入金がひも付き関係にあるものは、プラスの財産とそ

れに対応するマイナスの財産を一括して相続しないと、相続後の不動産所得の計算上、借入金利子の一部について、必要経費とすることができなくなり、大変不利な取扱いを受けることになります。

(7) 被相続人が連帯債務者や連帯保証人となっているものはないかの確認

連帯債務者、保証人及び連帯保証人の概要は以下のとおりです。

①連帯債務者

夫婦や親子などが共同でお金を借りた場合は、それぞれが「本人」となります。連帯債務者は、借り入れた金額全額に対して返済の義務を負います。

②保証人

債務者が返済不能になったときに、債務者に代わって返済義務を負う人のことです。大切な点は「債務者が返済できないとき」ですので、保証人は債権者に対して、まずは債務者に請求するように言い渡すことができます（催告の抗弁権）。

③連帯保証人

保証人との違いは、「債務者が返済できないとき」に限らず、債権者の請求があったときに返済の義務がある点です。例えば、返済能力があってもなかなか支払わない債務者の場合、債権者は連帯保証人に対して返済を請求することができます。極端に言えば1日でも返済が遅れれば、請求されることがあり、債務者とほぼ同じ扱いです。連帯保証人には、「催告の抗弁権」がないのです。

相続人が単純承認（相続人が被相続人の権利義務を無限定に承継すること）すると、保証人や連帯保証人としての地位も承継することとなりますので、その点を相続人に対して注意喚起しておく必要があります。

図4-6-1 被相続人に係る主な税金の納期限一覧

税　金	納　期　限	
所　得　税 （復興特別所得税を含む。以下同じ）	予定納税第1期	7月
	予定納税第2期	11月
	確定申告	翌年3月15日
	延納分	翌年5月
	準確定申告	相続開始の日の翌日から4か月以内
源泉所得税	毎月納付	翌月10日
	納期の特例（1～6月分）	7月10日
	納期の特例（7～12月分）	翌年1月20日
住　民　税	第1期	6月
	第2期	8月
	第3期	10月
	第4期	翌年1月
	準確定申告分	―
特別徴収住民税	毎月納付	翌月10日
	納期の特例（6～11月分）	12月10日
	納期の特例（12～5月分）	翌年6月10日
事　業　税	第1期	8月
	第2期	11月
	準確定申告分	―
消　費　税	予定納税第1期	5月
	予定納税第2期	8月
	予定納税第3期	11月
	確定申告	翌年3月
	準確定申告	相続開始の日の翌日から4か月以内
固定資産税 都市計画税	第1期	4月
	第2期	7月
	第3期	12月
	第4期	翌年2月
自動車税	5月	
軽自動車税	4月	
不動産取得税	取得取引ごとに課税	随時納付

第7節

過去の申告書・調書・届出等の確認

ポイント 前回の相続が比較的近い場合には、過去の相続税の申告書から、被相続人が何を幾ら相続したかを確認し、その後、その相続した財産がどのように管理・運用されたのかなどを確認することが重要です。

【解説】

1. 過去の相続税の申告書

　今回の相続開始前10年以内に被相続人が相続、遺贈や相続時精算課税に係る贈与によって財産を取得し相続税が課されていた場合には、その被相続人から相続、遺贈や相続時精算課税に係る贈与によって財産を取得した人の相続税額から、一定の金額を控除します（相次相続控除）。そのため、前回の相続開始が10年以内であったかを確認し、10年以内であった場合は相続税の申告書の控えの提出を求めます。相続人が保管していない場合には、相続人から委任状を取得し所轄税務署で写しを入手することとなります。

　また、前回の相続から10年を経過していても、相続人の手元に相続税の申告書が残されていたら、今回の被相続人が前回の相続で何を相続し、その相続した財産がその後のどのように変化したのかを、可能な限り追跡調査をしてみる必要があります。

2. 被相続人の所得税の確定申告書・決算書

　所得税の事業所得や不動産所得の決算書の「減価償却費の計算明細書や貸借

対照表（資産負債調書）」などから、車両や什器備品等の動産や、アスファルト舗装等の構築物などの財産を把握することができます。

3. 財産債務明細書

　旧所得税法第232条には「財産債務明細書」の提出義務が定められ、「申告書に記載したその年分の総所得金額が2,000万円を超える場合は所有する財産の種類、数量及び価格並びに債務の金額その他必要事項を記載した明細書を申告書の提出の際、提出しなければならない」としていました。平成25年分の申告所得税標本調査（国税庁発表）によると、合計所得階級が2,000万円超の人員は27万8,000人（申告納税者622万7,000人の約4.4％）となっています。

　財産債務明細書の提出が行われていた場合には、申告されていた財産が相続財産に計上されていないときには、その財産が処分されたのか、それとも申告漏れとなっているのかの確認が当然に行われます。そのため、明細書の内容の確認が必要です。

　なお、平成27年度税制改正において、「その年分の総所得金額が2,000万円超であること」に加え、「その年の12月31日において有する財産の価額の合計額が3億円以上であること、または、同日において有する国外転出をする場合の譲渡所得等の特例の対象資産の価額の合計額が1億円以上であること」に、提出基準を見直すこととされました（国外送金調書法6の2）。

　また、名称も「財産債務明細書」から「財産債務調書」（詳細は、第2章第11節参照）に変更されることとなりました。

4. 国外財産調書

　その年の12月31日において5,000万円を超える国外財産を有する居住者は、当該財産の種類、数量及び価額その他必要な事項を記載した調書（国外財産調書）を翌年3月15日までに税務署長に提出する義務があります（国外送金調書法5）。

　この国外財産調書は、平成26年1月1日以後に提出すべき国外財産調書から適用され、平成26年には5,539件の提出があり、その総財産額は約2兆5,142億

円となっています。

そのため、国外財産調書を提出した人の相続では、その内容も精査しなければなりません（本章第3節参照）。

5. 被相続人や相続人が主宰する会社の決算・申告書

被相続人と会社との貸借・未収又は未払等の債権・債務の有無などの確認は欠かせません。また、被相続人がその会社と不動産などの貸借をしている場合には、賃貸借又は使用貸借のいずれか、敷金・保証金の収受の有無、また、株主の状況を確認して、その会社が特定同族会社に該当するのか否か、など相続税の申告に大きな影響を与える項目が多くあります。

6. 死亡届の税務署での取扱い

死亡届は、死亡の事実を知った日から7日以内（国外で死亡したときは、その事実を知った日から3か月以内）に、死亡者の死亡地・本籍地、又は届出人の所在地の市役所、区役所又は町村役場に届け出ることとされています。相続税法第58条において、市町村長等はその死亡情報を、届書を受理した日の翌月末までに市町村等を所管する税務署長に通知することとされています。

通知する内容については、①死亡した者の氏名、住所、性別及び生年月日、②死亡届出をした者の氏名・続柄、③その市町村においてその死亡者が所有する不動産の明細、及び④その市町村におけるその死亡者の直前の市町村民税の年税額も、併せて通知されます。

> **相続税法（市町村長等の通知）**
> **第58条** 市町村長その他戸籍に関する事務をつかさどる者は、死亡又は失踪に関する届書を受理したときは、当該届書に記載された事項を、当該届書を受理した日の属する月の翌月末日までにその事務所の所在地の所轄税務署長に通知しなければならない。

これ以外にも、例えば、新聞に掲載される「死亡広告」なども相続税の端緒

資料として収集し、活用されます。

　通知を受けて、税務署では国税総合管理（KSK）システムを駆使して、過去に蓄積された情報を基に、総遺産額や基礎控除額等を推計することにより相続税の申告の有無の必要性を判定しているようです。KSKシステムは、平成13年に全国に導入された、全国の国税局や税務署をネットワークで結び、納税者の申告に関する全情報を一元的に管理するコンピュータシステムです。

第8節

その他の事項の確認

> **ポイント**　遺言書が残されていたか否かについて、公正証書や秘密証書の場合には、公証役場で作成の有無を確認することができます。遺言による指定は遺産分割協議よりも優先されるので、遺言書の存否の照会は欠かせません。

【解説】

1. 公正証書遺言・秘密証書遺言

　遺産分割においては、遺言による指定が優先されます。そのため、遺言書が残されていないか確認する必要があります（遺言書については、第10章第1節参照）。

(1) 遺言書の存否の照会

　遺言書が分割協議後に発見されると実務上、大混乱することになりかねません。また、遺言書が複数ある場合には、民法第1023条第1項で、「前の遺言が後の遺言と抵触するときは、その抵触する部分については、後の遺言で前の遺言を撤回したものとみなす」と規定されており、この「後遺言優先の原則」が適用され、作成された日付が一番新しい遺言書が有効な遺言書となります。

　公正証書遺言や秘密証書遺言の作成の有無については、最寄りの公証役場で検索できますので（費用はかかりません）、必ず確認するようにしましょう。

　平成元年（東京公証人会所属公証人作成の公正証書遺言は昭和56年1月1日、大阪公証人会所属公証人作成の公正証書遺言は昭和55年1月1日）以降に作成された公正証書遺言であれば、日本公証人連合会において、公正証書遺言を作

成した公証役場名、公証人名、遺言者名、作成年月日等を、全国的にコンピュータで管理していますから、遺言の存否の照会は、全国どこの公証役場からでも請求できます。

なお、秘密保持のため、利害関係人のみが公証役場の公証人を通じて照会を依頼できることになっています。利害関係人とは、遺言者本人が生存中は本人のみで、本人が死亡した場合は、原則として相続人又は遺言により遺贈を受けた受遺者又は遺言執行者などと考えられます。

検索によって判明するのは、遺言書の有無、どこの公証役場に保管されているかのみであり、遺言書の内容を知るためには、保管している公証役場に対し、遺言書の謄本（コピー）の交付を請求する必要があります。実務対応としては、事前に電話で当該公証役場に連絡を入れておくと、処理がスムーズです。謄本の交付を受ける場合の費用については、証書謄本1枚当たり250円になります。被相続人の死亡直前に作成されたこれらの遺言については、システムの関係上未登録となっている可能性があるため、時期を見て、再度照会した方が無難です。

また、秘密証書遺言については、遺言書が公証役場に保管されていないため、謄本の交付を受けることはできません。

(2) 遺言検索の手続き

①請求者（相続人）本人が手続きをする場合
1) 遺言した方の死亡が確認できる資料：除籍謄本など
2) 請求者が相続人であることを確認する資料：戸籍謄本
3) 請求者の本人確認資料：以下のa又はbのいずれか
   a：運転免許証、パスポートなど顔写真入りの公的機関発行の身分証明書と認印
   b：発行から3か月以内の印鑑登録証明書と実印

②請求者（相続人）の代理人が手続きをする場合
1) 遺言した方の死亡が確認できる資料：除籍謄本など
2) 請求者が相続人であることを確認する資料：戸籍謄本
3) 請求者の発行から3か月以内の印鑑登録証明書
4) 委任状（請求者本人の実印が押されているもの）

5）代理人の本人確認資料：以下のa又はbのいずれか
　　a：運転免許証、パスポートなど顔写真入りの公的機関発行の身分証明書と認印
　　b：発行から3か月以内の印鑑登録証明書と実印

(3) 遺言検索に要する費用
①遺言検索自体は無料
②遺言公正証書原本の閲覧は、1回当たり200円
③謄本の交付は、証書謄本1枚当たり250円

2. 遺留分放棄の有無の確認

　例えば、長女が父の相続に係る遺留分放棄の許可申立の際に、父には家庭裁判所から照会書が送付されるので、長女がそのような手続きをしたことは分かります。しかし、実際に許可の決定が下されたかどうかは、長女にしか通知されません。そのため、父がすべての財産を長男に相続させる旨の遺言を書いていて、父が亡くなった時に長男が遺言書どおりに手続きを進めようとしても、長女から遺留分減殺請求を受けた場合、長男は「長女が遺留分放棄をしたと亡き父から聞いている」としか言えません。

　相続の放棄があった場合には、その旨の証明書を家庭裁判所から受理することができますが、遺留分放棄の許可について確認するには困難が伴います。そのため、遺留分放棄の許可が行われた際に、長女に交付された「遺留分放棄証明書」の写しを長女からあらかじめ入手しておくようにしましょう。また、遺留分放棄許可審判書の年月日や許可番号などを記載した遺言書を作成することも、相続争いの防止に役立ちます。

　遺留分を放棄していたかどうかを確認するための管轄裁判所は、家事審判規則第99条により、遺留分の放棄の許可の審判を申し立てた当時の「（まだ生存していた）被相続人の住所地」を管轄する家庭裁判所です。家庭裁判所では遺留分放棄に係る許可のデータについては、ここ数年ほど前からコンピュータで管理する体制になっているようですが、過去は紙ベースによる管理であったこ

とから、遺留分放棄の申立人・被相続人が誰であるか、いつごろ（年月）に放棄の手続きを行ったかなどを申し出なければ、家庭裁判所は記録を引っ張り出せません。

その際に必要な添付書類は、申請者が、被相続人又は相続人の利害関係人であることを証明するのに必要な戸籍謄本等とされています。

3．生前贈与の有無の確認

贈与税の申告内容の開示請求制度は、相続税の申告や更正の請求をしようとする者が、他の相続人等が被相続人から受けた①相続開始前3年以内の贈与又は②相続時精算課税制度適用分の贈与に係る贈与税の課税価格の合計額について開示を請求する場合の手続きです。

開示の請求は、「相続税法第49条第1項の規定に基づく開示請求書」を使用して、被相続人の死亡時の住所地等を所轄する税務署に対して、被相続人に係る相続の開始の日の属する年の3月16日以後に行うこととされています。

開示請求書には以下のような添付書類が必要です。
1) 全部分割の場合：遺産分割協議書の写し
2) 遺言書がある場合：開示請求者及び開示対象者に関する遺言書の写し
3) 上記以外の場合：開示請求者及び開示対象者に係る戸籍の謄（抄）本

郵送による受領を希望する場合は、上記添付書類のほか、開示請求者の住民票の写し及び返信用の封筒に切手を貼ったものを添付します。

なお、贈与税の課税価格の合計額は、次に掲げる金額ごとに開示されます。
①被相続人に係る相続開始前3年以内にその被相続人から贈与により取得した財産の価額（特定贈与財産の価額及び相続時精算課税の適用を受ける財産の価額を除く）の合計額（各年分ごとの合計額ではない）
②被相続人から贈与により取得した財産で、相続時精算課税の適用を受けたものの合計額（各年分ごとの合計額ではない）

開示請求書には、「開示対象者に関する事項」として、贈与税の課税価格の開示を求める人（開示対象者）の住所又は居所（所在地）、過去の住所等、氏

名又は名称（氏名については旧姓も記入）・ふりがな、生年月日及び被相続人との続柄（長男、長女等）を記入します。

　複数の相続人を開示対象者として開示請求をすると、開示対象者の贈与税の課税価格の合計額が記載されて開示されることから、各相続人ごとが受けた贈与価格は分かりません。そのため、実務対応としては、開示対象者を複数人ごとに開示請求し、その組み合わせを変えることで、各人ごとの贈与価格を把握します。

　なお、平成27年1月1日以後に行った贈与から、相続時精算課税の受贈者の範囲に20歳以上の孫も加えることとされました。相続税の申告実務に当たっては、法定相続人の把握と併せて、被相続人の孫も確認し、子に対してだけでなく、孫も含めた生前贈与の贈与税の申告内容の開示請求をするようにしなければ、適正な相続税の申告書を担保することができなくなります。

4．金庫の内容物の確認

(1) 貸金庫

　銀行などの貸金庫を開扉する場合に、共同相続人全員が立ち会うことができないときには、必要に応じて公証人に対して、相続財産の把握のために、被相続人名義の銀行等の貸金庫の中身を点検・確認してほしい旨を依頼すれば、貸金庫を開扉し、その内容物を点検する「事実実験公正証書」を作成してくれます。事実実験公正証書も公正証書の一形態ですから、公正証書と同じ効力、すなわち証明力を有します。

　事実実験公正証書を作成しておけば、原本は公証役場に保存されるとともに、公務員である公証人によって作成された公文書であり、成立についての証明や疎明が不要（民訴法228②）であり、客観的で、かつ、高度の証明力を有するので、裁判上真正に作成された文書と推定され、証拠保全の効果が十分期待できます。

　この方法によれば、貸金庫内の内容物について共同相続人間で無用のトラブルを回避することができます。

(2) 自宅内金庫

　自宅内金庫などの貴重品置き場は、税務調査で実地確認されることが多いので、相続税の申告までに一度確認をしておくことが望ましいでしょう。

　貴重品と一緒にいろいろなメモ等が残されていることもあり、そのメモ等が新たな相続財産の発見の端緒ともなります。自宅内金庫の中に現金が残されていた場合には、写真を撮っておくようにします。お金に帯がしてある場合には、その帯に銀行名があるものが多く、日付印などが押印されていることもあります。これにより、過去の不明出金が解明されることもあります。

5. 取引相場のない株式等

　取引相場のない株式等で、同族株主が取得する株式等については、原則的評価方法によって評価するのか、特例的評価方法によるのかの判定が重要です。この場合、取得した株式等の数で判定するのではなく、取得後の議決権数によって判定することとされています。

　そのため、種類株式等を発行している会社においては、株主総会のすべての事項について議決権を有しない株式（無議決権株式）を発行していないか、剰余金の配当についての定めの確認が欠かせません。それらの株式等を発行している場合には、どのような株式等の内容であるのかについては、登記すべき事項と定められていることから、登記事項証明書を確認すれば、その内容が分かります。また、譲渡制限会社に認められる属人的定め（会社法109②）によって、剰余金の配当や株主総会における議決権の制限などについて、株主ごとに異なる取扱いを定款で定めることができますので、最新の定款を入手して属人的株式の規定についても確認しなければなりません（詳細は、第6章参照）。

6. 名義預金等の留意点

　相続税法基本通達9-9（財産の名義変更があった場合）では、「不動産、株式等の名義の変更があった場合において対価の授受が行われていないとき又は他の者の名義で新たに不動産、株式等を取得した場合においては、これらの行為は、原則として贈与として取り扱うものとする。」としています。

このことから、「不動産、株式等」については名義の変更があった場合に、原則として贈与があったものと定めていますが、「預貯金」は含まれていません。「預貯金の名義の変更」「他の者の名義で預金をした場合」は「原則として贈与として取り扱う」とは書かれていません。そのため、預貯金等の帰属の判定については、細心の注意を払うことが必要です（金融資産の帰属判定については、第8章第1節参照）。

なお、以下のような財産が相続財産に計上されていない場合には、不自然と考えられるので、その存在をしっかりと再確認をすることが必要です。

（1） 上場株式等の単元未満株式

株式の分割などで単元未満株式を所有していることが考えられます。株券が電子化されるまでは、単元未満株式は証券会社の特定口座で預かることができなかったことから、残高証明書でチェックしても証明書には記載されず、信託銀行の特別口座に残ったままになっていることがあります（本章第3節参照）。

（2） 手許現金

相続発生直前に、葬儀の費用などに必要と考えるお金を被相続人の預金から引き出していることが多くあります。また、常識的には被相続人の手許現金が1円もなかったことも不自然と思われることから、一定額は相続財産として計上する必要があるのではないかと考えられます。

（3） 家庭用財産

家具や家財などを一切持ち合わせていないことは考えられませんので、金額の大小は別にして、一定額は相続財産として計上する必要があると思われます。

（4） 準確定申告の還付所得税

当たり前のことですが、被相続人の準確定申告によって清算される所得税の還付金は相続財産となりますので、準確定申告書の再確認が必要です。

(5) 有料老人ホームの入所保証金などの還付金

多くの有料老人ホームでは、入所時に入所一時金などを支払い、その一時金は月単位で家賃相当額の一部に充当され、退去時に未償却残高が無利息で返還されます。この返還金額は相続財産となります。なお、2人入居の場合で入所一時金を支払った者が先に死亡したときは、もう1人がそのまま利用することになり現実に入所一時金が返還されていなくても、入所一時金の返還金相当額を相続財産として計上する必要があります。

(6) 電話加入権、介護保険料や後期高齢者医療制度の保険料の精算金、高額療養費の返戻金、信用金庫やJAの出資金など

これらは、金額は少額かもしれませんが、相続財産として計上漏れのないよう注意したいところです。高額療養費の返戻金などは相続人に質問を投げかけたり、被相続人や相続人の預金通帳をしっかりとチェックすれば、簡単にその有無を確認することができます（第3章第3節参照）。

第5章 不動産の評価

第1節

土地評価のための資料収集と確認作業

ポイント 土地の評価に当たっては現地の確認が不可欠です。納税通知書や地積測量図等の資料に基づき、現地で土地の利用状況等、現状をよく確認した上で、所轄の役所で土地に関する規制等を把握し、適正な評価額を計算しなければなりません。

【解説】

　相続財産のうち土地の占める割合は50％近くにも及びます。土地は他の財産に比べてその金額も大きいので、評価次第では相続税額に大きな影響を与えます。評価方法を十分に知らなかったために過少な評価をして修正申告となったり、評価額が下げられることを知らずに過大な評価を行い、納税者に過大な税額を負担させてしまうことなどがないように、申告に当たっては特に注意が必要です。

　不動産の現状を把握するためには、まずは固定資産課税台帳（名寄帳）や登記事項証明書、公図、地籍図等で確認をしますが、これらが必ずしも現状と合致しているわけではありません。また、公図、地籍図等だけでは得られない情報もあります。そのため、書面だけでなく現地確認が必須となります。現地確認に基づいた不動産の評価によって初めて適正な不動産の評価ができ、また、適正な相続税の申告につながるわけです。

1. 固定資産税の課税明細書又は固定資産課税台帳（名寄帳）の取得

　被相続人の所有していた土地・家屋の情報を把握するためには、相続人から、それらの固定資産税の納税通知書の提示を受けます。固定資産税の納税通知書には課税明細書が添付されているため、被相続人がその市区町村に所有しているすべての不動産を把握することができます。また、被相続人の居住地以外の市区町村に存在する不動産についても、その市区町村より所有者へ固定資産税の納税通知書が送られています。さらに、共有の不動産についても共有者おのおのに課税明細書が送られていますので確認することができます。ただし、通常、持ち分までは記載されていませんので、共有不動産については必ず登記事項証明書で持ち分を確認する必要があります。

　原則として未登記の家屋も表示されていますので、家屋の申告漏れを防ぐこともできます。

　固定資産税の課税明細書は、その年の1月1日現在の登記情報に基づいて作成されます。相続開始までの間に売却・取得等変動があった場合には、その事実が反映されていませんので相続人に確認する必要があります。

　固定資産税の納税通知書が確認できない場合や、より詳細な情報を知りたい場合には、固定資産課税台帳（名寄帳）を市区町村の固定資産税課（東京23区の場合は都税事務所）において入手し確認します。固定資産課税台帳は、納税通知書の課税明細書より詳細な情報を得られます。

　なお、相続税申告、相続登記のためには、固定資産評価証明書も必要となります。市区町村の窓口で固定資産評価証明書を複数部取得しておいた方がよいでしょう。

2. 現地確認の重要性

(1) 現地での確認のポイント

　固定資産税の納税通知書や固定資産課税台帳（名寄帳）によって、法務局備え付けの登記事項証明書や地積測量図、地籍図、公図、住宅地図等で不動産の概要を確認した後、実際に現地に赴いて確認します。その際、名寄帳、住宅地

図や地籍図等を持参し、路線価図との照合を行います。さらに、必ず写真を撮っておき、後日の確認・評価の検討や申告書の添付資料として活用します。

財産評価基本通達では各種の調整項目が設けられています。その多くが土地の形状に関するものです。そのため、土地の形状・規模を極力、正確に把握する必要があります。できる限り法務局に提出された地積測量図を使うのが望ましいですが、実際には存在しないことも多く、さらに全国的に地籍調査が行われていない地域も多いため（特に都市部）、公図に頼らなくてはならないのが現状です。

しかしながら、公図は精度が低いため実際の土地の形状と異なっている場合もあり、縮尺に倍率を掛けても正しい距離が出てこないことも多くあります。その場合は、巻尺やレーザー測量器等で簡易な測量を行います。このように現地確認をした上で、所轄する役所で道路法、都市計画法及び建築基準法などの様々な法規制について確認します。

また、現地確認においては、対象の土地を確認するだけでなく周辺地域の状況を確認する必要があります。広大地評価に当たっても適用判断の重要なポイントとなりますし、評価を軽減するような情報を発見する場合もあります。その上で、財産評価基本通達に定める土地の各種補正率を適用できるかどうかを確認していきます。

現地での確認作業では、測量器等に加えて画板も用意するとよいでしょう。方眼紙に土地の形状を記入したり、地籍図等に実際に測量した情報を記入するためにも便利です。デジタルカメラも必須です。写真は後で土地の評価を検討する際の資料や、申告書の添付資料などとして利用できます。また、農地や山林に入ることもありますので、それなりの服装をしておくことが必要です。

(2) 法務局備え付けの図面

法務局に備え付けの図面は**図5-1-1**のとおりです。地籍図と地積測量図は混同しやすいので注意してください。地籍調査は、特に都市部で進んでいないようですので精度の低い公図に頼らざるを得ないのが現状です。

第1節 土地評価のための資料収集と確認作業

図5-1-1　法務局備え付けの図面

種類	図面名称	内　容
土地	地図に準ずる図面 ＝公図	「地図に準ずる図面」として取り扱われます。明治時代の地租改正のときに作成された図面を基にしたものであり精度が低く、「法14条地図」ができるまでの間、備え付けられています。
土地	地図（法14条地図） ＝地籍図	不動産登記法第14条に基づき作成された地図です。日本の全土を測り直す地籍調査により作成されたもので、精度が高く、これにより作成された図面を「地籍図」といいます。 「公図」（狭義）とどちらか一方が備え付けられていますが、都市部では地籍調査の進捗度合いが低く、地籍図はあまり備え付けられていません。
土地	地積測量図	その土地の形状、地積（面積）と求積方法、境界点、区画の長さなどが記された図面です。分筆登記や地積更正登記申請を行う際に土地所有者が法務局に提出します。実際に整備されたのが昭和38〜40年ごろ（法務局によって異なる）であるため、それ以前の土地には存在しません。
建物	建物図面・ 各階平面図	建物図面は1棟ないし数棟の建物又は区分建物の位置・形状等を示す図面をいいます。建物を新築・増築等した場合には、その登記申請の際に必ず添付します。通常の場合、各階平面図とセットで作成されます。登記されていれば存在しますが、これが整備されたのは昭和38〜42年ごろ（法務局によって異なる）であるため、それ以前の建物には存在しません。

3．関係官庁での確認の重要性

　現地確認や法務局備え付けの図面だけでは分からない情報もあります。それはその土地に関する法規制です。引き続きその土地に関する法規制を確認する必要があります。以下は、評価に当たり最低限確認しておきたい図面です。

(1) 都市計画図の確認

　所轄する市区町村役場（都市計画課・建築指導課等）で都市計画図の確認を行います。都市計画図では都市計画法上の用途地域のほか、容積率や都市計画道路の予定の有無等も確認することができます。用途地域の確認は農地の評価に当たっても必要となります。容積率は広大地評価のマンション適地か否かを

判断する際にも必要です。また、容積率の異なる2以上の地域にわたる宅地の評価減をする場合も容積率の確認が必要です。また、都市計画道路の予定地に該当するか否かも確認できます。

現在では、インターネットで都市計画図を確認できる市区町村も増えてきています。

(2) 道路図面の確認

道路図面により、評価対象地が接面する道路の幅員等を確認できます。併せて道路種別の確認を行います。これによって建築基準法上の認定道路か否かを確認できます。建築基準法上の前面道路の幅員が4m未満の場合はセットバックが必要となります（建基法42②）。また、前面道路が建築基準法上の道路に該当していないことが判明した場合には「無道路地」として評価を行う必要が出てきます（評基通20-2）。いずれにしても、役所の建築指導課等で確認する必要があります。セットバックを要する土地については、財産評価基本通達において一定の減額を受けることができます。

建築基準法上の道路は、図5-1-2のとおりです。

第1節 土地評価のための資料収集と確認作業

図5-1-2　建築基準法上の道路

	条文	道路の種類	備考
幅員4m以上	第42条第1項第1号	道路法による道路	国道、府道、市道、町道、村道（高速自動車道を除く）〔幅員4m以上の認定道路〕
	第2号	都市計画法、土地区画整理法、旧住宅地造成事業法又は都市再開発法等による道路	都市計画として決定される都市計画事業・土地区画整理事業等により築造された道路
	第3号	法施行の際、既にある道	都市計画区域の決定を受けたとき（建築基準法施行の日に既に都市計画区域の指定を受けていた区域については建築基準法施行の日）に現に存在する幅員4m以上の道路
	第4号	道路法、都市計画法、土地区画整理法又は都市再開発法等で2年以内に事業が執行される予定のものとして特定行政庁が指定したもの	実際には道路としての効用はまだ果たしておらず、2年以内にその事業が執行されるものとして特定行政庁が指定したもの
	第5号	土地を建築物の敷地として利用するため、政令で定める基準に適合する私道を築造し、特定行政庁から指定を受けたもの	道の基準は政令で定めるほか、土地の状況等により各特定行政庁で政令と異なる基準を定めることができる（位置指定道路）
幅員4m未満	第42条第2項	法施行の際、現に建物が立ち並んでいた幅員4m未満の道で特定行政庁が指定したもの	道路の中心線から2mの線をその道路の境界線とみなす。ただし道路の片側が、がけ地、川、線路等に沿ってある場合は道路の反対側から一方後退4mの線を道路の境界線とみなす
	附則第5項	旧市街地建築物法第7条但書きによって指定された建築線で、その間の距離が4m以上のもの	認定里道〔幅員4m未満の認定道路〕

4. 賃貸借契約書の確認の重要性

　不動産の利用状況は、その評価単位の判断に際しても重要な項目となります。土地は一筆の土地を複数の利用単位で利用することもあれば、逆に複数の筆をまとめて一体として利用していることもあります。評価単位の判断を誤れば、

当然評価額も変わりますし、相続税額に多大な影響を与えます。さらに、第三者の権利の種類を確認し、それも評価に反映させなければなりません。必ず賃貸借契約書を確認し、契約内容、利用形態を把握します。

(1) 借地権の目的となっている土地

　所有する不動産を賃貸している場合は、建物の利用状況によって土地の評価額も異なります。建物を第三者が所有している場合には借地権が存在していると考えられ、「借地権の目的となっている土地」として評価します。

　借地権の形態として、通常の借地権のほかに、定期借地権等が設定されている場合もあります。通常の借地権（及びその目的となっている土地）と定期借地権等（及びその目的となっている土地）とでは、評価の方法が異なりますので、借地権の態様の確認は必ず行います。

　アパート等貸家として利用されている場合には、相続発生時において空室になっている場合は、賃貸割合として貸家やその敷地の相続税評価額に影響を与えますので、相続発生前後の賃貸状況も確認する必要があります。

　借地や貸家に関する契約書の内容を確認すると同時に、相続税の申告書への添付資料として写しを取っておきます。契約書からは、敷金や預り保証金等の債務に関する情報も得られますので債務控除の漏れも防ぐことができます。

　土地の貸借については、賃貸借契約書がないことも少なくありません。また、正式な契約書ではなく「覚書」等の書面を作成するのみで処理されている場合も多いので、そのような書面の存在についても必ず確認するようにします。

(2) 親族間等での土地貸借

　第三者間での土地貸借の場合は、一般的に地代の授受が行われていると考えられ、普通借地権が設定されている土地と判断できます。しかし、親族間等での土地貸借の場合には、権利金の支払いの有無、地代の授受に関する事実関係などを慎重に確認し、借地権の有無について慎重に判定しなければなりません。

　なお、借地権の有無については、国税庁が昭和48年11月に公表した「使用貸借通達」の適用の検討も欠かせません。使用貸借通達は以下について、その取扱いを定めています。

①使用貸借による土地の借受けがあった場合

②使用貸借による借地権の転借があった場合

③使用貸借に係る土地等を相続又は贈与により取得した場合

④使用貸借に係る土地等の上に存する建物等を相続又は贈与により取得した場合

⑤借地権の目的となっている土地を当該借地権者以外の者が取得し、地代の授受が行われないこととなった場合

⑥経過的措置：土地の無償借受け時に、借地権相当額の課税が行われている場合

⑦経過的措置：借地権の目的となっている土地を、この通達の施行前に当該借地権者以外の者が取得している場合

5. 土地の権利関係の届出書の確認

第4章で既にふれましたが、親族等特殊関係者間において土地貸借が行われた場合、借地権等の課税関係を回避するために各種届出書が所轄税務署に提出されていることがあります。このようなことが想定される場合は評価額にも影響を与えますので、以下の届出書の提出の有無について確認しておく必要があります。

①土地の無償返還に関する届出書

②相当の地代の改訂方法に関する届出書

③借地権者の地位に変更がない旨の申出書

④借地権の使用貸借に関する確認書

第2節

土地の評価単位の原則

> **ポイント**　土地の地目は、登記上の地目ではなく課税時期の現況で判断します。評価に当たっては地目区分や評価単位を理解しておかなければなりません。利用状況や第三者の権利によって、その評価単位も変動しますので注意が必要です。

【解説】

1．土地の評価単位

(1) 地目別評価が原則

　土地の地目はすべて課税時期の現況によって判定します（評基通7）。

　したがって、登記簿上の地目が畑であっても、課税時期において家屋の敷地になっている土地は宅地として評価することになります。

　地目の区分は、不動産登記事務取扱手続準則第68条（地目）及び第69条（地目の認定）の規定に準じて行うこととされており、宅地、田、畑、山林、原野、牧場、池沼、鉱泉地又は雑種地などの地目の別に評価します（評基通7）。

(2) 一団の土地として評価する場合

①一団の土地が一体として利用されている場合

　土地の評価上の区分は(1)のとおり、課税時期における土地の利用地目の現況により判定しますが、一体として利用されている一団の土地が2以上の地目からなる場合は、その一団の土地はその主たる地目からなるものとして、その一団の土地ごとに評価します（評基通7）。

　例えば、**図5-2-2**のように、ゴルフ練習場（雑種地）Ａとクラブハウスの敷

第2節 土地の評価単位の原則

図5-2-1　土地の地目区分

宅地	建物の敷地及びその維持もしくは効用を果たすために必要な土地（建物の利用を主とする建物敷地以外の部分が建物に付随する庭園、テニスコート、プール、駐車場で宅地に隣接するものは、それぞれ宅地に該当する）
田	農耕地で用水を利用して耕作する土地
畑	農耕地で用水を利用しないで耕作する土地
山林	耕作の方法によらないで竹木の生育する土地（保安林を含む）
原野	耕作の方法によらないで雑草、かん木類の生育する土地
牧場	家畜を放牧する土地
池沼	かんがい用水でない水の貯留地
鉱泉地	鉱泉（温泉を含む）の湧出口及びその維持に必要な土地
雑種地	上記のいずれにも該当しない土地（駐車場（宅地に該当するものを除く）、ゴルフ場、遊園地、運動場、鉄軌道用地、競馬場、墓地、境内地、運河用地、水道用地、用悪水路、ため池、堤、井溝、公衆用道路、公園、高圧線下の土地で他の目的に使用することができない区域にある土地、鉄塔用地など）

地（宅地）Bとして利用されている場合は、その主たる利用目的がゴルフ練習場であることから雑種地として評価します。なお、不特定多数の者の通行の用に供される道路に隔てられたゴルフ場の駐車場Cは区分して評価します。

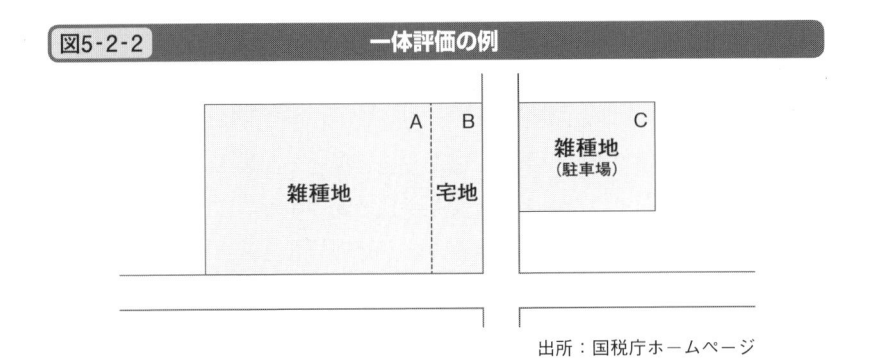

図5-2-2　一体評価の例

```
                  A  B              C
                          │    雑種地
        雑種地      │宅地  │   (駐車場)
                  │      │
```

出所：国税庁ホームページ

②一団の土地として評価することが合理的である場合

市街化調整区域以外の都市計画区域で市街地的形態を形成する地域において、市街地農地、市街地山林、市街地原野及び宅地と状況が類似する雑種地のいずれか2以上の地目が隣接している場合で、全体を一団の土地として評価す

ることが合理的と認められる場合には、そのように評価します。

例えば、次の事例［1］～［4］の場合には、すべて農地として評価します。

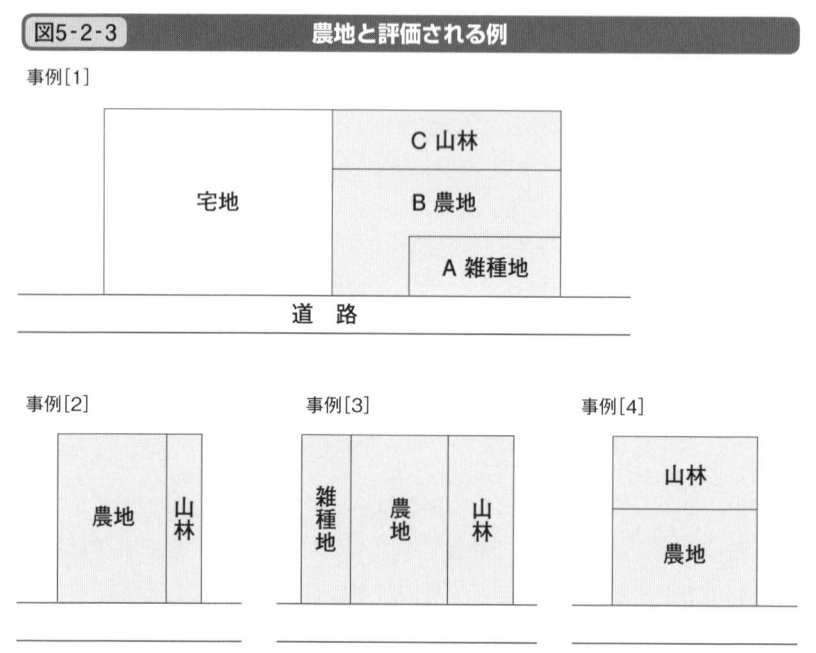

図5-2-3　農地と評価される例

事例［1］

```
            ┌──────────┐
            │  C 山林   │
  宅地       ├──────────┤
            │  B 農地   │
            ├──────┬───┤
            │      │A雑種地│
────────────────────────────
            道　路
```

事例［2］　農地｜山林

事例［3］　雑種地｜農地｜山林

事例［4］　山林／農地

出所：国税庁ホームページ

事例［1］のような場合、標準的な宅地規模からみてAは面積が小さく、形状からみてBは単独で評価するのではなくAと併せて評価することが妥当であり、Cは道路に面していない土地となり単独で評価するのは妥当ではありません。ゆえに、ABCを一団で評価することが合理的と考えられます。

事例［2］のような場合、山林のみで評価すると、間口狭小、奥行長大となり、宅地として利用するには、その効用が十分に果たせない土地になります。

事例［3］のような場合、各地目が小さくなってしまいます。

事例［4］のような場合、山林部分が道路に面していないので、宅地の効用が果たすことができない土地になります。

このような土地の場合、土地取引の実情からも隣接の土地を含めて一団の土地を形成しているものと見ることが妥当だということになります。

その一団の土地が、その地域における標準的な宅地の地積に比して著しく広大な場合は、財産評価基本通達24-4（広大地の評価）を適用します。

(3) 土地の評価単位の考え方

土地の価額は、次に掲げる各地目の評価単位ごとに評価します。土地の上に存する権利も同様です（評基通7-2）。

評価単位はその土地の利用状況や第三者の権利の状況によって変動するため、現地確認や図面、賃貸借契約書での確認などをして判断する必要があります。

評価単位の概略は以下のとおりです。詳細は次節以降で説明します。

図5・2・4　土地の評価単位の概略

地目	評価単位
宅地	1画地の宅地（利用の単位となっている1区画の宅地） ＊「1画地の宅地」は、必ずしも1筆の宅地からなるとは限らず、2筆以上の宅地からなる場合もあり、また、1筆の宅地が2画地以上の宅地として利用されている場合もありますので注意が必要です。 また、遺産分割などで著しく不合理な分割がされた場合は、分割前の画地を「1画地の宅地」とします。
農地	原則として、1枚の農地（耕作の単位となっている1区画の農地） ＊「1枚の農地」は、必ずしも1筆の農地からなるとは限らず、2筆以上の農地からなる場合もありますので注意が必要です。 市街地周辺農地、市街地農地及び生産緑地は、それぞれ、利用の単位となっている一団の農地を評価単位とします。
山林	原則として、1筆の山林 ＊市街地山林は、利用の単位となっている一団の山林を評価単位とします。
原野	原則として、1筆の原野 ＊市街地原野は、利用の単位となっている一団の原野を評価単位とします。
牧場及び池沼	原野に準ずる
鉱泉地	原則として、1筆の鉱泉地
雑種地	原則として、利用の単位となっている一団の雑種地（同一の目的に供されている雑種地） ＊いずれの用にも供されていない一団の雑種地については、その「利用の単位となっている一団の雑種地」として評価します。 市街化調整区域以外の都市計画区域で市街地的形態を形成する地域において、宅地と状況が類似する雑種地が2以上の評価単位によって一団となっており、その形状、地積の大小、位置等から見てこれらを一団と評価することが合理的と認められる場合には、その一団ごとに評価します。

第3節

各地目の評価に当たっての留意点

ポイント 評価単位は地目によっても異なりますが、その土地を利用する第三者の権利によっても変わります。また、遺産分割等で土地が不合理に分割される場合もあります。どのような評価に該当するのか、理解しておく必要があります。

【解説】

1.宅地の評価

(1) 評価単位に留意する

　宅地を評価するに当たっては、その宅地の評価単位に留意しなければなりません。宅地の価額は、1画地の宅地（利用の単位となっている1区画の宅地をいう）ごとに評価します。ただし、不合理分割の場合は分割前の1画地で評価します（評基通7-2(1)）。

　「1画地の宅地」の判定は、原則として、①宅地の所有者による自由な使用収益を制約する他者の権利（使用借権は除く）の存在の有無により区分し、さらに、②その権利の種類及び権利者の異なるごとに区分します。具体的には、次のように判定します。

1) 宅地を自ら使用している場合には、居住の用か事業の用かにかかわらず、その全体を1画地の宅地とします。
2) 宅地の一部について普通借地権等が存しており、他の部分を自己が使用している場合には、それぞれの部分を1画地の宅地とします。一部を貸家の敷地として、他の部分を自己が使用している場合にも同様です。
3) 宅地の一部について普通借地権等が存しており、他の部分を貸家の敷地

の用に供している場合には、それぞれの部分を1画地の宅地とします。
4) 普通借地権等の目的となっている宅地を評価する場合において、貸付先が複数であるときには、同一人に貸し付けられている部分ごとに1画地の宅地とします。
5) 貸家建付地を評価する場合において、貸家が複数棟あるときには、原則として、各棟の敷地ごとに1画地の宅地とします。
6) 2以上の者から隣接している土地を借りて、これを一体として利用している場合には、その借主側の普通借地権等の評価に当たっては、その全体を1画地として評価し、貸主側の貸宅地の評価に当たっては、各貸主の所有する部分ごとに区分して、それぞれを1画地の宅地として評価します。
7) 共同ビルの敷地の用に供されている宅地は、その全体を1画地の宅地として評価します。

　例えば、図5-3-1のような場合には、A、B、C及びD土地全体を1画地の宅地として評価した価額に、甲、乙、丙及び丁の有するそれぞれの土地の価額の比を乗じた金額により評価します。この場合、土地の価額の比は次の算式によって計算して差し支えありません。

図5-3-1　共同ビルの敷地の用に供されている宅地の例

$$\text{土地の価額の比} = \frac{\text{各土地ごとに財産評価基本通達により評価した価額}}{\text{各土地ごとに財産評価基本通達により評価した価額の合計額}}$$

A 土地所有者(甲)	B 土地所有者(乙)	C 土地所有者(丙)
	共同ビル(甲、乙、丙、丁共有)	
	D 土地所有者(丁)	

出所：国税庁ホームページ

8) 所有する宅地の一部を自己が使用し、他の部分を使用貸借により貸し付けている場合には、その全体を1画地の宅地として評価します。また、自己の所有する宅地に隣接する宅地を使用貸借により借り受け、自己の所有する宅地と一体として利用している場合であっても、所有する土地のみを1画地の宅地として評価します。

したがって、図5-3-2の[1]については、A、B土地全体を1画地の宅地として評価し、[2]については、A土地、B土地それぞれを1画地の宅地として評価します。

なお、使用貸借に係る使用権の価額はゼロとして取り扱い、使用貸借により貸し付けている宅地の価額は自用地価額で評価します。

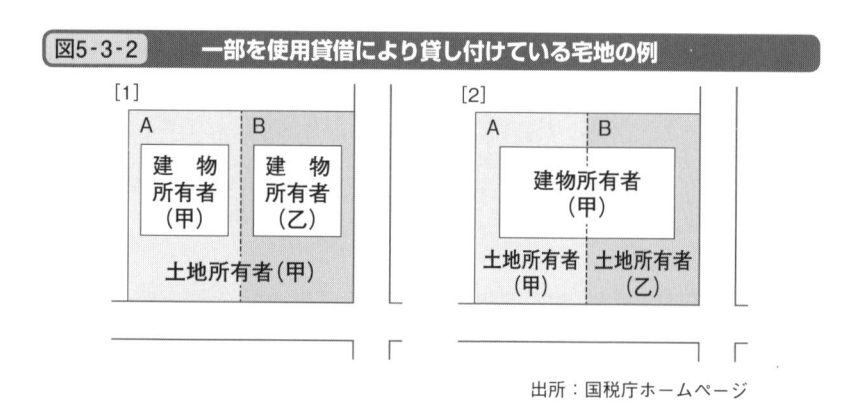

図5-3-2　一部を使用貸借により貸し付けている宅地の例

[1]
A	B
建物所有者(甲)	建物所有者(乙)
土地所有者(甲)	

[2]
A	B
建物所有者(甲)	
土地所有者(甲)	土地所有者(乙)

出所：国税庁ホームページ

(2) 不合理分割とは

遺産分割後の宅地の分割が、通常の用途に供することができないなど、その分割が著しく不合理であると認められるときは、その分割前の画地を1画地の宅地として評価しなければなりません（評基通7-2(1)注）。分割が著しく不合理とされるのは次のような場合です。

①無道路地又は帯状地となる場合
②その地域の標準的な宅地の面積から見て著しく狭隘な宅地となる場合
③現在のみならず将来においても有効な土地利用が図られないと認められる場合

この不合理分割の取扱いは、宅地比準方式により評価する市街地農地、市街

地周辺農地、市街地山林、市街地原野及び雑種地の評価にも適用します。

ただし、単純に不整形地になるというだけでは不合理分割に該当するわけではありません。以下に不合理分割となる事例を示しました。

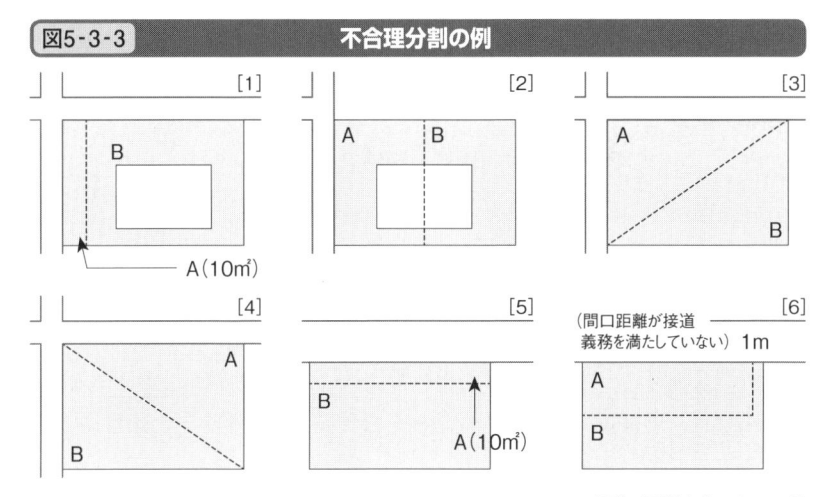

図5-3-3 不合理分割の例

出所：国税庁ホームページ

[1] については現実の利用状況を無視した分割です。[2] はBが無道路地となっています。[3] はA、Bともに不整形地（三角地）で、かつBは無道路地、[4] はA、Bともに不整形地（三角地）となります。[5] はAが奥行短小な土地で、Bが無道路地、[6] は接道義務を満たさないような間口が狭小な土地をつくり出す分割です。これらは、分割時のみならず将来においても有効な土地利用が図られず通常の用途に供することができない、著しく不合理な分割と認められるため、全体を1画地の宅地としてその価額を評価した上で、個々の宅地を評価することとするのが相当です。具体的には、原則としてA、B宅地全体を1画地の宅地として評価した価額に、各土地の価額の比を乗じた価額により評価します。

相続人の間で遺産分割が行われる際に、単純に財産の額合わせだけのために、このような不合理分割にならないようにアドバイスする必要があります。

(3) 宅地の評価方式

宅地の評価方式には、市街地的形態を形成する地域の宅地の評価に適用する「路線価方式」とそれ以外の地域に適用する「倍率方式」があります。

それぞれ次の算式で評価額を計算します。

＜路線価方式＞

$$1㎡当たりの路線価 \times 画地調整率 \times 地積$$

＜倍率方式＞

$$固定資産税評価額 \times 評価倍率$$

①路線価方式

路線価方式とは、宅地の面する路線に付された路線価を基とし、その宅地が路線に接している状況や形状などに応じて、奥行価格補正、側方路線影響加算、二方路線影響加算、三方又は四方路線影響加算、不整形地補正、無道路地補正、間口狭小補正、奥行長大補正、がけ地補正などの画地調整をした価額によって評価する方式です（評基通13、14）。

なお、画地調整する場合の奥行価格補正、側方路線影響加算、二方路線影響加算、不整形地補正、間口狭小補正及び奥行長大補正の各種の補正率については、これらが宅地の価格形成に影響する度合いは宅地の利用形態に応じて、それぞれ地区ごとに定められています。

②倍率方式

倍率方式とは、その宅地の固定資産税評価額に国税局長の定める倍率を乗じて計算した金額により評価する方式です（評基通21）。

倍率方式により評価する土地について、課税時期において、固定資産税評価額が付されていない場合には、その土地の現況に応じ、状況が類似する付近の土地の固定資産税評価額を基として、付近の土地との位置、形状の状況差を考慮して、その土地の固定資産税評価額に相当する額を算出し、その額に評価倍率を乗じて計算します。ただし、相続税の申告期限までに、その土地に新たに固定資産税評価額が付された場合には、その付された価額を基として計算します。

評価すべき土地が不整形地、間口が狭小な土地、無道路地等であっても、固定資産税評価の基となる「固定資産評価基準」によって画地調整を行うことと

なっているため、路線価方式のような斟酌は原則として行いません。

2. 宅地評価の事例

(1) 無道路地の確認と評価

　無道路地とは、一般に道路に接していない宅地をいいますが、評価地が建築基準法上の道路に接していない場合の土地のことです。建築基準法上の道路かどうかは、市区町村の建築指導課等で確認します。

　無道路地の価額は、実際に利用している路線の路線価に基づき、不整形地の評価によって計算した価額から、その価額の40％の範囲内において相当と認める金額を控除して評価します（評基通20-2）。

　この場合の40％の範囲内において相当と認める金額は、無道路地について建築基準法その他の法令において規定されている、建築物を建築するために必要な道路に接すべき最小限の間口距離の要件（接道義務）に基づいて最小限度の通路を開設する場合のその通路に相当する部分の価額とされています。この通路部分の価額は、実際に利用している路線の路線価に、通路に相当する部分の地積を乗じた価額とし、奥行価格補正等の画地調整は行いません。

　なお、他人の土地に囲まれていても、その他人の土地に通行の用に供する権利を設定している場合は、無道路地とならないので、その点は注意してください。

　また、道路に接していても、その接する間口距離が接道義務を満たしていない宅地については、建物の建築に著しい制限を受けるなどの点で、無道路地と同様にその利用価値が低くなることから、無道路地と同様に評価します。この場合の無道路地としての控除額は、接道義務に基づいて最小限度の通路に拡幅する場合の、その拡幅する部分に相当する価額（正面路線価に通路拡幅部分の地積を乗じた価額）とされています。

事例 無道路地の評価

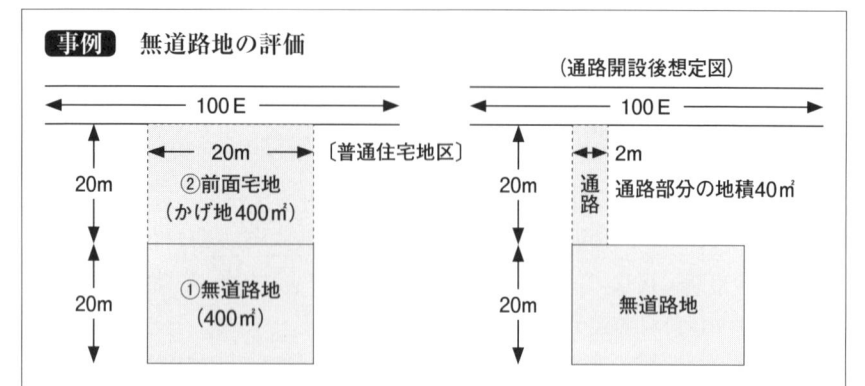

(通路開設後想定図)

```
          100 E                              100 E
   ←───────────────→                  ←───────────────→
         20m                                    2m
     ┌──────────┐〔普通住宅地区〕              ┌──┐
 20m │ ②前面宅地 │              20m          │通│ 通路部分の地積40㎡
     │(かげ地400㎡)│                         │路│
     ├──────────┤                         ├──┤
 20m │ ①無道路地  │              20m          │ 無道路地 │
     │  (400㎡)  │                         │      │
     └──────────┘                         └──────┘
```

1. 無道路地①の奥行価格補正後の価額

   (1) 無道路地①と前面宅地②を合わせた土地の奥行価格補正後の価額

   　　　　　奥行価格補正率(40m)　　①+②の地積の合計
   　　100千円 ×　0.92　×　800㎡ ＝ 73,600千円

   (2) 前面宅地②の奥行価格補正後の価額

   　　　　　奥行価格補正率(20m)　　②の地積
   　　100千円 ×　1.00　×　400㎡ ＝ 40,000千円

   (3) (1)の価額から(2)の価額を控除して求めた無道路地①の奥行価格補正後の価額

   　　①+②の価額　　②の価額　　　　①の奥行価格補正後の価額
   　　73,600千円 － 40,000千円 ＝ 33,600千円

2. 不整形地補正（又は間口狭小・奥行長大補正）

   ・不整形地補正率0.79（普通住宅地区・地積区分A・かげ地割合50％※）
   　※かげ地割合＝(800㎡－400㎡)／800㎡＝50％

   ・間口狭小補正率0.90（間口距離2m）

   ・奥行長大補正率0.90（間口距離2m・奥行距離40m）

   　不整形地補正率　間口狭小補正率　小数点第2位未満切捨て
   　　0.79　×　　0.90　＝ 0.71　┐
   　間口狭小補正率　奥行長大補正率　　　　│→ 0.71＜0.81 より
   　　0.90　×　　0.90　＝ 0.81　┘　　　不整形地補正率は0.71

   　①の奥行価格補正後の価額　不整形地補正率
   　　33,600千円 × 　0.71 　＝ 23,856千円

3. 無道路地としての斟酌（通路部分の価額）

   　　　　　通路部分の地積　　　　　　　限度額
   　100千円 × 40㎡ ＝ 4,000千円 ＜ 23,856千円×0.4

4. 評価額

$$\underset{\text{不整地補正後の①の価額}}{23,856\text{千円}} - \underset{\text{通路部分の価額}}{4,000\text{千円}} = \underset{\text{無道路地の評価額}}{19,856\text{千円}}$$

出所：国税庁ホームページ

(2) セットバックを必要とする宅地の確認と評価

建築基準法第42条第2項の規定で、現に建物が建ち並んでいる幅員4m未満の道路（以下「2項道路」）については、その道路の中心線から水平距離2m後退した線が道路の境界線とみなされ、将来、建物の建て替え等を行う場合には、その境界線まで後退して道路敷きを提供しなければなりません。このような道路に面している宅地は評価上もその後退する部分（セットバック部分）について評価を減じることができます（評基通24-6）。

2項道路に該当するかどうかは、各市区町村の建築指導課等で確認してください。なお、幅員4m未満の道路であっても、既に片側のセットバックが完了している場合がありますので、必ず確認が必要です。

具体的には次の計算式で評価額を計算します。

$$自用地価額 - 自用地価額 \times \frac{セットバック部分の地積}{宅地の総地積} \times 0.7$$

(3) 都市計画道路予定地の区域内にある宅地の確認と評価

都市計画道路予定地となっている区域内（都市計画法第4条第6項に規定する都市計画施設のうちの道路の予定地の区域内）においては、都市計画法の規定により通常2階建ての建物しか建築できないという制限を受けます。また、通常、道路用地として買収されるまでに長い期間を要します。

このような土地の場合、都市計画道路予定地の区域内となる部分が都市計画道路予定地の区域内とならない部分とした場合の価額に、次の表の地区区分、容積率、地積割合の別に応じて定める補正率を乗じて計算した価額によって評価します（評基通24-7）。

その土地が都市計画道路の予定地とされているか否かは、各市区町村の都市計画課等で確認できます。

図5-3-4 都市計画道路予定地の区域内にある宅地の補正率

地区区分＼容積率＼地積割合	ビル街地区、高度商業地区 600%未満	ビル街地区、高度商業地区 600%以上700%未満	ビル街地区、高度商業地区 700%以上	繁華街地区、普通商業・併用住宅地区 300%未満	繁華街地区、普通商業・併用住宅地区 300%以上400%未満	繁華街地区、普通商業・併用住宅地区 400%以上	普通住宅地区、中小工場地区、大工場地区 200%未満	普通住宅地区、中小工場地区、大工場地区 200%以上
30%未満	0.91	0.88	0.85	0.97	0.94	0.91	0.99	0.97
30%以上60%未満	0.82	0.76	0.7	0.94	0.88	0.82	0.98	0.94
60%以上	0.7	0.6	0.5	0.9	0.8	0.7	0.97	0.9

注）地積割合とは、その宅地の総地積に対する都市計画道路予定地の部分の地積の割合をいいます。

(4) 利用価値が著しく低下している宅地の確認と評価

利用価値が著しく低下しているかどうかは、現地確認の際、近隣の土地の利用状況等により確認することができます。

次のように、付近にある他の宅地の利用状況からみて、利用価値が著しく低下していると認められる宅地の価額は、利用価値が低下していると認められる部分の面積に対応する価額に10％を乗じて計算した金額を控除した価額によって評価することができます（国税庁ホームページ「タックスアンサー No.4617」）。

① 道路より高い位置にある宅地又は低い位置にある宅地で、その付近にある宅地に比べて著しく高低差のあるもの
② 地盤に甚だしい凹凸のある宅地
③ 震動の甚だしい宅地
④ ①から③までの宅地以外の宅地で、騒音、日照阻害（建築基準法に定める日照阻害のあるもの）、臭気、忌み等により、その取引金額に影響を受けると認められるもの

また、宅地比準方式によって評価する農地又は山林について、宅地に転用するとした場合において、造成費用を投下してもなお宅地としての利用価値が著しく低下していると認められる部分を有するものについても同様に評価します。ただし、路線価又は倍率が、利用価値の著しく低下している状況を考慮して付されている場合には斟酌しません。

①道路と高低差がある土地

路線価図では分かりませんが、現地の状況は図5-3-5のとおり、1）ではc地は道路より低い位置にあり、2）では道路より高い位置にあります。

c地を道路の反対にあるa、b地と同じ路線価で評価することは実態にそぐわないことになります。ゆえに、c地については、10万円の路線価を基として算出した金額から10％を控除した金額で評価することができます。

図5-3-5　道路と高低差がある土地

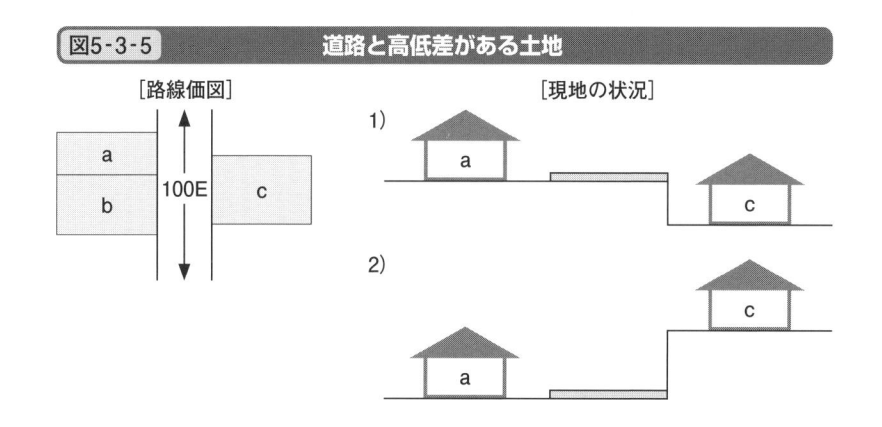

②地盤に甚だしい凹凸がある宅地

路線価図では分かりませんが、現地の状況は図5-3-6のとおり、c地は隣接地a、b地と比べて著しく地盤が低い宅地です。c地をa地、b地と同じように評価することは実態を反映していないことになります。ゆえに、c地については路線価10万円を基に算出した金額から10％を控除した金額で評価することができます。

図5-3-6　地盤に甚だしい凹凸がある宅地

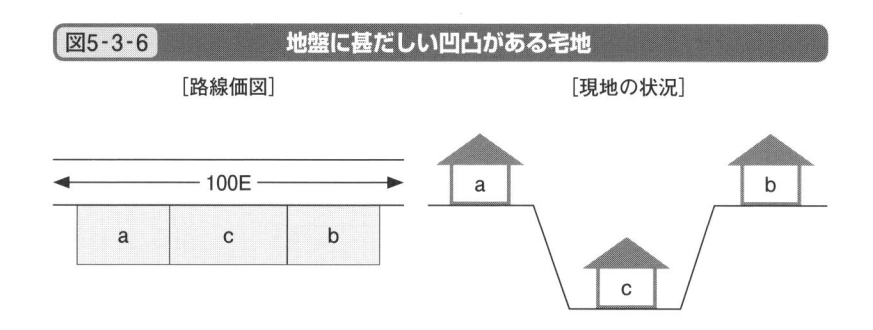

③振動の甚だしい宅地

図5-3-7のa地のように、鉄道敷や高速道路の隣接地等でかなりの振動や騒音を経常的に受けている宅地については、利用価値の低下している宅地として10％の評価減を適用することができます。

ただし、路線価等に振動や騒音が反映されている場合は斟酌できません。

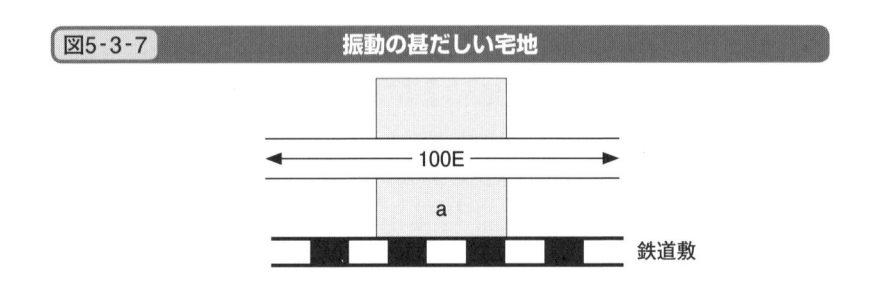

図5-3-7　振動の甚だしい宅地

100E

a

鉄道敷

(5) 不動産利用権の目的となっている宅地の確認と評価

宅地の上に存する権利として借地権、定期借地権、地上権、区分地上権及び区分地上権に準ずる地役権があります。どのような権利が付されているかを賃貸借契約書等から判断し、書類等が不備の場合は利用権者への確認も必要です。

これらの権利の目的となっている宅地の価額は、その宅地の自用地価額から、設定されている権利の価額を差し引いて計算します。

①借地権の目的となっている宅地

借地権とは、建物の所有を目的とする地上権又は土地の賃借権をいいます。

借地権の目的となっている宅地の価額は、次の算式で求めた金額により評価します。

自用地価額×（1－借地権割合）

路線価地域には、地域区分に応じ借地権割合が設定されています。倍率地域には倍率表にその割合が表示されています。

借地権の取引慣行がないと認められる地域にある土地は、借地権割合を20％として計算します。これは、借地権の取引慣行はなくても土地所有者から見て最低限の利用上の制約があることを考慮したものです。

②定期借地権等の目的となっている宅地

1) 定期借地権等とは、借地借家法第22条から第25条に基づく借地権をいいます。定期借地権等の目的となっている宅地は、原則として、その宅地の自用地としての価額から、定期借地権等の価額を控除した金額によって評価します（評基通25(2)）。

課税時期による自用地としての価額－定期借地権に相当する価額

ただし、定期借地権等の価額が、その宅地の自用地としての価額に定期借地権等の残存期間に応じる割合※を乗じて計算した金額を下回る場合には、その宅地の自用地としての価額から、その価額に次に掲げる割合を乗じて計算した金額を控除した金額によって評価します。

※定期借地権等の残存期間に応じる割合

残存期間が5年以下のもの	5%
残存期間が5年を超え10年以下のもの	10%
残存期間が10年を超え15年以下のもの	15%
残存期間が15年を超えるもの	20%

2) 定期借地権等の目的となっている宅地のうち、路線価地域において借地権割合がCからGの地域区分に存する一般定期借地権の目的となっている宅地については、課税上弊害がない限り、1）によらず次の算式によって計算した金額により評価します。

自用地価額－自用地価額×（1－底地割合※）

$\times \dfrac{\text{一般定期借地権の残存期間年数に応ずる基準年利率による複利年金現価率}}{\text{一般定期借地権の設定期間年数に応ずる基準年利率による複利年金現価率}}$

※底地割合

借地権割合の地域区分	C(70%)	D(60%)	E(50%)	F(40%)	G(30%)
底地割合	55%	60%	65%	70%	75%

＊A地域、B地域及び借地権の取引慣行のない地域については、1）により評価します。

一般定期借地権とは、公正証書等の書面により借地期間を50年以上とし、借地期間満了により借地権が確定的に終了するものをいいます（借地借家法22）。
　なお、次の場合には、課税上弊害があるものとされます。
・一般定期借地権の借地権者と借地権設定者の関係が親族間や同族法人等の特殊関係者間の場合
・第三者間の設定等であっても税負担回避行為を目的とすると認められる場合

③地上権の目的となっている宅地
　地上権とは、工作物又は竹木を所有するために他人の土地を使用する権利とされています。なお、建物の所有を目的とする地上権は借地権に含まれますので、借地権の目的となっている宅地として評価します。
　地上権の目的となっている宅地の価額は、次の算式で求めた金額により評価します。地上権は自用地価額に地上権割合を乗じて評価します。地上権割合とは、その賃借権が地上権であるとした場合に適用される相続税法第23条に規定する割合をいいます（評基通25(3)）。

自用地価額－自用地価額×地上権割合

④区分地上権の目的となっている宅地
　区分地上権は、地下にトンネルを所有するなど、土地の上下の一定層のみを目的として設定された地上権をいい、土地の上下のすべてについて効力が及ぶ地上権とは別のものとして評価されます。
　区分地上権の目的となっている宅地の価額は、次の算式で求めた金額により評価します（評基通25(4)）。算式における区分地上権の割合は、その区分地上権の設定契約の内容に応じた土地利用制限率を基として求めます。例えば、地下鉄等のトンネルの所有を目的として設定した区分地上権であるときは、区分地上権の割合を30％とすることができます。

自用地価額－自用地価額×区分地上権の割合

⑤区分地上権に準ずる地役権の目的となっている宅地

区分地上権に準ずる地役権とは、特別高圧架空電線の架設等を目的として地下又は空間について上下の範囲を定めて設定されたもので、建造物の設置を制限するものをいいます。

区分地上権に準ずる地役権の目的となっている承役地である宅地の価額は、次の算式で求めた金額により評価します（評基通25(5)）。算式における区分地上権に準ずる地役権の割合は、その区分地上権に準ずる地役権の設定契約の内容に応じた土地利用制限率を基として求めます。

$$自用地価額－自用地価額×区分地上権に準ずる地役権の割合※$$

※区分地上権に準ずる地役権の割合とすることができる割合
1) 家屋の建築が全くできない場合…50％又は借地権とみなした借地権割合のいずれか高い方
2) 家屋の建築に制限を受ける場合…30％

(6) 貸家建付地の評価

貸家建付地とは、貸家の目的とされている宅地、すなわち、所有する土地に建築した家屋を他に貸付けている場合の、その土地のことをいいます。

貸家建付地の価額は、次の算式により評価します（評基通26）。

$$自用地価額 ×（1－借地権割合×借家権割合×賃貸割合）$$

「賃貸割合」は、貸家の各独立部分がある場合に、その各独立部分の賃貸状況に基づいて次の算式により計算した割合をいいます。

$$賃貸割合＝\frac{（A）のうち課税時期において賃貸されている各独立部分の床面積の合計}{当該家屋の各独立部分の床面積の合計（A）}$$

「各独立部分」とは、建物の構成部分である隔壁、扉、階層（天井及び床）等によって他の部分と完全に遮断されている部分で、独立した出入口を有するなど独立して賃貸その他の用に供することができるものをいいます。

継続的に賃貸されていたアパート等の各独立部分で、例えば、次のような事実関係から一部が課税時期において、一時的に空室となっていたに過ぎないと

認められるものについては、課税時期においても賃貸されていたものとして差し支えありません。
① 各独立部分が課税時期前に継続的に賃貸されてきたものであること
② 賃借人の退去後速やかに新たな賃借人の募集が行われ、空室の期間中、他の用途に供されていないこと
③ 空室の期間が、課税時期の前後の例えば1か月程度であるなど、一時的な期間であること
④ 課税時期後の賃貸が一時的なものではないこと

3. 広大地の評価

(1) 広大地の定義

広大な土地は、戸建て分譲用地として開発されるような場合で道路等のつぶれ地が生じ、標準的な宅地の取引価格に比べ低い価格で取引されることが考えられます。このようなことから、広大地評価とは、標準的な宅地の評価との調整を図るために行う評価といえます。

広大地とは、その地域における標準的な宅地の地積に比して、著しく地積が広大な宅地で、都市計画法第4条第12項に規定する開発行為を行うとした場合に公共公益的施設用地の負担が必要と認められるものをいいます。ただし、大規模工場用地に該当するもの及び中高層の集合住宅等の敷地用地に適しているものは除きます。

(2) 広大地の評価計算方法

次の算式により評価します（評基通24-4）。

広大地の価額＝正面路線価[※1]×広大地補正率[※2]×地積[※3]

※1　広大地の路線価は面している路線のうち原則として最も高い路線価で判定します。
※2　広大地補正率＝0.6－0.05×広大地の地積／1,000㎡
　　　広大地補正率は0.35を下限とします。
※3　広大地補正率を用いた評価方法は、地積が5,000㎡までの広大地に限ります。5,000㎡を超える広大地については個別に評価しますが、下限の0.35を適用することは差し支えありません。

(3) 広大地評価適用の判断

広大地評価適用の判断のポイントは、①その地域における標準的な宅地の地積に比して著しく広大な宅地である、②開発行為を行うとした場合に公共公益的施設用地の負担が必要と認められる、③中高層の集合住宅等の敷地用地に適しているもの（いわゆるマンション適地）でない、という3つの要件をすべて満たしていることになります。

それでは、広大地評価適用の判断のポイントを具体的に見てみましょう。

①その地域の標準的な宅地の地積に比して著しく広大な宅地であるか

評価対象地の付近で状況の類似する地価公示の標準地又は都道府県地価調査の基準地の地積、評価対象地の付近の標準的使用（一般的な宅地の使用方法）に基づく宅地の平均的な地積などを総合的に勘案して判断します。

「著しく広大である」とは、このように周囲の状況に応じて判断しますが、普通住宅地区等にある土地で各自治体が定める開発許可を要する面積基準（開発許可面積基準）以上であればよいとされています。

また、ミニ開発分譲が多い地域にある土地については、条例や指導要綱等で500㎡に満たなくても、別途これより少ない面積（300㎡以上など）で定められている場合がありますので個別に確認する必要があります。

開発許可面積基準は次のとおりです。

図5-3-8　開発許可面積基準

市街化区域	三大都市圏	500㎡
	それ以外の地域	1,000㎡
非線引き都市計画区域※		3,000㎡
用途地域が定められている非線引き都市計画区域	三大都市圏	500㎡
	それ以外の地域	1,000㎡

※「非線引き都市計画区域」とは、市街化区域と市街化調整区域の区分が行われていない都市計画区域をいいます。

②開発行為を行うとした場合に公共公益的施設用地の負担が必要と認められるか

「公共公益的施設用地」とは、都市計画法に規定する道路、公園等の公共施

設に供される土地及び教育施設、医療施設等の公益的施設の用に供される土地と規定されています。

　この点について、国税庁から公表されている情報（平成17年6月17日付資産評価企画官情報第1号「広大地の判定に当たり留意すべき事項」）では、広大地の評価は戸建住宅分譲用地の開発において相当規模の公共公益的施設用地の負担が生じる土地を前提としていることから、公共公益的施設用地の負担の必要性は、経済的に最も合理的に戸建住宅の分譲を行った場合の、当該開発区域内に開設される道路（開発道路）の必要性により判断することとされています。開発道路の必要性は近隣の開発状況が参考になります。

　③マンション適地ではないか

　評価対象地が、中高層の集合住宅等の敷地用地に適しているもの（マンション適地）に該当するかはその土地の周辺地域の標準的使用の状況によります。

　しかし、戸建住宅とマンション等が混在する地域（主に容積率200％以下の地域）は、最有効使用の判定が困難な場合もあることから、このような場合には、周囲の状況や専門家の意見から判断して、明らかにマンション等の敷地に適していると認められる土地を除き、広大地評価の適用が可能です。

　一方、容積率が300％以上の地域内にあり、かつ、開発許可面積基準以上の土地は、戸建住宅の敷地用地として利用するよりもマンション等の敷地として利用する方が最有効使用と判定される場合が多いことから、原則として、広大地に該当しないこととなります。

　上記①から③について判断できることは、次のとおりです。
1) ミニ開発分譲が多い地域では、開発許可が必要な面積基準未満でも、広大地評価が可能な場合がある。
2) 原則的に容積率300％以上の地域に所在する土地で広大地の評価はできない。
3) 容積率200％以下の地域に所在する土地については、戸建住宅とマンションが混在するケースが多い。このような場合、評価対象地が現状において戸建住宅用地に該当する場合には、広大地の評価ができる。
4) 公共公益的施設用地の負担がほとんど生じないと認められる土地については、広大地評価の適用はできない。

5) 公共公益的施設用地の負担が発生するかどうかの判断が難しい場合、従来のような開発図面の作成も有効である。

また、以下に広大地に該当しない条件を例示します。
1) 既に開発を終了しているマンション・ビル等の敷地用地
2) 現に宅地として有効利用されている建築物等の敷地
   (例) 大規模店舗、ファミリーレストラン等
3) 原則として容積率300％以上の地域に所在する土地
4) 公共公益的施設用地の負担がほとんど生じないと認められる土地
   (例) 道路に面しており、間口が広く、奥行きがそれほどでもない土地など（道路が二方、三方及び四方にある場合も同様）

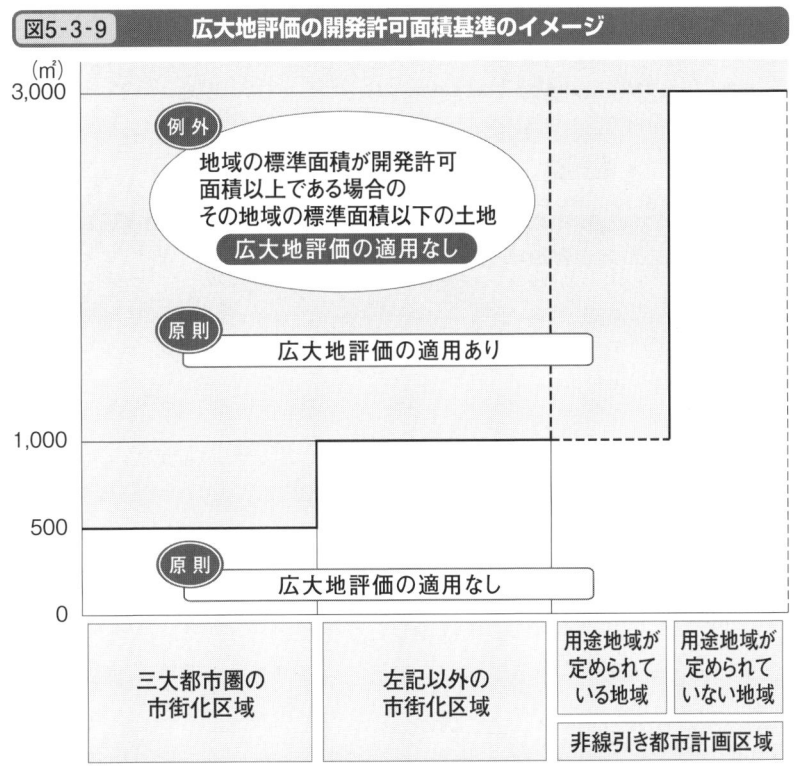

図5-3-9　広大地評価の開発許可面積基準のイメージ

区分	三大都市圏の市街化区域	左記以外の市街化区域	用途地域が定められている地域	用途地域が定められていない地域
原則（広大地評価の適用あり）	500㎡以上	1,000㎡以上	1,000㎡以上	3,000㎡以上
例外	—	—	地域の標準面積が開発許可面積以上である場合のその地域の標準面積以下の土地（広大地評価の適用なし）	同左

非線引き都市計画区域

注) 都道府県等の条例により、開発許可面積基準を別に定めている場合はその面積による。
出典：平成17年6月17日付資産評価企画官情報第1号「広大地の判定に当たり留意すべき事項」

図5-3-10 広大地評価フローチャート

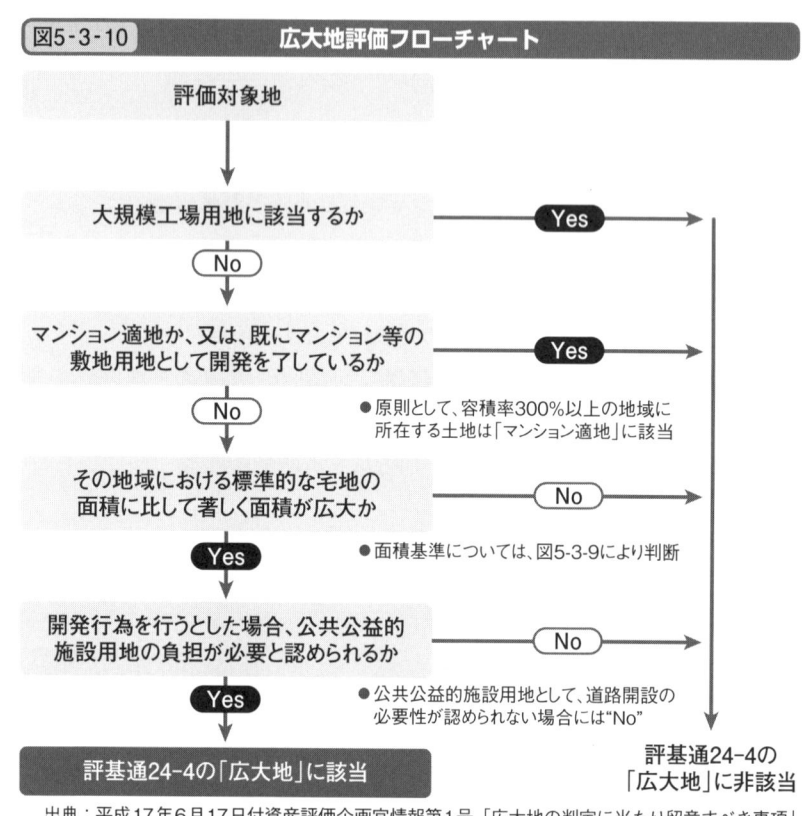

評価対象地
↓
大規模工場用地に該当するか —Yes→ 評基通24-4の「広大地」に非該当
↓No
マンション適地か、又は、既にマンション等の敷地用地として開発を了しているか —Yes→ 評基通24-4の「広大地」に非該当
● 原則として、容積率300%以上の地域に所在する土地は「マンション適地」に該当
↓No
その地域における標準的な宅地の面積に比して著しく面積が広大か —No→ 評基通24-4の「広大地」に非該当
● 面積基準については、図5-3-9により判断
↓Yes
開発行為を行うとした場合、公共公益的施設用地の負担が必要と認められるか —No→ 評基通24-4の「広大地」に非該当
● 公共公益的施設用地として、道路開設の必要性が認められない場合には"No"
↓Yes
評基通24-4の「広大地」に該当

出典：平成17年6月17日付資産評価企画官情報第1号「広大地の判定に当たり留意すべき事項」

4. 農地の評価

農地の評価に当たって留意すべきポイントを以下に説明します。

(1) 地目の判断

農地の地目は現況によって判断します。仮に登記簿上、宅地であっても農地として利用していれば農地として評価を行う場合があります。反対に、登記簿上、田や畑であっても農地に該当しない場合もあります。手入れもされておらず容易に耕作状態に復元できない場合は、原野又は雑種地と判定されることになります。判断に当たっては、現況を十分調査することが必要です。農地の納税猶予を適用する場合は肥培耕作されていることも確認しなければなりません。

(2) 農地の評価単位

農地の評価は耕作の単位となっている1区画ごとに評価することとされています。ただし、市街地周辺農地、市街地農地及び生産緑地は、それぞれ利用の単位となっている一団の農地を評価単位とします。1区画とは、必ずしも1筆とは限らず、2筆以上の農地からなる場合もあり、また、1筆の農地が2区画以上の農地として利用されている場合もあります。

分割が親族間等で行われた場合に、分割後の状態が農地として通常の用途に供することができないなど、その分割が著しく不合理であると認められるときは、その分割前の状態を「一団の農地」とすることもあります（評基通7-2(2)）。

(3) 農地の区分と評価方法

農地の相続税法上の評価をするときには、まず、農地を純農地、中間農地、市街地周辺農地及び市街地農地に分類します（評基通34）。この分類は図5-3-11のとおりです。

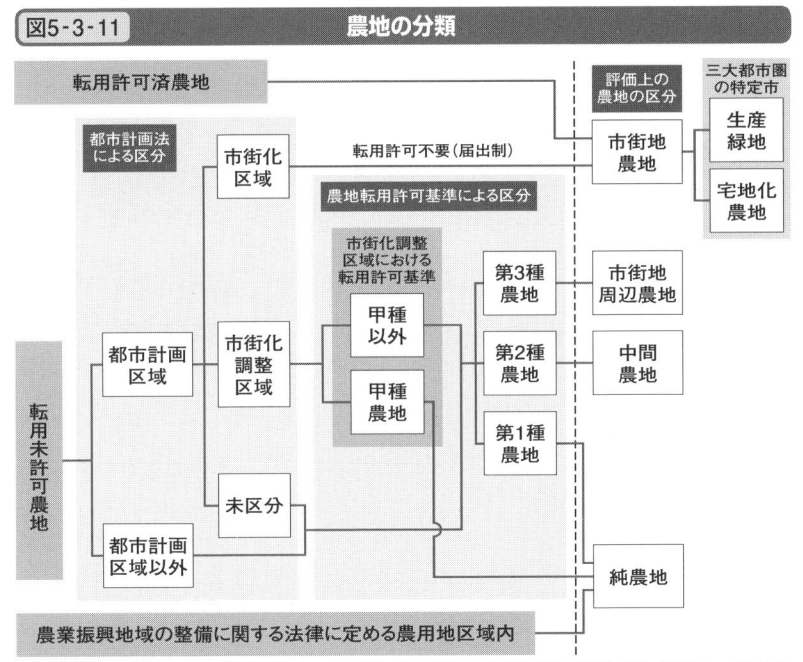

図5-3-11　農地の分類

出典：今仲清、下地盛栄著『三訂版　図解　都市農地の特例活用と相続対策』清文社、2014年

①純農地

純農地は市街化調整区域内にある農地のうち、甲種農地及び甲種農地以外と未区分、都市計画区域以外のうちの第1種農地並びに農業振興地域の整備に関する法律に定める農用地区域内の農地をいいます。

②中間農地

中間農地は市街化調整区域の甲種農地以外と未区分、都市計画区域以外のうちの第2種農地をいいます。

③市街地周辺農地

市街地周辺農地は市街化調整区域の甲種以外の農地と未区分、都市計画区域以外のうちの第3種農地をいいます。

④市街地農地

市街地農地は市街化区域の農地及び農地法により転用許可済みの農地をいいます。

農地の評価方法は上記の区分に応じて次のように定められています。

①純農地……………倍率方式
②中間農地…………倍率方式
③市街地周辺農地…（宅地比準方式又は倍率方式）×80％
④市街地農地………宅地比準方式又は倍率方式

(4) 宅地造成費の計算

市街地農地、市街地周辺農地、市街地山林及び市街地原野を評価する場合においては、その農地等を宅地として利用するために必要な宅地造成費を控除します（評基通40）。宅地造成費の金額は「財産評価基準書」において各国税局ごとにその金額が定められています。造成費の計算に当たって道路より低い土地は、道路面からの深さを確認する必要があります。これに基づき立体的な図面に落とし込み、土盛費や土止費の計算をするといいでしょう。

また、傾斜地の計算においては、その角度を測るためには道路面より傾斜の頂点との角度を測定する必要があります。分度器、レーザー測量器等による測定や、地図の等高線からも確認できます。

東京国税局の平成26年分の宅地造成費は次のようになっています。

図5-3-12　平坦地の宅地造成費（東京都：平成26年分）

工事費目		造成区分	金額
整地費	整地費	整地を必要とする面積1㎡当たり	500円
	伐採・抜根費	伐採・抜根を必要とする面積1㎡当たり	600円
	地盤改良費	地盤改良を必要とする面積1㎡当たり	1,300円
土盛費		他から土砂を搬入して土盛りを必要とする場合の土盛り体積1㎡当たり	4,200円
土止費		土止めを必要とする場合の擁壁の面積1㎡当たり	46,500円

（留意事項）

① 「整地費」とは、凹凸がある土地の地面を地ならしするための工事費、又は、土盛工事を要する土地について、土盛工事をした後の地面を地ならしするための工事費をいいます。

② 「伐採・抜根費」とは、樹木が生育している土地について、樹木を伐採し、根等を除去するための工事費をいいます。したがって、整地工事によって樹木を除去できる場合には、造成費に本工事費を含めません。

③ 「地盤改良費」とは、湿田など軟弱な表土で覆われた土地の宅地造成に当たり、地盤を安定させるための工事費をいいます。

④ 「土盛費」とは、道路よりも低い位置にある土地について、宅地として利用できる高さ（原則として道路面）まで搬入した土砂で埋め立て、地上げする場合の工事費をいいます。

⑤ 「土止費」とは、道路よりも低い位置にある土地について、宅地として利用できる高さ（原則として道路面）まで地上げする場合に、土盛りした土砂の流出や崩壊を防止するために構築する擁壁工事費をいいます。

出典：東京都「財産評価基準書（平成26年分）」国税庁ホームページ

図5-3-13　傾斜地の宅地造成費（東京都：平成26年分）

傾斜度	金額
3度超 5度以下	9,600円/㎡
5度超 10度以下	16,600円/㎡
10度超 15度以下	23,100円/㎡
15度超 20度以下	37,500円/㎡

（留意事項）

① 「傾斜地の宅地造成費」の金額は、整地費、土盛費、土止費の宅地造成に要するすべての費用を含めて算定したものです。

なお、この金額には、伐採・抜根費は含まれていないことから、伐採・抜根を要する土地については、「平坦地の宅地造成費」の「伐採・抜根費」の金額を基に算出し加算します。

②傾斜度3度以下の土地については、「平坦地の宅地造成費」の額により計算します。

③傾斜度については、原則として、測定する起点は評価する土地に最も近い道路面の高さとし、傾斜の頂点（最下点）は、評価する土地の頂点（最下点）が奥行距離の最も長い地点にあるものとして判定します。

④宅地への転用が見込めないと認められる市街地山林については、近隣の純山林の価額に比準して評価する（評基通49）こととしています。したがって、宅地であるとした場合の価額から宅地造成費に相当する金額を控除して評価した価額が、近隣の純山林に比準して評価した価額を下回る場合には、経済合理性の観点から宅地への転用が見込めない市街地山林に該当するので、その市街地山林の価額は、近隣の純山林に比準して評価することになります。

注）1　比準元となる具体的な純山林は、評価対象地の近隣の純山林、すなわち、評価対象地からみて距離的に最も近い場所に所在する純山林です。

　　2　宅地造成費に相当する金額が、その山林が宅地であるとした場合の価額の100分の50に相当する金額を超える場合であっても、上記の宅地造成費により算定します。

　　3　宅地比準方式により評価する市街地農地、市街地周辺農地及び市街地原野等についても、市街地山林と同様、経済合理性の観点から宅地への転用が見込めない場合には、宅地への転用が見込めない市街地山林の評価方法に準じて、その価額は、純農地又は純原野の価額により評価することになります。

　　　なお、市街地周辺農地については、市街地農地であるとした場合の価額の100分の80に相当する金額によって評価する（評基通39）ことになっていますが、これは、宅地転用が許可される地域の農地ではあるが、まだ現実に許可を受けていないことを考慮したものですので、純農地の価額に比準して評価する場合には、80％相当額に減額する必要はありません。

出典：東京都「財産評価基準書（平成26年分）」国税庁ホームページ

(5) 広大地評価適用の判断

　農地は面積が広く、広大地に該当する場合が多いのも特徴です。

　農家は自宅などの敷地が広いことも多く、広大地に該当するケースが多いと考えられます。広大地の評価に関しては前項を参考にしてください。農地が広大地に該当するか否かを判断する上で、次の3点に留意する必要があります。

①評価単位に留意

　市街地周辺農地、市街地農地及び生産緑地は、それぞれの利用の単位となっている一団の農地を評価単位とします。仮に畦道（あぜみち）で分かれている複数枚の農地

を一体として利用していれば一団の農地として評価します。そうすることで開発許可面積基準を満たす可能性が高くなりますし、広くなればなるほど評価の減額割合が高くなります。逆に、本来別々に評価すべき農地を一団の農地として評価し、広大地に該当するとしていた場合は、評価額が過小になることもあり得ます。ゆえに、評価単位を意識して評価する必要があります。

②適用できるものは広大地評価をしなければならない

農地の物納を考えている場合には、広大地の適用をしない方が評価が高くなり、高く物納できそうですが、広大地の評価は選択して適用するものではなく、広大地の要件を満たしている場合には広大地として評価しなければなりません。

③生産緑地に広大地適用ができるか

生産緑地については、法令によって一定の要件に該当しなければ買取り請求をすることができません。ましてや建物の建築は不可能です。

法令上開発ができないので、広大地の適用はできるのかと考えますが、被相続人の死亡時が買取り請求できるタイミングであるので、開発する際に公共公益的施設用地の負担が必要である場合には、広大地として評価できることになります。

(6) 権利関係の確認

①耕作権及び耕作権が設定されている農地（評基通41-2）

耕作権は、物権である永小作権又は債権である賃借小作権に基づいて農地を耕作する権利をいいます。永小作権は相続税法第23条の規定により評価されます。通常は農地法第17条本文及び第18条第1項の規定の適用のある賃借権（実務上は農地基本台帳に記載されているもの）をいい、相続税法における耕作権の評価はこれをいいます。農地基本台帳に記載されていない、いわゆるヤミ小作の目的とされている農地は自用地として評価します。

耕作権割合は各国税局ごとに定められており、耕作権の目的となっている農地は次のように評価します。

その農地の自用地としての価額　×　耕作権割合

図5・3・14	耕作権割合表（神奈川県：平成26年分）
農地の区分	耕作権割合
純農地	100分の50
中間農地	
市街地周辺農地	市街地周辺農地及び市街地農地の耕作権の価額は、その農地が転用される場合に通常支払われるべき離作料の額、その農地の付近にある宅地に係る借地権の価額等を参酌して評価しますが、100分の35を乗じて計算した価額により評価しても差し支えありません。
市街地農地	

出典：神奈川県「財産評価基準書（平成26年分）」国税庁ホームページ

(7) 生産緑地の指定を受けているかの判断

生産緑地は、利用制限があるため一定の評価減を行うことができます。

生産緑地とは、市街化区域内の農地で、次に該当する区域について自治体が都市計画に定めたものをいいます（生産緑地法3）。

①良好な生活環境の確保に相当の効果があり、公共施設等の敷地に供する用地として適しているもの

②500㎡以上の面積があるもの

③農林漁業の継続が可能な条件を備えているもの

農林漁業の主たる従事者が死亡等の理由により従事することができなくなった場合、又は生産緑地として告示された日から30年が経過した場合には、市町村長に買取りを申し出ることができます。買取りの申出を行ってから3か月以上の場合は生産緑地でないものとして評価しますが、それ以外の場合はその土地が生産緑地でないものとして評価した価額から、その価額に図5-3-15に掲げる割合を乗じて算出した金額を控除した金額により評価を行います。

原則として、主たる従事者に相続が発生した場合は買取りの申出ができる場合に該当しますので、減額割合は5％となります。

その土地が生産緑地でないものとして評価した価額 ×（1－減額割合）

図5-3-15　生産緑地の減額割合

買取り申出の有無・期間		減額割合
課税時期において市町村長に対し買取りの申出をすることができない場合	課税時期から買取りの申出をすることができることとなる日までの期間	
	5年以下	10%
	5年超10年以下	15%
	10年超15年以下	20%
	15年超20年以下	25%
	20年超25年以下	30%
	25年超30年以下	35%
課税時期において市町村長に対し買取りの申出が行われていた場合、又は買取りの申出をすることができる場合		5%

5. 雑種地の評価

　雑種地とは宅地、田、畑、山林、原野、牧場、池沼及び鉱泉地以外の土地をいいます。駐車場、テニスコート、ゴルフ場、資材置場等が該当します。
　雑種地は貸し付けられている場合も多いので、契約書等を確認し、その雑種地に係る権利について判定する必要があります。

(1) 評価単位

　雑種地は、利用の単位となっている一団の雑種地（同一の目的に供されている雑種地）ごとに評価します。いずれの用途にも供されていない雑種地はその全体を「利用の単位となっている一団の雑種地」として評価します（評基通7-2(7)）。
　ただし、市街化調整区域以外の都市計画区域で市街地的形態を形成する地域において、宅地と状況が類似する雑種地については、その形状、地積の大小、位置等からみて、これらを一団の土地として評価することが合理的であると認められる場合には、一団の土地として評価することとされています。

(2) 雑種地の評価

雑種地は、駐車場等のように宅地に類似するものもあれば、原野や農地に類似するものもあり千差万別です。そこで雑種地の価額は、原則として、その雑種地と状況が類似する付近の土地について財産評価基本通達の定めるところにより評価した1㎡当たりの価額を基とし、その土地とその雑種地との位置、形状等の条件の差を考慮して評定した価額に、その雑種地の地積を乗じて計算した金額によって評価します（評基通82）。

ただし、雑種地でも倍率が定められている地域にある場合には、その雑種地の固定資産税評価額に倍率を乗じて計算した金額によって評価します。

(3) 市街化調整区域内の雑種地の評価

市街化調整区域に存する雑種地を評価する場合に、状況が類似する土地（地目）の判定をするときには、評価対象地の周囲の状況に応じて、図5-3-16により判定することになります。

また、付近の宅地の価額を基として評価する場合（宅地比準）における法的規制等（開発行為の可否、建築制限、位置等）に係る斟酌割合（減価率）は、市街化の影響度と雑種地の利用状況によって個別に判定することになりますが、下図の斟酌割合によっても評価できます。

図5-3-16　市街化調整区域内の雑種地の評価（概要表）

市街化の影響度	周囲（地域）の状況	比準地目	斟酌割合
弱 ↑	① 純農地、純山林、純原野	農地比準、山林比準、原野比準※1	
	② ①と③の地域の中間（周囲の状況により判定）	宅地比準	斟酌割合50%
			斟酌割合30%
↓ 強	③ 店舗等の建築が可能な幹線道路沿いや市街化区域との境界付近※2	宅地価格と同等の取引実態が認められる地域（郊外型店舗が建ち並ぶ地域等）	斟酌割合0%

※1　農地等の価額を基として評価する場合で、評価対象地が資材置場、駐車場等として利用されているときは、その土地の価額は、原則として、財産評価基本通達24-5（農業用施設用

地の評価）に準じて農地等の価額に造成費相当額を加算した価額により評価します（ただし、その価額は宅地の価額を基として評価した価額を上回らないこと）。
※2 ③の地域は、線引き後に沿道サービス施設が建設される可能性のある土地（都計法34九、43②）や、線引き後に日常生活に必要な物品の小売業等の店舗として開発又は建築される可能性のある土地（都計法34一、43②）の存する地域をいいます。
注）都市計画法第34条第11号に規定する区域内については、上記の表によらず、個別に判定します。

出所：国税庁ホームページ

(4) ゴルフ場用地の評価

①市街化区域及びそれに近接する地域にあるゴルフ場用地

そのゴルフ場用地が宅地であるとした場合の100分の60に相当する金額から、そのゴルフ場用地を宅地に造成する場合において通常必要と認められる宅地造成費を控除した金額によって評価します。

$$\text{宅地であるとした場合の1㎡当たりの価額} \times \text{地積} \times 60\% - \text{ゴルフ場用地の1㎡当たりの宅地造成費} \times \text{地積}$$

注）そのゴルフ場用地が宅地であるとした場合の1㎡当たりの価額は、次のとおりです。
1. 路線価地域にある場合には、そのゴルフ場用地の周囲に付されている路線価をそのゴルフ場用地に接する距離によって加重平均した金額によることができます。
2. 倍率地域にある場合には、そのゴルフ場用地の1㎡当たりの固定資産税評価額（固定資産税評価額を土地課税台帳又は土地補充課税台帳に登録された地積で除して求めた額）に、ゴルフ用地ごとに不動産鑑定士等による鑑定評価額、精通者意見価格等を基として国税局長の定める倍率を乗じて計算した金額によることができます。

②上記①以外の地域にあるゴルフ場用地

そのゴルフ場用地の固定資産税評価額に、一定の地域ごとに不動産鑑定士等による鑑定評価額、精通者意見価格等を基として国税局長の定める倍率を乗じて計算した金額によって評価します。

(5) 貸し付けられている雑種地の評価

①原則的な評価

賃借権の目的となっている雑種地は次のように評価します（評基通86）。

$$\text{雑種地の自用地としての価額} - \text{賃借権の価額}^{※}$$

※賃借権の価額

　賃借権の価額は、原則として、その賃貸借契約の内容、利用の状況等を勘案して評定した価額によって評価しますが、次の方法で評価することもできます。

a．地上権に準ずる権利として評価することが相当と認められる賃借権

$$\text{雑種地の自用地としての価額} \times \text{残存期間に応ずる法定地上権割合}^{(注1)}\ (\text{借地権割合が小さい場合は借地権割合})$$

(注1) 地上権に準ずる権利として評価することが相当と認められる賃借権の例としては次のようなものが該当します。
　・賃借権の登記がされているもの
　・設定の対価として権利金その他の一時金の授受のあるもの
　・堅固な構築物の所有を目的とするもの

b．上記のa以外の場合

$$\text{雑種地の自用地としての価額} \times \text{残存期間に応ずる法定地上権割合}^{(注2)} \times \frac{1}{2}$$

（注2）残存期間に応ずる法定地上権割合

残存期間	法定地上権割合	残存期間	法定地上権割合
10年以下	5%	35年超40年以下	60%
10年超15年以下	10%	40年超45年以下	70%
15年超20年以下	20%	45年超50年以下	80%
20年超25年以下	30%	50年超	90%
25年超30年以下	40%	期間の定めのないもの	40%
30年超35年以下	50%		

②評価の例外

　①により評価した賃借権の価額が、1）又は2）の賃借権の区分に従い、それぞれ次に掲げる金額を下回る場合には、その雑種地の自用地としての価額から次に掲げる金額を控除した金額によって評価します。

　1）地上権に準ずる権利として評価することが相当と認められる賃借権

$$\text{雑種地の自用地としての価額} \times \text{賃借権の残存期間に応ずる割合}^{※}$$

2) 上記1)以外の賃借権

$$\text{雑種地の自用地としての価額} \times \text{賃借権の残存期間に応ずる割合}^{※} \times \frac{1}{2}$$

※賃借権の残存期間に応ずる割合

残存期間	賃借権割合
5年以下	5%
5年を超え10年以下	10%
10年を超え15年以下	15%
15年を超えるもの	20%

第4節

家屋及び附属設備の評価

> **ポイント**
> 家屋の評価は相続開始時点での固定資産税評価額を基に評価しますが、増改築や建築中の家屋の評価は異なった方法で評価します。附属設備は、家屋と一体となっている場合は評価しないことに留意します。

【解説】

1. 家屋及び附属設備の状況に応じた評価方法

(1) 家屋の評価

　固定資産課税台帳で家屋に関する情報を取得します。未登記の家屋や増改築の家屋がある場合にも登録されています。また、建物を建築する際、建物図面を作成しますので、原則的にその家屋が登記されていれば法務局で建物図面を確認することができます。土地と同様、評価額に影響を与えますので賃貸借契約書の確認も忘れずに行いましょう。

　家屋は、原則として、1棟の建物を評価単位として、固定資産税評価額に倍率を乗じて計算した価額により評価します。家屋の倍率は1.0となっており、次の算式により計算します（評基通89）。

固定資産税評価額×倍率（1.0）

　未登記物件であっても課税のために固定資産税評価額は固定資産評価証明書等に掲載されています。家屋番号が記入されていませんので家屋番号の有無で判別できます。

不存在物件が掲載されていることもあります。過去に滅失登記や市町村への届出がされていないものと推定されます。登記物件は滅失登記をすれば固定資産課税台帳から削除されますが、未登記物件については市町村の固定資産税課に削除の手続きを申し出なくてはなりません。

(2) 増改築等に係る家屋の評価

増改築等に係る家屋の状況に応じた固定資産税評価額が付されていない家屋については、家屋の固定資産税評価額に、次のいずれかの価額を加算し評価額とします（財産評価基準書（平成26年分）「家屋の固定資産税評価額に乗ずる倍率」）。

① 増改築等部分の価額として、その増改築等に係る家屋と状況の類似した付近の家屋の固定資産税評価額を基として、その家屋との構造や経過年数、用途等の差を考慮した価額

② 状況の類似した付近の家屋がない場合には、その増改築等に係る部分の再建築価額から課税時期までの間における償却費相当額※を控除した価額の100分の70に相当する金額

なお、課税時期から申告期限までの間に、その家屋の課税時期の状況に応じた固定資産税評価額が付された場合には、その固定資産税評価額で評価します。

※償却費相当額は、(4)で後述する「経過年数に応ずる減価の額」の計算と同様です。

(3) 建築中の家屋の評価

建築途中の家屋の場合には、固定資産税の評価額が付されていません。

そこで、建築途中の家屋の価額は、その家屋の課税時期までに投下された費用現価の額を契約書、領収書と建築業者への問い合わせにより確認し、その投下された金額の70％に相当する金額により評価します（評基通91）。

投下された費用現価の額×70％

(4) 文化財建造物の評価

文化財建造物である家屋の価額は、次の算式により計算します（評基通89-2）。

①その家屋に固定資産税評価額が付されている場合

文化財建造物の固定資産税評価額×1.0

②その家屋に固定資産税評価額が付されていない場合

(文化財建造物の再建築価額[※1]－経過年数に応ずる減価の額[※2])×70%

※1 再建築価額…課税時期においてその財産を新たに建築又は設備するために要する費用の合計額をいいます。

※2 経過年数に応ずる減価の額…再建築価額から当該価額に0.1を乗じて計算した金額を控除した価額に、その文化財建造物の残存年数(建築の時から朽廃の時までの期間に相当する年数)のうちに占める経過年数(建築の時から課税時期までの期間に相当する年数(その期間に1年未満の端数があるときは、その端数は1年とする))の割合を乗じて計算します。

(5) 附属設備等の評価

附属設備等は、次の区分に従い評価します(評基通92)。

①家屋と構造上一体となっている設備

家屋の所有者が有する電気設備(ネオンサイン、投光器、スポットライト、電話機、電話交換機及びタイムレコーダー等を除く)、ガス設備、衛生設備、給排水設備、温湿度調整設備、消火設備、避雷針設備、昇降設備、じんかい処理設備等で、その家屋に取り付けられ、その家屋と構造上一体となっているものについては、その家屋の価額に含めて評価します。

②門、塀等の設備

門、塀、外井戸、屋外じんかい処理設備等の附属設備の価額は、次の算式により計算します。

(その附属設備の再建築価額－経過年数による定率法の償却額)×70%

③庭園設備

庭園設備(庭木、庭石、あずまや、庭池等)の価額は、次の算式により計算します。

その庭園設備の調達価額※×70%

※調達価額…課税時期においてその財産を、その財産の現況により取得する場合の価額をいいます。

(6) 貸家の評価

借家権の目的となっている家屋の価額は、次の算式により計算します。

家屋の評価額×(1－借家権割合×賃貸割合※)

※賃貸割合は次の算式で計算します。

$$\frac{(A)のうち課税時期の賃貸独立部分の床面積の合計}{家屋の各独立部分の床面積の合計(A)}$$

(7) 構築物の評価

構築物(土地又は家屋と一括して評価するものを除く)の価額は、原則として、1個の構築物を評価単位とし、次の算式により計算します。

(構築物の再建築価額－経過年数による定率法の償却額)×70%

第6章 取引相場のない株式の評価

第1節

株式の評価方法

> **ポイント**
> 上場株式は原則、時価で評価しますが、取引相場のない株式については株式の取得者ごとに評価方法が異なります。同族会社においては、同族株主等は原則的評価方法により、それ以外の人は特例的評価方法により評価します。

【解説】

1. 取引相場の有無で大きく3つに分類される

　一口に株式といっても、株式を発行している会社には、規模の巨大な上場企業から家族経営の零細企業まで様々な業種・業態があります。上場株式には証券取引所における時価がありますが、非上場株式等の「時価」を算定するのは非常に困難です。そこで国税庁では、相続税法上の「時価」を算定する基準として財産評価基本通達を定めており、その評価通達により、株式は様々な点から、次のように細かく分類されています（評基通168）。

【株式の分類】

分類	内容
上場株式	証券取引所に上場されている株式
気配相場等のある株式	**登録銘柄**：日本証券業協会の内規によって「登録銘柄」として登録されている株式 **店頭管理銘柄**：日本証券業協会の内規によって「店頭管理銘柄」として指定されている株式 **公開途上にある株式**：株式の公開が公表された日から、公開の日の前日までにおけるその株式
取引相場のない株式	上記以外の株式

2. それぞれの分類で評価方法が違う

　前項のように分類された株式は、下表のとおり、それぞれ異なる評価方法によって評価します（評基通169、174、179）。

【株式の評価方法】

分　類	評価方法
上場株式	次のうち最も低い価額 ・課税時期（相続や贈与で株式を取得した日）の最終価格 ・課税時期の属する月の毎日の最終価格の平均額 ・課税時期の属する月の前月の毎日の最終価格の平均額 ・課税時期の属する月の前々月の毎日の最終価格の平均額
気配相場等のある株式	次のうち最も低い価額 ・課税時期の取引価格 ・課税時期の属する月の毎日の取引価格の平均額 ・課税時期の属する月の前月の毎日の取引価格の平均額 ・課税時期の属する月の前々月の毎日の取引価格の平均額
	「公開途上にある株式」には、特別の評価方法が定められています。
取引相場のない株式	次のいずれかの方法で計算した額 ・類似業種比準方式 ・純資産価額方式 ・類似業種比準方式と純資産価額方式の併用方式 ・配当還元方式

3. 株主の分類によって評価方法は異なる

　財産評価基本通達によると、同じ取引相場のない株式でもその株式を取得する人によって、原則的評価方法（類似業種比準方式など）で評価する株主と、特例的評価方法（配当還元方式）で評価する株主とに区分されます。評価の方法は、その会社に「同族株主」がいるかどうかによっても異なりますのでご注意ください。株主の分類と評価方式は、**図6-1-1**のとおりです。
　分かりやすくフローチャートで示しますと、株主の態様ごとに、**図6-1-2**のような評価方式となります。

第6章 取引相場のない株式の評価

図6-1-1　株主の態様別評価方法

株主の態様					評価方法
同族株主のいる会社	同族株主グループ	取得後の持株割合5％以上			原則的評価方法
		取得後の持株割合5％未満	中心的な同族株主がいない		
			中心的な同族株主がいる	中心的な同族株主	
				役員である株主又は役員になる株主	
				その他	特例的評価方法
	同族株主以外の株主				特例的評価方法
同族株主のいない会社	持株割合の合計が15％以上のグループに属する株主	取得後の持株割合5％以上			原則的評価方法
		取得後の持株割合5％未満	中心的な株主がいない		
			中心的な株主がいる	役員である株主又は役員になる株主	
				その他	特例的評価方法
	持株割合の合計が15％未満のグループに属する株主				特例的評価方法

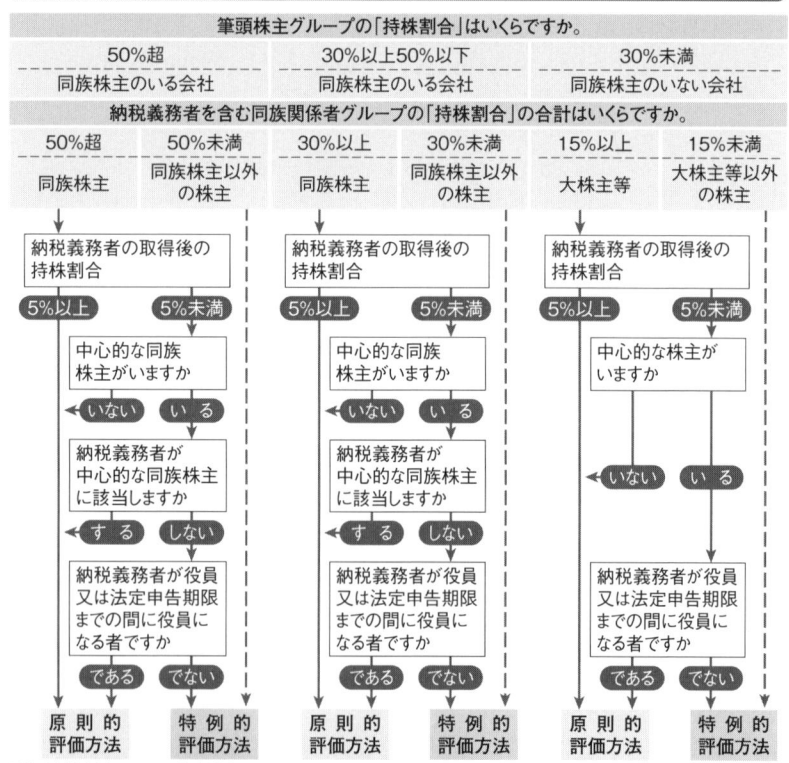

注）持株割合とは、議決権総数に対する割合をいいます。

出典：坪多晶子著『平成25年9月改訂　成功する事業承継Q&A』清文社、2013年

図6-1-2　株主の態様別評価方法の判定のフローチャート

筆頭株主グループの「持株割合」はいくらですか。

50％超	30％以上50％以下	30％未満
同族株主のいる会社	同族株主のいる会社	同族株主のいない会社

納税義務者を含む同族関係者グループの「持株割合」の合計はいくらですか。

50％超	50％未満	30％以上	30％未満	15％以上	15％未満
同族株主	同族株主以外の株主	同族株主	同族株主以外の株主	大株主等	大株主等以外の株主

【50％超／同族株主】
納税義務者の取得後の持株割合
- 5％以上 → 原則的評価方法
- 5％未満 → 中心的な同族株主がいますか
  - いない → 原則的評価方法
  - いる → 納税義務者が中心的な同族株主に該当しますか
    - する → 原則的評価方法
    - しない → 納税義務者が役員又は法定申告期限までの間に役員になる者ですか
      - である → 原則的評価方法
      - でない → 特例的評価方法

【30％以上／同族株主】
納税義務者の取得後の持株割合
- 5％以上 → 原則的評価方法
- 5％未満 → 中心的な同族株主がいますか
  - いない → 原則的評価方法
  - いる → 納税義務者が中心的な同族株主に該当しますか
    - する → 原則的評価方法
    - しない → 納税義務者が役員又は法定申告期限までの間に役員になる者ですか
      - である → 原則的評価方法
      - でない → 特例的評価方法

【15％以上／大株主等】
納税義務者の取得後の持株割合
- 5％以上 → 原則的評価方法
- 5％未満 → 中心的な株主がいますか
  - いない → 原則的評価方法
  - いる → 納税義務者が役員又は法定申告期限までの間に役員になる者ですか
    - である → 原則的評価方法
    - でない → 特例的評価方法

注）持株割合とは、議決権総数に対する割合をいいます。

出典：坪多晶子著『平成25年9月改訂　成功する事業承継Q&A』清文社、2013年

4. 原則的評価方法と特例的評価方法

　以上のとおり、取引相場のない株式を評価する場合には、その株式を取得した株主の発行会社に対する支配力の強弱によって評価方法が異なります。原則として、同族株主等が取得した株式については原則的評価方法により評価し、同族株主等以外の者が取得した株式については特例的評価方法である配当還元方式により評価することとされています。

　原則的評価方法とは、その株式の発行会社の会社規模の大小に応じ、①類似業種比準方式、②純資産価額方式、③これら２方式の併用方式により評価する方式、となっています（評基通179）。

　これに対して、配当還元方式とは、その株主が、発行会社から受け取る配当金の額に基づいて評価する方式となっています（評基通188-2）。

　このように、取引相場のない株式評価は非常に複雑です。

第2節

株主の判定方法

> **ポイント** 株主の判定は原則として移動後の割合によりますが、株主がどの分類に区分されるかは持株割合によって異なりますので判定は複雑です。なお、同族関係については持株割合や親族関係で判定することになります。

【解説】

1. 株主は原則として移動後の割合で判定

株主の持株状況を判定するのは、原則として株式の移動後の状態です。相続、贈与があった場合には、いずれもその後の状態において株主の持株状況を判定しなければなりません。しかし、株式の発行法人にとって「中心的な同族株主」に該当する個人が法人に対して著しく低い価額で譲渡する場合などは、移動前で判定しますので注意が必要です。

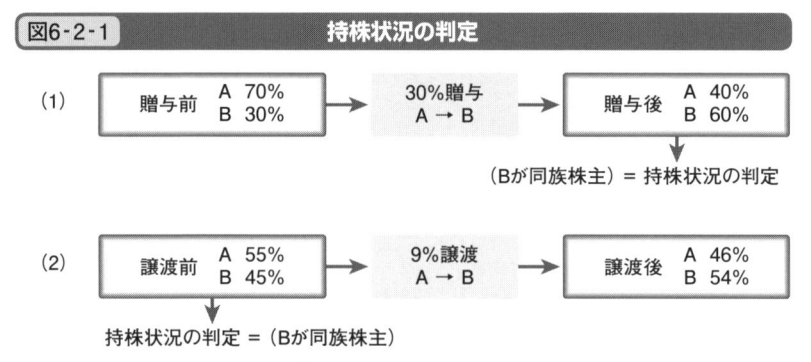

図6-2-1　持株状況の判定

(1) 贈与前 A 70% / B 30% → 30%贈与 A→B → 贈与後 A 40% / B 60%
（Bが同族株主）＝持株状況の判定

(2) 譲渡前 A 55% / B 45% → 9%譲渡 A→B → 譲渡後 A 46% / B 54%
持株状況の判定＝（Bが同族株主）

出典：坪多晶子著『平成25年9月改訂　成功する事業承継Q&A』清文社、2013年

2. 株主の判定は複雑である

「同族株主」「中心的な同族株主」「中心的な株主」及び「役員」の区分は次のとおりです。判定は非常に複雑ですので、間違いのないよう慎重に行ってください（評基通188）。

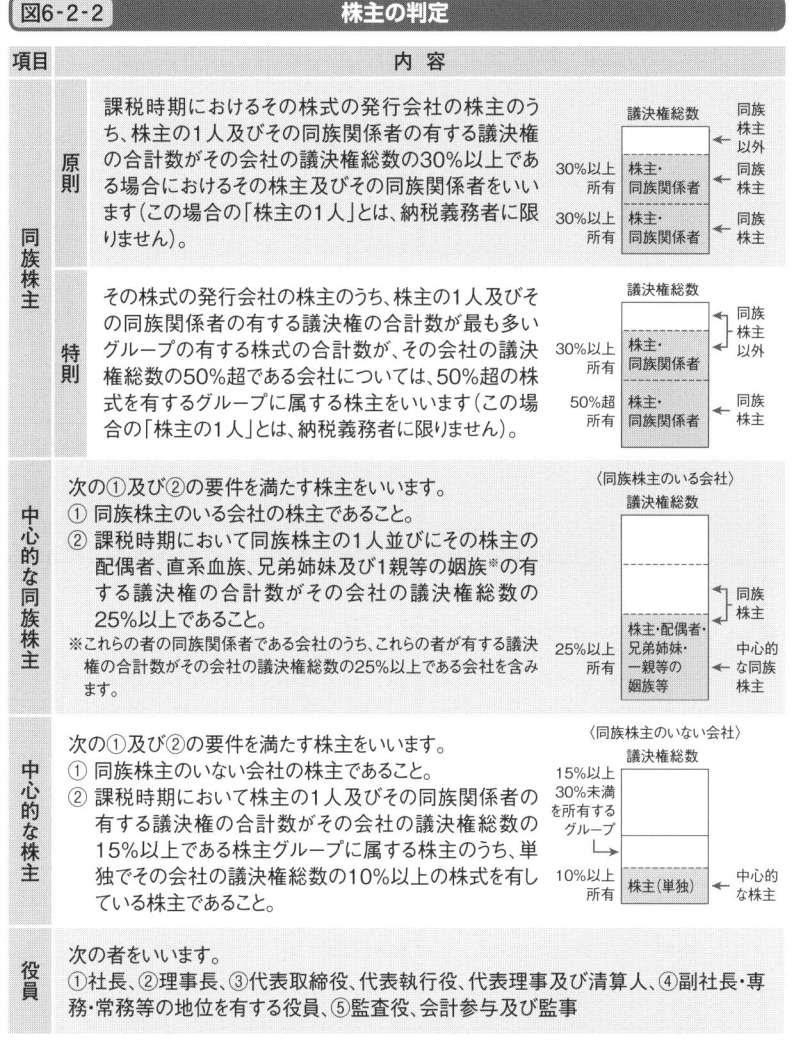

図6-2-2　株主の判定

項目		内容
同族株主	原則	課税時期におけるその株式の発行会社の株主のうち、株主の1人及びその同族関係者の有する議決権の合計数がその会社の議決権総数の30％以上である場合におけるその株主及びその同族関係者をいいます（この場合の「株主の1人」とは、納税義務者に限りません）。
	特則	その株式の発行会社の株主のうち、株主の1人及びその同族関係者の有する議決権の合計数が最も多いグループの有する株式の合計数が、その会社の議決権総数の50％超である会社については、50％超の株式を有するグループに属する株主をいいます（この場合の「株主の1人」とは、納税義務者に限りません）。
中心的な同族株主		次の①及び②の要件を満たす株主をいいます。 ① 同族株主のいる会社の株主であること。 ② 課税時期において同族株主の1人並びにその株主の配偶者、直系血族、兄弟姉妹及び1親等の姻族※の有する議決権の合計数がその会社の議決権総数の25％以上であること。 ※これらの者の同族関係者である会社のうち、これらの者が有する議決権の合計数がその会社の議決権総数の25％以上である会社を含みます。
中心的な株主		次の①及び②の要件を満たす株主をいいます。 ① 同族株主のいない会社の株主であること。 ② 課税時期において株主の1人及びその同族関係者の有する議決権の合計数がその会社の議決権総数の15％以上である株主グループに属する株主のうち、単独でその会社の議決権総数の10％以上の株式を有している株主であること。
役員		次の者をいいます。 ①社長、②理事長、③代表取締役、代表執行役、代表理事及び清算人、④副社長・専務・常務等の地位を有する役員、⑤監査役、会計参与及び監事

出典：坪多晶子著『平成25年9月改訂　成功する事業承継Q&A』清文社、2013年

3.「同族関係者」の判定

「同族関係者」は次のようにして判定します（評基通188）。詳細に区分されていますので、要件をしっかり確認し、注意して判定してください。

図6-2-3　同族関係者の判定

区分	内　容
個人たる同族関係者	① 株主等の親族（親族とは、配偶者、6親等内の血族及び3親等内の姻族をいう） ② 株主等とまだ婚姻の届出をしないが事実上婚姻関係と同様の事情にある者 ③ 個人である株主等の使用人 ④ 上記に掲げる者以外の者で個人である株主等から受ける金銭その他の資産によって生計を維持している者 ⑤ 上記②、③及び④に掲げる者と生計を一にするこれらの者の親族
法人たる同族関係者（支配している会社）	① 株主等の1人が有する他の会社の発行済株式等の総数の50％超を保有している会社 ② 株主等の1人が有する他の会社の議決権の総数が、当該他の会社の議決権の総数の50％超に相当する場合の当該他の会社 　● この場合、同族関係会社であるかどうかの判定の基準となる株主等が個人の場合は、その者の上記の同族関係者の有する株式を合算します（次の③及び④において同じ）。 ［株主等・個人たる同族関係者］ →議決権※の総数等の50％超所有→ 〈他の会社〉 ③ 株主等の1人及びこれと特殊の関係にある①の会社が有する他の会社の議決権の総数が、当該他の会社の議決権の総数の50％超に相当する場合の当該他の会社 ● 株主等・個人たる同族関係者 ● ①の会社 →議決権※の総数等の50％超所有→ 〈他の会社〉 ④ 株主等の1人及びこれと特殊の関係にある①及び②の会社が有する他の会社の議決権の総数が、当該他の会社の議決権の総数の50％超に相当する場合の当該他の会社 ● 株主等・個人たる同族関係者 ● ①の会社 ● ②の会社 →議決権※の総数等の50％超所有→ 〈他の会社〉 ⑤ 上記①～③までの場合に、同一の個人又は同族関係者である2以上の会社が判定しようとする会社の株主等である場合には、その同族関係者である2以上の会社は、相互に同族関係者であるものとみなします。

※議決権とは次のいずれかをいう。
　　イ　事業の解散、合併等　　ロ　役員の選解任等　　ハ　役員の報酬等　　ニ　余剰金の配当等
　　　　　　出典：坪多晶子著『平成25年9月改訂　成功する事業承継Q&A』清文社、2013年

4. 親族図で判定する

分かりやすく親族図で判定すると、図6-2-4の範囲の人（6親等内の血族及び3親等内の姻族〈一部省略〉）が株主Xの同族関係者となります。誰を主体にするかによって親族かどうかの判定は異なりますので、必ず納税者ごとに判定してください。

図6-2-4 中心的な同族株主判定の基礎となる同族株主の範囲（アミかけ部分）

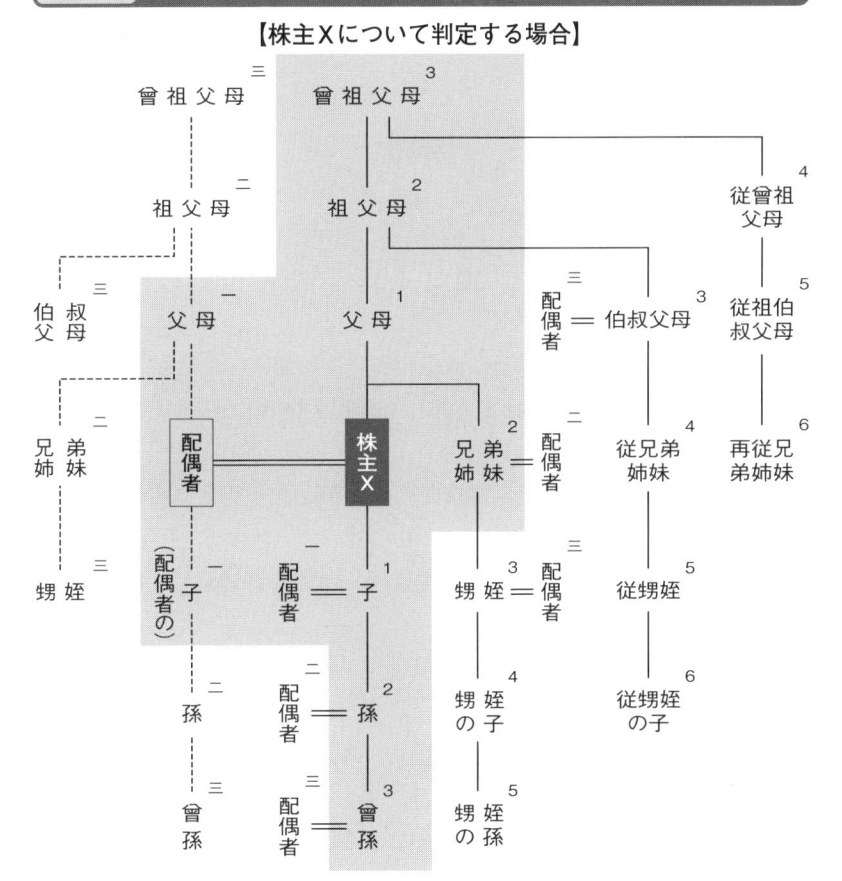

【株主Xについて判定する場合】

注）1　肩書数字は親等を、うち算用数字は血族、漢数字は姻族を示しています。
　　2　養親族関係…養子と養親及びその血族との間においては、養子縁組の日から血族間におけると同一の親族関係が生じます。
　　　　出典：坪多晶子著『平成25年9月改訂　成功する事業承継Q&A』清文社、2013年

第3節

取引相場のない株式の評価は会社の規模の判定から

> **ポイント** 取引相場のない株式を評価するには、まず評価会社の会社規模を判定しなければなりません。業種ごとに、会社の従業員数や純資産価額、取引金額等によって会社を区分して評価することになります。

【解説】

1. 会社の規模によって異なる評価方法

　本章第1節で前述したように、「取引相場のない株式」の発行会社といっても多種多様です。会社の規模が全く異なる株式を1つの方法で評価するのは問題があります。

　そこで財産評価基本通達では、評価会社を従業員数、総資産価額（帳簿価額）、取引金額（売上高）等によって大会社・中会社（大・中・小）・小会社に分類し、それぞれについて異なる方法で取引相場のない株式を評価することとされています（評基通178）。

2. 「従業員数」による区分

　まず、会社の大きさを従業員数で区分します。なぜなら、従業員数は恣意的に増加させたり減少させたりすることができないからです。

　例えば、従業員数が100人以上なら、他の基準で判断するまでもなく無条件で大会社になります。従業員数はこのように重要な要素となりますので、カウントするに当たっては、次のような点に注意してください。

従業員数 ＝ 直前期末以前1年間の継続勤務従業員の数 ＋ 継続勤務従業員以外の従業員の直前期末以前1年間の労働時間の合計時間数 / 1,800時間

① 例えば、この算式で求めた従業員数が5.1人となる場合の従業員数の判定は、「5人超」に、4.9人となる場合は「5人以下」に該当します。
② 「継続勤務従業員」とは、直前期末以前1年間、継続勤務していた従業員をいいます。ただし、就業規則等で定められた1週間当たりの労働時間が30時間未満の者は除きます。
③ 「中途入社した者」「中途退職した者」「パート」「アルバイト」については、直前期末以前1年間の労働時間の合計時間を合計します。
④ 「1,800時間」とは厚生労働省の統計による従業員1人当たりの年間平均労働時間です。

3.「総資産価額」及び「取引金額」による区分

　判断基準になる「総資産価額」とは帳簿価額ですから、土地や株式に係る含み損も含み益も評価替えしないままの、課税時期の直前に終了した事業年度の末日（直前期末）における評価会社の各資産の帳簿価額の合計額によります。なお、評価会社が固定資産の償却費額の計算を間接法によって行っているときは、その帳簿価額の合計から減価償却累計を控除して計算します（評基通178(1)）。

　「取引金額」は、直前期の損益計算書に表示されている事業上の収入金額（売上高）によります。この場合の事業上の収入金額とは、評価会社の目的とする事業に係る収入金額をいい、営業外収入や特別利益は含みません。

　なお、直前期の事業年度が1年未満であるときには、課税時期の直前期末以前1年間の実際の収入金額によることとなります。また、実際の収入金額を明確に区分することが困難な期間がある場合は、その期間の収入金額を月数あん分して求めた金額によっても差し支えありません（評基通178(3)）。

4. 会社の規模による区分

　評価会社が大会社か、中会社か、又は小会社に該当するかは、前項1〜3で説明したように「従業員数」「総資産価額」及び「取引金額」を判定基準とし、その営む業種の別により定められています。

　大会社・中会社・小会社の分類の判定方法を図6-3-1にまとめました。取引相場のない株式を評価する際には、まず、この表でしっかり会社規模の判定をすることから始めてください。

図6-3-1　会社規模の判定方法

会社規模		従業員数	総資産価額（帳簿価額）			取引金額		
			卸売業	小売・サービス業	左記以外	卸売業	小売・サービス業	左記以外
大会社		100人以上						
		50人超100人未満	20億円以上	10億円以上		80億円以上	20億円以上	
中会社	大	50人超100人未満	14億円以上	7億円以上		50億円以上	12億円以上	14億円以上
	中	30人超50人以下	7億円以上	4億円以上		25億円以上	6億円以上	7億円以上
	小	5人超30人以下	7,000万円以上	4,000万円以上	5,000万円以上	2億円以上	6,000万円以上	8,000万円以上
小会社		5人以下	7,000万円未満	4,000万円未満	5,000万円未満	2億円未満	6,000万円未満	8,000万円未満

第1次判定　①どちらか下の区分

↓

第2次判定　②どちらか上の区分

出典：坪多晶子著『平成25年9月改訂　成功する事業承継Q&A』清文社、2013年

第4節

会社の区分により異なる評価方法

> **ポイント**
> 同族株主等が取得した株式については、原則的評価方法により評価します。原則として、大会社の株式は類似業種比準方式、中会社の株式は類似業種比準方式と純資産価額方式との併用方式、小会社の株式は純資産価額方式によって評価します。

【解説】

1. 会社の区分による原則的評価方法

　取引相場のない株式の評価をする場合、原則として、同族株主等が取得した株式については原則的評価方法により評価します。原則的評価方法とは、本章第3節で説明した会社規模に応じ、その株式の発行会社を図6-4-1の区分により評価する方法をいいます。

　財産評価基本通達では、会社の区分に応じて、図6-4-1のとおり評価することとされています（評基通179）。

　以下で、それぞれの会社区分における評価方法について説明します。

2. 大会社の場合

　大会社は、事業規模が上場会社に準ずるものであるとして、評価会社の事業内容が類似する上場会社の株価に比準して、評価額を求める方式により評価することとされています。この評価方法を「類似業種比準方式」といいます。

　ただし、「類似業種比準方式」によって計算した金額（類似業種比準価額）が純資産価額を上回ることもあるため、納税義務者の選択により、「純資産価

図6-4-1　会社規模ごとの評価方式一覧

区分			評価方式
一般の評価会社の株式	原則的評価方法	大会社	●類似業種比準方式 ●純資産価額方式　　　いずれか低い方
		中会社　大 L=0.9	類似業種比準価額[※1] × L ＋ 純資産価額[※2] × (1 − L)
		中会社　中 L=0.75	類似業種比準価額[※1] × L ＋ 純資産価額[※2] × (1 − L)
		中会社　小 L=0.6	類似業種比準価額[※1] × L ＋ 純資産価額[※2] × (1 − L)
		小会社	●純資産価額方式[※2] ●併用方式： 　類似業種比準価額[※1] × 0.5 ＋ 純資産価額[※2] × 0.5 注) いずれか低い方
	特例的評価方法		配当還元方式（原則的評価方法も選択可）[※3]

[※1] 類似業種比準価額よりも純資産価額（20％の減額をしない金額）が低ければ、純資産価額によります。
[※2] 持株割合（議決権の割合）が50％以下の株主グループの場合は、純資産価額の80％とします。
[※3] 配当還元価額よりも原則的評価方法による評価額の方が低ければ、原則的評価方法によります。

出典：坪多晶子著『平成25年9月改訂　成功する事業承継Q&A』清文社、2013年

額方式」によって計算した金額（課税時期における相続税評価額によって計算した1株当たりの純資産価額）によって評価することもできるとされています（評基通179(1)）。

①類似業種比準価額

↑

（納税義務者の選択により、どちらでもよい）

↓

②1株当たりの純資産価額（相続税評価額：80％評価不可）

3. 中会社の場合

(1) 中会社の株式の評価方法

　中会社は、大会社と小会社の中間的な規模の会社なので、大会社の規模に近いものから、小会社の規模に近いものまで多種多様です。そこで、中会社の株式の評価は原則として、大会社の株式を評価する場合の「類似業種比準方式」

と小会社の株式を評価する場合の「純資産価額方式」との併用方式によることとされています。この併用方式は、それぞれの方式により評価した価額にそれぞれ一定の割合（以下「Ｌの割合」）を加味して評価額を求める方法です（評基通179(2)）。

(2)「類似業種比準方式」と「純資産価額方式」との併用方式

類似業種比準方式と純資産価額方式との併用方式は、類似業種比準価額と課税時期における1株当たりの純資産価額（相続税評価額によって計算した金額）を基に、1株当たりの価額を求める方式です。

具体的には、次の算式によって計算します。

$$類似業種比準価額 \times L + \frac{1株当たりの純資産価額^{※}}{(相続税評価額による)} \times (1-L) = 評価額$$

※上記算式の「1株当たりの純資産価額」については、株式の取得者とその同族関係者の有する株式の合計数が特定の評価会社の議決権総数の50％以下である場合は、1株当たりの純資産価額の80％相当額とします。

ただし、納税義務者の選択によって、算式中の類似業種比準価額に代えて評価会社の株式1株当たりの純資産価額（相続税評価額によって計算した金額）により計算したときは、その計算した金額によって評価することができます。

(3) Ｌの割合

中会社は会社の規模により、さらに大・中・小に区分され、それぞれＬの割合が下表のように異なります。総資産価額や従業員数が多いほど、取引金額（売上高）が大きいほど、つまり大会社に近いほど、Ｌの割合は高くなり類似業種比準価額の占める割合が大きくなり、小会社に近いほど純資産価額の占める割合が大きくなります。

【中会社のＬの割合】

中会社	大	0.9
	中	0.75
	小	0.6

4. 小会社の場合

　小会社は、一般的には個人事業と変わらない規模であり、株主構成は特定の同族で占められているケースがほとんどです。このような小会社の株式の評価方法は、その実態に着目し、個人事業財産の評価のバランスも考慮して、純資産価額方式によって課税時期における1株当たりの純資産価額（相続税評価額を基として計算した金額）で評価することとされています。

　ただし、個人事業に類似する小会社といっても会社である以上、財産価値にウエートを置きつつ収益性の要素を反映させるため、納税義務者の選択により、Lの割合を0.5とした類似業種比準方式と純資産価額方式との併用方式によっても評価することができます（評基通179(3)）。

①1株当たりの純資産価額（相続税評価額：80％評価可）

⬆

（納税義務者の選択により、どちらでもよい）

⬇

②類似業種比準価額×0.5＋1株当たりの純資産価額×（1－0.5）
　　　　　　　　　（相続税評価額：80％評価可）

第5節

類似業種比準方式の計算方法

> **ポイント**
> 類似業種比準方式は、評価会社の類似業種を選び、上場会社のその業種の株価、1株当たりの配当金額、利益金額及び純資産価額を基とし、評価会社のそれらの金額を比準要素として、株式の価額を評価する方法です。

【解説】

1. 類似業種比準方式の計算方法

　類似業種比準方式は、上場会社の事業内容を基として定められている類似業種比準価額計算上の業種目のうち、評価会社の事業内容と類似するもの（類似業種）を選び、その類似業種の株価、1株当たりの「配当金額」「利益金額」及び「純資産価額（帳簿価額によって計算した金額）」を基とし、評価会社の1株当たりの「配当金額」「利益金額」及び「純資産価額」を比準要素として、株式の価額を評価する方法です（評基通180）。

　図6-5-1の算式から分かるように、「利益金額」の比重が大きくなっています。ゆえに、純資産が少額であっても、利益金額が高い会社は株価が高くなり、純資産が豊富なのに利益金額の少ない会社は、資産規模の割には株価が低くなります。

図6-5-1　類似業種比準方式の計算方法

＊「1株当たり」の値を計算する場合、分母となる「発行済株式総数」は実際の発行株式数ではなく、(資本金額÷50円)で計算した株式数によりますので、ご注意ください。

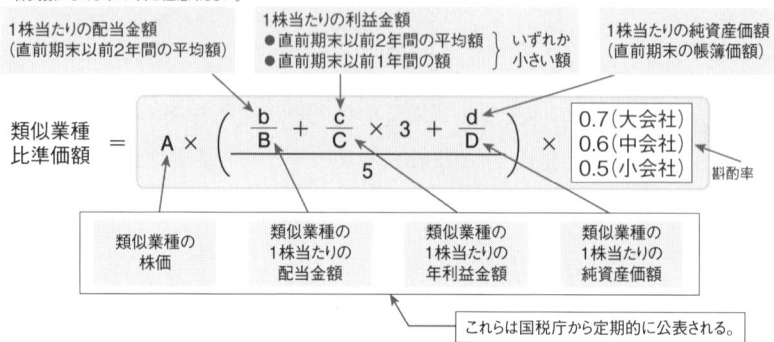

$$\text{類似業種比準価額} = A \times \frac{\dfrac{b}{B} + \dfrac{c}{C} \times 3 + \dfrac{d}{D}}{5} \times \begin{cases} 0.7\,(大会社) \\ 0.6\,(中会社) \\ 0.5\,(小会社) \end{cases}$$

- A：類似業種の株価
- B：類似業種の1株当たりの配当金額
- C：類似業種の1株当たりの年利益金額
- D：類似業種の1株当たりの純資産価額
- b：1株当たりの配当金額（直前期末以前2年間の平均額）
- c：1株当たりの利益金額（●直前期末以前2年間の平均額／●直前期末以前1年間の額　いずれか小さい額）
- d：1株当たりの純資産価額（直前期末の帳簿価額）

これら（A・B・C・D）は国税庁から定期的に公表される。

出典：坪多晶子著『平成25年9月改訂　成功する事業承継Q&A』清文社、2013年

2. 類似業種比準価額の具体的な算定方法

「類似業種比準価額」の具体的な計算方法を事例で説明します。国税庁が公表する『類似業種比準価額計算上の業種目及び業種目別株価等（平成27年分）』では、次のように表示されています。

図6-5-2　類似業種比準価額計算上の業種目及び業種目別株価等（平成27年分）―部抜粋

業種目　大分類／中分類／小分類	番号	B 配当金額	C 利益金額	D 簿価純資産価額	A(株価) 平成26年平均	26年11月分	12月分	27年1月分	2月分
卸売業	70	3.7	21	220	199	215	219	219	226
繊維・衣服等卸売業	72	4.7	16	233	192	205	203	203	214
飲食料品卸売業	73	3.4	18	265	193	203	213	217	218
建築材料、鉱物・金属材料等卸売業	76	3.5	22	226	211	234	233	225	231
化学製品卸売業	77	6.0	28	290	282	278	283	281	287
その他の建築材料、鉱物・金属材料等卸売業	78	2.8	20	209	192	223	219	210	216
機械器具卸売業	79	3.6	24	218	206	219	228	233	244
その他の卸売業	83	3.5	20	207	177	194	193	189	188

出所：国税庁ホームページ

仮に評価会社の比準要素が以下の内容だとすると、類似業種比準価額は次のように計算します。

> **設例** 類似業種比準価額の計算
>
> 1. 機械器具卸売業（大会社）
> 2. b=8.4円、c=196円、d=1,623円
> 3. 既発行株式の発行価額　50円/株
>
> $$206^※ \times \left(\frac{\frac{8.4}{3.6} + \frac{196}{24} \times 3 + \frac{1623}{218}}{5} \right) \times 0.7（大会社） = 987.7円$$
>
> ※A（株価）のうち最も小さい値（前年・直近3か月）
>
> 計算の結果、1株50円当たりの評価が987.7円になり、株価が発行価額の約19.7倍に上昇していることになります。

第6節

類似業種の業種判定

ポイント 類似業種比準方式で評価する場合、どの業種に類似するかの判定が重要です。まず小分類で判断、次に中分類で判断というように判定します。なお、複数の事業を行っている場合には、取引金額の総取引金額に対する割合が50％を超える業種を選択します。

【解説】

1. 業種目の判定

　評価会社が、国税庁の区分による業種目のどれに該当するかは、まず評価会社の事業が小分類に記載されたどの業種目に該当するかで判断し、該当する業種目がない場合は中分類に記載されたどの業種目に該当するかで判断します。この業種目は日本標準産業分類によります（評基通181）。

　複数の業種目に当たっている場合は、取引金額の総取引金額に対する割合が50％を超える業種目を選択します。複数の業種目に該当していて取引金額が50％を超える業種目がない場合は、財産評価基本通達によって、以下のように判定方法が定められています（評基通181-2）。

2. 複数の類似する小分類に属する場合

　評価会社の業種目が1つの中分類の業種目中、2以上の類似する小分類の業種目に属し、それらの業種目別の割合の合計が50％を超える場合
　　⇒その中分類の中にある類似する小分類の「その他の○○業」

図6-6-1　複数の類似する小分類に属する場合の例示

評価会社の業種目と業種目別の割合

業種目	業種目別の割合
有機化学工業製品製造業	45%
医薬品製造業	30%
不動産賃貸業・管理業	25%

(45% + 30%) > 50%

評価会社の事業が該当する業種目 → その他の化学工業

類似業種比準価額計算上の業種目

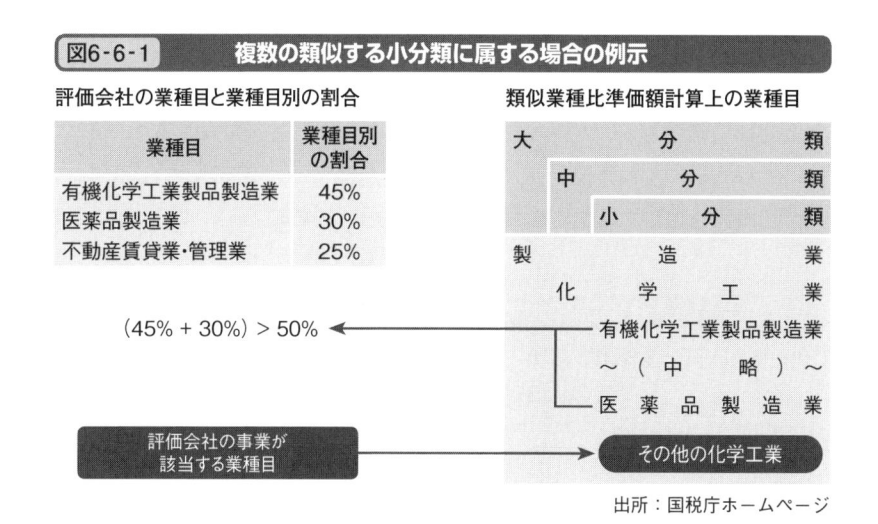

```
大        分        類
  中      分        類
    小    分        類
製        造        業
  化      学   工   業
    ┌ 有機化学工業製品製造業
    │ ～ ( 中   略 ) ～
    └ 医 薬 品 製 造 業
```

出所：国税庁ホームページ

3. 複数の類似しない小分類に属する場合

評価会社の業種目が1つの中分類の業種目中の2以上の類似しない小分類の業種目に属し、それらの業種目別の割合の合計が50%を超える場合（上記2の場合を除く）

⇒その中分類の業種目

図6-6-2　複数の類似しない小分類に属する場合の例示

評価会社の業種目と業種目別の割合

業種目	業種目別の割合
ソフトウェア業	45%
情報処理・提供サービス業	35%
娯楽業	20%

(45% + 35%) > 50%

評価会社の事業が該当する業種目 → 情報サービス業

類似業種比準価額計算上の業種目

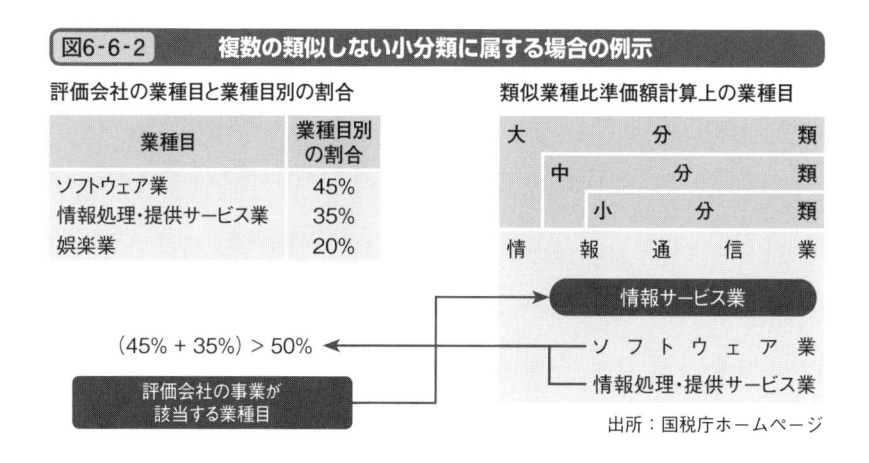

```
大        分        類
  中      分        類
    小    分        類
情      報   通   信   業
    ┌ 情報サービス業
    ├ ソ フ ト ウ ェ ア 業
    └ 情報処理・提供サービス業
```

出所：国税庁ホームページ

4. 複数の類似する中分類に属する場合

評価会社の業種目が1つの大分類の業種目中の2以上の類似する中分類の業種目に属し、それらの業種目別の割合の合計が50%を超える場合
⇒その大分類の中にある類似する中分類の「その他の○○業」

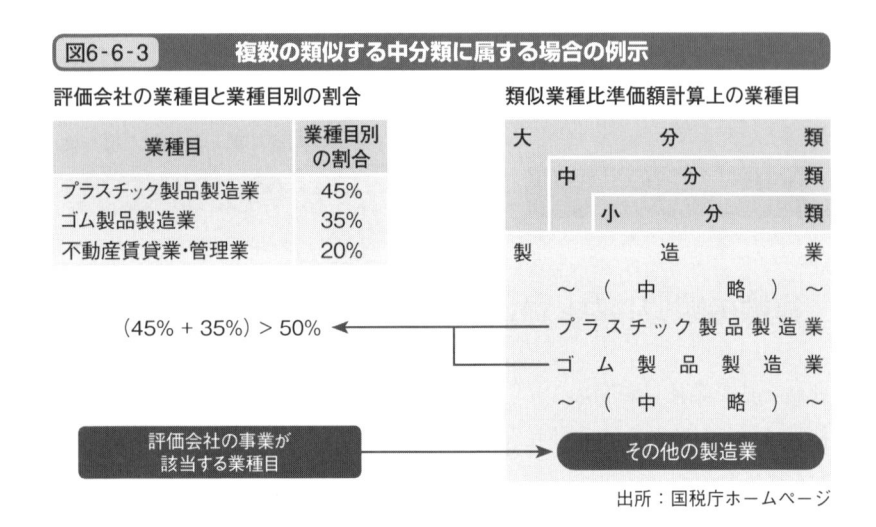

図6-6-3　複数の類似する中分類に属する場合の例示

評価会社の業種目と業種目別の割合

業種目	業種目別の割合
プラスチック製品製造業	45%
ゴム製品製造業	35%
不動産賃貸業・管理業	20%

（45% + 35%）> 50%

類似業種比準価額計算上の業種目

大 分 類
　中 分 類
　　小 分 類
製　　　造　　　業
〜（中略）〜
　プラスチック製品製造業
　ゴム製品製造業
〜（中略）〜

評価会社の事業が該当する業種目 → その他の製造業

出所：国税庁ホームページ

5. 複数の類似しない中分類に属する場合

評価会社の業種目が1つの大分類の業種目中の2以上の類似しない中分類の業種目に属し、それらの業種目別の割合の合計が50%を超える場合（上記4の場合を除く）
⇒その大分類の業種目

図6-6-4　複数の類似しない中分類に属する場合の例示

評価会社の業種目と業種目別の割合

業種目	業種目別の割合
専門サービス業	45%
広告業	35%
物品賃貸業	20%

（45% + 35%）> 50%

評価会社の事業が該当する業種目

類似業種比準価額計算上の業種目

大分類 / 中分類 / 小分類

専門・技術サービス業
├ 専門サービス業
└ 広告業

出所：国税庁ホームページ

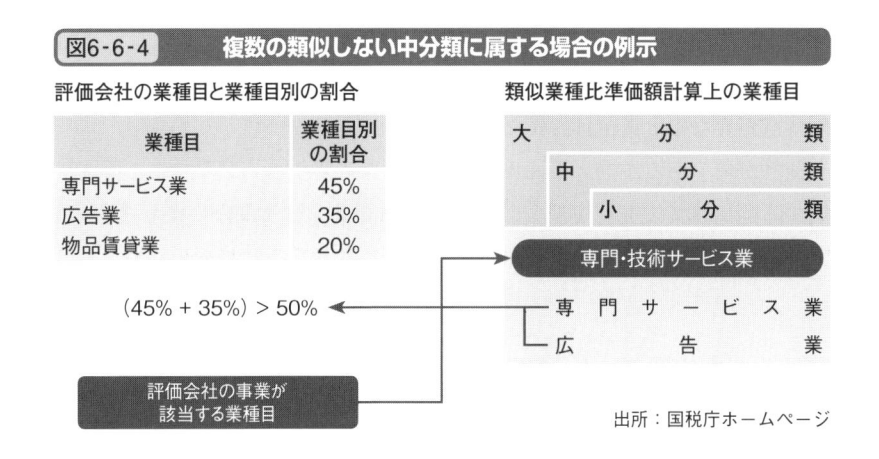

6. 2～5のいずれにも該当しない場合

⇒大分類の業種目の中の「その他の産業」

7. 類似業種の選択（大分類・中分類・小分類）

　類似業種は、上記1～6により判定した業種目とすることが原則とされています。ただし、納税義務者の選択により、業種区分が小分類による業種目にあってはその業種目の属する中分類の業種目、業種目が中分類による業種目にあってはその業種目に属する大分類の業種目を、それぞれ類似業種とすることもできます（評基通181）。

8. 業種目判断は相続時にあらためてきちんと行う

　今や、会社が複数の事業を行うことは当たり前です。ゆえに、業種目判断は非常に難しくなっています。例えば、機械卸をしていた会社が機械の管理や修理を手掛けるようになることがありますが、これらはサービス業になります。また、衣料品の卸売会社がインターネットによる小売りを始め、小売部門の売上の方が増えてきたという例もあります。

　また、機械卸業の会社では、卸売部門が50％超の売上になったり、サービ

ス部門が50％超の売上になったりするなど、売上構成が毎年変動し、業種目が卸売になったり小売になったりすることがあります。このような場合には、評価時点が異なると業種目も異なることがあります。

　業種目が何であるかは、相続時に確認すべき重要なポイントです。相続時に評価する際に慌てて売上を区分しようとすると非常に手間がかかりますので、日常の経理において、しっかり部門別管理をしておくことが必要です。

第7節

類似業種比準価額の要素のポイント

ポイント 類似業種の比準要素は、類似業種の株価を基準に、1株当たりの配当、1株当たりの年利益金額、1株当たりの純資産価額となっており、国税庁の公表した標本会社と評価会社の数値を比較して評価します。

【解説】

1. 類似業種の比準要素

類似業種の比準要素は「A」類似業種の株価、「B」類似業種の1株（50円）当たりの配当、「C」類似業種の1株（50円）当たりの年利益金額、「D」類似業種の1株（50円）当たりの純資産価額となっています（評基通180）。

その具体的な内容とポイントは、それぞれ次のとおりです。

2. 類似業種の株価「A」

類似業種の株価「A」は、課税時期の属する月以前3か月間の各月の類似業種株価のうち最も低いものとします。ただし、納税義務者が、類似業種の前年平均株価を選択したときには、これによることができます。

上記の各月の株価及び前年平均株価は、業種目ごとにそれぞれの業種目に該当する上場会社（標本会社）の株式の毎日の最終価格の各月ごとの平均額（1株当たりの資本金の額を50円として計算した金額）を基に算定した金額とされています（評基通182）。

なお、通達により、業種目は全国の金融商品取引所に上場している会社につ

いて、毎年それらの会社の事業内容に応じて日本標準産業分類を参考に分類されており、またその株価は、「平成○○年分の類似業種比準価額計算上の業種目及び業種目別株価等について」として公表されています。

3. 類似業種の配当金額と評価会社の配当金額を比較する

(1) 類似業種の1株当たりの配当金額「B」

一定の業種目に属する各標本会社について、前年の10月31日以前の直近に終了した事業年度以前2年間の経常的な配当金額を基に算定した1株当たりの年平均配当金額の合計額を、標本会社数で除して算出した金額です。

(2) 評価会社の直前期末以前2年間における1株当たりの年平均配当金額「b」

「b」は、評価会社の直前期末以前2年間における剰余金の配当金額の合計額の2分の1に相当する金額を、直前期末における発行済株式数で除して計算した金額です。また、年平均配当金額の算定に当たっては、特別配当、記念配当等の名称による配当金額のうち、将来毎期継続することが予想できないものは、これを除いて計算されます（評基通183(1)）。

配当優先株があった場合には株式の種類ごとに、その配当金によって評価します。配当について優先・劣後のある株式を発行している場合には、同じ会社の類似業種比準価額であっても、評価額は株式の種類ごとに異なります。

4. 類似業種の利益金額と評価会社の利益金額を比較する

(1) 類似業種の1株当たりの年利益金額「C」

一定の業種目に属する各標本会社について、前年の10月31日以前の直近に終了した事業年度以前1年間における法人税の課税所得金額に、その所得の計算上益金に算入されなかった受取配当等の金額及び損金に算入された繰越欠損金の控除額を加算した金額（その金額が欠損のときはゼロとする）を基に算出した1株当たりの金額の合計額を、標本会社数で除して算出した金額です。なお、受取配当等の金額については、所得税額に相当する金額を除きます。

(2) 評価会社の直前期末以前1年間における1株当たりの利益金額「ｃ」

「ｃ」は、評価会社の直前期末以前1年間における法人税の課税所得金額に、その所得の計算上益金に算入されなかった剰余金の配当（資本金等の額の減少によるものを除く）等の金額（所得税額に相当する金額を除く）及び損金に算入された繰越欠損金の控除額を加算した金額（その金額が負数のときはゼロとする）を、直前期末における発行済株式数で除して計算した金額です。なお、法人税の課税所得金額の中に固定資産税売却益、保険差益等の非経常的な利益の金額が含まれている場合には、その金額は除かれます。ただし、納税義務者の選択により直前期末以前2年間における各年の所得金額について、上記に準じて計算した金額の合計額の2分の1に相当する金額を直前期末における発行済株式数で除して計算した金額によることができます（評基通183(2)）。

この場合の利益は、利益金額といっても決算書の利益ではありません。法人税法上の申告所得、つまり法人税の課税所得をいいます。この課税所得はそれに係る法人税、事業税、住民税を控除する前の金額です。この利益の比較も1株当たりで行います。

この場合、類似業種の利益金額である「Ｃ」の値もあらかじめ国税庁から前年度平均の額が公表されており、この数値は1年間同じです。これに対して評価会社の利益は、直前期の申告所得と過去2期間の申告所得の平均値のうち、いずれか低い方となります。この利益には特別損失は考慮しますが、予想できない固定資産の売却益などの非経常的な利益は除きます。この会社全体の利益を発行済株式数で割って1株当たりに利益を算出します。

具体的には、次の算式によって計算した額をいいます。

評価会社の1株当たりの利益金額＝

（法人税の課税所得金額[※1] ＋ 所得の計算上益金に不算入の剰余金の配当等の金額（所得税額に相当する金額を除く） ＋ 損金算入した繰越欠損金の控除額）[※2] ÷ 1株当たりの資本金の額を50円とした場合における直前期末の発行済株式数

※1 固定資産売却益、保険差益等の非経常的な利益の金額は除きます。この場合は、非経常的な利益の金額は、非経常的な損失の金額を控除した金額（負数の場合はゼロ）とします。
※2 合計数が負数となる場合には、1株当たりの利益金額はゼロとします。

出典：坪多晶子著『平成25年9月改訂 成功する事業承継Q&A』清文社、2013年

5. 類似業種の簿価純資産価額と評価会社の簿価純資産価額を比較する

(1) 類似業種の1株当たりの純資産価額「D」

　一定の業種目に属する各標本会社について、前年10月31日以前の直近に終了した事業年度末における資本金等の額及び法人税法に規定する利益積立金額（法人税申告書別表5（1）「利益積立金額及び資本金等の額の計算に関する明細書」の差引翌期首現在利益積立金額の差引合計額）の合計額を基にして算出した1株当たりの金額の合計額を、標本会社数で除して算出した金額です。

(2) 評価会社の直前期末における1株当たりの純資産価額「d」

　「d」は、評価会社の直前期末における資本金等の額と法人税法上の利益積立金額の合計額を、直前期末における発行済株式数で除して計算した金額です。

　簿価純資産価額とは、決算上の貸借対照表上の数値のことをいいます。すなわち、土地や有価証券を評価替えした場合の時価純資産価額ではなく、帳簿価額のままの数値です。ただし、この場合の簿価純資産価額は決算書の貸借対照表から求めるのではなく、法人税法上の数値から求めます。

　その具体的な算出方法は、資本金等の額（自己株式に係る「取得資本金額」を減少させた金額）と法人税法上の利益積立金額の合計金額です。資本金と資本積立金は、税務上も、決算書に表示されている会計上の数値も、原則的には同じです。けれども、利益積立金は法人税法上の用語であり、決算書上の利益剰余金とは異なっているのが一般的です。そこで、法人税法上の利益積立金を求めるには、「法人税申告書別表5（1）」に記載されている金額で算出します。これらの合計金額は会社全体の数値ですので、これを発行済株式総数で割って1株当たりの簿価純資産価額を算出します（評基通183(3)）。具体的には、次の算式によって計算した額をいいます。

　例えば、類似業種の簿価純資産価額が1株当たり100円であったとします。これに対して評価会社では1株当たり500円の簿価純資産価額になるとした場合、500円を100円で割って計算した金額が比較要素となります。その結果、類似業種の株価よりも評価会社の株価が高くなるのです。

評価会社の1株当たりの純資産価額《帳簿価額によって計算した金額》＝

$$\left(資本金等の額 + 法人税法に規定する利益積立金額^{※1}\right)_{※2} \div \begin{array}{l}\text{1株当たりの資本金等の額を}\\\text{50円とした場合における直前期末}\\\text{の発行済株式数}\end{array}$$

※1　直前期の法人税の申告書別表5（1）「利益積立金額の計算に関する明細書」の翌期首現在利益積立金額の差引合計額をいいます（負数の場合は控除します）。
※2　合計額が負数となる場合には、1株当たりの純資産価額はゼロとします。

出典：坪多晶子著『平成25年9月改訂　成功する事業承継Q&A』清文社、2013年

6. 類似業種比準価額の要素の発表時期

　その年の類似業種比準価額の要素は前年度分の数値を使うため、すぐに国税庁から発表されるわけではありません。通常では5月〜6月ごろに発表されることが多いようです。

　1月〜5月の間に相続があった場合、類似業種比準価額の要素は昨年分しか分かっていません。この数値を使って自社株式を評価した場合、後ほど発表される今年の要素を使って評価した額と大きく異なることがあります。

　税金の申告の際には、今年の要素による評価額で申告しなければなりません。昨年分の要素で評価したことで大きく評価額が違った場合、思わぬ相続税の増額に驚くこともあります。年の前半の自社株式の評価に際しては注意したいものです。

第8節

純資産価額方式の計算方法

> **ポイント**　純資産価額方式とは、評価会社の課税時期現在における資産・負債を財産評価基本通達の定めによって評価した価額に評価替えして、1株当たりの価額を算出する方法をいいます。なお、評価差額に対する法人税額等相当額は控除されます。

【解説】

1. 純資産価額方式の評価方法

　純資産価額方式とは、評価会社の課税時期現在における資産・負債を財産評価基本通達の定めによって評価した価額に評価替えして、1株当たりの価額を算出する方法をいいます。類似業種比準方式に用いる直前期末における1株当たりの純資産価額は帳簿価額によって計算しますが、純資産価額方式においては負債も含めた資産をすべて、その時の相続税評価額で評価することとされています（評基通185）。

(1) 総資産価額（相続税評価額によって計算した金額）

①相続税評価額によって計算した総資産価額は、課税時期における評価会社の各資産を、財産評価基本通達により評価した価額の合計額とされています。

　この場合における評価会社の各資産は、原則として、個人の事業用資産と同様の評価方法によって評価することになります。ゆえに、帳簿に資産として計上されていないものであっても、相続税法上の課税財産に該当するもの、例えば、無償で取得した借地権、特許権や営業権等がある場合に

は、これらも評価しなければなりません。また、前払費用、繰延資産、繰延税金資産等で財産性のないものについては、たとえ帳簿価額があるものであっても評価の対象とされません。
② 課税時期において評価会社が所有している各資産のうち、課税時期前3年以内に取得又は新築した土地等又は建物等があるときには、これらの価額は、課税時期における「通常の取引価額」で評価することとされています。ただし、土地等又は建物等の帳簿価額が課税時期における「通常の取引価額」であると認められるときは、その土地等又は建物等の帳簿価額により評価できます。

(2) 負債の金額（相続税評価額と帳簿価額）

　負債の金額は、課税時期における評価会社の各負債の金額の合計額によるとされています。この場合の相続税評価額によって計算した総資産価額から控除する各負債の金額は、相続税法の規定により債務控除の対象となる債務、すなわち借入金、未払金等の対外的な債務の金額をいいます。

　また、帳簿価額によって計算した総資産価額から控除する各負債の金額は、相続税評価額による負債の金額に対応する税務計算上の帳簿価額をいいます。

　したがって、負債として計上されるものは、確実な債務に限られており、貸倒引当金、退職給与引当金、納税引当金、その他の引当金及び準備金に相当する金額は、負債として計上できません。

　一方、次に掲げる金額は、会社計算上の帳簿価額に負債としての記載がない場合であっても、負債に含まれます（評基通186）。

① 仮決算を行っている場合
　・未納公租公課、未払利息等の金額
　・課税時期以前に賦課期日のあった固定資産税及び都市計画税の税額
　・被相続人の死亡により、相続人その他の者に支給することが確定した退職手当金、功労金その他これらに準ずる給与の金額
　・課税時期の属する事業年度に係る法人税額、消費税額、事業税額、道府県民税額及び市町村民税額等のうち、その事業年度開始の日から課税時期までの期間に対応する金額

②仮決算を行っていない場合
- ・未納公租公課、未払利息等の金額
- ・直前期末以前に賦課期日のあった固定資産税及び都市計画税の税額のうち、未払いとなっている金額
- ・直前期末日直後から課税時期までに確定した剰余金の配当等の金額
- ・被相続人の死亡により、相続人その他の者に支給することが確定した退職手当金、功労金その他これらに準ずる給与の金額

(3) 総資産価額（帳簿価額によって計算した金額）

帳簿価額によって計算した総資産価額は、上記(1)の総資産価額の計算の基礎とした各資産の税務計算上の帳簿価額の合計額によるものとされています。この場合の帳簿価額によって計算した総資産価額は、評価差額に対する法人税額等相当額の計算の基となるものですから、財産性のない前払費用、繰延資産、繰延税金資産等の帳簿価額は、総資産価額の計算上ないものとします。

(4) 評価差額に対する法人税額等に相当する金額

評価差額に対する法人税額等に相当する金額とは、評価会社が賦課時期において所有する各資産及び各負債を、財産評価基本通達の定めにより評価替えした相続税評価額の純資産価額から、帳簿価額による純資産価額を控除した後の金額である評価差額に課される法人税等に相当する金額のことをいいます（評基通186、186-2）。この場合、次の点に注意してください。

①評価会社の有する資産の中に、現物出資、合併により著しく低い価額で受け入れた資産、又は株式交換、株式移転により著しく低い価額で受け入れた株式（現物出資等受入れ資産）がある場合には、課税時期における相続税評価額による総資産価額の計算の基とした各資産の帳簿価額の合計額に、現物出資等受入れ資産の相続税評価額から現物出資等受入れ資産の帳簿価額を控除した金額（現物出資等受入れ差額）を加算することにより、現物出資等受入れ差額に対する法人税額等に相当する金額は控除しないこととなっています。

②評価会社が取引相場のない株式を所有している場合において、財産評価基本通達により純資産価額（相続税評価額）を算定するときは、その取引相

場のない株式の発行会社の資産の評価差額に対する法人税額等に相当する金額の控除はしないで計算するとされています。

なお、評価差額に対する法人税額等相当額を求める場合の割合は、法人税、事業税、道府県民税及び市町村民税の税率の合計に相当する割合とされており、38％（平成27年4月1日以後の取得に適用）となっています。

(5) 課税時期における発行済株式数

課税時期における発行済株式数は、課税時期における実際の発行済株式数によりますが、自己株式を有している場合にはその数を控除した株式数とされています。したがって、類似業種比準価額計算上の直前期末の発行済株式数とは異なる場合があります。

2. 純資産価額方式の計算の特例

1株当たりの相続税評価額によって計算した純資産価額は、課税時期現在における各資産及び各負債の金額によることになっています。そこで、純資産価額方式の計算を行う場合には、課税時期における資産及び負債の金額を明確にする必要がありますが、課税時期が事業年度の途中である場合には、課税時期における仮決算により資産及び負債の金額を算出することになります。

ただし、評価会社が課税時期において仮決算を行っていないため、課税時期における資産及び負債の金額が明確でない場合、直前期末から課税時期までの間に資産及び負債について著しく増減がなく、評価額の計算に影響が少ないときは、直前期末現在の資産及び負債を対象とし、課税時期の属する年分の財産評価基準を適用して計算することができます。この場合、帳簿価額についても、直前期末の資産及び負債の帳簿価額によります（個別通達「相続税及び贈与税における取引相場のない株式等の評価明細書の様式及び記載方法等について」第5表2(4)）。

具体的には、図6-8-1の計算式で算出します。この場合、資産・負債を相続税評価額に評価し直しますので、含み益の大きい資産を所有している場合、思いがけず高い株価になる恐れがあります。

ただし、小会社の株式の評価については納税義務者の選択によって、純資産

価額方式に代えて、Lの割合を0.5として、類似業種比準方式と純資産価額方式との併用方式によって評価することができます（評基通179(3)）。

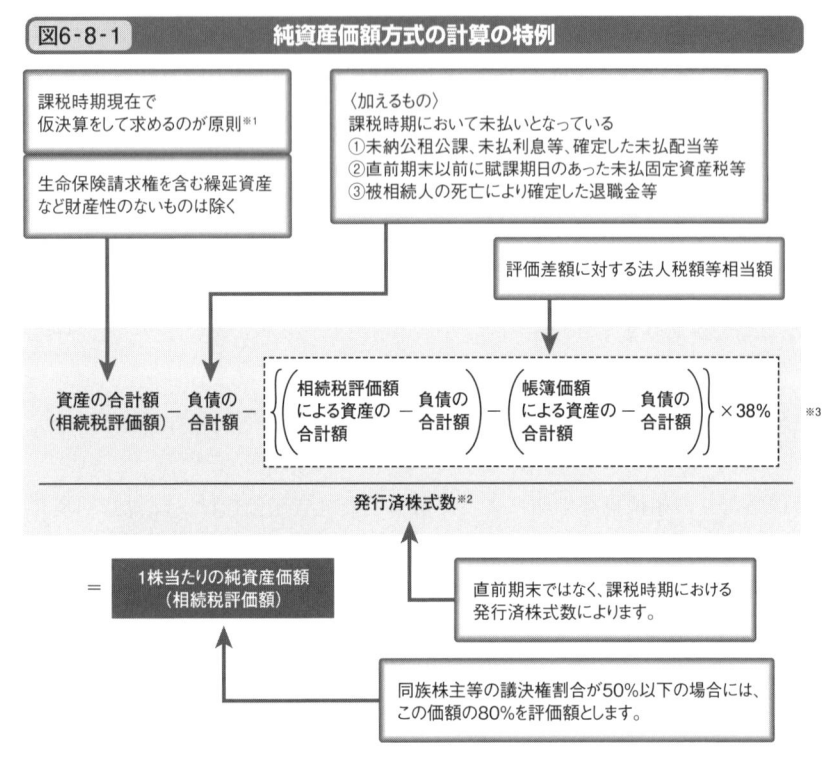

図6-8-1　純資産価額方式の計算の特例

課税時期現在で仮決算をして求めるのが原則※1

生命保険請求権を含む繰延資産など財産性のないものは除く

〈加えるもの〉
課税時期において未払いとなっている
① 未納公租公課、未払利息等、確定した未払配当等
② 直前期末以前に賦課期日のあった未払固定資産税等
③ 被相続人の死亡により確定した退職金等

評価差額に対する法人税額等相当額

$$\frac{\left\{\left(\begin{array}{c}\text{相続税評価額}\\\text{による資産の}\\\text{合計額}\end{array}-\begin{array}{c}\text{負債の}\\\text{合計額}\end{array}\right)-\left(\begin{array}{c}\text{帳簿価額}\\\text{による資産の}\\\text{合計額}\end{array}-\begin{array}{c}\text{負債の}\\\text{合計額}\end{array}\right)\right\}\times 38\%}{\text{発行済株式数}^{※2}}$$

（資産の合計額（相続税評価額） － 負債の合計額 － 上記算式）

= **1株当たりの純資産価額（相続税評価額）**

直前期末ではなく、課税時期における発行済株式数によります。

同族株主等の議決権割合が50％以下の場合には、この価額の80％を評価額とします。

※1　課税上弊害がない限り、前期末決算によることを選択できます。
※2　分母となる「発行済株式数」は（資本金額÷50円）で計算しない実際の発行株式数によりますので、注意してください。
※3　いずれも金庫株を除く。

出典：坪多晶子著『平成25年9月改訂　成功する事業承継Q&A』清文社、2013年

第9節

3年以内に取得等した土地等又は建物等の評価の取扱い

ポイント 評価会社が所有する資産の中に、課税時期前3年以内に取得等した土地等又は建物等があるときは「通常の取引価額」により評価されます。課税上弊害がない限り、通常の減価償却を行った帳簿価額で評価してもよいとされています。

【解説】

1. 課税時期前3年以内の取得等による土地等又は建物等の評価

　課税時期において評価会社が所有している各資産を財産評価基本通達により評価する場合、その資産のうち評価会社が課税時期前3年以内に取得又は新築した、土地及び土地の上に存する権利（土地等）並びに家屋及びその附属設備又は構築物（建物等）があるときには、これらの価額は、課税時期における「通常の取引価額」に相当する金額で評価することとされています。

　ただし、その土地等又は建物等の帳簿価額が課税時期における「通常の取引価額」に相当すると認められるときは、その土地等又は建物等の帳簿価額に相当する金額により評価することができます（評基通185かっこ書き）。

　「通常の取引価額」で評価する土地等又は建物等の取得又は新築とは、購入に限らず、収用等に伴う代替資産の取得、事業用資産の買換えや交換による取得などの圧縮記帳の対象となるものもすべて含まれます。

　なお、評価会社の棚卸資産に該当する土地等又は建物等については、課税時期前3年以内に取得等したものであっても、棚卸資産として評価することになります。

2.「通常の取引価額」による取得等の日

「通常の取引価額」によって評価する土地等又は建物等の取得の日については、次のように取り扱うこととされています。
①他から取得した土地等又は建物等については、原則として引渡し日
②自ら建設又は製作した建物等については、建設又は製作の完了日
③請負により建設等した建物等については、建物等の引渡し日
ゆえに、相続開始前3年以内に引渡しを受けた建物等については、「通常の取引価額」によって評価し、それ以前に引渡しを受けた土地等については、相続税評価額（路線価方式又は倍率方式）により評価することになります。

3. 増築部分の評価

増築部分については「通常の取引価額」が適用され、旧建物部分については、固定資産税評価額で計算することになります。
建物の増築とは、既存の建物に新たな部分を付加し床面積を増加させることですから、この床面積の増加部分についてみれば実質的に新築と同じことになります。したがって、課税時期前3年以内に建物等の増築があった場合には、新築と同じに扱われて「通常の取引価額」の規定が適用になります。

4. 課税時期前3年以内の取得等かどうかの判定

純資産価額を求める場合には、課税時期現在における評価会社の資産及び負債に基づき計算するのを原則としていますが、直前期末から課税時期までの間に資産及び負債の金額について著しく増減がない場合には、直前期末現在の資産及び負債を基として評価してもよいとされています。

これは、課税時期における仮決算を組むのが煩雑であるため、課税上弊害がない範囲で、直前期末の資産等を課税時期現在の資産等に置き換えることを認めた取扱いであり、直前期末を課税時期とみなしているわけではありません。

したがって、直前期末の資産等を基に評価する場合であっても、評価会社の有する土地等及び建物等が3年以内に取得等したものかどうかの判定は、課税

時期から遡って判定すればよいことになります。

5. 課税時期前3年以内の借家権等の判定

　純資産価額の計算において、評価会社が課税時期前3年以内に取得等した土地等及び建物等を取得後、賃貸の用に供した場合には、取得時の利用区分（自用の建物、自用地）と課税時期の利用区分（貸家、貸家建付地）が異なるため、その貸家及び貸家建付地が自用の建物及び自用地であるとした場合の課税時期における通常の取引価額を求め、次にその価額から貸家及び貸家建付地として評価を減額することができます。

　ただし、これは、取得後に賃貸の用に供した場合に限定され、賃貸の用に供されている土地等又は建物等を取得等した場合には適用されませんので、ご注意ください。

第10節

一定の株式を所有している会社の株式評価

ポイント 株式保有割合が50％以上である会社は株式保有特定会社とされ、原則として、純資産価額方式により評価します。納税義務者の選択により、株式等のみは純資産価額で評価する「S1+S2」方式で評価することもできます。

【解説】

1. 株式保有特定会社の評価方法

(1) 株式保有特定会社の要件

「株式保有特定会社」とは、資産の大半が株式等である会社をいいます。グループ内の各社の株式を所有することを目的としたホールディングカンパニーや自社株式の相続税対策を目的とした持株会社などが該当します。通常の会社とは業務形態が異なるとして、原則的な評価はせず、特定の評価会社として株式の評価を行います（評基通189(2)）。

従来は、株式保有割合が25％以上である大会社は株式保有特定会社とされていました。ところが、株式保有割合が25％という数値は、もはや資産構成が著しく株式等に偏っているとはいえないという東京高裁の平成25年2月28日の判決により、平成25年5月からは会社の規模に関係なく、株式保有特定会社の判定基準がすべて株式保有割合が「50％以上」となっています。

＜株式保有特定会社の判定基準＞

$$\frac{\text{株式等の価額}\,(\text{自己株式の価額に該当する部分を除く})(\text{財産評価基本通達により計算した価額})}{\text{総資産価額}\,(\text{自己株式の価額に該当する部分を除く})(\text{財産評価基本通達により計算した価額})} \geq 50\%$$

(2) 株式保有特定会社の株式の評価方法

株式保有特定会社の株式は、原則として、純資産価額方式により評価しますが、納税義務者の選択により、「S1+S2」方式で評価することもできます（評基通189-3）。したがって、株式保有特定会社の株式の価額は次のようになります。

① 1株当たりの純資産価額（相続税評価額：80％評価可）

↑
（納税義務者の選択により、どちらでもよい）
↓

②「S1+S2」方式による価額

(3)「S1+S2」方式の計算

S1の金額は、株式保有特定会社が所有する株式等及びその受取配当収入がなかったとした場合のその株式保有特定会社の株式を、会社の規模に応じた原則的評価方法により評価した金額をいいます。なお、この場合の原則的評価方法における規模区分の判定は、株式等の帳簿価額を控除せず、一般の評価会社と同様に判定します。

S2の金額は、株式保有特定会社が所有する株式等のみをその資産としてとらえ、次の算式で1株当たりの純資産価額に相当する金額（相続税評価額により計算した金額）によって計算した金額をいいます。

$$\frac{\begin{bmatrix}課税時期における株式等\\の合計額（相続税評価額）\end{bmatrix} - \begin{bmatrix}株式等に係る評価差額\\に対する法人税額等相当額\end{bmatrix}}{課税時期における発行済株式数}$$

この方式は、簡単に説明すると、株式だけは純資産価額方式で、その他の資産と負債についてはその会社の規模に応じて定められた評価方式でそれぞれ評価して、両者を合算する方式です。その計算は1株当たりで計算します。以下の図で説明します。

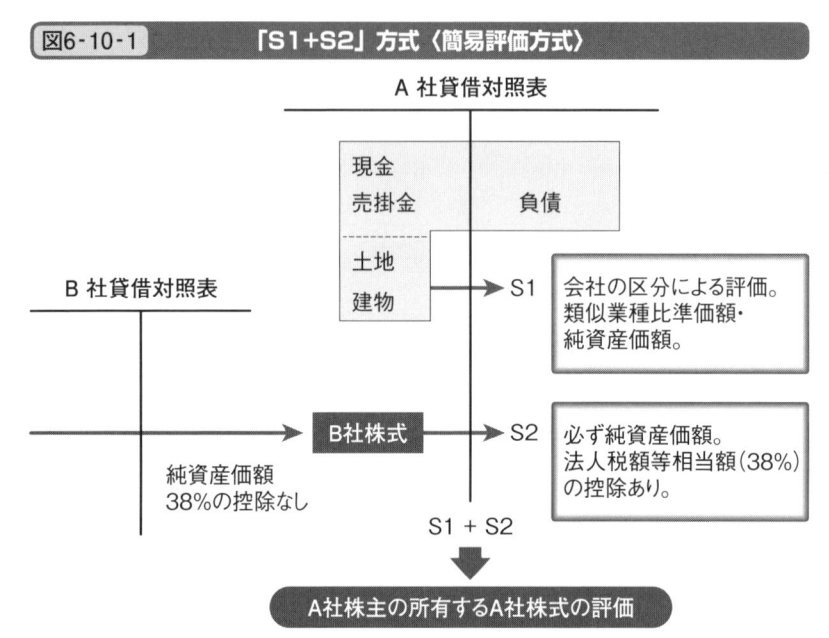

第6章 取引相場のない株式の評価

図6-10-1 「S1+S2」方式〈簡易評価方式〉

```
                          A社貸借対照表

                        現金
                        売掛金        負債

                        土地
B社貸借対照表             建物     → S1   会社の区分による評価。
                                        類似業種比準価額・
                                        純資産価額。

              →       B社株式   → S2   必ず純資産価額。
    純資産価額                           法人税額等相当額(38%)
    38%の控除なし                        の控除あり。

                              S1 + S2
                                ↓
                    A社株主の所有するA社株式の評価
```

出典：坪多晶子著『平成25年9月改訂　成功する事業承継Q&A』清文社、2013年

　A社の株式を簡易評価方式で評価するとします。まず、B社の株式以外の資産と負債でA社の株式を評価します。この場合の評価方式は、A社の会社区分によります。このように、A社本来の評価方法で評価した評価額をS1と呼びます。

　次に、A社が所有しているB社の株式の評価です。この評価は必ず純資産価額方式です。これがS2の金額です。これをA社の発行済株式数で割って1株当たりのS2の金額にします。

　最後にS1とS2を合計します。これがA社の株式を「S1+S2」方式で評価した金額です。この金額と、通常の純資産価額で評価した金額とのうち、いずれか低い金額をA社株式の評価額とすることができます。

　つまり、評価会社の資産の過半数が株式である場合には、その評価会社の株式は個人所有と同様、純資産価額で評価しなければならないのです。

2. 取引相場のない他社株式の評価については法人税額等相当額の控除は不可

　取引相場のない株式を保有している会社の評価をする際、例えば、A社の株式を評価しようとするとき、A社の資産の中にB社株式があるとすると、まず、B社株式の評価をしなければなりません。ところが、財産評価基本通達により、B社株式の評価に当たって純資産価額で評価するとした場合、「評価差額に対する法人税額等相当額（38％）の控除」はできないとされています（評基通186-3注）。この取扱いの要件は以下のとおりとなっています。

①所有株式が取引相場のない株式である場合に限り対象とされ、上場会社、店頭登録銘柄にはこの法人税等の控除不可の規制はありません。
②取引相場のない株式を純資産価額で評価する場合についての適用であり、類似業種比準価額や配当還元価額で評価する場合にはこの規制はありません。
③対象は、株式に限らず出資金、転換社債についても適用されます。

3. 現物出資により受け入れた株式の評価

　個人が持っている資産を現物出資した会社の株式を評価する場合においても、「評価差額に対する法人税額等相当額の控除」ができます。ゆえに、取引相場のない株式を時価より低額で現物出資した場合、その会社の株式評価において、この控除ができると、低額による現物出資をした取引相場のない株式の含み益についても38％控除されますので、非常に株式評価が低くなることになります。

　そこで、そのような有利性を排除するために、現物出資した株式の含み益については「評価差額に対する法人税額等相当額の控除」が認められないことになっています（評基通186-2⑵）。このように、現物出資する時点で相続税評価額よりも受入価額を低くして意図的に作った含み益については、「評価差額に対する法人税額等相当額の控除」は認められません。ただし、現物出資した後に時価が上昇して生じた含み益については、その後の企業成長により発生したものとして、この控除が認められています。

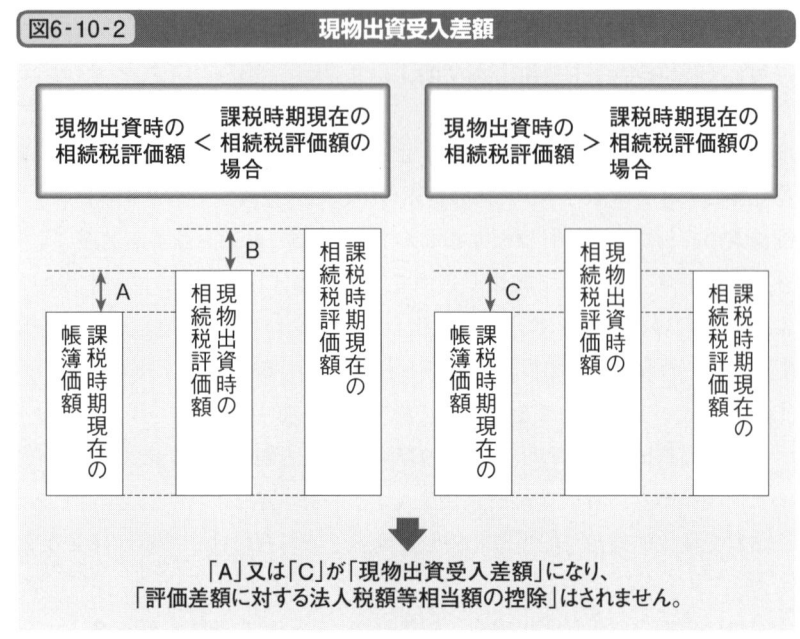

第6章 取引相場のない株式の評価

図6-10-2 現物出資受入差額

現物出資時の相続税評価額 ＜ 課税時期現在の相続税評価額の場合

現物出資時の相続税評価額 ＞ 課税時期現在の相続税評価額の場合

「A」又は「C」が「現物出資受入差額」になり、「評価差額に対する法人税額等相当額の控除」はされません。

出典：坪多晶子著『平成25年9月改訂　成功する事業承継Q&A』清文社、2013年

このように、かつて盛んに行われていた株式の現物出資等による株式の評価方法が、今では大きく異なっていますので、相続税の申告に際して、株式評価を行う場合には十分注意してください。

第11節

土地保有特定会社及びその他一定要件の会社の株式評価

> **ポイント**
> 資産の大部分が土地等である会社を土地保有特定会社といい、開業後3年未満の会社と同様に純資産価額で評価します。また、比準要素数が2未満の会社等の株式も、特定の評価をすることになります。

【解説】

1. 土地保有特定会社の評価方法

(1) 土地保有特定会社の要件

「土地保有特定会社」とは、資産の大部分が土地等である会社をいいます。不動産会社で販売用の土地を多く所有するような会社、不動産賃貸会社で賃貸用の土地を多く所有するような会社、そして節税目的でつくられた会社などが該当します。

具体的には、会社の規模に応じて図6-11-1のように判定されます。

(2) 判定に際して、特に留意すべき点

土地保有特定会社に該当するかどうかを判定する場合において、課税時期前に、合理的な理由もなく、その会社の資産構成が大きく変動し、その変動が、「土地保有特定会社に該当する評価会社と判定されないようにするためのもの」であるとされたときは、その変動はなかったものとされます。

図6-11-1　土地保有特定会社の判定要件

大会社

$$\frac{\text{土地等の価額（財産評価基本通達により計算した価額）}}{\text{総資産価額（自己株式の価額に該当する部分を除く）}\atop\text{（財産評価基本通達により計算した価額）}} \geqq 70\%$$

中会社

$$\frac{\text{土地等の価額（財産評価基本通達により計算した価額）}}{\text{総資産価額（自己株式の価額に該当する部分を除く）}\atop\text{（財産評価基本通達により計算した価額）}} \geqq 90\%$$

小会社

① 総資産価額基準のみで判定した場合には会社区分が大会社となる小会社

総資産価額		
卸売業	20億円以上	
小売・サービス業	10億円以上	
その他の業種	10億円以上	

$$\frac{\text{土地等の価額（財産評価基本通達により計算した価額）}}{\text{総資産価額（自己株式の価額に該当する部分を除く）}\atop\text{（財産評価基本通達により計算した価額）}} \geqq 70\%$$

② 総資産価額基準のみで判定した場合には会社区分が中会社となる小会社

総資産価額		
卸売業	7,000万円以上20億円未満	
小売・サービス業	4,000万円以上10億円未満	
その他の業種	5,000万円以上10億円未満	

$$\frac{\text{土地等の価額（財産評価基本通達により計算した価額）}}{\text{総資産価額（自己株式の価額に該当する部分を除く）}\atop\text{（財産評価基本通達により計算した価額）}} \geqq 90\%$$

③ 上記①及び②に該当しない小会社（総資産価額基準、従業員基準及び年取引金額基準のいずれで判定しても小会社となる場合）
土地保有特定会社の判定は不要（常に、土地保有特定会社には非該当）

注）大会社・中会社・小会社とは、取引相場のない株式の評価上の区分に定めるそれぞれ当該会社をいいます。

出典：坪多晶子著『平成25年9月改訂　成功する事業承継Q&A』清文社、2013年

図6-11-2　土地保有特定会社の判定基礎となる土地等

土地等の範囲	土地保有特定会社の判定の基礎となる土地等とは、次のものをいいます。
		土地	宅地、田、畑、山林、原野、雑種地等
		土地の上に存する権利	地上権、永小作権、定期借地権、貸家建付借地権、借地権等
	土地等であれば、その所有目的や所有期間等は一切問わないこととされていますので、固定資産又は棚卸資産の区別に関係なく判定の基礎となる土地等に含まれます。 なお、これは土地保有特定会社の判定であって、不動産保有特定会社の判定ではありませんので、建物、附属設備及び構築物については判定の基礎に含まれません。
土地等の保有割合の計算	土地等の保有割合の計算における分母及び分子の計算の基礎となる各資産（自己株式を除く）の価額は、この財産評価基本通達の定めによって計算した価額（相続税評価額）によります。

(3) 土地保有特定会社の評価方法

このような資産の保有状況にある土地保有特定会社の株式評価は、一般の会社に適用される類似業種比準方式により計算するのではなく、その会社が所有する資産の価値に着目した純資産価額方式により評価することとされています（評基通189(3)）。

図6-11-3　土地保有特定会社の株式の評価

原則的評価	同族株主等の保有議決権割合が50%超	純資産価額
	同族株主等の保有議決権割合が50%以下	純資産価額×80%
特例的評価		次に掲げる①又は②のうちいずれか低い金額 ①配当還元評価額 ②上記の原則的評価によった場合の評価額

2. 開業3年未満の会社等の株式の評価方法

「開業後3年未満の会社」は、財産評価基本通達により純資産価額方式で評価します（評基通189(4)イ）。開業後3年未満かどうかの判定は相続や贈与のあった日で行います。

図6-11-4でこれらに該当する会社についてまとめておきます。

図6-11-4　開業後3年未満の会社等、開業前・休業中の会社、清算中の会社の評価

種類	内容	
開業後3年未満の会社等	課税時期において、開業後3年未満の会社	
	類似業種比準価額の計算の基となる次の①～③のそれぞれの金額がいずれもゼロである会社（比準要素数ゼロの会社） ①1株当たりの配当金額 ②1株当たりの利益金額 ③1株当たりの純資産価額	
開業前又は休業中の会社	開業前の会社	その会社が目的とする事業活動を開始する前の場合
	休業中の会社	課税時期において、相当長期間にわたって休業中である会社
清算中の会社	課税時期において、清算手続に入っている会社	

3. 比準要素数が2未満の会社等の株式の評価方法

(1) 比準要素数ゼロの会社の株式の評価

類似業種比準価額は、類似業種の株価から配当、利益、純資産価額という3要素を使って比較し、評価会社の株価を求める方法です。

3つの比準要素のすべてがゼロである会社は全く未活動であるとして「比準要素数ゼロの会社」とし、純資産価額により評価します（評基通189(4)ロ）。

(2) 比準要素数1の会社の株式の評価

3つの比準要素を1：3：1の割合で平均化しますから、算式では分母に5という数値が使われています。これらの3要素のうちゼロになる要素があれば、分母は5でなくともよいのですが、類似業種比準方式の算式では、分母は常に5

になっています。分子の項目の1つ又は2つがゼロである場合、特に利益がゼロや赤字になっていると5分の3がゼロになりますので、結果として類似業種比準価額は非常に低くなります。

そこで、利益がない、配当がない会社の株式の価額は、原則として、純資産価額で評価することとされています。ただし、類似業種比準価額については、特定の評価となっており、2要素がゼロの状態が2期続く**図6-11-5**のような会社を「比準要素数1の会社」とし、会社の規模にかかわらず、類似業種比準方式の適用割合（Lの割合）を一律0.25として評価します（評基通189-2）。

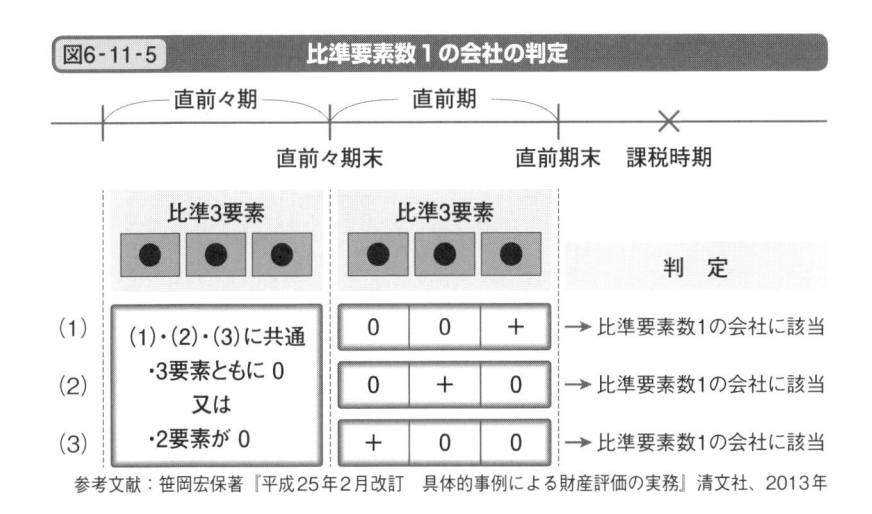

図6-11-5　比準要素数1の会社の判定

	直前々期 比準3要素	直前期 比準3要素	判定
(1)	(1)・(2)・(3)に共通 ・3要素ともに0 又は ・2要素が0	0　0　＋	→ 比準要素数1の会社に該当
(2)		0　＋　0	→ 比準要素数1の会社に該当
(3)		＋　0　0	→ 比準要素数1の会社に該当

参考文献：笹岡宏保著『平成25年2月改訂　具体的事例による財産評価の実務』清文社、2013年

4. 配当がゼロの期における注意点

配当がゼロといっても、実はその期だけの配当に関することではなく、2期間の平均のことなのです。したがって、直前期の配当がゼロになるには、直前期の配当もゼロ、直前々期の配当もゼロでなければなりません。同様に直前々期の配当がゼロというのは、直前々期の配当と、さらに、そのもうひとつ前の期の配当もゼロでなければなりません。つまり、過去3期間の配当がすべてゼロのときに初めて、配当が2期間ともにゼロということになります。

5. 利益がゼロの期における注意点

配当と異なり、利益については2期間の平均利益か、その期の利益をとるかを選択できます。すなわち類似業種比準価額との併用方式が採用されるかどうかの判定では、なるべく黒字になるように選択すればよいのです。3期連続赤字の場合には無理ですが、3年前が黒字で直前々期の赤字よりも利益が大きかった場合には、平均することを選択すれば直前々期の利益はゼロとなりません。

6. 自社株式の評価は、利益・配当政策に影響を受ける

このように、いくら資産や売上が大きかったとしても、連続して配当がなかったり、赤字が続いていたりするときに相続が発生すると、大会社であっても純資産価額が75％も加味される等、思いもよらない自社株式の評価額になることがあります。相続が発生した場合は、直前期のみならず直前々期等、過去の利益や、配当についても留意し、2要素が3期連続ゼロでないかの確認が重要です。

図6-11-6 開業後3年未満又は2要素が3期連続ゼロの会社等の株式の評価

原則的評価	(1)下記(2)以外の場合	同族株主等の保有議決権割合が50％超	純資産価額（相続税評価額によって計算した金額。以下同じ）
		同族株主等の保有議決権割合が50％以下	純資産価額×80％
	(2)併用方式による場合	同族株主等の保有議決権割合が50％超	類似業種比準価額×25％＋純資産価額×（1－25％）
		同族株主等の保有議決権割合が50％以下	類似業種比準価額×25％＋純資産価額×80％×（1－25％）
特例的評価			次に掲げる①又は②のうちいずれか低い金額 ①配当還元価額 ②上記の原則的評価による場合の評価額

第12節

配当還元方式とそれにより評価できる株主

ポイント
同族株主等以外の株主及び同族株主等のうち、少数株式所有者が取得した株式については、直前期末以前2年間の年配当金額の実績数値の平均と分母の利子率を10％に固定して計算する、配当還元価額によって評価されます。

【解説】

1. 株主には2種類ある

　同族株主等以外の株主及び同族株主等のうち少数株式所有者が取得した株式については、その株式の発行会社の会社規模にかかわらず、すなわち、その評価会社が大会社であるか、中会社であるか、又は小会社であるかにかかわらず、財産評価基本通達により、「特例的評価方法」つまり配当還元価額によって評価するとされており、以下の算式によって評価します（評基通188-2）。

$$\frac{その株式に係る年配当金額^{※}}{10\%} \times \frac{その株式の1株当たりの資本金等の額}{50円}$$

※上記算式の「その株式に係る年配当金額」は、1株当たりの資本金等の額を50円とした場合の金額なので、評価会社の株式1株当たりの資本金等の額が50円以外の場合には、算式中において、評価会社の直前期末における1株当たりの資本金等の額の50円に対する倍数を乗じて調整した金額により計算することとしています。

　評価会社が比準要素数1の会社、株式保有特定会社、土地保有特定会社又は開業後3年未満の会社等に該当する場合であっても、同族株主等以外の株主等が取得した株式については、配当還元方式によって評価します。

277

なお、「開業前又は休業中の会社の株式」及び「清算中の会社の株式」については、この配当還元方式の適用はありません。

2. 配当還元方式の計算方法

財産評価基本通達による配当還元方式には、次のような特徴があります。

(1) 年配当金額は直前期末以前2年間の実績数値の平均によっている

その株式に係る年配当金額は、評価会社の直前期末以前2年間における評価会社の剰余金の配当金額から、特別配当、記念配当等の名称による配当金額のうち、将来毎期継続することが予想できない金額を控除した金額の合計額の2分の1に相当する金額を、直前期末における発行済株式数で除して計算した金額になります。

なお、1株当たりの資本金等の額が50円以外の金額である場合には、発行済株式数は直前期末における資本金等の額を50円で除して計算した数によります。つまり、この場合の年配当金額は、類似業種比準価額を計算する場合の1株当たりの配当金額と同じ方法により計算することとなります。

ただし、この計算によって求めた金額が2円50銭未満のもの及び無配のものにあっては、2円50銭とすることとされています。

$$\frac{\text{直前期末以前2年間の配当金額の合計額}}{2} \div \frac{\text{1株当たりの資本金等の額を50円とした場合の発行済株式数}}{(\text{資本金等の額} \div 50円)} = \text{年配当金額}(2円50銭未満の場合は2円50銭)$$

出典：坪多晶子著『平成25年9月改訂 成功する事業承継Q&A』清文社、2013年

(2) 分母の利子率は10％に固定されている

取引相場のない株式は、将来の値上り益や高配当以外の要素がある上場株式や、収益が確定的で安定している預金、公社債等とは性格が異なっていることなどから、比較的高い還元率を採用することによって評価の安定性を図るため、算式中の分母が10％とされています。

3. 種類株式等の配当還元価額

　配当について優先株・劣後株を発行している会社の株式の配当還元価額を評価する場合には、実際の配当の多寡によって評価することになりますので、評価額が異なることになります。相続税の申告に当たり株式評価をするときには、種類株式の発行の有無も、定款等でしっかり確認してください。

4. 配当還元方式の特例

　同族株主等以外の株主が取得した株式については、原則として、上述したように直前期末以前2年間の年配当金額を基とする配当還元方式によって評価することとされています。しかし、その配当還元価額が、その株式について同族株主等が取得した場合に適用される原則的評価方法によって評価した価額を超えることとなる場合には、その原則的評価方法によって計算した金額によって評価することとされています（評基通188-2ただし書き）。

　また、この措置は、年配当金額の最低を2円50銭とした場合の配当還元価額が、原則的評価方法により評価した価額を上回るときにも低い方とされているので、必ずどちらも計算して比較することが必要です。

第13節

種類株式の評価方法

ポイント
株式の種類は9つの類型があり、様々な種類株式を発行することができます。中でも議決権制限株式や社債類似株式、拒否権付株式等、発行が予想される種類株式については、国税庁により評価方法が定められています。

【解説】

1. それぞれ内容の異なる株式が種類株式

　会社がお金を必要としたときに、出資を仰ぐために発行されるものが、株式会社の社員たる地位を表わす株式です。ゆえに、各株式の権利内容は平等であるのが原則で、株式は本来的にはその権利内容は同一とされており、これを「株主平等の原則」と呼んでいます。

　株主に認められる主な権利には、①剰余金配当（従来の利益配当等）請求権、②残余財産分配請求権、③議決権があります。各株主に認められるこれらの権利は通常平等とされており、これが株式の普通の内容となっています。そこで、一般的にはこの普通の内容の株式を「普通株式」と呼んでいます。

　他方で、会社法は、上記のように株式の内容は原則的には普通株式であることを前提としつつも、会社が株式について、例外的に普通株式とは異なる内容を定めることを認めています。この定めに従い、株式の内容の異なる2つ以上の種類の株式を発行する場合には、一般的にそれぞれを「種類株式」と呼んでいます。

2. 株式の種類には、どんなものがあるか

会社法の定めによれば、以下に掲げた9つの事項について内容の異なる種類の株式を発行することが認められています。
①剰余金の配当（配当優先株式、配当劣後株式等）
②残余財産の分配（残余財産優先分配株式等）
③株主総会において議決権を行使することのできる事項（議決権制限株式）
④譲渡につき会社の承認を要すること（譲渡制限株式）
⑤株主が会社にその取得を請求できること（取得請求権付株式）
⑥会社が、一定の事由が生じたことを条件として、これを取得できること（取得条項付株式）
⑦その種類株式について、会社が株主総会の決議によってその全部を取得すること（全部取得条項付種類株式）
⑧株主総会（取締役会設置会社においては株主総会又は取締役会）において決議すべき事項のうち、その決議のほか、種類株主総会の決議があることを必要とするもの（拒否権付株式、黄金株とも呼ばれている）
⑨種類株主総会において取締役又は監査役を選任すること（取締役・監査役の選解任権付株式）

3. 種類株式の3類型についての相続税評価

上記の種類を活用すれば、様々な種類株式を発行することができます。その中で、中小企業でも発行が予想される下記の3類型の種類株式は、相続等により同族株主が取得した場合は、次のような評価方法で取り扱われます（平成19年3月9日付　国税庁資産評価企画官情報第1号「種類株式の評価について（情報）」）。

【種類株式の3類型】

第1類型 配当優先の 無議決権株式	普通株式と同様に評価 ただし、議決権がない点を考慮し、納税者の選択により、5％評価減し、その評価減した分を議決権株式の評価額に加算する評価方法を導入※
第2類型 社債類似株式	発行価額と配当に基づき評価
第3類型 拒否権付株式	普通株式と同様に評価

※同族株主が相続により取得した株式に限る。当該株式を取得した同族株主全員の同意が条件。相続税申告に限り適用。

4. 第1類型…配当優先の無議決権株式の評価の取扱い

(1) 配当優先株式の評価

同族株主が相続等により取得した配当（資本金等の額の減少によるものを除く）優先株式の評価は次のようになっています。

①類似業種比準方式による評価

配当について優先・劣後のある株式の評価に当たっては、株式の種類ごとにその株式に係る実際の配当金によって評価します。ゆえに、配当優先により配当金額が多ければ、普通株式より評価が高くなります。

②純資産価額方式による評価

配当優先の有無に関係なく、普通株式と同様、財産評価基本通達の純資産額の定めにより評価します。

(2) 無議決権株式の評価

同族株主が無議決権株式を相続等により取得した場合には、原則として、議決権の有無を考慮せずに評価します。しかし、納税者の選択により次の①～③すべての条件を満たす場合に限り、原則的評価額から5％の評価減をするとともに、株式の相続税評価の合計額が変わらないように、この評価減した金額を他の同族株主が取得した議決権のある株式の価額に加算して申告することを選択することができます。

①相続税の申告期限までに遺産分割協議が確定している。

②同族株式を取得したすべての同族株主が、この特例評価を選択して申告す

ることに同意した届出書が、申告期限までに所轄税務署長に提出されている。
③「取引相場のない株式の評価明細書」に評価額の算定根拠を記載し、添付している。

(3) 選択の判断基準

上記(2)の特例の適用については、議決権のある株式を取得した者が相続税の増加を容認することができるかどうかがポイントです。財産が増えるわけでもないのに、余分な相続税額を負担することになるため、後継者にとっては歓迎できることではありません。しかし、経営に参加できず配当しか期待できない非後継者たちにとっては、多少とも納得できる評価であり、相続税対策というよりは財産分けに活用できるのではないでしょうか。納税者ごとに有利不利が異なるので、慎重な判断が求められます。

5. 第2類型…社債類似株式の評価の取扱い

(1) 評価の方法

次の条件を満たす株式(社債類似株式)については、その経済的実績が社債に類似しているため、利付公社債の評価に準じ発行価額により評価します。ただし、株式なので、既経過利息に相当する配当金の加算は行いません。
①配当金については優先して分配する。また、ある事業年度の配当金が優先配当金に達しないときは、その不足額は翌事業年度以降に累積することとし、優先配当金を超えて配当しない(累積非参加型配当優先株式)。
②残余財産の分配については、発行価額を超えて分配しない(残余財産分配確定株式)。
③一定期日において、発行会社は本件株式の全部を発行価額で償還する(取得条項付株式)。
④すべての議決権を有しない(完全無議決権株式)。
⑤他の株式を対価とする取得請求権を有しない。

(2) 評価上の留意点

　社債類似株式の場合には、前項の配当優先の無議決権株式とは異なり、類似業種比準価額の場合には後継者の相続する他の普通株式の評価額は上がりません。また、非後継者が保有するこの種類株式は社債類似株式として低い評価とされるため、相続税評価額は大きく下がることになります。ただし、上記の条件にあるように期限を定めて、発行会社が発行価額で買い取らなければならないことに留意する必要があります。

6. 第3類型…拒否権付株式の評価の取扱い

(1) 評価の方法

　拒否権付株式（会社法第108条第1項第8号に掲げる株式）については、拒否権を考慮せずに普通株式と同様に評価します。

(2) 評価上の留意点

　現経営者が、事業承継後の経営安定のため、一定期間は後継者の独断専行経営を妨げる形にしておきたい場合、拒否権付株式を発行・保有し、後継者への権限委譲後、一定期間は保有しておくことが考えられます。

　急な相続の発生により拒否権付株式を評価するに際しては、評価が上がるわけではないので心配はいりません。問題は誰が相続するかです。拒否権付株式を発行する場合には、相続の際に、かえって紛争が起きないよう、十分な配慮をしておく必要があります。

第7章 その他財産の評価

第1節

事業用財産の評価

> **ポイント**
> 事業用の動産は、被相続人の事業によってその種類が異なりますが、帳簿書類、契約書類等及び現物を確認した上で評価をします。評価の際、事業の決算時の計算方法と異なる部分もありますので注意が必要です。

【解説】

1．棚卸資産

　棚卸資産とは、商品、原材料、半製品・仕掛品、製品・生産品その他これらに準ずる動産（消耗品、貯蔵品、副産物、仕損品、作業屑その他事業の用に供される資産）をいいます。

(1) 棚卸資産の確認ポイント

　棚卸資産は、決算書類や帳簿書類を確認すると同時に、実地棚卸を行い、個々の棚卸資産の現物を確認し、相続開始日時点の棚卸数量及び価格等を把握します。いずれにしても個人事業主の死亡日時点での準確定申告をする必要があるので、通常の決算と同様の手続きで事業用資産の残高を確認していきます。

(2) 棚卸資産の評価

　以下の①～④の区分に従って評価します（評基通133）。
　①商品
　種類及び品質等がおおむね同一のものごとに評価し、その商品の販売業者が課税時期において販売する場合の価額から、その価額のうちに含まれる販売業

者に帰属すべき適正利潤の額、課税時期後販売までにその販売業者が負担すると認められる経費（以下「予定経費」という。）の額及びその販売業者がその商品につき納付すべき消費税額（地方消費税額を含む。以下同じ。）を控除した金額によって評価します。

②原材料

種類及び品質等がおおむね同一のものごとに評価し、その原材料を使用する製造業者が課税時期においてこれを購入する場合の仕入価額に、その原材料の引取り等に要する運賃その他の経費の額を加算した金額によって評価します。

③半製品・仕掛品

種類及び品質等がおおむね同一のものごとに評価し、製造業者がその半製品又は仕掛品の原材料を課税時期において購入する場合における仕入価額に、その原材料の引取り、加工等に要する運賃、加工費その他の経費の額を加算した金額によって評価します。

④製品・生産品

種類及び品質等がおおむね同一のものごとに評価し、製造業者又は生産業者が課税時期においてこれを販売する場合における販売価額から、その販売価額のうちに含まれる適正利潤の額、予定経費の額及びその製造業者が、その製品につき納付すべき消費税額を控除した金額によって評価します。

2. 売掛債権等

(1) 売掛債権等の確認ポイント

売掛金は、相続開始日での売掛帳等の帳簿書類を基に、実際の売掛金等を確認し、その回収見込みの可能性を判定する必要があります。

受取手形についても、手形帳等の帳簿書類を基に、個々の受取手形を確認し、支払人、券面額（額面金額）等を確認して回収可能性を判断します。

(2) 売掛債権等の評価

売掛金については、貸付金債権等として評価方法が定められており、原則として、相続開始日現在の売掛金残高で評価します（評基通204）。また、その金額のうち回収が不可能又は著しく困難であると見込まれる金額がある場合

は、それらの金額を控除した金額で評価します。詳細は、本章第4節を参照してください。

受取手形については、支払期限により評価方法が変わります。支払期限が到来しているもの、又は課税時期から6か月以内に支払期限が到来するものについては、額面金額で評価します。それ以外の支払期限のものについては、課税時期に金融機関で割り引いた場合における回収可能額で評価します。なお、課税時期において、その全部又は一部の回収が不可能又は著しく回収が困難であると見込まれる金額については、売掛金と同様に、その額を控除した金額で評価します（評基通206）。

3. 機械・器具・備品等の減価償却資産

機械・器具・備品等の減価償却資産は、固定資産課税台帳、減価償却明細書等で確認し、現物と照合します。

被相続人の事業の用に供された事業用の固定資産は、原則として1個又は1組ごとに評価します。ただし、農業用、旅館用の動産にあっては、種類も数量も多いことから、1個又は1組の価額が5万円以下のものについては、それぞれ1農家、1旅館ごとに一括評価することができます（評基通128）。

評価方法は以下のとおりです（評基通129）。

【評価方法】

区　分	評価方法
原　則	売買実例価額、精通者意見価格等を斟酌して評価
特例：売買実例価額、精通者意見価格等が不明な場合	その動産と同種同規格の新品の課税時期における小売価額　－　その動産の製造の時から課税時期までの償却費の合計額又は減価の額

＊償却費の額又は減価の額を計算する場合の起算日は「製造の時」であることに留意します。
＊課税時期までの期間に1年未満の端数があるときは1年とします。
＊償却方法は一律に定率法で行います。

第 2 節

生命保険・損害保険契約の評価

> **ポイント**　生命保険金等は保険料負担者、受取人によって課税関係が変わります。また、被保険者が相続人以外の保険であっても、保険料を被相続人が負担していた場合は相続財産になります。契約者、保険料負担者、被保険者、受取人の関係をよく確認することが重要です。

【解説】

1. 生命保険金等

　被相続人の死亡を原因として支払われる生命保険金等は、本来の相続財産ではありませんが、相続税法第3条により相続財産とみなされ、みなし相続財産として課税対象となります（相法3①一）。

(1) 生命保険金等の確認ポイント

　被相続人の死亡を原因として支払われる生命保険金等は、保険料を負担した者によって課税関係が変わりますので、保険契約書、保険証書等によって保険契約の内容を確認することが重要です。生命保険金等は本来の相続財産ではないため受取人が直ちに請求をし、手元に保険証券等がない場合などは、預金通帳で入金金額を確認します。また、被相続人が普通預金口座を通さずに生命保険料を負担していることもありますので、相続人からの聞き取りが重要です。

【受け取った生命保険金の課税関係】

	保険料負担者	被保険者	保険金受取人	保険金の種類	かかる税金
①	本人	本人	本人	満期保険金	所得税
②	本人	本人	妻や子等	満期保険金	贈与税
③	本人	妻や子等	本人	満期保険金	所得税
④	本人	本人	相続人	死亡保険金	相続税（非課税枠あり）
⑤	本人	本人	相続人以外	死亡保険金	相続税（非課税枠なし）
⑥	本人	妻や子等	本人	死亡保険金	所得税
⑦	本人	例えば孫	妻や子等	死亡保険金	贈与税

出典：今仲清、坪多晶子著『平成27年版 成功する「生前贈与」Q&A』清文社

(2) 生命保険金等の評価

被相続人の死亡を原因として受け取った生命保険金等は、その契約中に支払った保険料のうち、被相続人の負担に対応する部分の金額が相続財産とみなされます。さらに、保険金等と共に受け取る剰余金、割戻しを受ける前納保険料の金額も含まれます。

また、保険契約に基づいた契約者貸付金等がある場合で、その貸付金等が控除された場合には、保険契約者が被相続人か否かによって次のように取扱いが変わります。

①被相続人が保険契約者の場合

契約者貸付金等の額を控除した保険金等を受け取ったものとして、債務はなかったものとします。

②被相続人以外の者が保険契約者の場合

契約者貸付金等の額を控除した保険金等を受け取ったものとして、契約者貸付金等の額に相当する部分の金額については、保険契約者が保険金等を受け取ったものとします。

生命保険金等は、次のように評価額を計算します（相法3①一）。

①保険料を被相続人が全額負担していた場合

支払われた生命保険金等の額

②保険料の一部を被相続人が負担していた場合

$$\text{生命保険金等の額} \times \frac{\text{被相続人が負担した保険料の額}}{\text{払込保険料の額}}$$

(3) 生命保険金等の非課税限度額の計算

生命保険金等の非課税限度額は次のとおりです（相法12①五）。

$$\text{生命保険金等の非課税限度額} = 500\text{万円} \times \text{法定相続人の数}^{※}$$

※法定相続人の数には、相続放棄をした者がいても、その放棄がなかったものとして取り扱います。法定相続人中に養子がいる場合は法定相続人の数に含める人数は、実子がいる場合は1人まで、実子がいない場合は2人までとなります。

なお、相続人の取得した生命保険金等の額の合計額が非課税限度額を超える場合、その相続人の非課税額は次のとおりとなります。

$$\text{生命保険金等の非課税限度額} \times \frac{\text{その相続人が取得した生命保険金等の合計額}}{\text{各相続人が取得した生命保険金等の総額}}$$

この非課税規定は相続人のみに適用されるものであり、相続を放棄した場合はこの特例の適用を受けられないのでご注意ください。特に、相続人でない孫が受け取った場合には、非課税規定が適用されない上、相続税額が20％増しとなります。非課税規定の適用を想定するなら、生命保険契約において相続人を保険金等の受取人にしておかないと意味がありません。

2. 生命保険契約に関する権利

相続開始の時において、保険事故が発生していない生命保険契約で、解約返戻金のあるものについては、被相続人が保険料の全部又は一部を負担し、かつ被相続人以外の者が保険契約者である場合は、被相続人が負担していた保険料に相当する部分の金額が相続財産とみなされます（相法3①三）。

上記の場合において、被相続人が保険契約者で、かつ、保険料の負担者である場合においては、その生命保険契約の権利は本来の相続財産として取り扱われます。

契約者と保険料負担者、被保険者を整理すると次表のようになります。

【契約者、保険料負担者等と財産区分の関係】

契約者	保険料負担者	被保険者	財産区分
被相続人以外	被相続人	被相続人以外	みなし相続財産
被相続人	被相続人	被相続人以外	本来の相続財産

(1) 生命保険契約に関する権利の確認ポイント

通帳の引落としの記録や相続人等からの聞き取りなどと生命保険契約とを照合して、被相続人の保険料の負担がないかどうか確認します。相続税の課税対象を漏らすことがないよう、相続人だけでなく、その周辺の人からも聞き取りをします。例えば、法定相続人でない孫の生命保険契約の保険料を被相続人が負担していた場合には、その孫は受遺者となり、相続税の計算において2割加算の対象となります。

解約返戻金相当額を確認するには、契約先である生命保険会社から返戻金相当額等の証明書を取得します。

(2) 生命保険契約に関する権利の評価

このような生命保険契約は「生命保険契約に関する権利」を相続により取得したものとして、相続開始の時においてその契約を解約するとした場合に支払われる解約返戻金の額に、被相続人の負担割合を乗じた金額で評価します（評基通214）。

$$解約返戻金の額 \times \frac{被相続人が負担した保険料}{払い込まれた保険料の総額}$$

3. 火災保険契約に関する権利

火災保険は、火災保険契約に関する権利として相続税の課税財産になります。なお、相続開始時点で解約返戻金のない火災保険は財産性がありませんので課税財産になりません。

(1) 火災保険契約に関する権利の確認ポイント

火災保険証書、控除証明書の控え、預金通帳の引き落としの有無を確認します。保険会社からは解約返戻金相当額等の証明書を取得し、解約返戻金相当額を確認します。

(2) 火災保険契約に関する権利の評価

財産評価基本通達214に準じて解約返戻金相当額で評価します。

【建物更生共済】
　火災保険契約と類似する制度に建物更生共済があります。
　建物更生共済は、JA共済が販売する、建物、家財を保障する共済であり「建更（けんこう）」と略称されています。農家組合員でなくても利用できることに留意してください。建物更生共済も火災保険契約に関する権利と同様に解約返戻金相当額で評価します。JAから建物更生共済にかかる解約返戻金相当額等の証明書を取得します。

4. 定期金に関する権利

個人年金保険契約や、かんぽ生命の年金保険契約などで、被相続人が掛金を支払い、年金の受取人が被相続人以外の者となっている年金についても、みなし相続財産となります。この場合、たとえ相続開始時に年金の給付がされていなくても、相続税が課税されることとなります。

定期金に関する権利とは、契約により、ある期間定期的に金銭その他の給付を受けることを目的とする債権をいいます。

相続税法では、定期金給付契約でその権利を取得した時において、定期金給付事由が発生しているもの（相法24）と、定期金給付契約（生命保険契約を除く）でその権利を取得した時において、定期金給付事由が発生していないもの（相法25）について、それぞれ評価方法を定めています。

課税時期において給付事由の発生している定期金給付契約に関する権利の評

価は、定期金の給付期間に応じ、有期定期金、無期定期金及び終身定期金の3種類に分類し、それぞれ次のように評価します（相法24①一～三）。

(1) 有期定期金

次のいずれか多い金額で評価します。
① 相続開始時点での解約返戻金の額
② 定期金に代えて一時金の給付を受けることができる場合には、その一時金の金額
③ 給付を受けるべき金額の1年当たりの平均額に、予定利率による複利年金現価率を乗じて得た金額

(2) 無期定期金

次のいずれか多い金額で評価します。
① 相続開始時点での解約返戻金の額
② 定期金に代えて一時金の給付を受けることができる場合には、その一時金の金額
③ 給付を受けるべき金額の1年当たりの平均額を予定利率で除した金額

(3) 終身定期金

次のいずれか多い金額で評価します。
① 相続開始時点での解約返戻金の額
② 定期金に代えて一時金の給付を受けることができる場合には、その一時金の金額
③ その目的とされた者に係る平均余命年数に応じ、給付を受けるべき金額の1年当たりの平均額に、予定利率による複利年金現価率を乗じて得た金額

　課税時期において給付事由の発生していない定期金給付契約に関する権利（生命保険契約を除く）の評価は、原則として解約返戻金相当額になります。

第3節

死亡退職金等の評価

> **ポイント** 被相続人の死亡によって相続人等が受け取った、被相続人に支給されるべきであった退職手当金、功労金その他これらに準ずる給与で、被相続人の死亡後3年以内に支給が確定したものは、本来の相続財産には該当しませんが、相続税法上は相続財産とみなされます。

【解説】

1. 死亡退職金等

(1) 死亡退職金等の確認ポイント

会社から支給される死亡退職金のうち弔慰金として支払われる部分には、みなし相続財産に該当しない部分の金額もありますので、内容を確認し区分する必要があります。また、小規模企業共済契約に基づいて支給を受ける金額も退職金に該当しますので、その支払通知書を確認します。

「死亡後3年以内に支給が確定したもの」には、被相続人が勤務先を退職後に死亡し、死亡日までには支給が確定していなかったもので、死亡後3年以内にその支給が確定したものも含まれます。

(2) 死亡退職金等の非課税限度額

相続税の対象となる死亡退職金等の合計額のうち、非課税とされる限度額は次の算式で計算します（相法12①六）。

$$500万円 \times 法定相続人の数^※$$

※法定相続人数には、相続放棄をした者がいても、その放棄がなかったものとして取り扱います。
法定相続人中に養子がいる場合、法定相続人数に含める人数は、実子がいる場合は1人まで、実子がいない場合は2人までとなります。

なお、相続人の取得した死亡退職金等の合計額が非課税限度額を超える場合、その相続人の非課税額は次の算式で計算します。

$$死亡退職金等の非課税限度額 \times \frac{その相続人が取得した死亡退職金等の合計額}{各相続人が取得した死亡退職金等の総額}$$

(3) 弔慰金の取扱い

弔慰金とは、本来遺族に対して支払われるもので、死亡退職金等ではありません。しかし、死亡退職金等が弔慰金名目で支払われたり、また、弔慰金以外の名目で支払われたりする場合があります。これらのうち実質的に死亡退職金等と認められるものは、みなし相続財産となります。

死亡退職金等になるかどうかは被相続人の勤務先の退職金支給規程に基づき支給される場合は、その規定により判断しますが、それ以外の場合は、被相続人の地位、功労等を総合的に勘案して判断します。

弔慰金等は、実質的に死亡退職金等と判断されるものを除き、次のとおりの基準で非課税となり、それを超える部分は死亡退職金等として取り扱います(相基通3-20)。

①業務上の死亡である場合…死亡時における普通給与の3年分相当額
②業務上の死亡でない場合…死亡時における普通給与の6か月分相当額

＊業務上の死亡とは直接業務に起因する死亡(業務起因性)又は業務と因果関係があると認められる死亡(相当因果関係)をいいます。

第4節

未収給与等・貸付金債権等・ゴルフ会員権等の評価

ポイント　死亡後に支給される給与の多くは、相続人の口座に振り込まれています。貸付金債権等はその存在の確認と回収可能性の判断がポイントとなります。ゴルフ会員権は株式方式や、預託金制度の有無などによって、評価額が異なるので注意しましょう。

【解説】

1. 未収給与等

　被相続人の勤務に係る給与で、その者の死亡後に支給時期の到来する賃金債権は、共同相続人が相続により承継するものとされ、本来の相続財産となります。したがって、みなし相続財産である死亡退職金等のように非課税の取扱いはありません。また、所得税の課税もないことになります。死亡後に確定した賞与も同様の扱いとなります。

(1) 未収給与等の確認ポイント

　これらの未収給与等は、配偶者等特定の相続人の口座に振り込まれる場合が多く、相続人から聞き取りし、その金額を確認する必要があります。

(2) 未収給与等の評価

　源泉所得税等は課税されませんので、所得税等の控除前の支給額そのものが相続財産となります。

2. 貸付金債権等

(1) 貸付金債権等の確認ポイント

　貸付金債権等については、契約書等の書面がある場合はそれを確認し、返済状況から元本を確定させます。しかし、必ずしも契約書等が交わされているとは限りませんので、貸付金はその債権の証拠となる書面の有無だけでは判断できません。被相続人が事業等を行っている場合は、取引先との貸借関係を確認し、相続人に親族間で貸付を行っていないかどうか（例えば、相続人の土地の購入費用等）を確認します。特に親族間では、贈与が行われたのか貸付が行われたのか判断が難しいケースもありますので、相続人から慎重に聞き出す必要があります。

(2) 貸付金債権等の評価

　貸付金債権等（貸付金、売掛金、未収金、預貯金以外の預け金、仮払金等）の価額は、次のように、その元本と利息の合計額により評価します（評基通204）。

　　返済されるべき金額　＋　課税時期の経過利息として支払いを受けるべき金額

(3) 貸付金債権等が回収不能の場合の取扱い

　貸付金債権等の金額の全部又は一部が、次に掲げる金額に該当するときその他その回収が不可能又は著しく困難であると見込まれるときにおいては、それらの金額は元本の価額に算入しません（評基通205）。

①債務者について次のような事実が発生している場合における貸付金債権等の金額（そのうち質権及び抵当権によって担保される部分を除く）
　1）手形交換所等において取引停止処分を受けたとき
　2）会社更生手続の開始の決定があったとき
　3）民事再生法の規定による再生手続開始の決定があったとき
　4）会社の整理開始命令があったとき
　5）特別清算の開始命令があったとき
　6）破産の宣告があったとき

7) 業績不振のため又は事業に重大な損失を受けたため、事業を廃止し又は6か月以上休業しているとき

②再生計画等の決定又は債権者集会の協議等における決定により、切り捨てられる部分の債権の金額及び次の金額

1) 弁済までの据置期間が決定後5年を超える場合におけるその債権の金額
2) 分割返済されることとなった債権金額のうち、課税時期後5年を経過した日以後に弁済されることとなる部分の金額

③金融機関のあっせんに基づくものであるなど真正に当事者間での債権の切捨て、棚上げ、年賦償還等が成立したものと認められる場合はその債権の金額のうち②に準ずる金額

(4) 同族会社に対する貸付金債権等がある場合

被相続人が経営する同族会社に対して貸付金が多額に残っている場合が見受けられることがあります。これら貸付金は実質、資本金のようなもので返還される可能性が少ないケースがほとんどです。

このような場合でも相続財産として計上しなくてはならないことが多く、早めに債権放棄の処理をしておく必要があります。同族会社に繰越欠損金がある場合はこれを利用しない場合でも債務免除益に対する法人税等の金額と貸付金に係る相続税額とを比較して計画的に準備する必要があります。

ただし、債務免除の結果、同族会社の株式評価額が上昇し、思わぬ贈与税がかかることもありますので、ご注意ください。

3. ゴルフ会員権等

(1) ゴルフ会員権の確認ポイント

ゴルフ会員権には、株主でなければ会員となれない会員権や預託金制度の会員権などがあり、会員権の内容に応じて評価方法が定められています。取引相場の有無、ゴルフクラブの規約等をチェックして株式及び預託金等が直ちに返還を受けられるものであるか否か、その会員権の内容を確認する必要があります。

内容の確認に当たっては、会員証、預託金預り証を確認します。その上でゴルフ場運営会社に照会することが必要となります。

(2) ゴルフ会員権の評価

ゴルフ会員権は、取引相場の有無、預託金等の返還時期等を踏まえて次の区分で評価します。なお、単にプレーができるだけのものは評価しません（評基通211）。

図7-4-1　ゴルフ会員権の評価方法

評価区分			評価方法
取引相場のある会員権	原　則		課税時期の取引価格×70%
	取引価格に含まれない預託金等がある会員権		直ちに返還を受けることができる預託金等がある場合 　課税時期の取引金額×70%＋返還を受けることができる預託金等の金額
			一定期間経過後に返還を受ける預託金等がある場合 　課税時期の取引金額×70%＋返還を受ける金額の課税時期から返還を受ける日までの期間（1年未満の端数は1年に切り上げ。以下同じ）に応ずる基準年利率による複利現価の額
取引相場のない会員権	株式制の会員権		その株式の財産評価基本通達による評価額
	株式制かつ預託金等の預託が必要な会員権	株式と預託金等の評価額の合計額	株式：その株式の財産評価基本通達による評価額
			預託金等： 直ちに返還を受けることができる預託金等がある場合 　返還を受けることができる預託金等の金額
			一定期間経過後に返還を受ける預託金等がある場合 　返還を受ける金額の課税時期から返還を受ける日までの期間に応ずる基準年利率による複利現価の額
	預託金制の会員権		直ちに返還を受けることができる預託金等がある場合 　返還を受けることができる預託金等の金額
			一定期間経過後に返還を受ける預託金等がある場合 　返還を受ける金額の課税時期から返還を受ける日までの期間に応ずる基準年利率による複利現価の額
	プレー権のみの会員権		評価の対象とならない

(3) 不動産所有権付きリゾート会員権

　不動産所有権付きリゾート会員権については、不動産と施設利用権とを分離しての譲渡は認められていません。ゆえに、取引相場のあるゴルフ会員権と同様、取引価格の70％で評価します（評基通211準用）。

第8章 財産の帰属判定

第1節

金融資産の帰属判定

> **ポイント** 被相続人の親族名義の金融資産が、それぞれの親族の過去の収入と支出、他者からの贈与又は相続の状況などから判断して、過大である場合や被相続人の金融資産が明らかに親族名義に移動しているような場合には、被相続人の財産であるか否かの検討が必要となります。

【解説】

1.「被相続人の預貯金入出金確認表」の作成

　相続税の税務調査においては、被相続人の過去7年分（大口の金融資産保有者の場合には過去10年分）の金融資産の資金移動とその使途の調査が行われることが多いようです。それは、相続又は遺贈により財産を取得した者に対する相続開始前3年内の贈与財産の相続税の課税価格への加算（相法19）の確認、贈与税の申告漏れの確認、資金を移動した後も被相続人がその管理・収益授受を行っているような名義預金の有無の確認等、あるいは大口出金の使途の確認等を行うためです。

　相続税申告業務を行うに当たっては、同様の作業を行うことにより、これらについて当初申告を適正に行うことが可能になります。また、被相続人の生活費の額や生命保険の掛け金、小規模企業共済の掛け金、損害保険の掛け金、その他の大きな出金の有無などが明らかになります。これらの情報から死亡保険金、生命保険契約に関する権利などの、計上しなければならない財産の漏れがないかどうかを確認できます。

　家屋の大規模な増改築を行っている場合には、これを修繕費と資産計上すべきものとに区分しなければなりません。孫の結婚式の費用を負担している場合

には、当主として被相続人が負担すべきものか、贈与税の課税対象とすべきものかの判断が必要となります。1,000万円を超えるような金額の入金があり、その当日、もしくは数日後に300万円、1,000万円などという区切りのよい大きな金額が出金されている場合には、定期預金にしたのか、子や孫の名前での定期預金にされていないかなどの確認を行います。

「被相続人の預貯金入出金確認表」(**図8-1-1**)には、通帳などからその入出金の具体的内容が分かるものは当初から記入しておき、不明なものは作成した「被相続人の預貯金入出金確認表」を基に相続人から聞き取り調査をします。相続人は最初に聞いたときにはよく分からないと言っていても、次回に訪問したときには思い出していることもあります。これが事前に「被相続人の預貯金入出金確認表」を作成する効果です。税務調査の際に聞かれて、返答がしどろもどろになってしまい、それが調査官の印象を悪くするといったこともあり得ます。相続人がどうしても思い出せなかったり、被相続人しか分からないので数百万円単位で使途が不明なこともあります。このような場合には、出金した当日及びそれ以降に相続人やその他の親族に移転していないかどうかの確認を行います。移転していればその事実を、移転事実が確認できず相続人に確認しても分からない場合には、使途の欄に不明と記入します。

株式や投資信託への投資を行っていた方の場合には「有価証券資金移動表」も作成します。

第8章 財産の帰属判定

図8-1-1　被相続人の預貯金入出金確認表（例）

年	月	日	入金	出金	摘要	入金	出金	摘要	入金	出金	摘要
			残高 340,080			残高 225,976			残高 5,473,015		
			○○信用金庫　○○支店			○○信用金庫　○○支店			○○信用金庫　○○支店		
			普通111111			普通222222			普通333333		
			主な用途：家賃受取			主な用途：地代受取、諸税・保険料支払			主な用途：		
27	7	28									
27	7	26	184,000		□□		500,000	後期保険料			
27	7	26		250,000	資産計上		178,100	出金			
27	7	25				350,000					
27	7	19									
27	7	8									
27	6	28									
27	6	28									
27	6	27	184,000		□□		508,500	出金			
27	6	27		250,000	生活費		585,400	出金			
27	6	24				350,000					
27	6	21									
27	6	15					20,000	送金			
27	6	15					630	振込手数料			
27	6	14								900	現金出金
27	6	14								70,000	現金出金
27	6	14								60,000	現金出金
27	6	7								1,000,000	法人貸付
27	5	31		300,000	生活費		1,571,700	固定資産税			
27	5	30									
27	5	26	184,000		□□						
27	5	25				350,000					
27	5	17									
27	5	2					345,000	送金			
27	5	2					840	振込手数料			
27	4	27									
27	4	26	184,000		□□						
27	4	25				350,000		○○自動車			
27	4	18									
27	4	15									
27	3	28	184,000		□□						
27	3	25				350,000		○○自動車			
27	3	17									
27	3	11		500,000	生活費		265,500	出金		390,000	法事費用
27	2	28	184,000		□□						
27	2	25				350,000		○○自動車			
27	2	21									
27	2	21									
27	2	20	50		利息	104		利息			
27	2	15									
27	2	12							480		利息
27	1	28									
27	1	26	184,000		□□	350,000		○○自動車			
26	12	28									
26	12	27	184,000		□□						

第1節 金融資産の帰属判定

(単位:円)

残高 2,321,157			残高 298,579			残高 165,787		
○○信用金庫　○○○支店 普通444444			○○信用金庫　○○○支店 普通555555			○○信用金庫　○○○支店 普通666666		
主な用途:農業関連			主な用途:年金受取、医療費等支払			主な用途:出資金		
入金	出金	摘要	入金	出金	摘要	入金	出金	摘要
				63,762	△△○○			
	5,544	購買代金						
3,900		配当金						
			36,935		後期高齢者			
				63,762	△△○○			
				80,000	現金出金			
						80,320		配当金
			153,199		国民年金			
				19,295	△△○○			
	28,033	購買代金						
				80,000	現金出金			
	4,500	購買代金						
			153,900		国民年金			
				250,000	現金出金			
	14,615	購買代金						
				25,413	△△○○			
176		利息		80,000	現金出金			
				200,000	現金出金			
			53		利息	7		利息
			153,900		国民年金			
				18,944	△△○○			
				25,413	△△○○			
				80,000	現金出金			

2.「被相続人及び親族の相続開始日の金融資産残高一覧表」の作成

　相続人や親族などの金融資産残高が、その人の収入や保有資産の状況から見て異常に多い場合、被相続人の財産が含まれている可能性があります。そこで、「被相続人及び親族の相続開始日の金融資産残高一覧表」（図8-1-2）を作成します。金融資産の合計額が、過去の収入から支出を差し引いた金額から類推して求めた金額とほぼ同じであれば問題ありません。しかし、例えば、15歳の孫の金融資産の合計が5,000万円を超えているような場合は、孫名義の収益物件からの不動産所得があったり、10年間毎年600万円の贈与を受け、贈与税の申告をした結果であったりすればいいのですが、そうではないときはその資産形成の経緯とその金融資産の保有状況及び果実の取得者が問題となります。なお、この一覧表は相続人及びその家族に記入用紙を交付し、それぞれ自らが記入するようにしていただきます。これを清書するのはよいのですが、聞き取りして税理士が自ら作成することは好ましくありません。

　「被相続人及び親族の相続開始日の金融資産残高一覧表」（「預貯金等内訳表」（図8-1-3）を含む）には、金融機関名、その本支店名、普通預金・定期預金等の預金種類、口座番号、残高、名義人、印鑑、口座開設者、形成経緯等を記入します。

3.「被相続人の過去10年間の概算推定収入・支出残高推移表」の作成

　「被相続人の預貯金入出金確認表」から大きな金額の不明な点がなく、「被相続人及び親族の相続開始日の金融資産残高一覧表」からも検討すべき点がなければ必要ないのですが、これらから不明点が多く出てきた場合には、「被相続人の過去10年間の概算推定収入・支出残高推移表」（図8-1-4）を作成します。ただし、高額所得者や金融資産の金額が多額に上る被相続人の場合には、不明点がなくてもこの推移表を作成しておく必要があるでしょう。

　収入及び支出は過去の確定申告書、預貯金入出金確認表、その他の資料及び相続人からの聞き取りによって記入します。これによって過去10年分の収支

第1節 金融資産の帰属判定

図8-1-2　被相続人及び親族の相続開始日の金融資産残高一覧表（例）

H○年○月現在

		○○様 被相続人	○○様 配偶者	○○様 長男	○○様 長男の嫁	○○様 長男の子（孫）	○○様 長女	○○様 長女の夫	○○様 長女の子（孫）
○○銀行 ○○支店	普通	0	9,000	40,000	60,000	1,000	50,000		10,000
	定期	0	5,000,000	5,000,000	450,000	4,000,000	−	900,000	−
○○銀行 ○○支店	普通	0	7,000	8,000	0	400,000	−	−	−
	定期	0	7,000,000	3,500,000	3,500,000	4,000,000	−	−	−
○○銀行 ○○支店	普通	0	0	1,100,000	70,000	40,000	800,000		
	定期	0	90,000	10,000,000	4,000,000	2,000,000	−	−	−
○○銀行 ○○支店	普通	20,000	800	0	5,000	50,000			
	定期	0	3,000,000	5,000,000	4,000,000	6,000,000			
	国債	0	0	2,000,000	0	2,000,000			
○○銀行 ○○支店	普通	0	0	60,000	15,000	20,000			
	定期	0	4,000,000	8,000,000	3,000,000	5,000,000			
○○銀行 ○○支店	普通	1,000,000	500,000	700,000	300,000	350,000	300,000	700,000	5,000
	定期	3,000,000	4,000,000	9,000,000	6,000,000	4,000,000	3,000,000		
	出資	57,000	0	0	0	0			
○○銀行 ○○支店	普通	400,000	800,000	1,000,000	0	0	0	300	
○○銀行 ○○支店	普通	1,000	0	0	0	0			
	定期	0	0	2,000,000	0	0			
預金合計		4,478,000	24,406,800	47,408,000	21,400,000 96,669,000	27,861,000	4,150,000	1,600,300 5,765,300	15,000
○○証券 ○○支店		0	800,000	10,000,000	4,000,000	1,000,000	−	−	−
○○証券 ○○支店		0	0	700,000	8,000,000	0	2,000,000	−	−
証券等合計		0	800,000	10,700,000	12,000,000	1,000,000	2,000,000	0	0
総合計		4,478,000	25,206,800	58,108,000	33,400,000	28,861,000	6,150,000	1,600,300	15,000

図8-1-3　預貯金等内訳表（例）

預金

No.	金融機関	種類	口座番号	残高 (H22.7.14現在)	開設日	名義人	口座開設者	預金累積の主な原因	用途
1	○○	普通	371626	73,514,662	H18.10.10	○○花子	□□和子	不動産収入の入金、給料、賞与	税金経費
2	○○	定期	597761	10,200,028	H19.3.12	○○花子	○○花子	被相続人の収益物件による賃料収入の蓄積	財産計上
3	○○	普通	466392	114,877,279	H21.5.22	○○花子	□□和子	○○○銀行より（114,867,279円）△△商事より貸付金返済（54,479,925円）	
4	△○△	普通	3967102	586,787	H14.3.28	○○花子	○○花子		
5	△○△	定期	1168851	12,086,400	H20.4.3	○○花子	○○花子	被相続人の預金が原資	財産計上
6	□□□	普通	1100288	1,168,472	H19.5.25	○○花子	○○花子	給料	生活費
7	□□□	貯蓄	1612021	2,518	H8.2.28	○○花子	○○花子		生活費
8	○○○	普通	2761642	1,562,826	S61.10.24	○○花子	○○花子	地代等の振込	
9	△△□	普通	66202181	1,338	H6.1.5	○○花子	○○花子	地代等の振込	

投資信託

| 10 | □△□ | | | 10,000,000 | H19.3.6 | | | | 財産計上 |

○○証券株式等

| 11 | ○○証券 | | 75-1255321 | 51,359,838 | H3.1.28 | ○○花子 | ○○花子 | | |

309

図8-1-4　被相続人の過去10年間の概算推定収入・支出残高推移表（例）

		H18年	H19年	H20年	H21年
収入	不動産所得	9,454,415	-5,182,661	-903,335	1,763,982
	減価償却	11,194,664	6,546,013	5,771,623	5,546,478
	公的年金	4,609,828	4,586,632	4,582,000	4,572,664
	給与	1,800,000	1,800,000		
	雑所得（簡保）	300,000	300,000	300,000	300,000
	損保○○介護保険				
	○○生命解約				
	総合譲渡（ゴルフ）		310,000	80,000	
	共同住宅売却残金		59,000,000		
	損保○○満期金				3,000,000
	○○貸付金返済			1,000,000	
	生命保険満期金			10,092,002	
	収用				
	合計	27,358,907	67,359,984	20,922,290	15,183,124
支出	暦年贈与	1,300,000	15,500,000	10,000,000	
	○○様葬儀立替				
	減価償却資産取得				2,350,000
	所得税・住民税	2,750,000	0	0	0
	移転補償経費				
	預かり保証金返金	450,000	1,100,000	500,000	
	医療費	2,500,000	1,978,000	1,564,000	2,066,000
	戸建て賃貸保険料				
	住宅取得資金贈与				
	(有)○○へ貸付				
	社会保険料	137,828	142,928	46,849	113,964
	生命保険料	11,250,400		120,140	179,000
	損害保険料	1,205,459		651,042	491,563
	使途不明金（家政婦）	2,000,000	4,000,000		
	グループホーム				484,218
	家政婦への支払い		2,080,000	1,660,000	1,660,000
	生活費等	5,825,705	5,320,000	2,780,000	3,850,000
	合計	27,419,392	30,120,928	17,322,031	11,194,745
	収入－支出（理論値）	-60,485	37,239,056	3,600,259	3,988,379
	年末時通帳残高	19,403,427	29,096,955	28,863,630	32,155,959
	前年末との増減	1,128,297	9,693,528	-233,325	3,292,329
	理論値との差額	1,188,782	-27,545,528	-3,833,584	-696,050

H17年末残	18,275,130

第1節 金融資産の帰属判定

(単位：円)

H22年	H23年	H24年	H25年	H26年	H27年1/1～9/15
373,262	1,588,657	-6,807,761	5,031,693	-3,833,210	-5,296,544
5,247,604	4,984,973	5,038,371	4,987,226	8,978,760	4,631,619
4,567,996	4,567,996	4,567,996	4,567,996	4,555,668	3,028,366
331,670	341,627	351,876	267,752	68,429	
			1,944,060	1,682,230	855,450
				9,960,000	
			24,642,587	21,966,438	
10,520,532	11,483,253	3,150,482	41,441,314	43,378,315	3,218,891
7,800,000			9,300,000	15,300,000	9,300,000
					3,000,000
		1,700,000	3,140,600	16,434,485	3,769,200
120,000	235,200		240,000		
			1,575,000		
350,000	400,000			250,000	150,000
1,886,843	2,040,674	2,198,739	1,737,157	1,050,000	480,000
				242,232	
			12,400,000		
		3,000,000			
87,699	157,899	349,716	217,477	104,889	70,300
69,200	51,370	51,370	51,370	51,370	56,490
2,292,514	2,043,247	2,385,287	2,801,939	4,671,021	2,113,102
1,750,000	3,200,000	1,770,000	3,180,000	800,000	470,000
14,356,256	8,128,390	11,455,112	34,643,543	38,903,997	19,409,092
-3,835,724	3,354,863	-8,304,630	6,797,771	4,474,318	-16,190,201
27,872,15	30,410,192	21,428,819	27,334,165	29,050,962	11,135,452
-4,283,808	2,538,041	-8,981,373	5,905,346	1,716,797	-17,915,510
-448,084	-816,822	-676,743	-892,425	-2,757,521	-1,725,309

H20年～H27年の理論値との差額の合計	-11,846,538
H19年分	-2,500,000
被相続人の生活費負担額合計	-14,346,538

311

の理論値が分かります。被相続人の10年前の預貯金残高に収支理論値の増加額もしくは減少額を加算又は減算すると、理論値の相続開始日の預貯金残高となります。実際の相続開始日の預貯金残高と確認し、理論値よりも実際の残高の方が大幅に少ない場合には、その原因を究明することが必要です。

被相続人は証券投資が趣味で投資による損失が多額に生じていた場合や宗教活動のために多額の寄付をしていた場合、時々認知症が発症していて第三者にお金をあげていた場合など様々な理由で明確な証拠がなく、原因究明ができないこともあります。このような場合には、相続人からの申述を残しておくことになります。

4. 名義預金として被相続人の財産とする法的判断基準

(1) 相続人名義の預貯金は名義預金か相続人の財産か

相続人名義の預貯金について、納税者の方から「毎年110万円の範囲で贈与を受けていたので贈与税の申告はしていませんが、私名義のこの預金は私のものです」「主人から預かった生活費は私に任されたもので、私がやりくりして貯めたお金は私のものです」などと主張されることがよくあります。

これらの方が資金を既に費消してしまっていれば費消した時点で贈与が成立しているといえるかもしれません（金銭消費貸借ということもあり得ます）。民法上の贈与が成立し、贈与税の時効が成立していれば課税されることはありません。しかし、相続開始時点で現に預貯金として存在していれば、贈与が成立しているのか、贈与が成立していないために被相続人の財産として申告しなければならないのかが問題になります。口座名義は相続人等の親族であっても、民法上の贈与が成立しておらず、その実質が被相続人の財産であるものを名義預金といいます。そこで、次のような手順で確認します。

①保管・管理は誰がしているのか

被相続人が配偶者や相続人及び孫などに金銭の贈与（贈与税の申告書を税務署に提出している場合を含む）をしている場合でも、預貯金通帳や印鑑を被相続人が保管・管理していた場合には、民法上の贈与が成立していないため名義預金と認定され、被相続人の財産として申告する必要があります。

ここで重要なのが「金融資産残高一覧表」（預貯金等内訳表含む）の口座開

設日、口座開設者、印鑑及び預貯金累積の主な原因・形成経緯です。

　1）口座開設日・口座開設者

　いつ誰が口座開設をしたのか、税務調査時には開設時の筆跡を確認することもあります。これは、その保管・管理をしている者を客観的に判断するための一つの要素といえます。

　2）印鑑

　親族名義の預貯金の届出印が被相続人の実印であったという例がありました。そうすると、この預金は被相続人が保管・管理していた可能性が非常に高いということになるでしょう。実印でなくとも、日常、その親族が使用している届出印と異なる印鑑で届けられており、この親族がその印鑑を保管・管理していたと思われない場合には、その親族名義の預貯金は名義預金であると判断される恐れがあります。最近はキャッシュカードのみによる引出しも日常化していますが、印鑑は保管・管理者が誰かの判定の重要な要素の一つです。

　3）預貯金累積の主な原因・形成経緯

　相続人の預貯金形成の経緯についても、「〇年〇月に被相続人から贈与されて資金を預金した」「結婚前の給与・賞与を定額貯金で運用し満期日に預け替えた」などを明らかにしておくことが重要です。

(2) 名義預金に関する預貯金の態様別の対策又は対応について

①名義人に相当期間にわたり相当の所得等がある場合

　名義預金の名義人に、長期間にわたって相当の所得等があり、通常ならば、名義人にその預金の預入れを行うための資金力があると認められるときは、課税庁においても、特別に名義人に対して当該預貯金が名義人の固有財産であるとの立証を求めることはまれであり、名義人の固有財産であると認定する（名義預金と認定されない）場合が多いと思われます。

　しかし、「被相続人の預貯金入出金確認表」の預貯金残高の理論値に比べて、相続開始時点の預貯金残高の合計額が大幅に少なく、相続人家族の預貯金総額が非常に多い場合には検討が必要となります。この場合には、相続人の過去の収入・支出からその預貯金残高の理論値（民法上贈与が成立している部分は除く）を導き出し、相続人家族の預貯金総額と比較し、実際の残高のうち理論値

図8-1-5　相続人及び親族等の概算推定所得表（例）

(単位：千円)

		○○様	△△様	○△様	○□様		
収入	●●様遺産	2,000					
	東京自宅売却分(●●社給与分)	37,000					
	●●社給与残	10,000	2,000	1,000			
	出資金返金	5,000	5,000				
	被相続人からの贈与(申告済)	8,700	19,100	19,100	21,000		
	●●(亡母)からの贈与			2,500			
	S61年～H24年の不動産所得	85,624					
	㈲●●からの役員報酬	156,000	7,600				
	合計	304,324	33,700	22,600	21,000	381,624	A
支出	所得税・住民税(H15年～H24年)	26,570					
	社会保険料等(H15年～H24年)	9,120					
	小規模企業共済(H15年～H24年)	8,970					
	贈与税(H15年～H24年)	540	1,450	1,450	1,450		
	大阪自宅購入自己資金	17,600					
	住宅ローン返済(H22年～)	7,200					
	生活費(H15年～H24年)	18,960					
	㈲●●への貸付金	20,000	500	500	500		
	●●保険料	24,069					
	学資保険			1,781	1,848		
	貯蓄性保険(●●)	1,207					
	貯蓄性保険(▲▲)	1,649	2,844	1,003	960		
	合計	135,885	4,794	4,734	4,758	150,171	B

妥当性のある概算の預貯金残高	231,453	C=A-B
○○様家族の預貯金合計	268,053	D
差額	36,600	D-C

＊S61年～H24年の所得税・住民税等は●●社の給与から支出している。

を超える部分について、被相続人からの資金の移動がないかどうかの検討が必要となります。

相続人の過去の収入・支出から預貯金残高の理論値を検討する段階で、証券投資による資金増や贈与税の申告をして蓄積している相続人の家族名義の預金（民法上の贈与が成立しているもの）も含めていますので、理論値を超える預貯金残高については名義預金として被相続人の財産として計上しなければならない可能性があります。

②名義人が名義預金を既に贈与されている場合

名義人が、自分名義の預貯金が自己の所有に係るものである旨を主張するための根拠として、被相続人からの生前贈与によって当該預貯金を取得したと抗弁することができれば、その預貯金は課税時期においては、名義人の所有となっていることになります。したがって、課税庁は、これを名義預金と認定することはできません。この場合には、贈与を受けた年分の贈与税の申告をした事実を提示します。既に課税の除斥期間（6年間）を経過していて課税庁がその事実を確認できないときは、贈与税の申告書控か贈与税の納付に係る領収書を提示すればよいでしょう。

贈与税の申告をしていない場合で、決定の除斥期間が経過している場合には、贈与税が課税されることはありません。しかし、名義人は、自ら贈与税の申告義務を履行しなかった不適法な行為を基因として、贈与税課税の除斥期間の経過を主張することにより、課税されないという課税上の利益を得ようとするのですから、「クリーンハンズの原則」※の考え方から、民法上の贈与が確定している事実の証明ができない限り、その時点での贈与認定が得られない場合もあると考えられます。

※「クリーンハンズの原則」とは、その名のとおり「清らかな手」の者だけが法や裁判所の救済を受けられる、つまり「自ら不法に関与した者には裁判所の救済を与えない」という原則。

(3) 名義預金であった預金を取得時効により取得したとの主張

被相続人の所有に属する名義預金を名義人が取得時効により取得した場合には、その預貯金は名義人の固有財産となりますので、これを名義預金と認定することはできません。しかし、そもそも取得時効の要件となる預金の占有関係がないことにより名義預金と認定されたものについて、取得時効の原因となる占有の事実が明らかとなるとは考えられません。

(4) 名義預金の口座ごとの認定方法

　名義預金の認定は、預貯金口座ごとに行うのが原則です。預貯金口座ごとに、その預金の開設手続の状況、その後の預入れ及び払出しの状況、その預入金の調達及び払出金の使途の状況、その預貯金通帳・預貯金証書、受益証券、使用印章等の保管状況等を精査して判定することになります。

(5) 贈与成立要件

　ここで金融資産について民法上の贈与が成立する要件について整理しておきましょう。次のような点について確認が必要です。

　①贈与契約書

　②資金の移動

　③贈与税申告書（基礎控除の範囲内は不要）

　④利息、配当、地代、家賃など、受贈物件の果実の収受者及びその所得の申告

　⑤預貯金口座開設者

　⑥預貯金口座の届出印鑑

　⑦通帳・印章の管理者

第2節

不動産の帰属判定

> **ポイント**
> 不動産は登記名義人のものであることが原則です。しかし、先代以前の名義のままの場合には、その不動産の現在の所有者を特定しなければ被相続人の財産を確定できません。また、同族法人の貸借対照表に計上されているにもかかわらず個人名義登記物件である場合もあります。

【解説】

1. 不動産は登記名義人のものであることが原則

　不動産は登記名義人のものであることが原則ですので、先代以前の名義のまま相続登記がなされていない場合や、同族法人の貸借対照表に計上されているにもかかわらず登記が被相続人名義となっているケースでは、その帰属判定が必要となります。

2. 相続登記がされていない物件

　昭和23年の新民法施行以前は家督相続でしたので、相続登記がなされていなくとも原則として所有者は明確でした。新民法施行後は均分相続となり、遺言書も遺産分割協議書もないときは均分相続とされています。相続登記がされていない場合、遺言書や遺産分割協議書があると法定相続分とは異なる相続が行われている可能性があります。被相続人の不動産は固定資産の名寄帳又は納税通知書の課税明細書で確認できますが、相続登記されていない物件が確認できていない可能性があります。

　よほど少額の評価額の場合は別にして、相続登記されていなくても固定資産

税は課税されていますので、相続人の代表者として届け出た人に固定資産税の納税通知書が届いています。この納税通知書を基にして登記事項証明書や公図によってその存在を確認し、遺言書又は遺産分割協議書の有無を確認する必要があります。

(1) 遺言書又は遺産分割協議書がない場合

これらがない場合には、原則として法定相続分を財産として計上することになります。しかし、時間があり可能であれば、先代の相続人全員の協議によって未登記物件の遺産分割協議を行います。この場合、相続人が既に亡くなっているときは、その相続人も含めて遺産分割協議を行わなければならず、その住所地が遠方であったり各地に分散していることもあります。結局、相続税申告期限までに遺産分割協議が整わなければ、法定相続分によって申告することとなります。

(2) 遺言書や遺産分割協議書はあるが登記がされていない場合

かつて、遺言書や遺産分割協議書によって効力のある遺産分割が行われており、単に登記が行われていないだけの不動産について、上記(1)のように遺産の再分割を行った場合、相続人間で贈与が行われたとして課税されることになります。ゆえに、まず過去の遺言書や遺産分割協議書の確認・調査をすることが大切です。

遺言書や遺産分割協議書があって登記されていない被相続人の物件については、相続財産として申告します。

(3) 同族法人の資産として計上されている個人登記不動産

従前からの関与先の場合にはあり得ませんが、紹介によって相続税申告に至った場合には、土地や建物の登記名義人は被相続人であるが、同じ土地・建物が被相続人の同族法人の資産に計上されていることがあります。この場合には次のような経緯の調査をして、真の所有者が誰であるかを明らかにする必要があります。

①土地・建物取得のための資金が実際にどこから出ているのか
②借入金による取得の場合には金銭消費貸借契約の名義人

③登記名義人と所有者が異なることとなった事由・経緯
　④使用の実態、家賃・地代、固定資産税の支払い実態
　被相続人が銀行から借入れをして取得した土地・建物について、当初から法人の資産及び債務として計上し、元利金返済を法人の事業収益によって得た資金から支払い、土地・建物は法人の社屋・工場などとして使用し、被相続人に対して家賃の支払いをしたことはなく、土地・建物の固定資産税の納付も法人が過去20年にわたって行っていたような場合には、その実態からして、その土地・建物は法人の所有であると判断すべきでしょう。この場合には、土地・建物の登記名義人が被相続人であっても相続財産に計上する必要はないと考えられます。

3. 不動産の公正証書による贈与の未登記物件

　例えば、被相続人が公正証書で土地や建物の贈与契約書を作成して、公正証書作成時点では贈与登記をしないで「時効が成立する7年以上経過してから贈与登記をする予定だった。既に8年経過しており贈与が成立しているので相続財産ではない」という主張があった場合にはどうすべきでしょう。税務上の取扱いでは土地や建物の場合、登記しなければ第三者に対抗できませんので、贈与時期は登記時点であるということで取り扱われています（相基通1の3・1の4共-8(2)、-11）。
　名古屋高等裁判所で争われた平成10年12月25日の判決では納税者が負け、最高裁判所に上告しました。最高裁判所は平成11年6月24日にその訴えを不受理とし、裁判上も確定しました。
　したがって、このような不動産は被相続人の財産として計上しなければなりません。

贈与税決定処分取消請求控訴事件

判決／名古屋高等裁判所（控訴審）

（裁判年月日：平成10年12月25日、事件番号：平成10（行コ）第34号）

　昭和60年3月14日に公正証書で土地と建物を父から子に贈与し、平成5年12月13日に公正証書贈与を原因とする所有権移転登記を行いました。納税者は「公正証書による贈与が昭和60年3月14日に成立しており既に時効が成立している」と主張しました。これに対して名古屋高等裁判所は次の理由で書面によらない贈与であり、贈与の時点は平成5年12月13日であるとしました。

控訴審　H10.12.25　名古屋高裁判決
上告審　H11.6.24　最高裁判所決定（不受理）

《事案の概要》

1.　昭和60年3月14日付　公正証書贈与　　　父→子

①公正証書を作成しなければならない格別の理由はない
②登記を不可能とする事情がない
③贈与者である父が贈与税を免れる目的で公正証書を作成していると陳述
④登記名義をいつ移すかは、父の意思にかかっており、受贈者が自由に使用・収益・処分し得る地位になかった

↓

公正証書は将来贈与したときに贈与税がかからないようにするためのみに作成されたものであって、父がその記載どおりに不動産を贈与する意思はなかったものと認められる

→ **書面によらない贈与**

2.　平成5年12月13日　所有権移転登記

納税者は、公正証書による贈与が、昭和60年3月14日に成立しており、既に時効が成立していると主張

→ **贈与時点は平成5年12月13日である**

第3節

非上場株式等の帰属判定

> **ポイント**
> 同族会社である非上場株式等については、株主名簿や法人税申告書別表2に記載されている内容と真の所有者が異なっている場合があります。被相続人の真の保有株式数を理論的に確認する必要があります。

【解説】

1. 平成2年の商法改正前に設立された株式会社の場合

　平成2年の商法改正後は株主1人で会社を設立できることとなりましたが、改正前の株式会社の設立には7人の発起人が必要で、設立時に発起人による株式の取得が必要でした。出資金払込証明書が必要でしたので、7人の発起人はそれぞれが資金を拠出した建前でしたが、実際には創業者が100％資金を拠出していたという例も多くありました。

　このように他人名義を借用して、株式の引受け、払込みがなされた株式を「名義株」といい、株主名簿上の名義人である株主と、その株式の真の所有者とが異なる場合があります。

　この場合、法人税申告書別表2の「株主等の株式数等の明細」にも、創業者の株式数を100％とするのではなく、他の6人の名義株の株式数が除外されていることがあります。税法においては名義ではなく、真の所有者に対して相続税がかかりますので、このような場合には創業者である被相続人が100％保有しているとして、名義株式も被相続人の財産として申告しなければなりません。株主名簿や法人税申告書別表2の記載内容が誤っているのです。

　このような例の場合、できるだけ早く株主名簿と別表2の訂正を行っておき

たいものです。

2. 名義株主の立証

　多くの場合、会社の設立からは、少なくとも20数年以上経過していますし、場合によっては50年以上経過していることもあります。名義株式かどうか分かる資料が残されていればよいのですが、何の証拠書類もないことも多く見受けられます。この場合、株主名簿と法人税別申告書別表2の記載内容変更の根拠を明確にしておく必要があります。名義株主から「名義株式であることの確認書」への署名押印を頂き、真実の株主であることについて立証できる万全な準備をしておくとよいでしょう。

図8-3-1　**名義株式であることの確認書**（例）

○○株式会社　御中

　株主として記載のある私名義の貴社株式は、○○○○氏の依頼により名義を貸したことによるものです。私は会社設立に当たり、金銭の拠出は一切しておりません。名義を貸したに過ぎず、○○○○氏との間に贈与、譲渡があった事実もなく、真の株主は○○○○氏であることを確認する旨、本日確認書を差し入れます。

○年○月○日

住所　_____
氏名　_____㊞

名義株主が健在なら本人が記憶している可能性もありますが、名義株主が既に死亡している場合には、その相続人全員の署名押印が必要になることもあります。この場合、何の証拠書類もなく、相続人は何も聞かされていないこともあります。このようなケースにおいては、事実を客観的に証明できるよう、配当の受領書や株主としての権利行使状況、過去の経緯を知っている人の経緯文書の作成など、事実を立証できることが大切です。

3. 贈与や増資についても調査する

かつては相続税対策といって、自分が持っている非上場株式等の名義を多くの人に書き換える方や、増資に当たって自分自身が拠出したにもかかわらず、増資者の名義を家族にする方などがいました。

これらの場合は、贈与契約を締結し贈与税を払っているわけでもなく、その後の議決権行使などを認めたわけでもありません。場合によっては、株式の名義人がこの事実を全く知らないこともありました。

このような場合に、株主名簿や法人税申告書別表2の「株主等の株式数等の明細」には、その名義人を記載しておき、相続が発生した場合に、これらは7年以上前の贈与であるとして、課税当局に贈与の時効を主張されるケースがよくあります。しかし、相続税はあくまでも実質所有者に課税するものであるとして、管理も権利も行使していない場合は、形だけの配当や申告があったとしても、国税不服審判所においても裁判所においても、被相続人の財産であるとして相続税の課税対象となっています。

被相続人が非上場会社の役員等である場合は、株式の名義人であるかどうかを問わず、株式の真の所有者は誰であるかをしっかり検討・確認しておくことが非常に重要です。

第9章 相続税の特例とその適用判断

第1節

配偶者に対する相続税の税額軽減

ポイント　遺産分割が完了している場合、配偶者の取得財産のうち法定相続分又は1億6,000万円までは、税額軽減により相続税がかかりません。2次相続の相続税のことも考えて、どのように分割するか決めるとよいでしょう。

【解説】

1．配偶者の税額軽減のあらまし

　配偶者の相続税については、同一世代間の財産移転であるため次の相続までの期間が短いと予想され、その際に再び相続税が課税されること、また、長年共に生活してきた配偶者に対する配慮や、遺産の維持形成に対する配偶者の貢献への考慮などから、軽減措置が講じられています。

　相続や遺贈によって財産を取得した人が被相続人の配偶者である場合には、その配偶者の相続税額から、次項の算式によって計算した金額を控除します（相法19の2）。

　なお、配偶者の税額軽減を受けることによって納付すべき相続税額がゼロとなる人であっても、相続税の申告書の提出は必要です（相法19の2③）。

2. 税額軽減の計算方法

相続税の総額 × (課税価格の合計額のうち配偶者の法定相続分相当額(1億6,000万円に満たない場合には1億6,000万円)と配偶者の実際取得額とのうちいずれか少ない方の金額) / 課税価格の合計額 = 配偶者の税額軽減額

注) この場合の「配偶者の法定相続分」は、相続の放棄があった場合でも、その放棄がなかったものとした場合における相続分をいいます。

3. 配偶者の範囲

配偶者は、その被相続人との婚姻について、婚姻の届出をしている者に限られます。したがって、事実上婚姻関係と同様の事情にある者であっても婚姻の届出をしていない、いわゆる内縁関係にある者は含まれません。

なお、被相続人の配偶者であれば、その者が制限納税義務者であってもこの特例の適用が受けられます。また、配偶者が相続を放棄した場合でも、その配偶者が遺贈等によって財産（みなし相続財産を含む）を取得した場合には、税額軽減の適用が受けられます。

4. 税額軽減の計算の基礎となる財産

配偶者に対する相続税額軽減の計算の基礎となる財産には、原則として、相続税の期限内申告書の提出期限までに分割されていない財産は含まれないとされています（相法19の2②）。したがって、その計算の基礎に含まれる財産は、相続税の申告期限までに遺産分割された、特定遺贈等により配偶者が実際に取得した財産に限られ、具体的には以下に掲げるものがこれに該当することになります。

①相続税の申告期限までに遺産分割により取得した財産
②単独相続により取得した財産
③特定遺贈により取得した財産
④相続開始前3年以内に被相続人から贈与によって取得した財産で、相続税

の課税価格に加算されるもの
⑤相続税法上、相続や遺贈により取得したものとみなされるもの（生命保険金や退職金など）
⑥「申告期限後3年以内の分割見込書」を提出して、相続税の申告期限後3年以内に遺産分割により取得した財産
⑦相続税の申告期限後3年を経過する日までに分割できないやむを得ない事情があり、税務署長の承認を受けた場合で、その事情がなくなった後4か月以内に遺産分割により取得した財産

5. 申告期限後に更正の請求により適用を受ける場合

相続税の申告期限までに分割されていない財産であっても、前項⑥⑦の事由により取得した財産については、あらためて計算した配偶者に対する相続税の税額軽減の適用を受けることができます。ただし、それぞれ分割できることとなった日の翌日から、4か月以内に更正の請求書を提出しなければなりません（相法32）。

6. 配偶者の相続割合は第2次相続まで考慮して決定する

第1次相続における配偶者の相続割合は、第1次相続及び第2次相続における相続税を通算して判断することが重要です。

相続人の中に配偶者がいる場合に、今回の相続において納付すべき相続税額を最も少なくするためには、配偶者が相続する財産の価額を、法定相続分に応ずる価額又は1億6,000万円までのいずれか多い金額になるようにして、配偶者の税額軽減の規定を最大限に受けるようにします。

配偶者が比較的若い場合や健康状態が良好な場合には、配偶者の老後の生活を重視して必要な財産をきちんと相続させ、安定した生活を送ることができるように他の相続人が配慮するのが理想的です。また、このような場合には、第2次相続としての配偶者の相続までに相当の年数が見込まれるため、来るべき配偶者の相続に備えることができます。

これに対し、資産家については第1次相続に続いて第2次相続が短期間に見

込まれる場合、第1次相続において配偶者の税額軽減を最大限受けることが有利であるとは限りません。なぜなら、第2次相続で血族相続人（子）に再び多額の相続税が課せられることとなるからです。配偶者が第1次相続において、幾ら遺産を相続すれば有利かは、第1次相続及び第2次相続の相続税を通算して判定することが重要です。（第10章第3節参照）

7. 将来評価額が下がるものや対策を行いやすいものを選ぶ

　配偶者がいる場合の遺産分割においては、配偶者の相続割合に気を付けなければならないのと同時に、その相続財産の種類について、将来消費するものや値下がりすると予想されるもの、又は贈与などの対策が講じやすい財産を選ぶことが重要です。

　例えば、毎年消費していくことにより減少するような現預金や評価額が減少していく家屋などの財産を、配偶者が相続した場合、その後の第2次相続時には、第1次相続時よりも評価額が減少する結果となります。

　逆に、計画道路予定地の周辺の土地や株価の上昇が予想できる自社株式を配偶者が相続した場合、第1次相続時点よりも第2次相続時点の評価額が高くなっていると予想されます。また、高収益の物件などを相続した場合は、物件自体の評価額が下がったとしても、保有している期間が長ければ長いほどその物件から得られる収益が蓄積し、新たに配偶者の遺産を構成することとなります。

　したがって、配偶者の相続分を決める場合には、その相続財産の資産構成について、その財産の価額変動や収益性を見極めてどの財産を配偶者が相続すると有利であるかを検討することも重要です。（第10章第3節参照）

8. 配偶者が農地等の相続税の納税猶予を適用する場合のポイント

　農地等の相続税の納税猶予の特例（措法70の6）の適用を受ける場合、配偶者が農業相続人となれば、通常の相続税評価額により計算した金額に基づき配偶者の算出相続税額が計算されるため、配偶者の税額軽減を有効に活用することができます。

配偶者が農業相続人である場合、配偶者の税額軽減を計算するときの課税価格は、農業相続人の分も含めて、すべての者につき相続税法の規定により通常のとおりに求めた課税価格によることとされています。

　しかし、配偶者が農業相続人でない場合、又は配偶者が納税猶予の適用を受けない場合、配偶者の税額軽減の計算においては、特例農地等の価額は農業投資価格によって計算した課税価格（特例課税価格）の合計額によることとされ、また、相続税の総額についても、特例農地等の価額は農業投資価格によって計算した相続税の総額（特例相続税の総額）によることとなります。

　その結果、配偶者が農業相続人である場合に、農地等の納税猶予の適用を受けるか否かによって、相続税の負担が大きく異なることとなります。（本章第3節参照）

9. 自社株式の承継が行われずに相続が発生した場合

　自社株式の承継が行われておらず、被相続人が急逝したような場合には、配偶者が自社株式の相当部分を取得するとよいでしょう。

　株価評価するに当たり、類似業種比準方式に使用される評価会社の「1株当たりの利益金額」は通常直前期のものが使用されますので、多額の死亡退職金が支給されたとしても、相続時の株式の類似業種比準価額は高い評価額のままとなっています。しかし、死亡退職金が支払われた翌期には類似業種比準価額は大きく下がります。

　もし、高い評価の自社株式を配偶者が取得したとしても、配偶者の税額軽減の適用により相続税の心配はいりません。さらに、翌期になって評価が下がった自社株式を、相続時精算課税制度などを活用して後継者に贈与等をすれば、第2次相続のときの相続税を大きく下げることになります。（第10章第4節参照）

第2節

小規模宅地等についての相続税の課税価格の計算の特例

> **ポイント**
> 小規模宅地等の特例では、特定居住用宅地等については330㎡まで80%、特定事業用宅地等及び特定同族会社事業用宅地等については400㎡まで80%、貸付事業用宅地等については200㎡まで50%相続税の課税価格を減額することができます。

【解説】

1. 小規模宅地等の特例のあらまし

(1) 特例が適用される面積

　平成27年1月1日以後の相続又は遺贈によって取得した財産のうち、相続開始の直前において被相続人等の事業の用又は居住の用に供されていた宅地等で、建物等の敷地の用に供されているものがある場合には、相続人等が取得したこれらの宅地等のうち限度面積までの部分を「小規模宅地等」といい、相続税の課税価格に算入すべき価額は、それぞれの用途に応じ一定割合を乗じて計算した金額とされています（措法69の4）。

　次頁の表のとおり、特定事業用等宅地等については400㎡を上限にその評価額の80%が、特定居住用宅地等については330㎡を上限にその評価額の80%が、賃貸事業に供されている貸付事業用宅地等については200㎡を上限にその評価額の50%がそれぞれ減額されます。これらを「小規模宅地等についての相続税の課税価格の計算の特例」（以下「小規模宅地等の特例」）といいます。

【小規模宅地等の特例の適用関係】

利用区分		限度面積	減額割合
事業用	特定事業用等	400㎡	80%
	特定同族会社事業用等	400㎡	80%
	貸付事業用等	200㎡	50%
居住用	特定居住用等	330㎡	80%

(2) 適用最大面積は730㎡に

平成27年1月1日以後の相続等の開始から、特定事業用等宅地等と特定居住用宅地等のみを特例の対象として選択する場合については、限度面積の調整を行わないこととし、特定事業用等宅地等の400㎡までと、特定居住用宅地等の330㎡までの合計730㎡まで適用が可能とされています（措法69の4②一、二）。

ただし、貸付事業用宅地等を選択する場合については、次のような調整計算を行わなければなりません（措法69の4②三）。

（平成27年1月1日以後開始相続等）

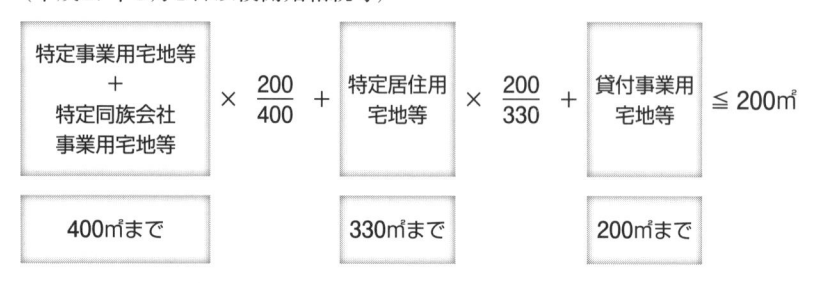

$$\left(\text{特定事業用宅地等} + \text{特定同族会社事業用宅地等}\right) \times \frac{200}{400} + \text{特定居住用宅地等} \times \frac{200}{330} + \text{貸付事業用宅地等} \leq 200㎡$$

400㎡まで　　330㎡まで　　200㎡まで

2. 被相続人が居住していた特定居住用宅地等の適用要件

被相続人が居住していた宅地等について、次のように取得者ごとに適用要件が異なります（措法69の4③二）。また、建物所有者が親族であり、被相続人が家賃をその親族に支払っていた場合には適用対象となりませんので注意が必要です。

第2節 小規模宅地等についての相続税の課税価格の計算の特例

図9-2-1　被相続人の居住の用に供されていた宅地等の特例の適用要件

区分	特例の適用要件		
措法69の4③二	配偶者	無条件	
措法69の4③二イ	相続税の申告期限まで継続して保有している親族	①相続開始直前に宅地等の上の一棟の建物に被相続人と同居。 ②申告期限までそこに居住。	
措法69の4③二ロ		①被相続人の配偶者又は相続開始直前において被相続人の居住の用に供されていた家屋に居住していた法定相続人がいないこと。 ↓ 相続を放棄した人を含む	
		②相続開始前3年以内に日本国内にある自己又は自己の配偶者の所有する家屋に居住したことがないこと。 ↓ 相続開始直前において被相続人の居住の用に供されていた家屋を除いて判定	

(1) 配偶者が取得した場合

被相続人が居住していた家屋の敷地を配偶者が取得した場合には、原則として相続税の申告期限までにその敷地を譲渡しても、居住の用に供さなくとも特定居住用宅地等となり、特例の適用ができます（措法69の4③二）。

(2) 同居親族が取得した場合

相続開始直前に被相続人と同居していた親族が取得した場合には、相続税の申告期限までその敷地を所有し、かつ、居住を継続していることが適用要件となっています（措法69の4③二イ）。

(3) 非同居親族が取得した場合

同居していなかった親族が被相続人の居住用宅地等を取得した場合でも、次の2つの要件を満たしており、相続税の申告期限まで継続して所有していた場合には、取得した者が居住していなかったとしても適用対象となります（措法69の4③二ロ）。

①被相続人の配偶者又は相続開始直前において被相続人の居住の用に供されていた家屋に居住していた法定相続人がいないこと

②相続開始前3年以内に日本国内にある自己又は自己の配偶者の所有する家屋に居住したことがないこと

3. 生計を一にしていた親族の居住用宅地等の適用要件

　被相続人の居住の用に供していなかったとしても、被相続人と生計を一にしていた親族の居住の用に供されていた宅地等についても、以下のように取得者ごとの要件を満たせば、小規模宅地等の特例が適用されます。ただし、家賃や地代の授受があると適用対象となりません。

(1) 配偶者が取得した場合

　被相続人と生計を一にしていた親族が居住の用に供していた宅地等で、その宅地等を配偶者が取得した場合には、この特例の適用を受けることができます（措法69の4③二）。

(2) 生計を一にしていた親族が取得した場合

　被相続人と生計を一にしていた親族が居住の用に供していた宅地等で、その宅地等に居住している親族がその敷地を取得し、相続税の申告期限まで居住及び所有を継続していれば、この特例の適用を受けることができます（措法69の4③二ハ）。

4. 二世帯住宅は登記方法に注意

(1) 二世帯住宅は原則同居扱い

　被相続人と同居していない場合には、①配偶者及び同居法定相続人がいない、かつ、②相続開始前3年内に自己又は自己の配偶者の所有家屋に居住したことがないことが、特定居住用宅地等の適用要件とされています。しかし、二世帯住宅であれば生計が別であっても、原則として、被相続人及びその親族の居住用部分に対応する敷地、つまり全体の宅地が特例の適用対象となります（措通69の4-21）。

(2) 区分所有建物登記をしていると対象とならない

ただし、二世帯住宅の敷地全体が特定居住用宅地等として特例適用対象となるためには、その二世帯住宅が被相続人単独所有又は、共有登記でなければなりません。区分所有建物登記がされていると、それぞれ別々の建物とされ、親族の居住用部分については特例適用対象とはならず、被相続人の居住用部分については要件を満たす親族が取得した場合に限り、特例適用対象となります（措通69の4-7の3）。

5. 老人ホーム等に入居していた場合

被相続人が老人ホーム等に入居したことにより、居住の用に供されなくなった家屋の敷地の用に供されていた宅地等は、以下の要件を満たしている場合に限り、相続の開始の直前において被相続人の居住の用に供されていたものとして特例が適用されます（措通69の4-7の2）。ただし、老人ホーム等を所有権によって取得した場合には、自らが取得した住宅であるため、従前の自宅の敷地は特定居住用宅地等とはなりません。

①被相続人に介護が必要なため入所したものであること
②被相続人が相続開始直前において要支援・要介護の認定を受けていること
③当該家屋が貸付け等の用途に供されていないこと
④当該家屋が生計を一にしない親族の居住の用に供されていないこと

6. 特定事業用宅地等の適用要件

特定事業用宅地等として400㎡まで80％減額される特例対象は、次のいずれかに該当する宅地等をいいます。ただし、家賃や地代の授受がある場合には貸付事業用となるため、特例の適用対象となりません（措法69の4③一）。

図9-2-2　特定事業用宅地等の適用要件

区分	特例の適用要件	
被相続人の事業の用に供されていた宅地等（措法69の4③一イ）	事業継続要件	その宅地等の上で営まれていた被相続人の事業を相続税の申告期限までに承継し、かつ、その申告期限までその事業を営んでいること。
	保有継続要件	その宅地等を相続税の申告期限まで有していること。
被相続人と生計を一にしていた親族の事業の用に供されていた宅地等（措法69の4③一ロ）	事業継続要件	相続開始前から相続税の申告期限まで、その宅地等の上で事業を営んでいること。
	保有継続要件	その宅地等を相続税の申告期限まで有していること。

（1）被相続人の事業用宅地等

被相続人の事業の用に供されていた宅地等を、次の要件のすべてに該当する被相続人の親族が取得した場合には、特例の適用対象となります（措法69の4③一イ）。

①被相続人がその宅地等の上で営んでいた事業について、相続税の申告期限までにその事業を承継し、かつ、その申告期限までその事業を営んでいること

②その宅地等を相続税の申告期限まで有していること

（2）被相続人と生計を一にしていた親族の事業用宅地等

被相続人と生計を一にしていた親族の事業の用に供されていた宅地等を、次の要件のすべてに該当する、その事業を行っていた親族が取得した場合には、この特例の適用対象となります（措法69の4③一ロ）。

①その親族が相続開始前から相続税の申告期限まで、その宅地等の上で事業を営んでいること

②その宅地等を相続税の申告期限まで有していること

7. 特定同族会社事業用宅地等の適用要件

(1) 特定同族会社事業用宅地等の特例の適用要件

　被相続人が所有していた宅地等が、特定同族会社の事業（不動産貸付業を除く）の用に供されていた場合において、その宅地等を相続した親族が相続税の申告期限においてその法人の役員であり、かつ、その宅地等を相続税の申告期限まで有していた場合には、特定同族会社事業用宅地等として特例の適用対象となります。

　特定同族会社とは、相続開始直前において、被相続人及びその親族等がその法人の発行済株式総数又は出資の総額の50％超を有している法人をいいます（措法69の4③三）。

図9-2-3　特定同族会社事業用宅地等の適用要件

区分	特例の要件	
特定同族会社[※1]の事業[※2]の用に供されていた宅地等（措法69の4③三）	法人役員要件	相続税の申告期限においてその法人の役員[※3]であること。
	保有継続要件	その宅地等を相続税の申告期限まで有していること。

※1　特定同族会社とは、相続開始の直前において被相続人及びその親族等がその法人の発行済株式の総数又は出資の総額の50％超を有している法人（相続税の申告期限において清算中の法人を除く）をいいます。
※2　不動産貸付業でないこと。
※3　法人税法第2条第15号に規定する役員（清算人を除く）をいいます。

(2) 賃料の授受がなければならない

　被相続人が有していた宅地等の上に特定同族会社が所有する建物等があり、その事業を行っている場合には、被相続人とその会社の間で地代の授受をしていることが必要です。また、被相続人又は生計を一にしていた親族の建物があり、特定同族会社が建物を借りて事業を行っている場合にも家賃の授受をしていることが必要です。ゆえに、無償又は固定資産税相当額の授受しかしていなかった場合には、この特例の適用対象となりません。

　ただし、建物を被相続人と生計を一にしていた親族が所有していた場合には、その親族が被相続人からその敷地を無償で借り受けていた場合に限って、この

特例の適用対象となります。

このように、特例の実際の適用に当たっては、詳細に適用要件を満たしているか否かについて検討しておく必要があります。

8. 貸付事業用宅地等の適用要件

貸付事業用宅地等とは、次のいずれかに該当する宅地等をいいます（措法69の4③四）。

(1) 被相続人の貸付事業用宅地等
被相続人が所有していた土地等が、不動産貸付業、駐車場業、自転車駐車場業等の用に供されていた場合、次の要件のすべてに該当する者が取得した場合には、特例の適用対象となります（措法69の4③四イ）。
①宅地等の取得者が、被相続人がその宅地等の上で営んでいた貸付事業について、相続税の申告期限までにその貸付事業を承継し、かつ、その申告期限までその貸付事業を営んでいること
②その宅地等を相続税の申告期限まで有していること

(2) 被相続人と生計を一にしていた親族の貸付事業用宅地等
被相続人と生計を一にしていた親族の貸付事業用宅地等で、次の要件のすべてに該当する者が取得した場合には、特例の適用対象となります（措法69の4③四ロ）。
①宅地等の取得者が、相続税の申告期限までその貸付事業を営んでいること
②その宅地等を相続税の申告期限まで有していること

9. どの宅地に適用するかの判定

このように、特定居住用宅地等、特定事業用等宅地等及び貸付事業用宅地等は誰が取得するのか、その後どのように利用するのか等によって、小規模宅地等の特例の適否が異なります。

最も減額の大きな宅地等を特例の対象として選択するのが、相続税の総額を

減少させるにはベストです。しかし、当然に特例適用者が一番有利になります。相続税の総額は増えても、相続人個人にとっては自分自身の相続税額が最小であるのが、最も有利な選択になります。その意味では、どの宅地でこの特例を適用するかは、遺産分割と同時にしっかりとした検討が必要です。

　また、相続税の申告に当たって、全員の同意がなければこの特例の適用は受けられないので、相続人一同でしっかり話し合い、納得した上でこの特例の適用を受けてください（措令40の2⑤）。

第3節

農地等の相続税の納税猶予等の特例

ポイント　農地等に係る相続税の納税猶予等の特例を受けるためには、①特例適用のための要件、②特例農地の範囲、③猶予税額の免除、④特例を受けるための手続き、等を把握する必要があります。また、農地法や都市計画法についても確認する必要があります。

【解説】

1. 農地等の相続税の納税猶予制度の概要

　農地等の相続税の納税猶予制度とは、農業を営んでいた被相続人又は特定貸付け[※1]を行っていた被相続人から相続又は遺贈により一定の農地及び採草放牧地並びに準農地を取得した相続人が、これらの農地等を引き続き農業の用に供していく場合又は特定貸付けを行う場合に、これらの農地等の価額のうち農業投資価格[※2]を超える部分に対応する相続税について、一定の要件の下に一定の期限まで納税を猶予する制度です（措法70の6①⑤）。猶予された税額は、その後、次のいずれかに該当することとなった日に免除されます（措法70の6㊴）。

　①農業相続人が死亡した場合
　②市街化区域内農地（特定市の「都市営農農地等」は除く）は20年営農を継続した場合（これ以外の農地は終身営農条件となる）
　③農地の全部を農業後継者に一括生前贈与し、その贈与税について納税猶予の特例を受ける場合

　相続税の納税猶予等の対象となる農地には、農地のほか採草放牧地及び準農地が含まれますが、三大都市圏の特定市の市街化区域内の農地は含まれません。

第3節 農地等の相続税の納税猶予等の特例

ただし、三大都市圏の特定市の市街化区域内の農地のうち生産緑地の指定を受けた農地は、終生営農を条件として納税猶予の対象になります。

※1 特定貸付けとは、農業経営基盤強化促進法の規定による一定の貸付けをいいます。
※2 農業投資価格とは、農地等の相続税の納税猶予制度における猶予税額の計算の基礎となるもので、特例農地等について恒久的に耕作又は養畜の用に供される土地として、自由な取引が行われるとした場合における通常成立する価格として、各国税局長が決定した価格をいいます。

図9-3-1 農業投資価格（平成26年分）

（単位：千円）（10アール当たり）

国税局	地域	田	畑	採草放牧地
札幌（北海道）	中央ブロック	300	136	54
	南ブロック	236	117	45
	北ブロック	169	55	21
	東ブロック	169	73	27
仙台	宮城県	550	270	125
	岩手県	445	215	95
	福島県	510	255	110
	秋田県	540	190	100
	青森県	430	180	85
	山形県	540	235	105
関東信越	埼玉県	900	790	
	茨城県	750	625	
	栃木県	745	620	
	群馬県	790	660	
	長野県	730	490	
	新潟県	660	265	
東京	東京都	900	840	510
	神奈川県	830	800	510
	千葉県	790	780	490
	山梨県	700	530	280
名古屋	愛知県	850	640	
	静岡県	810	610	
	三重県	720	520	
	岐阜県	720	520	
金沢	石川県	570	260	
	福井県	580	260	
	富山県	580	260	

国税局	地域	田	畑	採草放牧地
大阪	大阪府	820	570	
	京都府	750	470	
	兵庫県	770	500	
	奈良県	720	460	
	和歌山県	680	500	
	滋賀県	730	470	
広島	広島県	660	360	140
	山口県	610	290	110
	岡山県	710	300	160
	鳥取県	680	370	150
	島根県	580	295	110
高松	香川県	740	360	
	愛媛県	700	340	
	徳島県	680	330	
	高知県	615	287	
福岡	福岡県	770	440	
	佐賀県	710	400	
	長崎県	550	320	
熊本	熊本県	730	420	
	大分県	530	330	
	鹿児島県	510	400	
	宮崎県	580	410	
沖縄国税事務所	沖縄県	220	230	

2. 農地等の相続税の納税猶予の特例の適用要件

　この特例を受けるためには、相続税の申告期限までに対象となる農地を取得し、かつ、農業経営を開始することが前提となります。このため、申告期限までに遺産分割が調わない場合は、特例の適用を受けられないということになります。農業相続人に該当する者は遺産の全部について分割協議が調わない場合であっても、納税猶予を受けたいと考える農地についてだけは分割協議を成立させるよう努力する必要があります。
　その他いくつかの要件、手続きを十分に把握した上で取り組みましょう。

(1) 被相続人の要件
①死亡の日まで農業を営んでいた個人※
②贈与税の納税猶予の特例の適用を受けて農地等の生前一括贈与をした人（死亡の日まで受贈者が贈与税の納税猶予等の特例を受けていた場合に限る）
③死亡の日まで相続税の納税猶予等を受けていた農業相続人又は農地等の生前一括贈与の特例を受けていた受贈者で、障害、疾病などの事由により自己の農業の用に供することが困難な状態であるため賃借権等の設定による貸付けをし、税務署長に届出をした人
④死亡の日まで、特定貸付けを行っていた人（なお、老齢や病弱のために生前において生計を一にする同居の親族に農業経営を移譲している場合や、農業年金を受けるため、経営移譲している場合でも死亡の日まで農業を営んでいたものとされる）

※農業を営んでいた個人とは、耕作又は養畜の行為を反復かつ継続的に行う個人をいいますが、以下のように取り扱われます。
　a．農産物等を自家消費のみで他に販売していなくてもかまわない。
　b．その個人が他の職業に従事していても、兼業で農業を営んでいる限り農業を営む個人となる。
　c．住居及び生計を一にする親族の2以上の者が、それぞれa、bに該当する場合は、所得税の課税上の農業の事業主であるかどうかは問わない。

(2) 農業相続人の要件
　農業相続人は、被相続人の相続人で相続税の申告期限までに一定の特例農地を取得し、その取得した農地等につき農業経営を開始し、その後、引き続き農

業経営をするものとして農業委員会が証明した者でなければなりません。この証明書を「相続税の納税猶予に関する適格者証明書」といい、その証明書に農地等の相続人として記載された者を農業相続人といいます。農業相続人はこの場合、上記農業を営んでいた個人と同様、常時農業に従事していなければならないわけではありません。また、未成年者の場合であっても、その未成年者と住居及び生計を一にする親族が農業経営を行う場合に限り、農業相続人となることができます。

農業相続人は以下のいずれかに該当する人となります。
① 相続税の申告期限までに農業経営を開始し、その後も引き続き農業経営を行うと認められる人
② 農地等の生前一括贈与の特例の適用を受けた受贈者で、特例付加年金又は経営移譲年金の支給を受けるため、推定相続人に使用貸借による権利を設定して、農業経営を移譲し、税務署長に届出をした人
③ 農地等の生前一括贈与の特例の適用を受けた受贈者で、障害、疾病などの事由により自己の農業の用に供することが困難な状態であるため賃借権等の設定による貸付けをし、税務署長に届出をした人(贈与者の死亡後も引き続いて賃借権等の設定による貸付けを行うものに限る)
④ 相続税の申告期限までに特定貸付けを行った人

(3) 特例農地等の要件

次のいずれかに該当するものであり、相続税期限内申告書にこの特例の適用を受ける旨が記載されたものであることが必要です。
① 被相続人が農業の用に供していた農地等で相続税の申告期限までに遺産分割されたもの
② 被相続人が特定貸付けを行っていた農地又は採草放牧地で相続税の申告期限までに遺産分割されたもの
③ 被相続人が営農困難時貸付けを行っていた農地等で相続税の申告期限までに遺産分割されたもの
④ 被相続人から生前一括贈与により取得した農地等で被相続人の死亡の時まで贈与税の納税猶予又は納期限の延長の特例の適用を受けていたもの
⑤ 相続や遺贈によって財産を取得した人が相続開始の年に被相続人から生前

一括贈与を受けていた農地等

(4) 特例農地等の範囲
①納税猶予の対象となる農地等

納税猶予の特例の対象となる農地等とは、農地法第2条第1項に規定する農地のうち特定市街化区域以外の農地をいい、耕作の目的に供される土地をいいます。この耕作の目的に供される土地には、現に耕作されている土地のほか、現に耕作されていないが、いつでも耕作できるような土地も含まれます。しかし、いわゆる家庭菜園や通常では耕作されない運動場、工場敷地等の一部において現に耕作されている土地の場合は農地に該当しないことになります。また、その農地の一部を庭園にしてしまっているなど、農地以外の目的に利用しているような場合も、その部分は納税猶予の対象となりませんので気を付ける必要があります。また、農業用施設用地、農作業用地、畜舎・牧舎等の敷地は適用対象ではありません。

その土地が農地に該当するかどうかは、その現状に基づいて判断することになりますので、登記簿上の地目がどうなっているかを問うものではありません。採草放牧地[※1]、準農地[※2]も上記に準じて農地等として取り扱います。

いずれにしても納税猶予を受ける場合は、農業委員会の審査を受けなければなりませんので、特例農地等になるかならないかが不明の場合は、事前に農業委員に確認することが必要です。

※1 採草放牧地とは、農地法第2条第1項に規定する採草放牧地のうち特定市街化農地等以外のものをいい、農業以外の土地で主として耕作又は養畜の事業のための採草や、又は家畜の放牧の目的に供されるものをいいます。
※2 準農地とは、農用地区域内にある土地で農業振興地域整備計画に規定する農業上の用途区分が農地又は採草放牧地とされているものであり、10年以内に農地又は採草放牧地に開発して受贈者の農業の用に供することが適当であるものとして市町村長が証明したものをいいます。

②納税猶予の適用とならない農地等

三大都市圏の特定市の市街化区域内の農地等については、生産緑地地区内にある農地、採草放牧地を除き、平成4年1月1日以後の相続開始から納税猶予の適用を受けることはできません。なお、農地等の相続税の納税猶予制度における三大都市圏の特定市は、平成3年1月1日現在の特定市であった区域に限定されます。

第3節 農地等の相続税の納税猶予等の特例

図9-3-2 都市計画区域と納税猶予の関係

Ⓐ 市街化調整区域・未区分区域（白地区域）・都市計画区域以外

20年営農による免除規定あり　→　平成21年12月15日以後の相続開始から
　　　　　　　　　　　　　　　　終生営農

Ⓑ 市街化区域
20年営農による免除規定あり

Ⓒ 三大都市圏の特定市の市街化区域

Ⓓ 都市営農農地等（終生営農）

＊ Ⓒ は、農地の納税猶予を受けることのできない区域です。
＊ 「Ⓑ 市街化区域」の農地等以外は、終生営農が免除の条件となっています。

図9-3-3 相続税の納税猶予の対象となる農地等の範囲

特例農地に該当するもの	特例農地に該当しないもの
・現在は耕作されていないが耕作しようとすればいつでもできるような土地（休耕地） ・植木が植栽されている土地（苗木を育成する目的で苗木を植栽しかつ肥培管理を行っている土地） ・土地区画整理事業に係わる土地（従前の土地が農地であり、区画整理事業の完了後も作物を栽培している土地） ・盆栽を育成販売するために盆栽用の苗木を植え、肥培管理している土地（例えば苗床）	・いわゆる家庭菜園（住宅の一部を一時的に耕作しているもの） ・工場敷地や運動場等を一時的に耕作しているもの ・空き地の空閑地利用（建物等の建設に着工するまでの間など、たまたま耕作しているもの） ・温室の敷地（ただし、その土地を農地の状態のまま耕作を継続している場合を除く） ・眺めるために盆栽を植えてある土地 ・農地等に栽培されている立毛、果樹等 ・農作業用の敷地 ・畜舎、牧舎の敷地

農業の用に供されている農地の判定	
農業の用に供されている農地	農業の用に供されていない農地
・災害・疾病等のためやむを得ず一時的に休耕している農地。療養により他人に一時的に使用させている農地 ・土地改良法による改良事業による工事施工中のため耕作不能となっている土地 ・市街化区域外農地における一定の貸付農地	・左記以外の貸付農地

図9-3-4　三大都市圏に所在する特定市

（平成22年4月1日現在）

首都圏	茨城県	龍ケ崎市、旧水海道市（常総市）、取手市、坂東市、牛久市、守谷市、つくばみらい市
	埼玉県	川口市、川越市、さいたま市（旧浦和市、旧大宮市、旧与野市、旧岩槻市）、行田市、所沢市、飯能市、加須市、東松山市、春日部市、狭山市、羽生市、鴻巣市、上尾市、草加市、越谷市、蕨市、戸田市、志木市、和光市、桶川市、新座市、朝霞市、鳩ヶ谷市、入間市、久喜市、北本市、旧上福岡市（ふじみ野市）、富士見市、八潮市、蓮田市、三郷市、坂戸市、幸手市、鶴ヶ島市、日高市、吉川市、熊谷市
	東京都	特別区、武蔵野市、三鷹市、八王子市、立川市、青梅市、府中市、昭島市、調布市、町田市、小金井市、小平市、日野市、東村山市、国分寺市、国立市、福生市、多摩市、稲城市、狛江市、武蔵村山市、東大和市、清瀬市、東久留米市、西東京市（旧保谷市、旧田無市）、旧秋川市（あきる野市）、羽村市
	千葉県	千葉市、市川市、船橋市、木更津市、松戸市、野田市、成田市、佐倉市、習志野市、柏市、市原市、君津市、富津市、八千代市、浦安市、鎌ヶ谷市、流山市、我孫子市、四街道市、袖ケ浦市、印西市、白井市、富里市
	神奈川県	横浜市、川崎市、横須賀市、平塚市、鎌倉市、藤沢市、小田原市、茅ヶ崎市、逗子市、相模原市、三浦市、秦野市、厚木市、大和市、海老名市、座間市、伊勢原市、南足柄市、綾瀬市
中部圏	愛知県	名古屋市、岡崎市、一宮市（旧尾西市）、瀬戸市、半田市、春日井市、津島市、碧南市、刈谷市、豊田市、安城市、西尾市、犬山市、常滑市、江南市、小牧市、稲沢市、東海市、尾張旭市、知立市、高浜市、大府市、知多市、岩倉市、豊明市、日進市、愛西市、清須市、北名古屋市、弥富市、みよし市、あま市
	三重県	四日市市、桑名市、いなべ市
	静岡県	静岡市、浜松市
近畿圏	京都府	京都市、宇治市、亀岡市、向日市、長岡京市、城陽市、八幡市、京田辺市
	大阪府	大阪市、守口市、東大阪市、堺市、岸和田市、豊中市、池田市、吹田市、泉大津市、高槻市、貝塚市、枚方市、茨木市、八尾市、泉佐野市、富田林市、寝屋川市、河内長野市、松原市、大東市、和泉市、箕面市、柏原市、羽曳野市、門真市、摂津市、泉南市、藤井寺市、交野市、四條畷市、高石市、大阪狭山市、阪南市
	兵庫県	神戸市、尼崎市、西宮市、芦屋市、伊丹市、宝塚市、川西市、三田市
	奈良県	奈良市、大和高田市、大和郡山市、天理市、橿原市、桜井市、五條市、御所市、生駒市、香芝市、葛城市、宇陀市

＊　　　　の市は、平成3年1月2日以降特定市に該当した市です。
＊相続税の納税猶予制度における特定市は、平成3年1月1日現在の特定市であった区域に限定されます（固定資産税については同日後に特定市となった市も含む）。町村合併により、名称変更や合併により吸収されている場合もありますのでご確認ください。

346

3. 農地等の相続税の納税猶予の特例を受けるための手続き

相続税の納税猶予の特例を受けるためには、以下の手続きが必要です。
① 遺言書又は遺産分割協議書の作成
② 農業委員会からの「相続税の納税猶予に関する適格者証明書」の交付
③ 特例農地等のうち三大都市圏の特定市の区域内に所在する農地又は採草放牧地がある場合は、この特例の対象となる農地等に該当すること等を証明する市町又は特別区の区長の書類の交付（「納税猶予の特例適用の農地等該当証明書」）
④ 相続登記後の特例適用農地等の登記事項証明書の取得
⑤ 担保提供に関する書類の作成（担保物件は特例農地等でなくとも可）
⑥ 相続税の申告期限内申告書に上記の書類を添付して所轄税務署長に提出

(1) 相続税の納税猶予に関する適格者証明書

「相続税の納税猶予に関する適格者証明書」は、申請に基づき被相続人が相続税の納税猶予制度に規定する被相続人に該当していること、農業相続人がその農地等において引き続き農業経営を行っていることを認める書類であり、その特例農地等の所在地の農業委員会が明らかにするものです。

(2) 農業委員会への提出書類と農業委員会による審査

農業委員会は農業相続人からの「相続税の納税猶予に関する適格者証明願」が提出されると、申請された書類に基づき現地調査、委員会の審査を行い「相続税の納税猶予に関する適格者証明書」を発行します。各農業委員会によって違いはありますが、おおむね以下の書類を提出します。
①「相続税の納税猶予に関する適格者証明願」及び「（別表）特例適用農地等の明細書」
②「特例適用の農地の土地評価証明書」又は「土地名寄帳」
③「土地登記事項証明書」
④ 遺言書又は遺産分割協議書
⑤ 特例適用農地の公図等
⑥ 住宅地図

その他営農継続書、被相続人の戸籍謄本・住民票の除票、農業相続人の戸籍謄本・住民票等の提出を求める農業委員会もあります。提出先の農業委員会に必要書類を確認してください。

農業委員会は通常月1回開催され、書類は提出期限が決められています。書類が提出されると書類調査終了後、農業委員が現地調査を行い、その上で農業委員会の審査が行われます。審査終了後「相続税の納税猶予に関する適格者証明書」が発行されます。

3大都市圏の特定市の特例農地等（生産緑地）の場合は、「納税猶予の特例適用の農地等該当証明書」の証明願を各市町村の都市計画課に申請し、当該書面の交付を受けます。

現地調査、委員会の審査にかかる時間を考慮し、相続税の申告期限の最低2か月前には農業委員会に申請書類を提出できるよう準備します。

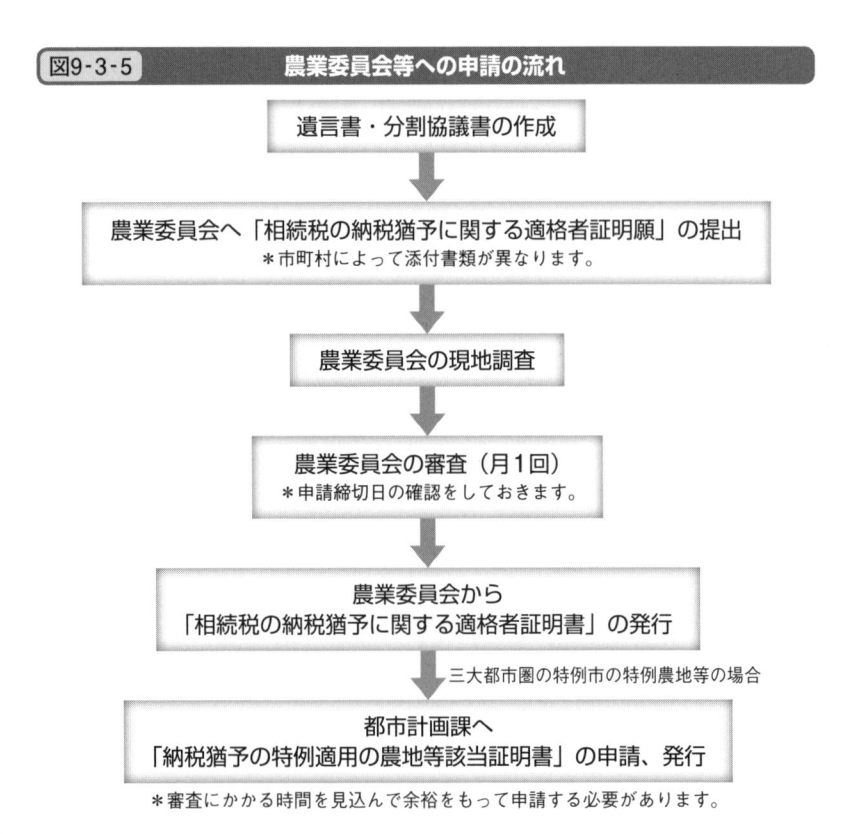

図9-3-5　農業委員会等への申請の流れ

遺言書・分割協議書の作成
　↓
農業委員会へ「相続税の納税猶予に関する適格者証明願」の提出
　＊市町村によって添付書類が異なります。
　↓
農業委員会の現地調査
　↓
農業委員会の審査（月1回）
　＊申請締切日の確認をしておきます。
　↓
農業委員会から「相続税の納税猶予に関する適格者証明書」の発行
　↓　三大都市圏の特例市の特例農地等の場合
都市計画課へ「納税猶予の特例適用の農地等該当証明書」の申請、発行
　＊審査にかかる時間を見込んで余裕をもって申請する必要があります。

4. 農地等の相続税の納税猶予期間中の留意点

　この特例の適用を受けている農業相続人は、納税猶予税額の全部について免除されるまで又は打ち切られるまでの間、相続税の申告期限から3年目ごとに、「継続届出書」を所轄税務署に提出しなければなりません。「継続届出書」の提出がない場合には、この適用が打ち切られます。また、特例農地等の耕作をやめたり、譲渡等した場合には打ち切りになり、猶予された税額の全額又は一部とそれまでの期間の利子税を納付しなければなりません。適用の選択に当たっては納税者の意向やその地域の開発の状況をよく確認して行う必要があります。

(1) 納税猶予が打ち切りになる場合
①納税猶予税額を納付しなければならない場合
　農地等について猶予を受けている相続税額は、以下の場合に該当することとなったときは、その全部又は一部に利子税を付けて納付しなければなりません。

1) 特例農地等を譲渡等した場合（贈与、転用等を含む）
　　特例農地等の面積の20％を超えた場合は、猶予された税額を全額納付しなければなりません（収用等及び都市営農農地の譲渡等は除く）。
2) 特例農地等に係る農業経営を廃止した場合
3) 「継続届出書」の提出がなかった場合
4) 担保価値が下がった場合で、補填する担保を提供することができなかった場合
5) 都市営農農地等について生産緑地法の買取りの申出があった場合
6) 準農地で申告期限後10年を経過する日までに農業の用に供されなかった場合

②利子税の計算
　①に該当することとなった場合は、相続税の申告期限から納税猶予の期間に応じて、以下の利子税を負担しなければなりません。

【利子税の場合】

農業相続人の区分	農地の区分	利子税（年割合）	特例割合（特例基準割合※が1.8%の場合）
都市営農農地　あり		3.6%	0.8%
都市営農農地　なし	市街地農地等の部分	6.6%	1.6%
	それ以外の部分	3.6%	0.8%

※各年の特例基準割合が7.3%に満たない場合は、次の算式で計算した利率となります。
　特例基準割合とは、各年の前々年の10月から前年の9月までの各月における銀行の新規の短期貸出約定平均金利の合計を12で除して得た割合（財務大臣告示）に、年1%の割合を加算した割合で、平成27年1月1日からは1.8%です。

$$6.6\% 又は 3.6\% \times \frac{特例基準割合}{7.3\%}$$

第3節 農地等の相続税の納税猶予等の特例

図9-3-6　相続税の納税猶予に関する適格者証明書（例）

相続税の納税猶予に関する適格者証明書

左枠外に捨印

証　　　明　　　願

平成　　年　　月　　日

農業委員会長　様

農地等の相続人氏名　　　　　　　㊞
電話番号

下記の事実に基づき、被相続人及び私が租税特別措置法第70条の6第1項の規定の適用を受けるための適格者であることを証明願います。

1. 被相続人に関する事項

農地等の総面積（納税猶予を受けない農地も含む）

住所			氏名		職業	
相続開始年月日	年　月　日		農地等の生前一括贈与を受けていた場合には、その年月日		年　月　日	
被相続人の所有面積	耕作農地	㎡	被相続人が農業経営主でない場合	農業経営者の氏名		
	採草放牧地			農業経営者と被相続人との同居・別居の別	同居　・　別居	
	合計	㎡				

2. 農地等の相続人に関する事項
　(1) 農地等の相続人

住所			氏名		職業	
生年月日	年　月　日	被相続人との続柄		相続開始の時における被相続人との同居別居の別	同居・別居	相続開始前において農耕に従事した実績の有無	有・無
特例の適用を受けようとする農地等の明細	別紙のとおり		左記の農地等による農業経営の開始年月日			
今後引き続き農業経営を行うことに関する事項	引き続き農業を行います。					
その他の参考事項						

　(2) 農地等の相続人の推定相続人（生前一括贈与を受けていた農地等について使用貸借による権利が設定されている場合）

住所			氏名		職業	
生年月日		相続人との続柄		使用貸借による権利の設定の年月日		年　月　日
使用貸借に係る農地等の明細	別紙のとおり		左記の農地等による農業経営開始年月日		年　月　日	
今後引き続き推定相続人が農業経営を行うことに関する事項						
相続人が推定相続人の経営する農業に従事していることに関する事項						

上記証明願のとおり、被相続人及び農地等の相続人は、租税特別措置法第70条の6第1項に規定する適格者であることを証明する。

農委証第　　　　号

平成　　年　　月　　日

農業委員会長　　　　　　　㊞

図9-3-7　[別表] 特例適用農地等の明細書（例）

[別表] 特例適用農地等の明細書

左枠外に捨印

相続税の納税猶予の特例の適用を受ける者	住所	※　3年毎の継続届出書の整理欄		
	氏名	(第1回)　．．	(第2回)　．．	(第3回)　．．
相続開始年月日				
農地等の生前一括贈与を受けていた場合には、その年月日		(第4回)　．．	(第5回)　．．	(第6回)　．．

特例適用農地等の明細

番号	田、畑、採草放牧地又は準農地の別	登記簿上の地目	所在場所	市街化区域内外の別	面積（㎡）	※譲渡等又は買取りの申出等についての整理欄
1				内・外		
2				内・外		
3				内・外		
4				内・外		
5				内・外		
6				内・外		
7				内・外		
8				内・外		
9				内・外		
10				内・外		
11				内・外		
12				内・外		
13				内・外		
14				内・外		
15				内・外		
16				内・外		
17				内・外		
18				内・外		
19				内・外		
20				内・外		
合計						

第3節 農地等の相続税の納税猶予等の特例

図9-3-8　別添様式第2　納税猶予の特例適用の農地等該当証明書（例）

別添様式第2　納税猶予の特例適用の農地等該当証明書

証　明　願

平成　年　月　日

市長　殿

住所 ＿＿＿＿＿＿＿＿＿＿＿＿
氏名 ＿＿＿＿＿＿＿＿＿＿　㊞

（①か②のどちらかを二重線で消す）

相続税（贈与税）の納税猶予の適用に関して必要があるため、下記に記載した農地又は採草放牧地について、次の①（又は②）のとおりであることを証明願います。

① 下記に記載した農地又は採草放牧地が、都市計画法第7条第1項に規定する市街化区域内に所在する同法第8条第1項第14号に掲げる生産緑地地区内又は同法第7条第1項に規定する市街化調整区域内に所在する農地又は採草放牧地であること（納税猶予の対象となる農地等であること。）

② 下記に記載した農地又は採草放牧地が、a．平成9年4月1日／b．平成3年1月1日において都市計画法第7条第1項に規定する市街化区域内の農地又は採草放牧地であり、同法第8条第1項第14号に掲げる生産緑地地区外の土地の区域に所在する農地又は採草放牧地であること（特定転用の対象となる農地等であること。）

（注）証明を受ける区分に応じ、①又は②、a若しくはbそれぞれいずれか一方を抹消してください（裏面の記載要領1及び2(2)欄をよく読んでください。）。

（対象となる農地又は採草放牧地）

（土地登記簿謄本等より）

番号	農地又は採草放牧地の所在	地目	面積（㎡）	市街化区域内・外の別	生産緑地地区内・外の別	※第二種生産緑地地区に関する都市計画の決定又は変更の日及び都市計画の失効の日
1				内・外	内・外	決定・変更日　：　： 失効の日
2				内・外	内・外	決定・変更日　：　： 失効の日
3				内・外	内・外	決定・変更日　：　： 失効の日
4				内・外	内・外	決定・変更日　：　： 失効の日
5				内・外	内・外	決定・変更日　：　： 失効の日
6				内・外	内・外	決定・変更日　：　： 失効の日
7				内・外	内・外	決定・変更日　：　： 失効の日
8				内・外	内・外	決定・変更日　：　： 失効の日
9				内・外	内・外	決定・変更日　：　： 失効の日
10				内・外	内・外	決定・変更日　：　： 失効の日

（最後の行に、以下余白と記入　そして余白部分には斜線を引く）

※欄は、申請者が記載する必要はありません。

次の＿＿＿に該当するものであることを証明する。

① 上記に記載された農地又は採草放牧地が、都市計画法第7条第1項に規定する市街化区域内に所在する同法第8条第1項第14号に掲げる生産緑地地区内又は同法第7条第1項に規定する市街化調整区域内に所在する農地又は採草放牧地であること。

② 上記に記載された農地又は採草放牧地が、a．平成9年4月1日／b．平成3年1月1日において都市計画法第7条第1項に規定する市街化区域内の農地又は採草放牧地であり、同法第8条第1項第14号に掲げる生産緑地地区外の土地の区域に所在する農地又は採草放牧地であること。

（注）証明を行う区分に応じ、a又はbのいずれか一方を抹消してください（裏面の記載要領2(2)欄をよく読んでください。）。

平成　年　月　日

市長 ＿＿＿＿＿＿＿＿＿　㊞

353

第4節

非上場株式等の相続税の納税猶予等の特例

> **ポイント** 非上場株式等の納税猶予等の特例の適用に当たって、事前確認制度はなくなりましたが、その要件に該当するか判断し、事前に準備しておかなければなりません。また、納税猶予の適用後もその継続要件を把握しておく必要があります。

【解説】

1．非上場株式等の相続税の納税猶予制度

「中小企業における経営の承継の円滑化に関する法律」（経営承継円滑化法）により制定された納税猶予の特例は、経営承継相続人等が、非上場会社を経営していた被相続人から相続等により当該会社の株式等を取得し、その会社を経営していく場合には、その経営承継相続人等が納付すべき相続税額のうち、相続等により取得した議決権株式等（相続開始前から既に保有していた議決権株式等を含めて、その会社の発行済議決権株式の総数等の3分の2に達するまでの部分）に係る課税価格の80％に対応する相続税の納税を猶予するという制度です。

2．改正による留意点

特例ができてからも、その要件等が厳しく、利用が進みませんでした。そこで、平成25年度税制改正において14項目の改正が行われました。これによって平成25年4月以降、経済産業大臣の事前確認が原則不要となりました。また、平成27年1月1日以降の相続もしくは遺贈又は贈与から、さらに特例適用を容易にする改正が実施されました。

納税猶予制度が利用しやすくなったので、今後その利用が増加すると思われます。改正点をしっかり把握した上で事前準備に取り組む必要があります。主な改正内容は以下のとおりです。

①贈与税の納税猶予の適用が受けやすくなった

平成27年1月1日以後の贈与からは、先代経営者も有給の役員として引き続き経営をバックアップすることができることとなり、スムーズな事業承継が可能となりました。

②先代経営者の急逝でも納税猶予を受けることが可能になった

平成25年4月1日以後は、経営承継円滑化法の事前確認が不要になり、先代経営者が急逝した場合でも納税猶予が受けられます。しかし、事前確認はしていなくても、適用を受けるための要件を満たしておく準備は必要です。

③納税猶予適用後の5年間のリスクが緩和された

平成27年1月1日以後は、贈与時点又は相続開始時点の従業員数を分母にして、贈与税又は相続税の申告期限から5年間の各年の従業員数の平均人数を分子にして計算し、80％以上を確保すればよくなりました。従業員を削減せざるを得ない事態の発生による納税猶予打ち切りのリスクは減少しました。

④親族外承継にも納税猶予の適用が可能になった

平成27年1月1日以後は、親族外の役員などが先代経営者から非上場株式等の贈与や遺言による遺贈等を受けた場合にも納税猶予の適用を受けることができることとなりました。

⑤相続税の納税猶予税額の計算が有利になった

平成27年1月1日以後の相続からは、債務や葬式費用は、まず非上場株式等以外の財産から控除してよいこととなりました。これにより、相続税の納税猶予税額の計算をするときに、先代経営者が個人で借入れをしていて、その金額が非上場株式等の評価額よりも多い場合でも納税猶予が受けられる可能性があります。

⑥納税猶予打ち切り時のリスクが緩和された

納税猶予適用後に要件に該当しなくなったことで納税猶予が打ち切りになり、納税猶予税額に加えて利子税の納付が必要になった場合の利子税の利率は、平成27年1月1以後、0.8％となりました。また、5年間の経営承継期間の分の利子税は免除されました。平成25年度税制改正に対応する改正項目とその改

正点及び適用時期は次の表のとおりです。

図9-4-1　事業承継税制改正一覧

	改正項目	改正前	改正後	相続	贈与	適用時期
適用時の要件緩和	適用対象者の範囲	先代経営者の親族のみ	親族以外も対象	○	○	27.1
	先代経営者の役員退任	贈与時点で退任が条件	代表権のない役員として残れる		○	27.1
	経済産業省の事前確認	原則として必須	不要	○	○	25.4
	株券発行の上、担保提供	原則として必須	一定の手続きで株券発行不要	○	○	27.1
適用期間中の要件緩和	雇用確保要件	最初の5年間毎期8割確保	5年間通算で8割確保	○	○	27.1
	先代経営者の給与受給	不可	可能	○	○	27.1
	民事再生計画の認可（5年経過後）	免除対象外	株価再評価の上、一部納税猶予継続	○	○	27.1
負担軽減措置	相続税猶予税額の計算方式の見直し	債務等はまず非上場株式等から控除	債務等はまず他の財産から控除	○		27.1
	利子税の負担軽減（5年経過後）	納税猶予税額支払い時には経過期間の利子税納付	5年間分は免除。それ以後は延納の場合の利子税	○	○	27.1
	延納又は物納への切替え（雇用確保要件欠格の場合）	不可	可能	○	○（延納のみ）	27.1
	提出書類の簡略化	提出必須	一部の書類提出不要	○	○	27.1
適正化措置	資産保有型会社等の要件					
	①常時使用従業員数5人以上除外要件	親族を含む	経営承継相続人等と生計を一にする親族を除外	○	○	27.1
	②商品の販売・貸付	同族関係者への貸付を含む	同族関係者への貸付を除外	○	○	27.1
	資産保有会社等を通じた上場株式等	含めて猶予税額を計算	除外して猶予税額を計算	○	○	27.1
	総収入金額ゼロの場合の打ち切り	営業外収益及び特別利益を含む	営業外収益及び特別利益を除外	○	○	27.1

＊雇用確保要件、5年経過後の民事再生の一部継続、利子税の負担軽減、贈与時の役員継続要件は既に納税猶予を受けている場合においても適用が可能となっています。

3. 適用のための要件と判断

　非上場株式等の相続税の納税猶予等の特例は、その会社が適用要件を満たしていなければ適用を受けることができません。以前は経済産業大臣の事前確認が必要でしたが、平成25年4月からは不要になりました。しかし、要件を満たしているかどうかの判断は必要です。いざ相続が発生して適用を受けようと思ったら一部要件を満たしていなかった、などということにならないよう、特例の適用を考えている企業には、適用可能であるか否か、適用不可能であればどうすれば適用可能となるのかを検討し、アドバイスする必要があります。「TKC事業承継税制適用要件判定プログラム」（TPS8800）を利用すれば、適用の適否と、どの項目を改善すれば適用になるのかを即座に確認することができます。

　納税猶予の適用を受けるための前提条件として、先代経営者の相続発生後に、会社は地方経済産業局を通じて経済産業大臣の認定を受ける必要があります。また、経営承継相続人については相続発生後5か月を経過する日までに代表権を有しなければならないなどの要件があります。

　以下にその留意点を掲げます。

(1) 適用対象についての留意点

①対象となる会社についての留意点

　認定承継会社（経済産業大臣の認定を受けた非上場会社で、主に以下の要件を満たす会社）である必要があります。

　1) 中小企業基本法上の中小企業であること。

　　＊株式会社、有限会社、合同会社、合名会社、合資会社及び農業生産法人が対象となります。医療法人や社会福祉法人、税理士法人などは適用対象となりません。また、政令によりその資本金額や従業員数が拡大された業種があります。次の図を参照してください。

図9-4-2　非上場株式等の相続税の納税猶予等の特例の対象となる会社

中小企業基本法上の中小企業者の定義

	資本金又は従業員数	
製造業 その他	3億円以下	300人以下
卸売業	1億円以下	100人以下
小売業	5,000万円以下	50人以下
サービス業		100人以下

政令により範囲を拡大した業種（黒枠部分を拡大）

	資本金又は従業員数	
ゴム製品製造業（自動車又は航空機用タイヤ及び工業用ベルト製造業を除く）	3億円以下	900人以下
ソフトウエア・情報処理サービス業	3億円以下	300人以下
旅館業	5,000万円以下	200人以下

2) 「性風俗関連特殊営業に該当する事業を営む会社」に該当しないこと。

3) 「資産保有型会社」に該当しないこと。

　　＊相続開始の属する事業年度の直前事業年度開始の日以後の事業年度を通して判定し、認定時には「配当及び役員給与」の加算を行わずに判定します。

4) 「資産運用型会社」に該当しないこと（相続開始直前事業年度）。

5) 直近の事業年度における総収入金額が1円以上であること。

　　＊営業外収益及び特別利益は、総収入金額の算定の範囲から除外されます。

6) 常時使用する従業員の数が1人以上であること。

7) その中小企業者の特別関係会社が上場会社等、大法人等又は性風俗関連特殊営業会社に該当しないこと。

8) その中小企業者の代表者が経営承継相続人等であること。

　　＊経営承継相続人等の主な要件は④のとおりです。

9) その中小企業者が拒否権付種類株式（黄金株）を発行している場合には、その種類株式をその中小企業者の代表者（当該中小企業者の経営承継受贈者となる者に限る）以外の者が有していないこと。

10) 非上場株式等であること。

11) 相続開始の日以後5か月を経過する日における従業員数が次のとおりであること。

$$\frac{常時使用する従業員数}{相続開始の日における常時使用する従業員数} \geq 80\%$$

②株式についての留意点

先代経営者から相続した株式のうち、経営承継相続人等が相続開始前から保有していた議決権株式を含めて、その会社の発行済議決権株式総数の3分の2に達するまでの部分が対象です。

③先代経営者（被相続人）についての留意点

認定承継会社の代表者であったこと、また、先代経営者及びその同族関係者で発行済議決権株式総数の50％超を保有し、かつ、同族内（経営承継相続人等を除く）で筆頭株主であったこと等が必要です。

④後継者（経営承継相続人等）の留意点

被相続人から相続又は遺贈により認定承継会社の非上場株式等を取得した者で、主な要件は以下のとおりです。

1) 会社の代表者であること（代表者は当該相続人以外にいてもよい）。
2) 相続開始時に代表者でない場合は、相続開始の日の翌日から5か月を経過する日までに代表権を有しなければならない。
3) 同族関係者と合わせて議決権数の過半数を保有し、かつ、その同族関係者のなかで筆頭株主であること（認定対象者は1人に限る）。
    ＊外部資本が筆頭であっても同族内で筆頭株主であればよい。
4) 相続等によりその会社の株式を取得して、その会社の経営をしていくこと。

⑤その他の留意点

納税猶予の適用を受けるためには、納税猶予分の相続税額に相当する担保を相続税の申告書の提出期限までに提供する必要があります。

(2) 猶予税額が免除となる場合

納税猶予適用後5年経過後は、以下の場合に猶予税額が免除されます。

①死亡の時まで株式を継続して保有したとき
②会社が倒産や解散したとき
③次の後継者へ株式を贈与し、贈与税の納税猶予の適用を受けるとき
④株式を一括して譲渡した場合、その譲渡対価と譲渡時の時価のいずれか高い額が猶予税額を下回るとき、その差額分の猶予税額が免除

(3) 納税猶予適用後の留意点

　非上場株式等の納税猶予制度の適用を受けた場合、その後5年間のうちに下記の①～⑨のような事由に該当したときは納税猶予を打ち切られることになります。

　納税猶予を打ち切られると、納税猶予税額と経過期間に対応する利子税を一括して納付しなければならなくなるため、5年間はこれらに該当しないよう留意する必要があります。常時使用する従業員数の8割以上の維持などは特に注意が必要です。納税猶予が打ち切られないよう、われわれも専門家としてしっかりアドバイスする必要があります。

①5年間の報告・届出を怠ったとき

　納税猶予を受けた後、5年間は毎年1回、地方経済産業局に報告書を提出し、税務署長に「継続届出書」を提出しなければなりません。これを怠ると納税猶予を打ち切られます。5年経過後は、3年に1回、「継続届出書」を税務署長に提出する必要があります。

②経営承継相続人等が代表者でなくなったとき

　経営承継相続人等は、最低でも5年間は代表者を続ける必要があります。ただし、不慮の事故などで身体障害者手帳の1級の交付を受けるなど※、一定の事由があって代表者を務められなくなった場合には代表者を退任しても納税猶予が継続されます。

　　※精神障害者保健福祉手帳1級、身体障害者手帳1級又は2級、要介護5の認定の場合には納税猶予が継続されます。

③従業員数が5年平均で8割未満になったとき

　従業員数起算日の「常時使用する従業員の数」を基準にして、相続税の申告期限の翌日から起算して1年ごとの報告基準日における「常時使用する従業員の数」の5年平均が8割を下回らないようにする必要があります。

　「常時使用する従業員の数」は厚生年金保険の標準月額報酬決定通知書、又は健康保険の標準月額報酬決定通知書に記載された被保険者の人数から、使用人兼務役員以外の役員を差し引いた人数です。なお、経営承継相続人の親族であっても従業員数に含めます。「常時使用する従業員数」の8割維持は、被相続人の相続開始日における従業員数を分母に、相続税の申告期限から1年後の報告基準日の従業員数を分子として計算します。

<従業員維持基準>

$$\frac{\text{相続税の申告期限から1年ごとの報告基準日の「常時使用する従業員数」の5年分の合計×1/5}}{\text{被相続人の死亡の日の「常時使用する従業員数」}} \geq 80\%$$

④会社が破産・清算したとき

　納税猶予を受けてから5年の間に会社が倒産や解散をした場合は猶予が打ち切られます。ここでいう倒産や解散は、破産手続の開始決定又は特別解散の開始命令があった場合をいうため、民事再生法の適用開始や会社更生法の適用開始は含みません。しかし、代表権を制限された場合は納税猶予を打ち切られます。

⑤株式等を譲渡した場合

　適用対象株式等を、たとえ1株でも売却や贈与した場合には納税猶予の打ち切りとなります。

⑥適用対象外の会社に該当することとなった場合

　上場会社になったり、中小企業の範囲を超える資本金額や従業員数になったり、あるいは性風俗関連特殊営業会社に該当することになった場合には、納税猶予が打ち切られます。もっとも、会社が順調に成長して従業員数が中小企業の範囲を超えたような場合には打ち切られないように手当てがされています。

⑦持株比率要件を逸脱することとなった場合

　経営承継相続人等とその同族関係者で総株主等議決権数の過半数を保有し、かつ、経営承継相続人等が同族関係者の中で筆頭株主でなければならないという持株比率要件がありますが、これを満たさなくなった場合も納税猶予が打ち切りとなります。他の同族株主間で議決権株式を移動する場合、経営承継相続人等以外の同族株主が筆頭株主になる可能性があるので、特に注意が必要です。

⑧資産保有型会社及び資産運用型会社に該当することとなった場合

　認定時点では資産保有型会社及び資産運用型会社に該当していなかったため納税猶予の適用を受けることができても、適用から5年の間にこれに該当してしまうと猶予は打ち切りとなります。この要件は5年経過後も適用されますので注意が必要です。

⑨その他

　相続税の負担を不当に減少させる結果となる場合にも、納税猶予が打ち切りとなるとされています。また、総収入金額がゼロになった場合も同様です。

第9章 相続税の特例とその適用判断

図9-4-3 非上場株式等の相続税の納税猶予制度の概要

後継者の要件
- 会社の代表者であること
- 先代経営者と同族関係者で発行済議決権株式総数の50％超の株式を保有かつ同族内で筆頭株主となること（1つの会社で適用される者は1人）

先代経営者 → 後継者（株式の相続）

先代経営者の要件
- 会社の代表者であったこと
- 先代経営者と同族関係者で発行済議決権株式総数の50％超の株式を保有かつ同族内で筆頭株主であったこと

事業継続要件
- 5年間の事業継続
  具体的には、
  ・代表者であること
  ・5年平均で雇用の8割以上を維持

  厚生年金保険及び健康保険加入者をベース

  ・相続した対象株式の継続保有

  組織再編を行った場合であっても、実質的な事業継続が行われているときには認定を継続

認定対象会社の要件
- 中小企業基本法の中小企業であること（特例有限会社、持分会社も対象）
- 非上場会社等であること
- 資産管理会社に該当しないこと　等

「有価証券、不動産、現預金等の合計額※が総資産額の70％を占める会社」及び「これらの運用収入の合計額が総収入金額の75％以上を占める会社」（事業実態のある会社は除く）等

※その資産管理会社の判定においては、この「合計額」に、過去5年間に、後継者と同族関係者に支払われた配当等を加える。

→株券不発行会社は、一定の要件を満たす場合は、株券の発行をしなくても適用可能

事業継続期間（5年間）

会社

（認定基準）
先代経営者、後継者及び会社に係る要件等に該当しているか否か。

認定　事業継続のチェック

経済産業大臣

＊事業継続期間は毎年1回、その後は3年ごとに税務署長への届出も必要

⇒再生計画認可時の猶予税額再計算の特例創設

その後は、対象株式を継続保有していれば、猶予が継続され、次の場合に相続税の猶予税額を免除する。

- 経営者が死亡した場合
- 会社が破産又は特別清算した場合
- 対象株式の時価が猶予額を下回る中、当該株式の譲渡を行った場合（ただし、時価を超える猶予税額のみ免除）
- 次の後継者に対象株式を一括贈与した場合

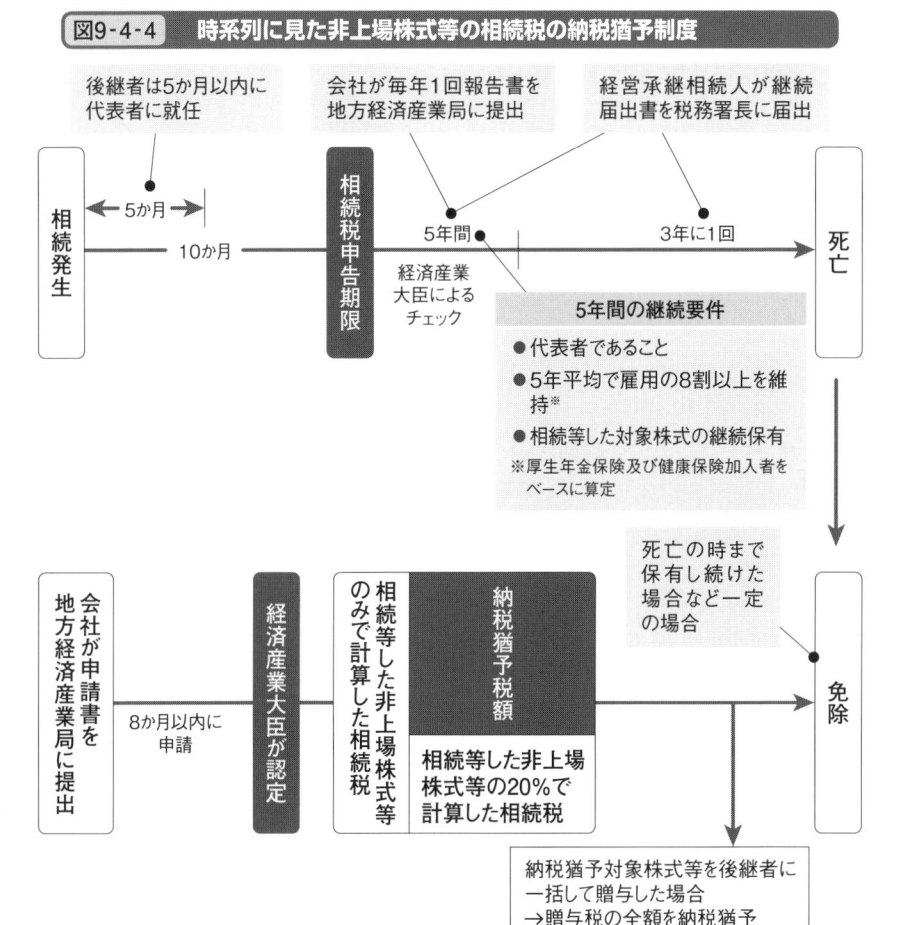

第4節 非上場株式等の相続税の納税猶予等の特例

図9-4-4 時系列に見た非上場株式等の相続税の納税猶予制度

- 後継者は5か月以内に代表者に就任
- 会社が毎年1回報告書を地方経済産業局に提出
- 経営承継相続人が継続届出書を税務署長に届出

相続発生 ←5か月→ 10か月 相続税申告期限 5年間 3年に1回 死亡

経済産業大臣によるチェック

5年間の継続要件
- 代表者であること
- 5年平均で雇用の8割以上を維持※
- 相続等した対象株式の継続保有

※厚生年金保険及び健康保険加入者をベースに算定

会社が申請書を地方経済産業局に提出 8か月以内に申請 経済産業大臣が認定 相続等した非上場株式等のみで計算した相続税 納税猶予税額 相続等した非上場株式等の20%で計算した相続税

死亡の時まで保有し続けた場合など一定の場合 → 免除

納税猶予対象株式等を後継者に一括して贈与した場合
→贈与税の全額を納税猶予

363

第5節

延納・物納

> **ポイント**　租税は金銭納付が原則ですが、金銭納付が不可能な相続税については、最高20年にわたる延納、延納も不可能な場合には相続財産による物納という納税方法があります。延納には担保が必要であり、管理処分不適格財産は物納できない等という厳しい要件があります。

【解説】

1. 相続税は延納・物納も可能

　租税は金銭による一括納付が原則ですが、相続税の納税については、金銭で納付することができない場合に限り、①何年かにわたって金銭で納める延納、②相続又は遺贈でもらった財産そのもので納める物納、という2つの納税方法が認められています。

　この延納又は物納を希望する場合には、相続税の申告書の提出期限までに税務署に申請書などを提出して許可を受ける必要があります。

2. 相続税の延納のあらまし

(1) 延納

　国税は金銭で一時に納付することが原則です。しかし、相続した財産の大半が土地、家屋等の不動産のような場合には、期限までに全額を納付することができない場合があり、このような事態に対処するために、次のような要件の下、納税者の申請により年賦で納付することができます。

　これを延納といい、延納期間中は利子税の納付が必要となります。

第5節 延納・物納

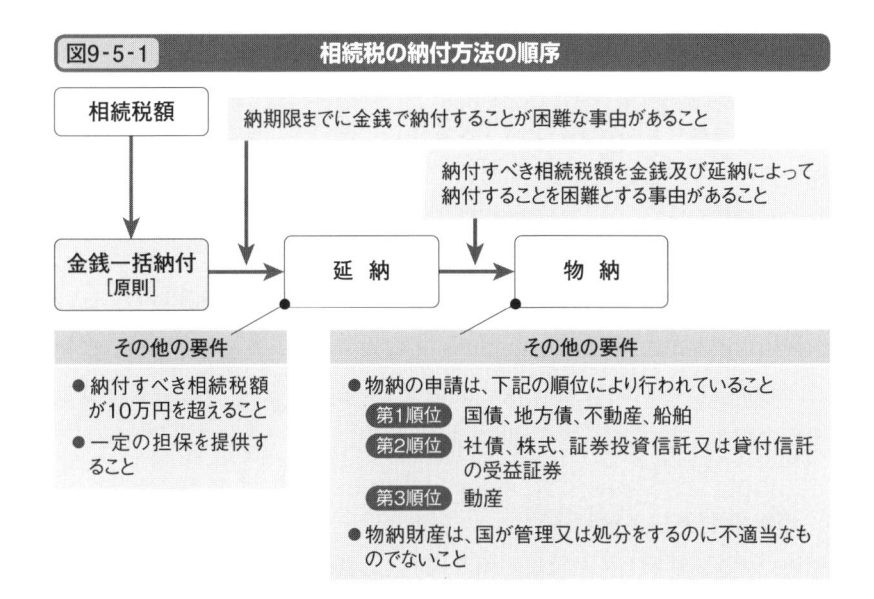

図9-5-1　相続税の納付方法の順序

```
相続税額
  ↓
金銭一括納付　←　納期限までに金銭で納付することが困難な事由があること
 [原則]        ↓
              延　納　←　納付すべき相続税額を金銭及び延納によって
                          納付することを困難とする事由があること
                 ↓
                物　納
```

その他の要件（金銭一括納付）
- 納付すべき相続税額が10万円を超えること
- 一定の担保を提供すること

その他の要件（延納・物納）
- 物納の申請は、下記の順位により行われていること
  - 第1順位　国債、地方債、不動産、船舶
  - 第2順位　社債、株式、証券投資信託又は貸付信託の受益証券
  - 第3順位　動産
- 物納財産は、国が管理又は処分をするのに不適当なものでないこと

(2) 延納の要件

延納の要件は、次のとおりです（相法38）。

① 相続税が10万円を超えること
② 金銭で納付することを困難とする事由があり、かつ、その納付を困難とする金額の範囲内であること
③ 延納税額及び利子税の額に相当する担保を提供すること（延納税額が100万円以下で、かつ、延納期間が3年以下である場合には担保の提供は不要）
④ 相続税の延納申請期限までに、延納申請書に担保提供関係書類を添付して税務署長に提出すること

(3) 延納の担保の種類

延納の担保として提供できる財産は次に掲げるもの等に限られます（通則法50）。

① 国債及び地方債
② 社債、その他の有価証券で税務署長が確実と認めるもの
③ 土地
④ 建物、立木、登記された船舶などで保険を附したもの

なお、相続等により取得した財産に限らず、相続人の固有財産や共同相続人又は第三者の所有財産であっても担保として提供できます。

しかし、税務署長が延納の許可をする場合において、延納申請者の提供する担保が適当でないと認めるときには、その変更が求められます。

(4) 延納の許可までの審査期間

延納申請書が提出された場合、その延納申請に係る要件の調査結果に基づいて、延納申請期限から3か月以内に許可又は却下が行われます。なお、延納担保などの状況によっては、許可又は却下までの期間が最長で6か月まで延長される場合があります。

(5) 延納期間及び延納利子税

延納のできる期間と延納税額に係る利子税の割合については、その人の相続税額の計算の基礎となった財産の価額の合計額のうちに占める不動産等の価額の割合によって、おおむね次の表のようになります。

【延納期間及び延納利子税】

区分		延納期間（最高）	利子税（年割合）	特例割合※（延納特例基準割合が1.8%の場合）
不動産等の割合が75%以上の場合	①不動産等に対応する税額	20年	3.6%	0.8%
	②動産等に対応する税額	10年	5.4%	1.3%
不動産等の割合が50%以上75%未満の場合	③不動産等に対応する税額	15年	3.6%	0.8%
	④動産等に対応する税額	10年	5.4%	1.3%
不動産等の割合が50%未満の場合	⑤立木に対応する税額	5年	4.8%	1.1%
	⑥立木以外の財産に対応する税額		6.0%	1.4%

※平成27年1月1日現在

(6) 延納の注意点

相続税の納付については、原則として、各相続人等が相続又は遺贈により受けた利益の価額を限度として、お互いに連帯して納付しなければならない義務があります。しかし、本来の納税義務者が延納の許可を受けた相続税額に係る相続税については、連帯納付義務から除かれます。

また、延納が許可される金額は次の表の計算方法により計算します。金銭納付を困難とする理由は、相続で取得した財産で判断されるのではなく、相続人がもともと所有していた金融資産も含めて判定されます。

【延納することができる金額（延納許可限度額）の計算方法】

	①納付すべき相続税額
現金納付額	②納付期限において有する現金、預貯金その他の換価が容易な財産の価額に相当する金額
	③申請者及び生計を一にする配偶者その他の親族の３か月分の生活費
	④申請者の事業の継続のために当面（１か月分）必要な運転資金（経費等）の額
	⑤納付期限に金銭で納付することが可能な金額（これを「現金納付額」といいます。）（②－③－④）
⑥延納許可限度額（①－⑤）	

出典：国税庁ホームページ

3. 相続税の物納のあらまし

(1) 物納

相続した財産の大半が不動産等や取引相場のない株式である場合には、延納ですら納付することができないことも考えられます。そこで、次の要件の下、納税者の申請によって相続した財産により相続税を物納することができます。

(2) 物納の要件

次の要件をすべて満たしている場合には、物納をすることができます（相法41）。
①相続税を延納によっても金銭で納付することを困難とする事由があり、かつ、その納付を困難とする金額を限度としていること

②物納申請財産は、相続税の課税価格計算の基礎となった相続財産のうち、次に掲げる財産及び順位で、日本国内にあるものであること

なお、後順位の財産は、特別の事情があると認められる場合及び先順位の財産に適当な価額のものがない場合に限って物納することができます。

第1順位	1) 国債、地方債、不動産、船舶
	2) 不動産のうち物納劣後財産に該当するもの
第2順位	3) 社債、株式、証券投資信託又は貸付信託の受益証券
	4) 株式のうち物納劣後財産に該当するもの
第3順位	5) 動産

③物納できる財産は、管理処分不適格財産に該当しないこと及び、物納劣後財産に該当する場合には、ほかに物納できる適当な財産がないこと
④相続税の物納申請期限までに、物納申請書に物納手続関係書類を添付して税務署長に提出すること

(3) 物納不適格財産（管理処分不適格財産）

物納が認められない管理処分不適格である不動産とは、次のような不動産をいいます（相令18）。

①抵当権等担保権の設定の登記がされている不動産
②権利の帰属について争いがある不動産
③境界が明らかでない土地
④訴訟によらねば通常の使用ができないと見込まれる不動産
⑤公道に通じない土地で通行権の内容が明確でないもの
⑥借地権を有する者が不明である等の貸地
⑦他の不動産と一体として利用されている不動産又は共有物である不動産
⑧耐用年数を経過している建物
⑨敷金等の返還義務のある不動産
⑩管理や処分に要する費用が過大と見込まれる不動産
⑪引渡しに必要とされている行為がされていない不動産

(4) 物納劣後財産

他に適当な価額の物納可能な財産がない場合には、例外的に物納劣後財産で

ある不動産であっても物納不適格財産でない限り、物納に充てることができます。例えば、次のような財産です（相令19）。
　①地上権や永小作権、地役権又は入会権等が設定されている土地
　②違法建築された建物及びその敷地
　③土地区画整理法による仮換地や使用収益許可がされていない土地
　④納税義務者の居住用又は事業用の建物及びその敷地（納税義務者が物納許可の申請をした場合を除く）
　⑤劇場、工場、浴場等の管理に特殊技能を要する建物及びその敷地
　⑥道路に2m以上接していない土地
　⑦都市計画法による開発許可基準に適合しない開発行為に係る土地
　⑧市街化区域以外にある土地、農用地区域・保安林等にある土地
　⑨建物の建築をすることができない土地
　⑩過去に生じた事件等により、正常な取引が行われない恐れがある不動産及びこれに隣接する不動産
　⑪事業を休止している法人に係る株式

(5) 物納財産の価額（収納価額）

　物納財産の国の収納価額は、原則として相続税の課税価格計算の基礎となった評価額になります（相法43）。ゆえに、小規模宅地等の特例の適用を受けた宅地等を物納する場合の収納価額は、当該特例適用後の価額となりますので、物納するのは避けた方がよいと思われます。また、物納するかどうかは、いくらで売却できるかを信頼できる専門家に確認して判断することが重要です。
　このように、物納を考える場合は、周到な準備が必要です。

第6節

相続財産に係る譲渡所得の課税の特例

> **ポイント**
> 相続等により取得した資産を申告期限後3年以内に譲渡した場合、譲渡資産に係る相続税を譲渡所得の計算上の取得費に加算できます。平成26年12月31日までに相続した土地等を譲渡した場合には、土地等に係る相続税を全額加算できます。

【解説】

1. 相続財産を譲渡した場合の取得費の特例

相続又は遺贈により取得した資産を、相続開始のあった日の翌日から相続税の申告書の提出期限の翌日以後3年以内に譲渡した場合には、その譲渡した資産の取得費については、一般の方法により計算した取得費に次項の区分に応じ、それぞれ定める金額を加算することができます（措法39）。

2. 平成26年12月31日までの相続等により取得した財産に係る譲渡所得の課税の特例

(1) 平成26年12月31日までの相続等により取得した土地等

平成26年12月31日までの相続又は遺贈により取得した土地等を、相続開始のあった日の翌日から相続税の申告書の提出期限の翌日以後3年以内に譲渡した場合には、土地等の譲渡所得を計算する際に、支払った相続税のうち全体の相続財産に占める土地等の評価額の割合に相当する部分を、取得費に加算して譲渡所得を計算する特例があります（旧措法39）。内容は下記の算式のとおりです。

<相続土地等を譲渡した場合の取得費加算>

譲渡した人の納付すべき相続税額 × (分母の金額に含まれた土地等（物納したもの及び物納申請中のものを除く）の相続税の課税価格) / (債務控除前のその人の相続税の課税価格) = 取得費に加算する金額（他の土地等の譲渡についてすでに取得費に加算された金額を除く）

(2) 平成26年12月31日までの相続等により取得した土地等以外の資産

（1）以外の資産、例えば建物や有価証券等を、相続開始の日の翌日から相続税の申告書の提出期限の翌日以後3年以内に譲渡した場合には、上記の算式の分子が「譲渡した資産等の相続税の課税価格」となり、下記の算式のとおり加算額が計算されます（現行措法39）。

<建物等や有価証券等を譲渡した場合の取得費加算>

譲渡した人の納付すべき相続税額 × (譲渡した資産等（物納したもの及び物納申請中のものを除く）の相続税の課税価格) / (債務控除前のその人の相続税の課税価格) = 取得費に加算する金額

3. 平成27年1月1日以後の相続等により取得した財産に係る譲渡所得の課税の特例

　平成27年度の税制改正により、特に土地等であっても、平成27年1月1日以後の相続又は遺贈により取得した場合には、上記2.（1）の算式の分子が「譲渡した土地等の相続税の課税価格」とされ、建物等や有価証券など他の資産と同様、上記2.（2）の算式による加算額となります。

　相続財産に占める土地等の割合が多い人にとっては、土地等を譲渡した場合の税金が大増税になっていますので、次の事例で比較してください。また、譲渡に係る税金を考慮する場合には、相続開始の時期をしっかり確認してください。

> **設例** 土地等を譲渡した場合の課税譲渡所得
>
> 相続税評価額合計10億円 … 相続税額　　3億円
> 　　　　　　　　　　　　　納税猶予税額　1.5億円
>
> ```
> 現預金額
> （2億円）
>
> 土地A（農地）
> （5.5億円）
>
> 土地B
> （先祖伝来のもの）     売却→      売却価格 ……… 3億円
> （2.5億円）                       譲渡費用 ……… 900万円
>                                  概算取得費 …… 1,500万円
>   相続財産         売却土地       （売却価格の5%）
> ```
>
> ● 平成26年12月31日までの相続等により取得した土地等を譲渡した場合
>   （課税譲渡所得）
> $3億円 - 1,500万円 - 900万円 - 3億円 \times \dfrac{8億円}{10億円} (2億4,000万円) = 3,600万円$
>
> ● 平成27年1月1日以後の相続等により取得した土地等を譲渡した場合
>   （課税譲渡所得）
> $3億円 - 1,500万円 - 900万円 - 3億円 \times \dfrac{2.5億円}{10億円} (7,500万円) = 2億100万円$

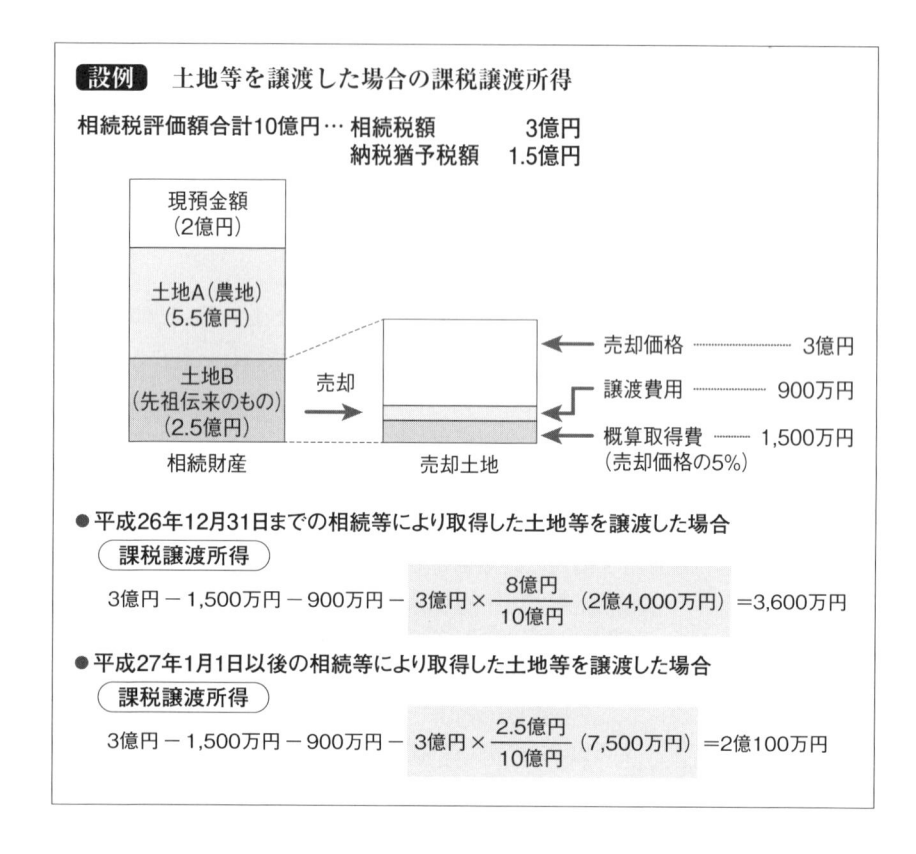

4．更正の請求によっても適用が可能に

　相続財産の譲渡に係る確定申告書の提出期限の後に、その相続財産の取得の基因となった相続に係る相続税が確定した場合には、その相続税の期限内申告書を提出した日の翌日から2か月以内に限り、更正の請求によって「相続財産に係る譲渡所得の課税の特例」の適用を受けることができます。

5．発行法人の買取りであっても相続株式に限り優遇措置がある

(1) 自社株式の発行法人への売却は原則としてみなし配当

　自社株式を発行法人に売却した株主の税務上の取扱いは、株式を金銭で引き

取ってもらったのですから、譲渡とはならず、資本の払戻しとされ、みなし配当に該当することになります。資本の払戻しに該当すれば課税は生じず、配当とみなされる部分についてのみ課税されることになります。

オーナー経営者等であり役員報酬等で高額の所得がある場合には、自社株式を買い取ってもらうと、思わぬ高額の税負担に驚くことにもなりかねません。自社株式の発行法人への売却には、売主の税負担に注意したいものです。

(2) 相続株式に限り、譲渡所得課税になることも

ところが相続により取得した非上場株式等を、相続税を払った相続人等が発行会社に譲渡した場合に限り、みなし配当課税ではなく、譲渡代金に対する譲渡所得課税とみなされ、譲渡利益（払戻金額－取得価額）に対し一律20％（所得税15％・住民税5％）の税率で課税されることになっています（措法9の7）（復興特別所得税は考慮していません）。

さらに、譲渡所得となるので、「相続財産に係る譲渡所得の課税の特例」を適用することができます。当然に譲渡した株式に係る相続税のみが取得費に加算されることになります（措法39）。

このように、相続税の申告期限から3年以内に、相続により取得した非上場株式等を自社株式として買い取ってもらう方法は、有利に納税資金が確保できる方法です。

なお、上場株式についても「相続財産に係る譲渡所得の課税の特例」が適用されますので、相続した株式を譲渡した時には、たとえ特定口座にあったとしても確定申告を行うことにより、この特例が適用できますのでご留意ください。

(3) 相続とみなされる自社株式も対象に

相続税法等において相続又は遺贈により非上場株式等を取得したものとみなされる場合も適用対象となります。ゆえに、非上場株式等に係る贈与税の納税猶予の適用を受けた自社株式や、相続時精算課税制度の適用を受けた自社株式を発行法人が買い取った場合においても、みなし配当課税ではなく譲渡所得課税とされ、この特例の対象となります。相続税が課税された自社株式を有利に資金化できる方法ですので、きちんと期限までに検討することが必要です。

第10章 遺言書・遺産分割への対応

第1節

遺言書に関する事項

> **ポイント** 相続の実務では、遺言書の作成や遺言書の有無が大きな影響を与えます。そのため、遺言書の作成に関する基礎知識や理解を深めること、また、遺言書が残されていたか否かの確認は重要です。

【解説】

1. 遺言書の種類と特徴

死後のことを言い残したものを遺言といいます。しかし、民法第960条では「遺言は、この法律に定める方式に従わなければ、これをすることができない。」とされており、民法の定めた方式に従った遺言が法律上の効力を持つ遺言ということになります。

民法では、一般的に利用する「普通方式」と死期が迫っているときなどに利用することができる「特別方式」の規定があり、次の図表の合計7種類について認めています。

遺言	普通方式	自筆証書遺言（民法第968条）
		公正証書遺言（民法第969条）
		秘密証書遺言（民法第970条）
	特別方式	臨終遺言 — 一般臨終遺言（民法第976条）
		臨終遺言 — 難船臨終遺言（民法第979条）
		隔絶地遺言 — 伝染病隔離者遺言（民法第977条）
		隔絶地遺言 — 在船者遺言（民法第978条）

普通方式の遺言の種類と特徴は、次のとおりです。

	自筆証書遺言	公正証書遺言	秘密証書遺言
作成方法	本人が遺言の全文・日付（年月日）・氏名等を書き押印（認印可）する。 ＊ワープロ、テープ不可	本人が口述し、公証人が筆記する。筆談でも可。 ＊必要書類 ・印鑑証明書 ・身元確認の資料 ・相続人等の戸籍謄本、登記事項証明書	本人が書いた遺言書を本人がその証書に署名、捺印する。その後、公証人役場において封筒に入れ、その印と同じ印で封印を押す。 ＊ワープロ、代筆可
作成場所	自由	原則として公証役場	原則として公証役場
証人	不要	証人2人以上	公証人1人・証人2人
署名押印	本人	本人・公証人・証人	本人・公証人・証人
家庭裁判所の検認	必要	不要	必要

遺言できる法定事項の主なものは次のような事項で、これら以外のことを遺言しても、その遺言については法律上の効力はありません。

①後見人及び後見監督人の指定

②遺言執行者の指定及びその委託

③相続分の指定及びその委託

④遺産分割の方法の指定及びその委託

⑤遺産分割の禁止（期間は相続開始の時から5年以内）

⑥遺産分割における共同相続人の担保責任の指定

⑦遺留分減殺方法の指定

これらの事項は、遺言以外の方法で行っても法律的な効力は生じません。また、⑧認知、⑨相続人の廃除及びその取消し、⑩財産の処分（遺贈及び寄付行為など）、⑪信託などの事項は、遺言によっても生前に行っても、どちらでも法律的な効力を持っています。

2. 遺言のできる人

遺言のできる年齢については、民法において未成年者（満20歳未満）であっても満15歳になれば、遺言能力があるとされています（民法961）。

遺言者は、遺言をするときにおいてその能力を有しなければなりません。遺言をする能力とは年齢のほか、自分の行った行為の結果を判断し得る精神能力（意思能力）、自分1人で契約などの有効な法律行為ができる能力をいいます。例えば、重い病気などで意識が朦朧としているときもあり、正気に戻って意識がはっきりとしているときもあるといったような状態の人が残した遺言書については、本当に有効なのかどうか問題になることがあります。

法律では成年被後見人であっても、通常の状態に戻っているときには遺言ができるとしています。しかし、そのためには医師2人以上の立会いを求めて遺言できる状態であったことを証明してもらわなければなりません。

なお、2人以上の者が同一の証書で遺言を行うことは法律関係が複雑になるだけでなく、遺言の撤回を自由に行うことができなくなるため、法律上認められていません。夫婦であっても共同で行った遺言については無効となります。

3. 遺言の証人になれる人

公正証書遺言と秘密証書遺言を作成する際には2人以上の証人の立会いが必要となります。しかし、次のような人は証人にはなれません（民法974）。
① 未成年者
② 成年被後見人・被保佐人
③ 推定相続人・受遺者
④ ③の配偶者及び直系血族

証人には以上のような人はなれませんが、法律の専門家でなくても可能ですので、信頼できる友人、知人が最適でしょう。

なお、適当な証人が見当たらない場合には、公証役場で紹介してもらうこともできます。

4. 遺言の撤回

遺言の効力は遺言者の死亡により発生します。したがって、いったん遺言をしても、その後に気が変わった場合など、遺言の全部又は一部を遺言の方式に従って「撤回」することができます（民法1022）。また、詐欺や脅迫により作

成された遺言は「取消し」することができます。「取消し」は何か特別の原因がある場合にされますが、「撤回」は自分の意思だけで何度でも行うことができる便利な制度です。

「撤回」の具体的な方法は以下のようなものが考えられます。
①前の遺言を撤回する旨の遺言をする。
②前の遺言に抵触する内容の遺言をする。
③遺言をした後、遺言者が生存中に遺言と抵触する処分行為などをすれば、抵触する部分については遺言が撤回されたものとみなされる。
④遺言者が遺贈の目的物を故意に処分すれば、その目的物に関する部分の遺言は撤回されたものとみなされる。
⑤遺言者が遺言書を故意に破棄したときは、遺言を撤回したものとみなされる。

　　＊一度撤回した遺言は、二度と復活しないことになりますが、詐欺又は脅迫されたことにより撤回したときは復活することが認められます。

5. 公正証書以外の遺言書の検認手続

公正証書遺言以外の遺言書、すなわち、自筆証書遺言及び秘密証書遺言などを保管している人、又は発見した人は、遅滞なく※、これを遺言者の最後の住所地の家庭裁判所に提出してその検認を請求しなければなりません（民法1004）。また、封印のある遺言書は、家庭裁判所で相続人等の立会いの上、開封しなければならないことになっています。この規定に違反して、遺言書を家庭裁判所に提出することを怠り、その検認を経ないで遺言を執行し、又は家庭裁判所以外で遺言書を開封した者は、5万円以下の過料に処せられることになっています。

ただし、この検認、開封の立会いの手続きを怠ったからといって、遺言が無効になることはありません。また、封印のない遺言書も、この検認手続が必要です。

検認とは、相続人に対し遺言の存在及びその内容を知らせるとともに、遺言書の形状、加除訂正の状態、日付、署名など検認の日現在における遺言書の内容を明確にして遺言書の偽造・変造を防止するための手続きです。遺言の有効・

第10章 遺言書・遺産分割への対応

無効を判断する手続きではありません。だまされて書いたものであるかどうかなど、実体上有効であるか無効であるか、といった点については「遺言書無効確認の訴え」などによって争われることになります。

※「遅滞なく」は、正当な理由ないし合理的な理由があれば遅滞も許されます。したがって、「遅滞なく」とは、事情の許す限りできるだけ早くという意味です。
（公正証書遺言又は秘密証書遺言の検索については、第4章第8節参照）

コラム　内容の異なる遺言書が2通発見されたとき

「遺言の成立」と「遺言の効力の発生」は別のものです。遺言者が遺言書を作った時に遺言が成立し、遺言者の死亡により遺言の効力が発生します。したがって、遺言者が遺言の内容を取り消したり変更したりすることは自由で、遺言者が死亡するまで遺言書は何度でも書き換えることができます。

有効な遺言書とは、民法の規定する手続きに従い作成されたものです。これが複数ある場合には作成された日付が一番新しい遺言書が有効な遺言書となり、「後遺言優先の原則」（先の遺言と後の遺言が抵触するときには、抵触する部分について後の遺言が優先する）が適用されます。

ゆえに、最初の遺言で「預貯金は妻に相続させる」となっており、次の遺言で「土地建物は長男に相続させる」となっていれば2通とも有効です。

第2節

遺産分割の工夫による相続税等の軽減

> **ポイント**
> 相続が発生した後においても、遺産分割の工夫によって税負担が大きく異なります。また、特例選択を誤ると相続人が不利益を被ることにもなりかねません。そのため、共同相続人に対し、税理士は説明責任を果たす義務があると考えます。

【解説】

　相続税の申告実務においては、平成に入って以降、パソコンの低価格化と高性能化に合わせ、相続税の申告書作成ソフトの開発普及が目覚ましく、専門家を計算・検算及び清書の呪縛から解き放ってくれるようになりました。さらに、相続税の申告期限については、平成4年の相続税法の改正で、相続の開始があったことを知った日の翌日から6か月を経過する日とされていたものが、申告期限が順次延長され平成8年以降は10か月以内とされました。

　このように、遺産分割について十分に検討することのできる時間と、遺産分割の工夫による相続税負担額についてシミュレーションすることのできるツールの普及が、相続人の相続税に関する意識を高め、専門家である税理士等に対して高度なサービスを求める傾向が強くなりました。

　相続発生後であっても遺産分割の工夫により相続税の軽減が可能です。また、延納や物納といった納税方法まで考えると遺産分割の工夫は非常に重要です。さらに、相続人からの要望は多種多様ですので、今回の相続税を少なくすることが最適な分割方法とは限らず、第2次相続における相続税の軽減やその後の相続人の所得税等の負担まで考えると、また違った分割案を希望する場合もあります。そこで、遺産分割による相続税等の軽減方法について、設例を用いて解説します。

1. 基礎控除額以下の正味財産でも、相続税が課税されることがある

　相続税の課税価格の計算においては、財産を取得した人の純資産価額（取得財産の額から債務等を控除した後の金額）がマイナスのときはゼロとして計算することとされています。そのため、被相続人の遺産総額から債務を控除した金額が相続税の基礎控除額以下であっても、遺産分割の結果いかんによっては相続税が課税されることがあります。

設例

1. 被相続人　父（平成27年4月死亡）
2. 相 続 人　長男・二男
3. 相続財産　マンション敷地8,000万円、マンション建物1億円、自宅敷地2,000万円、自宅建物1,000万円、その他の財産3,000万円
4. 債　　務　マンション建築借入金1億8,000万円、預り敷金その他2,000万円
5. 生前贈与　長男は平成24年10月に父から200万円の生前贈与を受け、贈与税9万円を納付している。
6. 分 割 案
   案①　すべての財産を法定相続分どおり相続する。
   案②　以下のように遺産分割をする。
   　　　長男：マンション敷地とその建物及びすべての債務を相続する。
   　　　二男：自宅敷地とその建物及びその他の財産を相続する。
7. 相続税の計算
（1）法定相続分どおり遺産分割する場合（案①）
　　　課税価格は（2億4,000万円－2億円）＋200万円≦4,200万円（基礎控除額）となるため、相続税の課税は生じません。
（2）長男が債務をすべて承継する場合（案②）
　　　長男が相続した財産の額は、単純計算では相続財産－債務＝▲2,000万円と求められますが、純資産価額を求める場合に、マイナスの場合

にはゼロと計算することとされています。そのため、長男が債務をすべて承継する遺産分割を行うと、相続税の申告が必要で、二男は相続税の納付が必要となります。

(単位：万円)

	案①法定相続分どおり遺産分割			案②長男が債務をすべて承継		
	長男	二男	合計	長男	二男	合計
相続財産	12,000	12,000	24,000	18,000	6,000	24,000
債務	▲10,000	▲10,000	▲20,000	▲20,000	−	▲20,000
純資産価額	2,000	2,000	4,000	0	6,000	6,000
生前贈与加算	200	−	200	200	−	200
課税価格	2,200	2,000	4,200	200	6,000	6,200
基礎控除額		4,200			4,200	
相続税の総額		0			200	200
算出税額	−	−	−	6	194	200
贈与税額控除				△9	−	△9
納付相続税額	−	−	−	0※	194	194

※長男の控除し切れない贈与税額控除については、切り捨てされることとなる。

2. あん分割合の調整でも納付税額が変動する

　各相続人及び受遺者の相続税額は、相続税の総額を基として、次の算式により計算します（相法17）。

$$T \times \frac{B}{A} = 各相続人等の相続税額$$

T：相続税法第16条の規定により算出した相続税の総額
B：その者の課税価格
A：同一の被相続人から相続又は遺贈により財産を取得したすべての者に係る課税価格の合計額

　なお、上記算式中のA分のBの割合に、小数点第2位未満の端数がある場合には、相続人等の全員が選択した方法により、各相続人等の割合の合計値が1になるよう、その端数を調整して申告がなされていれば、これを認めることとして取り扱われています。小数点第2位未満の端数調整により各人の納付すべ

き相続税額が変動しますので、その旨十分な説明と合意を必要とします。

> **設例1** 第2次相続を考慮する場合
>
> 1. 被相続人　　父（平成27年4月死亡）
> 2. 相 続 人　　母・長男・長女
> 3. 相続財産　　6億円
> 4. 相続税の総額　1億7,360万円
> 5. 各相続人の課税価格　母2億円、長男2.6億円、長女1.4億円
> 6. 遺産分割とあん分割合の選択
>
> | | 課税価格 | あん分割合 | | |
> |---|---|---|---|---|
> | | | ケース1 | ケース2 | ケース3 |
> | 母 | 2.0億円 | 0.33333… | 0.33 | 0.34 |
> | 長男 | 2.6億円 | 0.43333… | 0.44 | 0.43 |
> | 長女 | 1.4億円 | 0.23333… | 0.23 | 0.23 |
> | 合計 | 6.0億円 | 1.00 | 1.00 | 1.00 |
>
> 7. ケース別における各人の相続税額
>
> （単位：円）
>
> | | ケース1 | ケース2 | ケース3※ |
> |---|---|---|---|
> | 母 | 0 | 0 | 1,157,300 |
> | 長男 | 75,226,600 | 76,384,000 | 74,648,000 |
> | 長女 | 40,506,600 | 39,928,000 | 39,928,000 |
> | 合計 | 115,733,200 | 116,312,000 | 115,733,300 |
>
> ※ケース3の母の相続税額の計算例
> 　①算出相続税額　　1億7,360万円×0.34＝59,024,000円
> 　②税額軽減額　　　1億7,360万円×0.333333…≒57,866,666円
> 　③納付税額　　　　①－②＝1,157,300円（100円未満切り捨て）
>
> 　ケース1とケース3を比較すると相続税額の合計税額はほぼ同額です。しかし、ケース3の場合、母が相続税を負担することにより第2次相続における財産が減少するとともに、10年以内に相続が発生すると相次相続控除の適用も受けることができます。
>
> 　ケース2の場合、端数処理により切り捨てられた部分に係る配偶者の税額軽減を受けることができませんので、結果、最も税負担が重くなります。

設例2 配偶者の税額軽減を多く受ける工夫

1. 被相続人　父（平成27年4月死亡）
2. 相続人　母・長男
3. 相続財産　2億9,000万円
4. 生前贈与　平成25年及び平成26年に、母に対して年500万円ずつ贈与し、贈与税を53万円ずつ納付している。
5. 遺産分割　第2次相続も考慮し、母は3,000万円を、残余は長男が相続した。
6. あん分割合の調整

　ケース1　調整なし。

　ケース2　長男の端数を切り捨てて母に集める。

(単位：万円)

	ケース1 母	ケース1 長男	ケース1 合計	ケース2 母	ケース2 長男	ケース2 合計
相続財産	3,000	26,000	29,000	3,000	26,000	29,000
生前贈与加算	1,000	−	1,000	1,000	−	1,000
課税価格	4,000	26,000	30,000	4,000	26,000	30,000
基礎控除額			4,200			4,200
課税遺産総額			25,800			25,800
相続税の総額			6,920			6,920
あん分割合	0.13333	0.86667	1.0	0.14	0.86	1.0
算出税額	923	5,997	6,920	969	5,951	6,920
贈与税額控除	△106	−	△106	△106	−	△106
配偶者の税額軽減※	△817	−	△817	△863	−	△863
納付相続税額	0	5,997	5,997	0	5,951	5,951

※配偶者の税額軽減額は、以下のとおりとなります。

＜ケース1の場合＞
①6,920万円×0.133333…≒923万円
②923万円−106万円＝817万円
③①と②のいずれか少ない金額→817万円

＜ケース2の場合＞
①6,920万円×0.14≒969万円
②969万円−106万円＝863万円
③①と②のいずれか少ない金額→863万円

　ケース1とケース2を比較すると、ケース2の方が、納付税額が46万円少なくなります。これは、ケース2の場合、あん分割合の調整によって配偶者の税額軽減額の上限が引き上げられることとなったことが原因です。

設例3　相続税の2割加算対象者がいる場合

1. 被相続人　父（平成27年4月死亡）
2. 相 続 人　長男・長女
3. 相続財産　3億円
4. そ の 他　被相続人である父が契約者の生命保険金の受取人に、長男の子である孫甲及び乙を指定しており、それぞれ500万円ずつ受け取った。
5. 遺産分割　長男及び長女が2分の1ずつ相続することとした。
6. あん分割合の調整
    ケース1　調整なし。
    ケース2　甲及び乙の端数を切り捨てて長男に集める。

（単位：万円）

	ケース1 長男	ケース1 長女	ケース1 甲	ケース1 乙	ケース1 合計	ケース2 長男	ケース2 長女	ケース2 甲	ケース2 乙	ケース2 合計
相続財産	15,000	15,000	−	−	30,000	15,000	15,000	−	−	30,000
生命保険金	−	−	500	500	1,000	−	−	500	500	1,000
課税価格	15,000	15,000	500	500	31,000	15,000	15,000	500	500	31,000
基礎控除額					4,200					4,200
課税遺産総額					26,800					26,800
相続税の総額					7,320					7,320
あん分割合	0.4838…	0.4838…	0.016…	0.016…	1.0	0.4962	0.4838	0.01	0.01	1.0
算出税額	3,542	3,542	118	118	7,320	3,632	3,542	73	73	7,320
2割加算額	−	−	24	24	48	−	−	15	15	30
納付相続税額	3,542	3,542	142	142	7,368	3,632	3,542	88	88	7,350

注）甲及び乙は、相続人ではないことから、生命保険金の非課税規定の適用を受けることができません。また、2割加算の対象者がいる場合には、あん分割合を調整することで、2割加算の対象額を少なくすることにより、納付税額を軽減させることとなります。

3. 債務の承継

(1) 固定資産税等の債務控除

　固定資産税又は住民税は、その年の1月1日時点の所有者又は住所を有する者について課税されます。その結果、死亡日の属する年分の固定資産税及び住民税については被相続人の債務として債務控除の対象となります。

　また、死亡日の属する年の前年度に確定している固定資産税及び住民税で納期限が到来していないものについても債務控除の対象となります。

　事業用物件の固定資産税・都市計画税については、相続の開始があった日によって相続税の債務控除の対象となると同時に、所得税の計算上、必要経費にも算入することができます。これらの関係についてまとめると以下のようになります。

　①相続税における債務控除

　相続税の計算において、債務控除の対象となる公租公課は、被相続人の死亡の際、納税義務が確定しているもの以外に、被相続人の死亡後、相続税の納税義務者が納付することとなった被相続人に係る税金も含まれることとされています（相法13）。

　固定資産税については、賦課期日であるその年の1月1日において納税義務が確定したものとされるため、固定資産税の納税通知書が届いていなくても、相続開始年の固定資産税は、相続税の債務控除の対象となります。

　固定資産税を全期前納している場合には、「債務及び葬式費用の明細書」（第13表）に0円と表示するようにすれば、債務の計上漏れを防止することができます。

　②所得税等の必要経費

　一方、所得税の必要経費においては、その年の12月31日（年の中途において死亡し又は出国をした場合には、その死亡又は出国の時）までに申告等により納付すべきことが確定した公租公課が対象となります。

　ただし、固定資産税等のように賦課課税方式による租税で納期が分割して定められている税については、各納期の税額をそれぞれ納期の開始の日又は実際に納付した日の属する年分の必要経費に算入することができることとされています。

固定資産税については、毎年4月ごろに納税通知書が送付されますので、それ以後に相続が発生した場合に限り、被相続人の準確定申告において必要経費に算入することができます。

必要経費に算入する場合には、その全額、納期到来分、納付済額のいずれかの方法によることができます。相続人については、被相続人の必要経費算入額の残額について、自己の必要経費とすることができます。

設例1 固定資産税の納税通知書が相続開始時に届いていない場合

被相続人は賃貸マンションを所有しており、長男が相続し、引き続き賃貸している場合、平成27年度の固定資産税はどのように取り扱われるでしょうか？

1. 被相続人　父（平成27年1月31日死亡）
2. 相 続 人　長男（すべての財産債務を承継）
3. 固定資産税の納税通知書の送付日　平成27年4月1日
4. 平成27年度の固定資産税の納付状況

	納期限	負担者	納付日（納付予定日）
第1期	平成27年 4月30日	長男	平成27年 4月30日
第2期	平成27年 7月31日	長男	平成27年 7月31日
第3期	平成27年12月31日	長男	平成28年 1月25日
第4期	平成28年 2月29日	長男	平成28年 2月29日

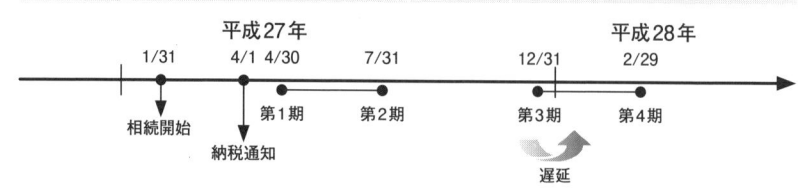

(1) 相続税における債務控除

父の相続開始時点において平成27年度の固定資産税の納税通知書が送付されていませんが、固定資産税の賦課期日である1月1日において父が所有者である物件に係る固定資産税は父の債務となります。

(2) 所得税の必要経費

　父　：父の1月分の所得に関する準確定申告においては、相続開始時点

第2節 遺産分割の工夫による相続税等の軽減

においてまだ納税通知書が届いていないため必要経費とすることはできません。

長男：平成27年度の固定資産税は、事業を引き継いだ長男の平成27年分の所得税の確定申告において必要経費に算入することとなります。その場合は、全額、納期到来分、納付済額のいずれかを必要経費とすることができます。

			第1期分	第2期分	第3期分	第4期分
父		納付状況			納税通知	未送付
		相続税の債務控除			○	
		所得税の必要経費			×	
長男		納付状況	納付済	納付済	未納	納期未到来
	所得税の必要経費	全額	平成27年			
		納期到来分	平成27年			平成28年
		納付済額	平成27年			平成28年

設例2　固定資産税の納税通知書が届いた後に相続が開始した場合

被相続人は賃貸マンションを所有しており、長男が相続し、引き続き賃貸している場合、平成27年度の固定資産税はどのように取り扱われるでしょうか？

1. 被相続人　父（平成27年9月1日死亡）
2. 相続人　長男（すべての財産債務を承継）
3. 固定資産税の納税通知書の送付日　平成27年4月1日
4. 平成27年度の固定資産税の納付状況

	納期限	負担者	納付日（納付予定日）
第1期	平成27年 4月30日	父	平成27年 4月30日
第2期	平成27年 7月31日	長男	平成27年 9月20日
第3期	平成27年12月31日	長男	平成27年12月31日
第4期	平成28年 2月29日	長男	平成28年 2月29日

第10章 遺言書・遺産分割への対応

(1) 相続税における債務控除

平成27年度の固定資産税の納税義務は全額を父が負うため、納期未到来のものも含め、父が納付していない税額は相続税の計算上、債務控除の対象となります。

(2) 所得税の必要経費

父　：父の準確定申告においては、相続開始時点において、納税通知書が届いているため、全額、納期到来分、納付済額のうちいずれかの方法で必要経費とすることができます。

長男：長男の平成27年分の所得税の確定申告においては、父の準確定申告において必要経費に算入しなかった部分について必要経費に算入することができます。

			第1期分	第2期分	第3期分	第4期分
父	納付状況		納付	未納	納期未到来	
	相続税の債務控除		－	○		
	所得税の必要経費	①全額	○（準確定申告）			
		②納期到来分	○（準確定申告）		×	
		③納付済額	○（準確定申告）	×		
長男	納付状況		－	納付	納付	納期未到来（長男納付予定）
	所得税の必要経費	父：①の場合		×		
		父：②の場合		×	○	
		父：③の場合		×	○	

なお、賦課期日の定めのある、その他の地方税には自動車税（4月1日）もあります。

(2) 医療費控除

被相続人の死亡後に相続人が支払った医療費は、相続税の計算上は債務控除の対象とされますが、所得税の計算上でも医療費控除の対象となる場合があります。その場合、被相続人の医療費控除となるのでしょうか、又は相続後、実際に支払った相続人の医療費控除となるのでしょうか。

所得税の医療費控除では、その年中に実際に支払った金額が、その年の医療

費控除の対象となります。したがって、未払いの医療費は、実際に支払ったときに医療費控除を行うこととなります。

被相続人に係る医療費については、被相続人が実際に支払った金額は、被相続人の準確定申告において医療費控除を受けることができますが、相続発生後に相続人が支払った金額は対象とはなりません。

ただし、医療費控除は、本人の医療費のみならず、医療費を支出すべき事由が生じた時又は現実に医療費を支払った時のいずれかの状況において、その医療費を支払った者と生計を一にする配偶者その他の親族に係る医療費をも対象としていることから、被相続人の医療費を支払った相続人がその時点において被相続人と生計を一にする親族であった場合においては、相続発生後に支払った被相続人の医療費は、その相続人の所得税の計算上、医療費控除の対象に含めることができます。

設例

1. 被相続人　父（平成27年8月13日死亡）
2. 相 続 人　長男（父と生計を一にしていた）
3. 父に係る医療費の明細

支払日	金額	負担者
平成27年7月10日	75,600円	父
平成27年7月20日	45,800円	長男
平成27年7月31日	59,400円	父
平成27年8月15日	89,100円	長男

（1）相続税における債務控除

相続開始後に長男が支払った医療費（89,100円）が債務控除の対象となります。

（2）医療費控除

父の準確定申告：75,600円 + 59,400円 = 135,000円

長男の確定申告：45,800円 + 89,100円 = 134,900円

支払日	金額	負担者	債務控除	医療費控除
平成27年7月10日	75,600円	父		父
平成27年7月20日	45,800円	長男	−	長男
平成27年7月31日	59,400円	父		父
平成27年8月15日	89,100円	長男	○	長男

コラム　被相続人の医療費を相続人が生前中に支払った場合

　厚生労働省が公表している「死亡の場所別にみた死亡数・構成割合の年次推移」によると、病院や診療所で死亡する人の割合は、平成25年は77.8％となっています。

　例えば、資産家である父の入院中の医療費を、長男が支払った場合の相続税の課税関係はどのようになるのでしょうか。

　民法上の扶養義務者（民法877）相互間において、扶養義務の履行の一環としてなされた生活費、教育費、医療費等の負担については債務性がないとされ、扶養義務の履行としてなされていない場合には、債務性があるものとされています。

　扶養義務の履行に当たる場合とは、次の要件のすべてを満たしているとき（大阪家庭裁判所・昭和41年9月30日審判）とされています。

　①扶養を受けようとする者に生活資力がないこと
　②扶養しようとする者に扶養能力があること
　③扶養権利者が扶養義務者に対し扶養の請求をすること

　多額の資産を保有する父には生活資力があると推定されることから上記①の要件を満たさないこととなり、長男が負担した医療費は扶養義務の履行には当たりません。父に十分な生活資力がある以上、その医療費は父が医療者に対して支払うべきものであったと考えられます。その医療費を長男が支払った場合、父の医療費を長男が立て替えて支払ったものならば、父は長男に対しその立て替えられた医療費に相当する債務を負っていたことになります。その場合には、相続税の計算において父の相続債務と考えられ、父の準確定申告においては医療費控除の対象となります。立替かどうかは認定判断の問題です。

4. 未成年者控除・障害者控除を受けられる者がいる場合

　未成年者控除や障害者控除は、相続又は遺贈により財産を取得した者がその相続又は遺贈に係る被相続人の法定相続人に該当し、かつ、未成年者（制限納税義務者を除く）又は障害者（非居住無制限納税義務者及び制限納税義務者を除く）に該当する場合に適用される税額控除で、未成年者については10万円に20歳に達するまでの年数を乗じて算出した金額を、障害者については10万円（特別障害者は20万円）に85歳に達するまでの年数を乗じて算出した金額を相続税からそれぞれ控除した金額をもって、その納付すべき税額とするとしています（相法19の3、19の4）。その場合に、控除を受けることができる金額がその控除を受ける者の相続税額を超えるとき（控除不足額があるとき）は、その控除不足額を扶養義務者の相続税額から控除できることとしています。この場合、その扶養義務者は、制限納税義務者であるかどうかは問いません。

　これらは、未成年者や障害者は一般の人より生活費等が多くかかることなどを配慮した規定であるといわれています。そのため、本人の相続税額から控除できない部分は、扶養義務者の相続税額から控除することが認められているのです。この控除の適用を受けるためには、法定相続人である未成年者又は障害者が「相続又は遺贈により財産を取得する」ことが要件となっています。そのため、未成年者や障害者本人が相続又は遺贈により財産を取得しない場合には、これらの控除の適用はなく、税額控除をすることはできません。そして、その場合においては、控除できなかった金額を扶養義務者の相続税額から控除することもできません。なお、扶養義務者が2人以上ある場合においては、協議によりその全員が控除を受けることができる金額を定めることとしています。

　このように、未成年者や障害者が相続又は遺贈により財産を取得しない場合には税額控除の適用を受けることができなくなりますが、本人が1,000円でも相続すれば、未成年者や障害者の相続税額から控除することができない金額は、扶養義務者の相続税額から控除することができます。

設例

1. 被相続人　父（平成27年4月死亡）
2. 相 続 人　長男・長女・養子（長男の子、一般障害者40歳、長男が扶養）
3. 相続財産　1億4,000万円
4. 相続税の総額　1,240万円
5. 異なる分割案による相続税負担の差異

(単位：万円)

	分割案1			分割案2		
	長男	長女	養子	長男	長女	養子
課税価格	5,000	5,000	4,000	9,000	5,000	0
算出税額	443	443	354	797	443	0
2割加算額	−	−	71	−	−	−
障害者控除	△25	−	△425	−	−	−
納付相続税額	418	443	0	797	443	−

　分割案1では、障害者である養子の障害者控除（10万円×（85歳−40歳）＝450万円）のうち、本人の相続税額から控除し切れなかった金額は扶養義務者である長男の相続税額から控除することができます。

　一方、分割案2では、障害者である養子が相続等により財産を取得していないので、たとえ長男が養子を扶養していても障害者控除の適用を受けることができません。

5. 土地の売買契約中に売主に相続が発生した場合の譲渡所得の収入計上時期別による税負担の差異

　被相続人甲は、その所有するA土地について買主乙（個人）との間で売買契約を締結後に死亡し、甲の相続人がその契約を履行した場合、甲の相続財産は土地ではなく「残代金請求権」として評価されることとなります。そのため、A土地については小規模宅地等の特例の適用は受けることができません。

　この場合、A土地の譲渡所得についても被相続人と相続人のいずれかが申告することになりますが、引渡基準を採って相続人が相続取得した土地を譲渡したとして申告をしてもよいし、契約効力発生日基準を採って被相続人の譲渡所

得として、いわゆる準確定申告によることもできます。

　相続人の譲渡所得として申告する場合には、譲渡所得について相続税額の取得費加算の特例の適用を受けることができます。一方、被相続人の譲渡所得として申告をした場合には、その所得税額が債務控除の対象となります。さらに、当該準確定申告に係る所得税の課税に対応する翌年度の住民税は、被相続人が譲渡をした年の翌年1月1日に住所がないので課税されません。

　そこで、土地の売買契約中に売主に相続が発生した場合、その譲渡所得の収入計上時期をどのように選択するか、すなわち、被相続人又は相続人のいずれの者の譲渡と判定するかにより相続税及び譲渡税の負担額が異なることとなります。被相続人の譲渡とする場合には、準確定申告は、相続の開始があったことを知った日の翌日から4か月以内に申告と納税をすることとされていることから、早急に税負担の有利・不利について判定を行う必要が生じます。

　以下の設例でそれを検証してみます。

設例

　父は、A土地の売主として、以下の4．に掲げる条件で平成27年4月に売買契約を締結した後の5月に死亡し、相続人である長男が父に代わり本契約を履行しました。

1. 被相続人　父（平成27年5月死亡）
2. 相　続　人　長男・長女
3. 相続財産

　　現　金　　　　　　　　1,000万円
　　A土地残代金請求権　　 9,000万円
　　B土地　　　　　　　　1億6,000万円
　　その他の財産　　　　　2億5,000万円

4. A土地の売買契約の概要

　　①譲渡価額　　1億円
　　②取得費　　　2,000万円（昭和50年に取得）
　　③手付金　　　1,000万円（平成27年4月に受領済み）
　　④譲渡費用　　400万円（うち200万円は平成27年4月に支払い済み）

395

5. 遺産分割
　①長男：現金、A土地残代金請求権及びB土地を相続する。
　②長女：その他の財産を相続する。
　③父の債務：法定相続分どおり負担する。

6. 譲渡所得の帰属者別の税負担一覧表

(単位：万円)

	契約効力発生日基準（父による譲渡）			引渡基準（長男による譲渡）		
	長男	長女	合計	長男	長女	合計
現金	1,000	－	1,000	1,000	－	1,000
A土地残代金	9,000	－	9,000	9,000	－	9,000
B土地	16,000	－	16,000	16,000	－	16,000
その他の財産	－	25,000	25,000	－	25,000	25,000
譲渡所得税額	△582	△582	△1,164	－	－	－
譲渡費用	△100	△100	△200	－	－	－
課税価格	25,318	24,318	49,636	26,000	25,000	51,000
相続税額	7,675	7,371	15,046	7,984	7,676	15,660
譲渡税額	－	－	(父)1,164	920	－	920
税負担合計額			16,210			16,580

7. 譲渡所得税の計算
　(1) 契約効力発生日基準による場合（父による譲渡）
　　　1億円 －（2,000万円 + 400万円）= 7,600万円
　　　7,600万円 × 15.315%（所得税率）≒ 1,164万円（住民税は課されない）
　(2) 引渡基準による場合（長男による譲渡）
　　　1億円 －（2,000万円 + 400万円 + 3,071万円※）= 4,529万円
　　　4,529万円 × 20.315%（所得税15.315%・住民税5%）≒ 920万円

※相続税額の取得費加算の計算
　7,984万円 ×（1億円 ÷ 2億6,000万円）≒ 3,071万円
注）所得税には復興所得税を含みます。

　この設例の場合には、父の譲渡所得として選択した方が、税負担合計額は370万円少なくなります。

6. 土地の分割取得で評価を下げる

　土地の価額は、1画地の土地（利用の単位となっている1区画の土地）ごとに評価します。なお、相続、遺贈又は贈与により取得した土地については、原則として、その取得した土地ごとに評価します。すなわち、被相続人の相続発生時の状態で評価するのではなく、相続後の取得者ごとに、かつ利用単位ごとに評価します。

　このように、土地の評価は利用単位ごとに行うのが原則ですが、例えば、空閑地を相続人間で分割して取得し、相続人ごとに異なる利用であれば、不合理な分割でない限り、遺産分割後の利用単位に応じ評価することができます。

　そこで、正面と裏面の二方の道路に接している土地や角地などを分割する場合、複数の相続人が共有で相続すると二方路線影響加算や側方路線影響加算があり、1㎡当たりの土地の相続税評価額が高くなります。

　しかし、以下の設例の分割案2のような分割をすると、それぞれの土地がそれぞれの路線価を正面路線価として評価され、土地の評価額を引き下げることができます。

設例 正面と裏面の二方に道路がある場合

1. 被相続人　父（平成27年4月死亡）
2. 相続人　長男・長女
3. 相続財産
　①普通住宅地区にある青空駐車場として利用している土地
　　・奥行価格補正率　20m：1.00、10m：1.00
　　・二方路線影響加算率　0.02
　②その他財産　1億円

4. 土地の分割案

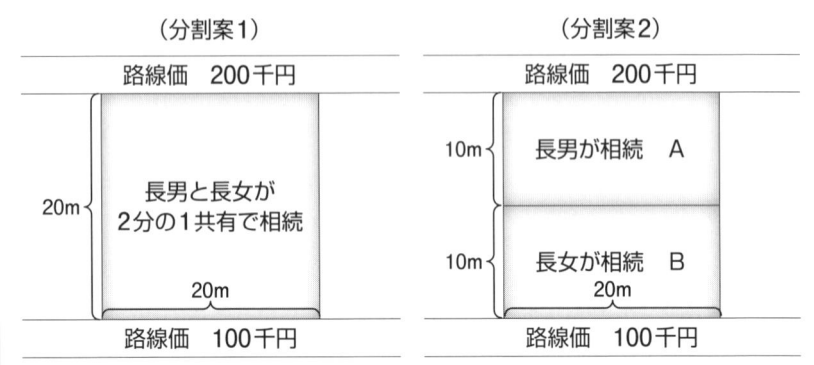

```
（分割案1）                          （分割案2）
  路線価 200千円                      路線価 200千円

        ┌─────────────┐              ┌─────────────┐
        │             │         10m ┤│ 長男が相続 A │
        │ 長男と長女が │              ├─────────────┤
   20m ┤│ 2分の1共有で相続│         10m ┤│ 長女が相続 B │
        │             │              └─────────────┘
        └─────────────┘                    20m
             20m

  路線価 100千円                      路線価 100千円
```

	分割案1	分割案2
1㎡当たりの価格の計算	20万円×1.00＝20万円 20万円＋(10万円×1.00×0.02) ＝20.2万円	A 20万円×1.00＝20万円 B 10万円×1.00＝10万円
評価額の計算	20.2万円×400㎡＝8,080万円	A 20万円×200㎡＝4,000万円 B 10万円×200㎡＝2,000万円 A＋B＝6,000万円
課税価格	1億円＋8,080万円＝1億8,080万円	1億円＋6,000万円＝1億6,000万円
相続税の総額	2,764万円（①）	2,140万円（②）

分割案1と2では、①－②＝624万円も税額が異なってきます。

7. 役員退職金の現物支給（社宅など）

　被相続人（会社役員）の死亡により、退職金の支給額を確定せず、ただ単に退職金として社宅を交付するとだけ決議されたときは、取得した土地及び建物の価額は、財産評価基本通達によって評価した相続税評価額によることとなります。この場合、相続人等の取得した請求権は、その社宅の引渡しを受ける権利だけで他に選択肢はなく、土地及び建物の価額は、相続税の課税においては、財産評価基本通達によって評価した価額によることとなります。

　しかし、既に退職金の支給額が確定しており、その支払方法として土地及び建物を取得したときは、その確定した退職金の支給額により、評価すること と

なります。この場合、その支給が社宅をもって充てるとされていても、それは確定した退職金の支払方法にすぎず、受給者としてはその支払方法の変更を求めることも可能です。また、交付を受けた社宅の価額（時価）が退職金として確定した支給額に満たないときは、その差額について支払いの請求をすることができます。

なお、被相続人の死亡により被相続人の退職手当金等として支給を受けた現物が、金銭に見積もることができる経済的価値のあるものであれば、たとえ所得税の非課税規定に該当するもの（生活の用に供する家具、什器、通勤用の自動車など）であっても、相続税の課税対象になります。

また、取引相場のない株式等の評価において、被相続人の死亡により、相続人に支給することが確定した退職手当金等（弔慰金を除く）の額は、負債として会社資産から控除し純資産価額を計算することになっていますが、社宅による現物支給があった場合の純資産価額の計算上控除する退職手当金等の額はその社宅の相続税評価額となります。

退職手当金等については、相続又は遺贈により取得したものとみなされ、相続税の課税価格に算入されて課税されるため、評価会社の純資産価額の計算において負債に計上しなければ、相続税において実質上の二重課税が生じることになるので、自社株式の純資産価額の計算上、退職手当金等を負債として計上する必要があります。一方、弔慰金については、相続財産とはみなされず、実質上の二重課税とはならないので、負債に計上することはできません。

しかし、法人税法上は、退職金の額が不相当に高額でなければその社宅を時価で判定した額を、退職給与として損金に算入することとなります。

【設例】
1. 被相続人　父（平成27年4月死亡）
2. 相続人　長男・長女
3. 社宅の簿価　1,000万円
4. 社宅の相続税評価額　5,000万円
5. 社宅の時価　8,000万円

6. 父のその他財産

3億円（自社株を含む。なお、当該会社は大会社に該当し、類似業種比準価額で評価されるため、死亡退職金支給の有無の影響を受けないものとする）

7. 死亡退職金

①社宅を現物支給する場合と、②社宅の時価相当額の現金支給を受け社宅を取得する場合における相続税の比較

(単位：万円)

	①現物支給の場合	②現金支給の場合
その他財産	30,000	30,000
死亡退職金	5,000	8,000
非課税金額	△1,000	△1,000
課税価格	34,000	37,000
相続税の総額	8,520	9,720

第 3 節

第2次相続を考慮した遺産分割

ポイント　配偶者が相続人である場合、第2次相続での相続税等の負担軽減を考慮した遺産分割が望まれます。残された配偶者は、値上がりしない財産や消費される財産を相続することが基本です。また、老後の生活が安定して、安心して暮らせる資産を相続することも大切です。

【解説】

1. 第1次相続の工夫は第2次相続対策の出発点

　相続の基本は、人の死亡によるその人の財産の次の世代への承継であるといわれています。しかし、実際には、同世代である配偶者への相続や同じ世代の兄弟姉妹のほか、前の世代である親への相続もあります。

　夫婦間の相続においては、配偶者の税額軽減規定が設けられていることから、配偶者が相続税を納税しなければならないケースは少ないと思います。事例が多い配偶者と子のいる相続においては、親の世代から子の世代に財産が承継されるときに、子に対して相続税が課されることとなり、子の世代にすべての財産が承継されて初めて相続税の納税義務が完結することになります。

　そこで、第1次相続（例えば、父の死亡）が発生したときに、母がどのような種類の財産をいくら相続するかということは、第2次相続（母の死亡）に大きな影響を与えます。第1次相続における遺産分割の工夫は、第2次相続対策の出発点ということができます。とりわけ、配偶者が相続人である場合には、その配偶者がどのような財産をいくら相続するかにより、次の相続（その配偶者の死亡）に相当な影響を与えますので、遺産分割の工夫の余地が大きいと思います。

配偶者がいる場合の遺産分割の工夫による相続税等の軽減の具体策について、以下で設例を用いて分かりやすく解説します。

2. 配偶者が相続により取得する財産の選択基準

　配偶者が相続により取得する財産の選択について、第2次相続の際の税負担が軽くなるよう工夫が必要です。例えば、評価会社が大会社で、類似業種比準価額で計算し評価される会社の場合、死亡退職金の支給に伴い1株当たりの利益金額が小さくなることで評価額が下落することが見込まれる自社株式や、消費される財産（現金預金等）を中心に選択することが賢明です。また、同族会社に対する回収困難な貸付金を配偶者が相続し、配偶者の税額軽減の適用を受けて相続税負担を先送りしておき、第2次相続開始前に、当該貸付金の債権放棄などを行うなどすれば、通算相続税額の軽減に役立ちます。その場合において、債務免除を受けた法人は、債務免除額は益金となるため、法人税課税に注意する必要があります。

　さらに、残された配偶者の生活の安定を図ることができる財産も優先して相続すべきでしょう。日々の生活に密着した居住用不動産、現預金又は安定した収益を生む不動産などを相続すれば、配偶者の老後生活は安心です。

　しかし、小規模宅地等の特例の適用を受けた宅地等を配偶者が相続していたり、第1次相続において、配偶者が高齢で、かつ、配偶者固有の財産が多額にあるにもかかわらず、その第1次相続の税負担の軽減のみにとらわれて、配偶者が法定相続分以上を相続し、結果としてその選択により第2次相続まで含めた通算相続税を重くしている事例も少なくありません。

　第1次相続の発生時は、配偶者がどのような財産をいくら相続するのか慎重に検討を重ねなければなりません。さらに、相続税の課税の特例の選択を誤らないようにしなければ、相続税等の負担は過重なものとなってしまいます。専門家からアドバイスを受けながら、賢く遺産分割を行うことが大切です。

3. 通算相続税を軽減するための配偶者の相続割合

　相続又は遺贈により財産を取得した者が被相続人の配偶者であるときは、一

第3節 第2次相続を考慮した遺産分割

定の要件の下でその配偶者の相続税額が軽減されます。

そこで、第1次相続の納付すべき相続税額を最も少なくするには、配偶者が相続する財産の価額を、法定相続分以上又は1億6,000万円以上（配偶者と子が相続人の場合は遺産総額が3億2,000万円以下のとき）にすればよいことになります。

しかし、第1次相続に続いて第2次相続が同じ年に発生した場合、又は発生しそうな場合には、配偶者が第1次相続においていくら遺産を相続すれば有利かについては、第1次相続及び第2次相続の相続税を通算して判定する必要があります。

同一年中に連続して相続が発生した次の設例（被相続人の遺産が5億円で、残存配偶者に固有の財産が1億ある場合）では、同一年中に相続が発生したことによる相次相続控除を考慮すると、配偶者が第1次相続の財産の10％を相続することで第1次及び第2次相続における通算相続税額は最も少なくなります。

設例1

1. 被相続人　父（平成27年4月死亡）
2. 相続人　母・長男・長女
3. 相続財産　5億円
4. その他　母固有の財産は1億円とする。
5. 母と子の相続割合と相続税額

（単位：万円）

相続割合 母：子	第1次相続の税額 ①母	第1次相続の税額 ②子	第2次相続の税額 ③1年以内に相続発生	合計税額 ①＋②＋③
10：0	6,555	0	10,205※	16,760
9：1	5,244	1,311	9,856	16,411
8：2	3,933	2,622	9,507	16,062
7：3	2,622	3,933	9,249	15,804
6：4	1,311	5,244	9,084	15,639
5：5	0	6,555	8,920	15,475
4：6	0	7,866	6,920	14,786
3：7	0	9,177	4,920	14,097
2：8	0	10,488	3,340	13,828
1：9	0	11,799	1,840	13,639
0：10	0	13,110	770	13,880

(留意事項)

①相続税額は、平成27年4月現在の税制によっています。

②子は、各人均等に相続するものとして計算しています。

③税額控除等は、配偶者の税額軽減及び相次相続控除額のみとして計算しています。

※計算内容の例
- 第2次相続時の課税遺産総額
  (5億円+1億円-6,555万円)-4,200万円=4億9,245万円
- 第2次相続の相続税の総額
  (4億9,245万円×1/2×45%-2,700万円)×2人=1億6,760万円
- 第2次相続の税額
  1億6,760万円-6,555万円(相次相続控除額)=1億205万円

　配偶者の税額軽減は、その適用を受ける旨及び一定の書類の添付がある場合に限り適用するとされています。
　次に、配偶者の税額軽減の適用をあえて受けない場合についてを設例で検証します。

設例2

1. 第1次相続の被相続人　父(平成27年4月死亡)
2. 父の相続人　母(平成27年5月死亡)・長男・長女
3. 父の遺産総額　20億円
4. その他　母固有の財産は5億円とする。
5. 父の遺産分割
   ①長男・長女が2分の1ずつ相続する。
   ②法定相続分で相続し、配偶者の税額軽減の適用を受ける。
   ③法定相続分で相続し、配偶者の税額軽減の適用を受けない。
6. 母の遺産分割　法定相続分どおり相続する。
7. 父の課税遺産総額
   20億円-4,800万円=19億5,200万円
8. 父の相続税の総額
   (19億5,200万円×1/2)×55%-7,200万円=4億6,480万円

(19億5,200万円×1/4) ×50％−4,200万円＝2億4,200万円
(19億5,200万円×1/4) ×50％−4,200万円＝2億4,200万円

相続税の総額＝8億6,880万円

9. 納付すべき税額

(1) 5. ①の場合　　　　　　　　　　　　　　　　　　　　　　（単位：万円）

	父の相続			母の相続		合計税額
	母	長男	長女	長男	長女	
課税価格	−	100,000	100,000	25,000	25,000	−
相続税の総額		86,880		15,210		102,090
算出税額	0	43,440	43,440	7,605	7,605	102,090
配偶者の税額軽減	−	−	−	−	−	−
納付相続税額	0	43,440	43,440	7,605	7,605	102,090

(2) 5. ②の場合　　　　　　　　　　　　　　　　　　　　　　（単位：万円）

	父の相続			母の相続		合計税額
	母	長男	長女	長男	長女	
課税価格	100,000	50,000	50,000	75,000	75,000	−
相続税の総額		86,880		65,790		152,670
算出税額	43,440	21,720	21,720	32,895	32,895	152,670
配偶者の税額軽減	△43,440	−	−	−	−	△43,440
納付相続税額	0	21,720	21,720	32,895	32,895	109,230

(3) 5. ③の場合　　　　　　　　　　　　　　　　　　　　　　（単位：万円）

	父の相続			母の相続		合計税額
	母	長男	長女	長男	長女	
課税価格	100,000	50,000	50,000	53,280※	53,280※	−
相続税の総額		86,880		42,780		129,660
算出税額	43,440	21,720	21,720	21,390	21,390	129,660
配偶者の税額軽減	−	−	−	−	−	−
相次相続控除	−	−	−	△21,720	△21,720	△43,440
納付相続税額	43,440	21,720	21,720	0	0	86,880

※（10億円−4億3,440万円）＋5億円＝10億6,560万円
　10億6,560万円÷2＝5億3,280万円

　以上の結果から、このケースでは、父の相続において、母が法定相続分を相続しても配偶者の税額軽減の適用を受けないことで、通算相続税が最も少なくなるということが分かります。

4. 広大地評価

　広大地とは、その地域における標準的な宅地の地積に比して著しく地積が広大な宅地※で、開発行為を行うとした場合に公共公益的施設用地の負担が必要と認められるものをいいます。ただし、大規模工場用地に該当するもの及び中高層の集合住宅等の敷地用地に適しているものは除きます。

　※著しく地積が広大な宅地の判定をするための面積基準（市街化区域）
　　・三大都市圏…500㎡　　　・それ以外の地域…1,000㎡

　広大地の価額は、広大地が路線価地域に所在する場合には、以下のように計算した金額によって評価します（評基通24-4）。

広大地の価額＝広大地の面する路線の路線価×広大地補正率※×地積

　※広大地補正率＝0.6－0.05×（広大地の地積÷1,000㎡）

　広大地に該当するか否かについては、実務上の判断の難しい事例が多くありますが、面積基準を満たさない場合には、広大地の適用はかなり困難と思われます。そこで、土地を多く持つ人の相続の場合には、できるだけ広大地の面積基準を満たすような遺産分割が重要です。

　宅地は、1画地の宅地（利用の単位となっている1区画の宅地をいう）を評価単位とするものとされています。贈与、遺産分割等による宅地の分割が親族間等で行われた場合において、例えば、分割後の画地が宅地として通常の用途に供することができないなど、その分割が著しく不合理であると認められるときは、その分割前の画地を「1画地の宅地」とするものとされています（評基通7-2）。

　広大地に該当するか否かの判定単位は、評価対象地である宅地の評価上の評価単位と同じと考えられることから、遺産分割において注意が必要です。

設例

1. 被相続人　父（平成27年1月死亡）
2. 相　続　人　長男・長女

3. 相続財産

- 宅地：1,000㎡（路線価10万円/㎡・1,000㎡で広大地に該当）
  注）広大地に該当しない場合の相続税評価額は1億円
- その他の財産：2億円

4. 遺産分割

①すべての財産を2分の1ずつ共有で相続する。

②宅地は長男が相続し、その他の財産は2分の1ずつ相続する。

③すべての財産を2分の1ずつ相続する。
（宅地も2分の1ずつ分割（不合理分割に該当しない）して相続する。）

④宅地は未分割とし、その他の財産は2分の1ずつ相続する。

5. 遺産分割別相続税

(単位：万円)

	①宅地は共有で相続		②宅地は長男が相続		③宅地は1/2に分割相続		④宅地は未分割	
	長男	長女	長男	長女	長男	長女	長男	長女
宅地の評価額※	2,750	2,750	5,500	—	5,000	5,000	2,750	2,750
その他の財産	10,000	10,000	10,000	10,000	10,000	10,000	10,000	10,000
課税価格	12,750	12,750	15,500	10,000	15,000	15,000	12,750	12,750
基礎控除額	4,200		4,200		4,200		4,200	
課税遺産総額	21,300		21,300		25,800		21,300	
納付相続税額	2,560	2,560	3,112	2,008	3,460	3,460	2,560	2,560

※広大地に該当する場合：10万円×0.55×1,000㎡＝5,500万円
　広大地に該当しない場合：10万円×1,000㎡＝1億円

6. 解説

　宅地を共有で相続する場合の評価単位は、1,000㎡と判定されるため、広大地に該当することとなります。一方、2分の1ずつ分割して相続し、その分割が不合理分割でない場合には、分割後の画地を1画地の宅地として取り扱うことから、広大地としての面積基準を満たしません。

　なお、宅地を未分割で相続した場合には、分割されるまでは共有状態にありますので、広大地として評価することができます。しかし、その後、遺産分割によって広大地の面積基準を満たさないこととなったら、その宅地は1億円と評価されることとなりますので、修正申告などの手

続きが必要となります。

注）配偶者の相続した土地が広大地としての面積基準を満たさないときは、第2次相続開始前に隣接地を追加取得したり、交換の特例の適用を受けるなどして面積基準を満たすようにします。

5. 贈与税額控除等の税額控除を活用する

配偶者が生前贈与を受けて贈与税を納付していた場合に、その贈与が生前贈与加算の対象となるときの贈与税額控除と配偶者の税額軽減との関係について検証します。

設例

1. 被相続人　　父（平成27年5月死亡）
2. 相続人　　母・長男・二男
3. 父の遺産総額　4億7,000万円
4. 父の生前贈与の状況

　父は、平成24年12月から平成26年12月までの3年間、毎年、母と長男へそれぞれ500万円ずつ現金の贈与を行ってきました。なお、母及び長男は他から贈与により財産を取得していません。

贈与時期	受贈者	受贈財産	贈与財産の価額	贈与税額
平成24年12月	母	現金	500万円	53万円
	長男	現金	500万円	53万円
平成25年12月	母	現金	500万円	53万円
	長男	現金	500万円	53万円
平成26年12月	母	現金	500万円	53万円
	長男	現金	500万円	53万円

5. 遺産の分割案

　母：2億3,500万円、長男：1億5,000万円、二男：8,500万円

6. 納付すべき相続税額

(単位：万円)

	母	長男	二男	合計
相続財産	23,500	15,000	8,500	47,000
生前贈与加算	1,500	1,500	—	3,000
課税価格	25,000	16,500	8,500	50,000
相続税の総額	—	—	—	13,110
あん分割合	0.50	0.33	0.17	1.00
算出税額	6,555	4,326	2,229	13,110
贈与税額控除	△159	△159	—	△318
配偶者の税額軽減	△6,396 (△6,555)	—	—	△6,396 (△6,555)
納付相続税額	0	4,167	2,229	6,396

注)（　）内は、配偶者の税額軽減を受けることができる金額の上限

　配偶者の税額軽減は1億6,000万円と、法定相続分の50％のいずれか多い方であるところ、この案では、法定相続分の50％を取得しており、配偶者の税額軽減は6,555万円（1億3,110万円×0.50）となるところですが、暦年課税分の贈与税額控除は、配偶者の税額軽減よりも先に行うこととされているため、その控除後の税額に相当する6,396万円が配偶者の税額軽減額となります。したがって、母の税額計算では平成24年分から平成26年分までの贈与税として納付した贈与税額は控除されないのと同じ結果となります。

　このようなとき、配偶者が自らの法定相続分を超えて相続すれば、贈与税額控除と配偶者の税額軽減の2つの税額控除をフルに活用することができます。

　上記の設例において、長男から母に代償分割の代償金として1,000万円を支払うものとして、相続税を計算すると、以下のようにいずれの税額控除も適用できることになります。

配偶者が相続した財産が法定相続分を超える課税価格となる場合　(単位：万円)

	母	長男	二男	合計
対策前・相続財産	23,500	15,000	8,500	47,000
代償財産	1,000	△1,000	—	0
生前贈与加算	1,500	1,500	—	3,000

課税価格	26,000	15,500	8,500	50,000
相続税の総額	—	—	—	13,110
あん分割合	0.52	0.31	0.17	1.00
算出税額	6,817	4,064	2,229	13,110
贈与税額控除	△159	△159	—	△318
配偶者の税額軽減	△6,555	—	—	△6,555
納付相続税額	103	3,905	2,229	6,237

　この設例において、配偶者が法定相続分を超えて相続した場合の納付相続税額は、法定相続分以下の相続に比較して配偶者の贈与税額控除に相当する159万円だけ少なくなります。

6. 小規模宅地等の特例の選択

　小規模宅地等についての相続税の課税価格の計算の特例（以下「小規模宅地等の特例」）の対象となる宅地等が複数ある場合には、どの宅地でその特例の適用を受けるかの選択は相続人に任せられています。

　そこで、小規模宅地等の特例を受けることができる宅地等が複数ある場合には、減額の金額が最も大きくなる宅地等から優先して選択することが有利になります。

(1) 配偶者が相続した宅地等に小規模宅地等の特例を選択しない

　小規模宅地等の特例の適用を受ける場合には、できるだけ、配偶者が相続した宅地等に適用しない方が相続税の負担は軽減されます。すなわち、配偶者が取得した宅地等から小規模宅地等の特例の適用を受ける場合で、配偶者が法定相続分以上相続するときは、第1次相続における相続税額は変わりませんが、第2次相続までの通算相続税で比較すると大きな負担額の差が生じます。そのことを、設例で確認してみます。

第3節 第2次相続を考慮した遺産分割

設例

1. 被相続人　父（平成27年4月死亡）
2. 相続人　母・長男
3. 相続財産

　A土地(400㎡)：相続税評価額　　2億円（小規模宅地等の特例適用前）
　B土地(400㎡)：相続税評価額　　2億円（小規模宅地等の特例適用前）
　その他の財産：相続税評価額　1億6,000万円

　A土地及びB土地は、いずれも特定事業用宅地等として母又は長男のどちらが相続しても小規模宅地等の特例（400㎡まで80％減）の適用を受けることができるものとします。

<ケース1>　第1次相続で長男が相続したB土地につき小規模宅地等の特例の適用を受け、減額後の評価額を基に法定相続分どおり相続する場合

（単位：万円）

相続財産	通常の評価	減額後評価	第1次相続 相続人	第1次相続 財産額	第2次相続 相続人	第2次相続 財産額
A土地	20,000	20,000	母	20,000	長男	4,000
B土地	20,000	4,000	長男	4,000	－	－
その他	16,000	16,000	長男	16,000	－	－
合計	56,000	40,000	－	40,000	－	4,000

<ケース2>　第1次相続で母が相続したB土地につき小規模宅地等の特例の適用を受け、減額後の評価額を基に法定相続分どおり相続する場合

（単位：万円）

相続財産	通常の評価	減額後評価	第1次相続 相続人	第1次相続 財産額	第2次相続 相続人	第2次相続 財産額
A土地	20,000	20,000	長男	20,000	－	－
B土地	20,000	4,000	母	4,000	長男	4,000
その他	16,000	16,000	母	16,000	長男	16,000
合計	56,000	40,000	－	40,000	－	20,000

411

<ケース3> 第1次相続で母が相続したB土地につき小規模宅地等の特例の適用を受け、通常の評価額を基に法定相続分どおり相続する場合

(単位：万円)

相続財産	通常の評価	減額後評価	第1次相続 相続人	第1次相続 財産額	第2次相続 相続人	第2次相続 財産額
A土地	20,000	20,000	長男	20,000	−	−
B土地	20,000	4,000	母	4,000	長男	4,000
その他	16,000	16,000	母	8,000	長男	8,000
			長男	8,000	−	−
合計	56,000	40,000	−	40,000	−	12,000

ケース1及びケース2のいずれの場合も、第1次相続では小規模宅地等の特例適用後の課税価格で母が法定相続分以上相続していますので、第1次相続においては最も税負担が軽減されています。ケース3では、母は小規模宅地等の特例の適用後はその法定相続分に満たない相続となっているので、第1次相続において配偶者の税額軽減をフルに活用していないことから相続税負担は重くなります。

また、ケース1では、第1次相続で母は通常の評価額でA土地を相続していますが、第2次相続でA土地を長男が相続するときに、小規模宅地等の特例を受けることができ、その課税価格は4,000万円となります。

ケース2では、第1次相続で母が小規模宅地の特例の適用を受けたB土地を相続しているため、第2次相続のときには、B土地はいったん通常の評価額である2億円で評価され、その後、小規模宅地等の特例の適用を受けることにより4,000万円の評価になり、その他の財産1億6,000万円と合わせて母の相続における課税価格は2億円となります。

ケース3では、ケース2と同様にB土地は4,000万円の評価となり、その他の財産8,000万円と合わせて母の課税価格は1億2,000万円となります。

その結果、相続税負担は次のようになります。

ケース別相続税額
(単位：万円)

	ケース1 第1次相続	ケース1 第2次相続	ケース2 第1次相続	ケース2 第2次相続	ケース3 第1次相続	ケース3 第2次相続
母	0	−	0	−	0	−
長男	5,460	40	5,460	4,860	7,644	1,820
合計	5,500		10,320		9,464	

ケース1とケース2とを比較すると、第2次相続まで通算した相続税額はケース1の方が4,820万円（1億320万円－5,500万円）少なく、ケース1とケース3の比較ではケース1の方が3,964万円有利になります。
　以上の結果から、母は可能な限り相続した宅地等について小規模宅地等の特例の適用を受けないように遺産分割を工夫すれば、相続税負担は大きく軽減されます。

　小規模宅地等の特例の適用は、相続人等の全員の合意による選択に任されていますが、1度選択した特例対象宅地等は、原則として他の宅地等への変更はできません。そのため、誰が相続する宅地等でその特例の適用を受けるか慎重に検討しなければなりません。

(2) 小規模宅地等として最も減額される宅地等から特例適用を選択することが常に有利とは限らない

　小規模宅地等の特例の適用を受けることができる宅地等が複数ある場合、限度面積調整後の1㎡当たりの減額金額が最も大きくなる宅地等を選択することが有利となります。しかし、配偶者の税額軽減を受ける場合には、必ずしも有利になるとは限りません。そのことを、以下の設例で確認します。

設例

1. 被相続人　父（平成27年5月死亡）
2. 相続人　母・長男（両親とは別生計）
3. 相続財産
   ・A居住用宅地等（父と母が居住・長男は自己の所有する自宅に居住）
   　：330㎡、5,000万円（小規模宅地等の特例適用前）
   ・B駐車場：200㎡、4,000万円（小規模宅地等の特例適用前）
   ・その他の財産：3億5,000万円
4. 遺産分割
   　小規模宅地等の特例適用前で法定相続分の割合によって遺産分割を行

った。

①母　：A居住用宅地等とその他の財産1億7,000万円
②長男：B駐車場とその他の財産1億8,000万円

5. 小規模宅地等の特例選択

ケース1：母が相続したA居住用宅地等を選択する。
ケース2：長男が相続したB駐車場を選択する。

6. 相続税額等の計算

(単位：万円)

	ケース1 母	ケース1 長男	ケース2 母	ケース2 長男
A居住用宅地等	5,000	−	5,000	−
B駐車場	−	4,000	−	4,000
小規模宅地等の特例	△4,000	−	−	△2,000
その他の財産	17,000	18,000	17,000	18,000
課税価格	18,000	22,000	22,000	20,000
基礎控除額	4,200		4,200	
課税遺産総額	35,800		37,800	
相続税の総額	10,920		11,720	
算出税額	4,914	6,006	6,139	5,581
配偶者の税額軽減	△4,914	−	△5,860	−
納付相続税額	0	6,006	279	5,581
合計税額	6,006		5,860	

7. 検証結果

　小規模宅地等の特例選択においては、A居住用宅地等を選択した方が4,000万円減額されることとなることから、相続税の総額の計算においては有利となります。

　しかし、母が相続したA居住用宅地等について小規模宅地等の特例を選択した場合には、小規模宅地等の特例による軽減額は、配偶者の税額軽減の計算において吸収されることとなることから、納付税額の計算結果は逆に、長男が相続したB駐車場について当該特例の選択をした方が有利となります。

(3) 第2次相続開始までの間に適用要件を満たす

　小規模宅地等の特例の適用要件を満たさない宅地等は、配偶者が相続し、第2次相続開始前に適用要件を満たすように工夫します。

　実務でよく見受けられるのは、特定同族会社が被相続人から賃借している不動産の賃料を支払っていなかったために、特定同族会社事業用宅地等に該当しないという事例です。

設例

1. 被相続人　父（平成27年4月死亡）
2. 相 続 人　母・長男・長女
3. 相続財産
   - A土地：400㎡（自用地としての相続税評価額5,000万円：借地権割合60%）
   - A土地上の建物：1,000万円（自用価額）
     なお、A土地上の建物は、長男が主宰する同族法人（甲社：小売業を営んでいる）が、父から無償で借り受けている。
   - その他の財産：3億円
4. 遺産分割
   ①母はその他の財産1億8,000万円を、長男はA土地上の建物とその他の財産3,000万円を、長女はその他の財産9,000万円を相続する。
   ②母はA土地上の建物とその他の財産1億2,000万円を、長男・長女はその他の財産9,000万円をそれぞれ相続する。
5. 母に関する前提条件
   - 固有の財産　1億円
   - 4②の場合、平成27年5月以降、甲社から家賃を収受することに変更する。
   - 平成28年1月に死亡するものと仮定する。
   - 4①の場合、長男及び長女は2分の1ずつ相続する。
   - 4②の場合、長男はA土地上の建物と1億円を、長女は残余の財産を相続する。

6. 第1次相続

(単位：万円)

	A土地上の建物は長男が相続			A土地上の建物は母が相続		
	母	長男	長女	母	長男	長女
A土地	—	5,000	—	5,000	—	—
A土地上の建物	—	1,000	—	1,000	—	—
その他の財産	18,000	3,000	9,000	12,000	9,000	9,000
課税価格	18,000	9,000	9,000	18,000	9,000	9,000
基礎控除額	4,800			4,800		
相続税の総額	7,820			7,820		
算出税額	3,910	1,955	1,955	3,910	1,955	1,955
配偶者の税額軽減	△3,910	—	—	△3,910	—	—
納付相続税額	0	1,955	1,955	0	1,955	1,955

7. 第2次相続

(単位：万円)

	A土地上の建物は第1次相続で長男が相続		A土地上の建物は第1次相続で母が相続	
	長男	長女	長男	長女
A土地	—	—	4,100	—
小規模宅地等の特例	—	—	△3,280	—
A土地上の建物	—	—	700	—
その他の財産	14,000	14,000	10,000	12,000
課税価格	14,000	14,000	11,520	12,000
基礎控除額	4,200		4,200	
相続税の総額	6,120		4,396	
算出税額	3,060	3,060	2,153	2,243
納付相続税額	3,060	3,060	2,153	2,243
第1次相続と第2次相続の通算相続税額	10,030		8,306	

第4節

相続発生後でもできる事業承継対策の具体例

ポイント　取引相場のない株式等は、同族株主が相続する場合、多くは原則的評価方式（類似業種比準方式等）で評価されます。しかし、同族株主の中でも、一定の議決権割合以下しか保有しない同族株主は、特例的評価方式（配当還元方式）により評価することができます。そのため、同族株主がその株式等を相続する場合は、遺産分割の慎重な検討が必要です。

【解説】

1. 配当還元価額による移転

　相続発生後においても、事業承継対策を行うことは可能です。具体的には、遺産分割協議を通じて今回の相続に係る取引相場のない株式等の相続税評価額を配当還元方式で評価したり、第2次相続の際に同様に配当還元方式が採用できるような遺産分割を行ったりすることによって、通算相続税の負担を軽減するなどの対策が中心になります。

　以下に、相続発生後でも可能な事業承継対策について解説します。

設例1

　同族株主であっても一定の要件に該当すれば、配当還元方式によって評価し、自社株の移転を図ることができます。例えば、評価対象者が同族株主である場合でも、①他に中心的な同族株主がいて評価対象者が中心的な同族株主でなく、②相続・贈与又は譲渡により株式を取得した後の議決権割合が5％未満で、かつ、③役員でなければ、原則的評価方式ではなく、配当還元方式を適用することができます。

1. 被相続人　父（平成27年4月死亡）
2. 相続人　母・長男・二男（全員A社の役員ではない）
3. 相続財産
   ・A社株式：1,200株（発行済株式総数の12％所有しすべて普通株式で議決権は1株につき1個・原則的評価方式による価額2万円・配当還元価額500円）
   ・その他の財産：2億2,800万円
4. A社の株主の状況
   父の兄が株式の68％を、父の兄の子が20％をそれぞれ所有しています。父の兄が代表取締役、父は専務取締役で、父の兄の子が取締役に就任していて将来の後継予定者と目されています。
5. 分割方法
   分割案1：A社株式は3分の1ずつ相続し、その他の財産は法定相続分どおり相続する。
   分割案2：A社株式は長男がすべて相続し、その他の財産は法定相続分どおり相続する。

（単位：万円）

	分割案1 母	分割案1 長男	分割案1 二男	分割案1 合計	分割案2 母	分割案2 長男	分割案2 二男	分割案2 合計
A社株式	20	20	20	60	—	2,400	—	2,400
その他	11,400	5,700	5,700	22,800	11,400	5,700	5,700	22,800
課税価格	11,420	5,720	5,720	22,860	11,400	8,100	5,700	25,200
相続税額	0	854	854	1,708	0	1,299	914	2,213

　分割案2の場合、長男は同族株主で、かつ、取得後の議決権割合が5％以上となることから、A社株式の相続税評価額は原則的評価方式によって評価することとなります。

　一方、分割案1の場合は、母・長男及び二男は、全員同族株主に該当しますが、取得後の議決権割合は各自5％未満で、他に中心的な同族株主（父の兄やその子）がいて、母・長男及び二男は中心的な同族株主に該当せず、かつ、役員でもないことから、特例的評価方式によって評価することがで

きます。

■分割案1による遺産分割を行った場合の中心的な同族株主判定表　　　（単位：株）

	父の兄	父の兄の子	母	長男	二男	合計	判定
	6,800	2,000	400	400	400	10,000	
父の兄	6,800	2,000	－	－	－	8,800	○
父の兄の子	6,800	2,000	－	－	－	8,800	○
母	－	－	400	400	400	1,200	×
長男	－	－	400	400	400	1,200	×
二男	－	－	400	400	400	1,200	×

設例2

　取引相場のない株式等を相続する場合に、第2次相続対策を考慮した遺産分割の検討は重要です。第1次相続においては、同じ税負担であっても第2次相続まで考慮すると大きな税負担の差が生ずることもあります。

1. 被相続人　父（平成27年4月死亡）
2. 相続人　母・長男・二男・三男（二男及び三男にはそれぞれ配偶者及び2人の子がいて全員A社の役員ではない）
3. 相続財産
   ・A社株式：40,000株（発行済株式総数の100％所有しすべて普通株式で議決権は1株につき1個・原則的評価方式による価額6,000円・配当還元価額500円）
   ・その他の財産：9億6,000万円
4. 母固有の財産　1億2,000万円
5. 分割方法
   　相続人の合意により長男がA社を承継することとなり、遺産分割は法定相続分どおり相続することとします。
   　分割案1：A社株式　　母へ49％、長男へ51％
   　分割案2：A社株式　　母へ24％、長男へ76％

6. 第1次相続の計算

(単位：万円)

	分割案1				分割案2			
	母	長男	二男	三男	母	長男	二男	三男
A社株式	11,760	12,240	−	−	5,760	18,240	−	−
その他	48,240	7,760	20,000	20,000	54,240	1,760	20,000	20,000
課税価格	60,000	20,000	20,000	20,000	60,000	20,000	20,000	20,000
相続税額	−	7,045	7,045	7,045	−	7,045	7,045	7,045

　以上のことから第1次相続においては、いずれの分割案でも相続税の負担は変わりません。

7. 第2次相続までに

　分割案2の場合において、母が相続したA社株式を二男及び三男の配偶者並びに2人の子（孫）にそれぞれ4％ずつ贈与します。この場合の株式の評価額は500円とされ、1,600株（40,000株×4％）×500円＝80万円＜110万円（贈与税の基礎控除）となり、贈与税は課税されません。

　なぜなら、二男の子を例にとって検証すると、A社の保有議決権割合は5％未満で、かつ、他の中心的な同族株主がいて（長男が該当）、二男の子は中心的な同族株主に該当せず、役員又は役員予定者ではないからです。そのため配当還元価額により評価することができます。

　分割案1の場合には、母が所有している議決権数を含めて中心的な同族株主の判定を行うこととなるため、二男及び三男の配偶者並びに2人の子（孫）全員が中心的な同族株主に該当し、株式は原則の評価額6,000円で評価されることとなるため生前贈与による対策は困難となります。

8. 第2次相続の計算

(単位：万円)

	分割案1（A社株式の生前贈与なし）			分割案2（A社株式の生前贈与実行）		
	長男	二男	三男	長男	二男	三男
A社株式	11,760	−	−	−	−	−
その他	8,240	20,000	20,000	18,080	18,080	18,080
母固有の財産	4,000	4,000	4,000	4,000	4,000	4,000
課税価格	24,000	24,000	24,000	22,080	22,080	22,080
相続税額	7,380	7,380	7,380	6,516	6,516	6,516

第4節 相続発生後でもできる事業承継対策の具体例

　第2次相続までの税負担を比較すると、第1次相続でA社株式の分割の工夫をすることにより、分割案2の方が2,592万円相続税を軽減することができます。

　なお、長男が、弟たちの配偶者や甥・姪が株主となって会社経営に口出しされることについて懸念する場合には、母が贈与する前に普通株式を無議決権株に変更すればその心配は解消されます。

■分割案2による生前贈与を行った場合の原則評価・特例評価判定表　（単位：株）

	長男	二男の妻	二男の子	二男の子	三男の妻	三男の子	三男の子	合計	判定
	30,400	1,600	1,600	1,600	1,600	1,600	1,600	40,000	
長男	30,400	－	－	－	－	－	－	30,400	○
二男の妻	－	1,600	1,600	1,600	－	－	－	4,800	×
二男の子	－	1,600	1,600	1,600	－	－	－	4,800	×
二男の子	－	1,600	1,600	1,600	－	－	－	4,800	×
三男の妻	－	－	－	－	1,600	1,600	1,600	4,800	×
三男の子	－	－	－	－	1,600	1,600	1,600	4,800	×
三男の子	－	－	－	－	1,600	1,600	1,600	4,800	×

設例3

　第2次相続が開始する前に行うことが可能な場合に、所有株式を分散して移転することにより、原則的評価方式でなく配当還元方式により評価できることを確認します。

1. 家族関係図

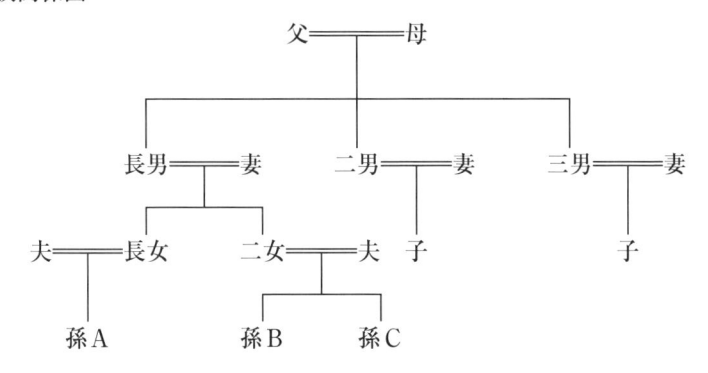

```
              父═══════母
    ┌───────────┼───────────┐
  長男═妻     二男═妻      三男═妻
  ┌──┴──┐      │          │
夫═長女 二女═夫 子         子
  │     ┌─┴─┐
 孫A   孫B  孫C
```

2. 所有株数割合（発行済株式数10,000株・議決権数同数とする）
   長男34％、二男33％、三男33％
3. その他　長男、二男及び三男以外は役員ではない。
4. 長男所有株式の移転対策
   　長男の子等がその会社を承継する予定がない場合には、その所有する全株を以下の者に対して次のように一括して贈与・譲渡又は遺贈により移転します。
   ①長女・長女の夫・孫A・二女・二女の夫・孫Bに対してそれぞれ4.9％ずつ
   ②孫Cに対して残株の4.6％
5. 中心的な同族株主判定表

（単位：株）

判定者	範囲	二男	三男	長女	長女の夫	孫A	二女	二女の夫	孫B	孫C	合計	判定
		3,300	3,300	490	490	490	490	490	490	460	10,000	
二男		3,300	3,300	－	－	－	－	－	－	－	6,600	○
三男		3,300	3,300	－	－	－	－	－	－	－	6,600	○
長男の家族	長女	－	－	490	490	490	490	－	－	－	1,960	×
	長女の夫	－	－	490	490	490	－	－	－	－	1,470	×
	孫A	－	－	490	490	490	－	－	－	－	1,470	×
	二女	－	－	490	－	－	490	490	490	460	2,420	×
	二女の夫	－	－	－	－	－	490	490	490	460	1,930	×
	孫B	－	－	－	－	－	490	490	490	460	1,930	×
	孫C	－	－	－	－	－	490	490	490	460	1,930	×

　以上の方法によれば全員に配当還元価額によって評価して移転することができます。

　同族株主等に該当するかどうかの判定は、相続・贈与又は譲渡があった後の株主の状況により判定しますので、生前に遺言書を作成しておき、配当還元方式によって相続人等が取得できるようにする方法や、相続発生後であっても、自社株の相続の仕方を工夫して、配当還元方式により評価することも可能となります。

　なお、長男所有の普通株式の一部を無議決権株式に組み換える方法や、当該発行会社へ譲渡（金庫株）することによっても、議決権数を減少させ

ることにつながることから、配当還元方式によって相続又は遺贈しやすくなる効果が期待できます。

2. 死亡退職金の支払いと自社株の評価

　オーナー経営者に相続が発生した場合には、相当額の死亡退職金が支給されるケースが多くあります。類似業種比準価額は課税時期の直前期末における1株当たりの配当金額・利益金額及び純資産価額の3つの比準要素などによって求めることとされています。このうち、1株当たりの利益金額は、他の比準要素の3倍のウエート配分とされていることから、死亡退職金の支給があった事業年度の類似業種比準方式による自社株の評価額は大きく値下がりすることが大半です。

　そこで、自社株を配偶者が相続し、その後、死亡退職金等の支払いにより自社株の評価額が値下がりした時点で贈与などにより移転を図れば第2次相続対策に効果的です。

設例1

1. 被相続人　父（平成27年8月1日死亡）
2. 相続人　母（固有の財産はないものとする）・長男
3. 相続財産
　・自社株：10万株所有
　・その他の財産：3億4,500万円（非課税金額控除後の退職手当金を含む）
4. 自社株の状況（平成27年3月31日現在）
　①資本金：1,000万円（1株当たり資本金の額50円）
　②会社規模区分等：大会社（製造業・年商20億円以上）、3月末決算
　③発行済株式数：20万株
　④配当：前期・当期とも無配。今後も無配を続けることとする。
　⑤直前期末（平成27年3月31日）の利益金額（当期以後も同額とする）：
　　1億6,000万円

⑥直前期末の簿価純資産価額：6億円

⑦類似業種の株価等※：株価500円、配当金額4円、利益金額40円、純資産価額600円

※類似業種の株価等は平成27年度以降も変動がないものと仮定する。

⑧その他
- 死亡退職金（適正額）は1億5,000万円を平成27年10月に損金経理により支給した。
- 法人税等の税率は改正が予定されているため、35%と仮定する。
- 純資産価額は類似業種比準価額を常に上回るものと仮定する。

⑨相続発生時の株価

500円×{(0÷4＋800÷40×3＋3,000÷600)÷5}×0.7＝4,550円

⑩平成28年4月～平成29年3月までの株価

500円×{(0÷4＋50÷40×3＋3,032÷600)÷5}×0.7＝616円

注1）1株当たりの利益金額（1.6億円－1.5億円）÷20万株＝50円
注2）1株当たりの純資産価額 {6億円＋(1.6億円－1.5億円)×(1－0.35)}÷20万株＝3,032円

⑪平成29年4月～平成30年3月までの株価

500円×{(0÷4＋425÷40×3＋3,570÷600)÷5}×0.7＝2,639円

注1）1株当たりの利益金額 {(1.6億円－1.5億円)＋1.6億円}×1/2÷20万株＝425円
注2）1株当たりの純資産価額〔6億円＋{(1.6億円－1.5億円)＋1.6億円}×(1－0.35)〕÷20万株＝3,570円

5. 第1次相続の遺産分割

（単位：万円）

	母	長男
自社株（株数）	25,000（54,945株）	20,500（45,055株）
その他の財産	15,000	19,500
課税価格	40,000	40,000
相続税額	－	14,750

6. 第2次相続対策

母が相続した自社株を長男の子に平成28年4月～平成29年3月までの間に平成28年と平成29年に2分割して贈与します。

54,945株×616円÷2年＝16,923,060円

→贈与税　4,470,300円×2年≒894万円（受贈者が20歳以上の直系卑属として贈与税を計算）

なお、母は平成30年1月に死亡するものと仮定します。

7. 対策の効果

（単位：万円）

	平成28年と平成29年中に贈与対策を実行	贈与を行わないまま平成28年4月1日から平成29年3月31日の間に母の相続が発生	贈与を行わないまま平成29年4月1日から平成30年3月31日の間に母の相続が発生
自社株	0	3,384	14,500
その他の財産	15,000	15,000	15,000
課税価格	15,000	18,384	29,500
相続税額	2,860	4,214	8,955
贈与税額	894	—	—
合計税額	3,754	4,214	8,955

＜株価変動のイメージ図＞

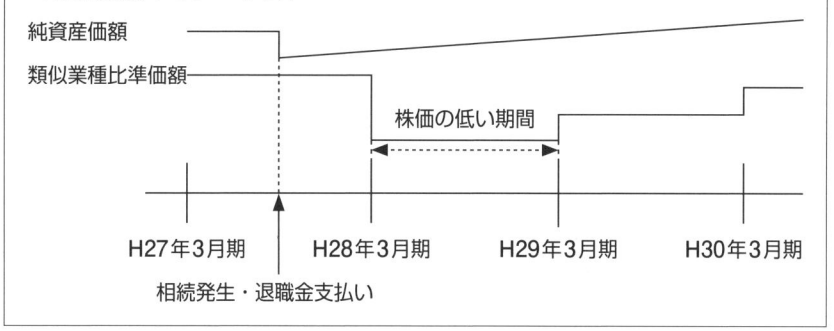

設例2

1. 被相続人　父（甲社の代表取締役：平成27年3月10日死亡）
2. 相続人　母・長男・長女
3. 相続財産　10億円（甲社株式4億円・その他の財産6億円）＋死亡退職金
4. 遺産分割

　分割案1：母はその他の財産5億円を、長男は甲社株式4億円を、長女はその他の財産1億円を相続する。

　分割案2：母は甲社株式とその他の財産1億円を、長男と長女はその他

の財産をそれぞれ2億5,000万円ずつ相続する。

5. 甲社（3月末決算）の概要

①資本金：1,000万円（発行済株式数20万株）

②株主：父66,446株、長男その他133,554株

③会社規模区分：大会社

④純資産価額：10,000円／株

⑤類似業種比準価額

　1）類似業種株価　250円

　2）配当比準　類似会社5円：甲社10円

　3）利益比準　類似会社20円：甲社1,000円

　4）純資産比準　類似会社300円：甲社6,000円

　　250円×{(10円÷5円＋1,000円÷20円×3＋6,000円÷300円)÷5}×0.7＝6,020円／株

⑥甲社は、平成27年3月29日に父の死亡退職金2億円（損金算入限度額内）を長男へ支給した。

6. 母固有の財産　1億円

7. 第2次相続

①母の相続は、平成28年3月1日に開始するものと仮定する。

②法定相続分どおり相続する。

8. 第2次相続における甲社株式の相続税評価額

株価及び比準要素の金額に変動はないものと仮定し、甲社の利益金額も退職金の支払いがない場合には同額（2億円）と仮定する。

250円×{(10円÷5円＋0円[※]÷20円×3＋6,000円÷300円)÷5}×0.7＝770円／株

※甲社の1株当たりの利益金額：1,000円×20万株－2億円＝0円

第1次相続の相続税

(単位：万円)

	甲社株式を長男が相続（案1）			甲社株式を母が相続（案2）		
	母	長男	長女	母	長男	長女
甲社株式	－	40,000	－	40,000	－	－
その他の財産	50,000	－	10,000	10,000	25,000	25,000
退職手当金	－	20,000	－	－	20,000	－

非課税金額	−	△1,500	−	−	△1,500	−
課税価格	50,000	58,500	10,000	50,000	43,500	25,000
基礎控除額		4,800			4,800	
課税遺産総額		113,700			113,700	
相続税の総額		44,407			44,407	
算出税額	18,737	21,923	3,747	18,737	16,301	9,369
配偶者の税額軽減	△18,737	−	−	△18,737	−	−
納付相続税額	0	21,923	3,747	0	16,301	9,369
合 計		25,670			25,670	

第2次相続の相続税　　　　　　　　　　　　　　　　　　　（単位：万円）

	第1次相続で甲社株式を長男が相続（案1）		第1次相続で甲社株式を母が相続（案2）	
	長男	長女	長男	長女
甲社株式	−	−	2,558	2,558
その他の財産	25,000	25,000	5,000	5,000
固有の財産	5,000	5,000	5,000	5,000
課税価格	30,000	30,000	12,558	12,558
基礎控除額	4,200		4,200	
課税遺産総額	55,800		20,916	
相続税の総額	19,710		4,966	
算出税額	9,855	9,855	2,483	2,483
合 計	19,710		4,966	
第1次・第2次通算相続税額	45,380		30,636	

　以上のことから、第1次相続で、母が甲社株式をすべて相続すれば、第2次相続開始のときには、甲社株式の相続税評価額が大きく値下がりしているので、すべての財産を法定相続分どおり相続する場合と比べて、通算相続税は1億4,744万円軽減されます。

　なお、第2次相続の開始が平成28年4月1日以後になる場合には、甲社株式の相続税評価額が低い平成28年3月31日以前に、長男や長女に対して相続時精算課税によって甲社株式を贈与しておけば、甲社株式の相続税評価額を固定化することができます。

3. 非上場株式等についての相続税の納税猶予及び免除

(1) 経営承継相続人等は特例非上場株式等以外の財産は極力相続しない

非上場株式等の相続税の納税猶予の適用を受ける経営承継相続人等は、相続する財産のうち、納税猶予の対象となる特例非上場株式等の割合を高くすることで、納税猶予税額は大きくなります。

設例

被相続人である父（平成27年4月死亡）の相続人は、長男（経営承継相続人等）と長女の2人で、父の遺産は均分に相続することとしました。

長男が相続する財産のうち、特例非上場株式等のすべてについて相続税の納税猶予制度の適用を受けるものとします。その場合、相続財産における特例非上場株式等の割合によって非上場株式等の相続税の納税猶予税額がいくらになるのかを比較します。

1. 長男が相続した相続財産のうち、特例非上場株式等の割合が90%の場合　　（単位：万円）

	遺産総額が3億円の場合		遺産総額が10億円の場合		遺産総額が20億円の場合	
	長男	長女	長男	長女	長男	長女
課税価格	15,000	15,000	50,000	50,000	100,000	100,000
相続税額	3,460	3,460	19,750	19,750	46,645	46,645
納税猶予税額	2,590	ー	14,588	ー	34,187	ー
納付相続税額	870	3,460	5,162	19,750	12,458	46,645
納税猶予税額の割合	74.9%	ー	73.9%	ー	73.3%	ー

注）（1億5,000万円×90%）＋1億5,000万円＝2億8,500万円
　　2億8,500万円に対する相続税　6,320万円

　　長男の相続税　6,320万円×$\dfrac{1億3,500万円}{2億8,500万円}$≒2,994万円

　　（1億5,000万円×90%×20%）＋15,000円＝1億7,700万円
　　1億7,700万円に対する相続税　2,650万円

　　2,650万円×$\dfrac{2,700万円}{1億7,700万円}$≒404万円

　　2,994万円－404万円＝2,590万円（納税猶予税額）

第4節 相続発生後でもできる事業承継対策の具体例

2. 長男が相続した相続財産のうち、特例非上場株式等の割合が60%の場合　　　（単位：万円）

	遺産総額が3億円の場合		遺産総額が10億円の場合		遺産総額が20億円の場合	
	長男	長女	長男	長女	長男	長女
課税価格	15,000	15,000	50,000	50,000	100,000	100,000
相続税額	3,460	3,460	19,750	19,750	46,645	46,645
納税猶予税額	1,448	−	9,144	−	21,859	−
納付相続税額	2,012	3,460	10,606	19,750	24,786	46,645
納税猶予税額の割合	41.8%	−	46.3%	−	46.9%	−

3. 長男が相続した相続財産のうち、特例非上場株式等の割合が30%の場合　　　（単位：万円）

	遺産総額が3億円の場合		遺産総額が10億円の場合		遺産総額が20億円の場合	
	長男	長女	長男	長女	長男	長女
課税価格	15,000	15,000	50,000	50,000	100,000	100,000
相続税額	3,460	3,460	19,750	19,750	46,645	46,645
納税猶予税額	617	−	4,140	−	10,238	−
納付相続税額	2,843	3,460	15,610	19,750	36,407	46,645
納税猶予税額の割合	17.8%	−	21.0%	−	21.9%	−

　以上の結果から、遺産の額の多寡にかかわらず、経営承継相続人等が相続する財産のうち、特例非上場株式等の割合が高くなればなるほど相続税の納税猶予税額が大きくなるので、遺産分割の割合は慎重に検討する必要があります。

(2) 非上場株式等についての相続税の納税猶予と小規模宅地等の特例選択

　非上場株式等についての相続税や贈与税の納税猶予制度が創設され、かつ、小規模宅地等の特例とその非上場株式等についての納税猶予制度との重複適用が認められることになりました。それらの特例の適用を受ける場合に、小規模宅地等の特例選択を誰が相続した宅地において適用するかによって、相続税の納税猶予税額が大きく異なるケースも生じますので、慎重な遺産分割と特例選択が求められます。

　そこで、以下の設例を用いて、経営承継相続人等が、小規模宅地等の特例と非上場株式等の納税猶予制度の両方を受ける場合と、その他の選択における相続税額及び納税猶予税額がどのように変動するのかを確認します。

第10章 遺言書・遺産分割への対応

設例

1. 被相続人　父（平成27年4月死亡）
2. 相続人　長男（経営承継相続人等）・長女
3. 相続財産
   - 貸付事業用宅地等（200㎡）：3,840万円（50%減額の評価額）
   - 特定居住用宅地等（330㎡）：2,400万円（80%減額の評価額）
   - 特例非上場株式等：1億円（発行株式総額は2億円とする）
   - 現預金：1億円
   - その他の財産：3,760万円
4. ケース別遺産分割と小規模宅地等の特例選択ごとの相続税及び納税猶予税額

   ＜ケース1＞　長男が非上場株式等についての相続税の納税猶予制度及び小規模宅地等の特例を選択する。

   ＜ケース2＞　長男が非上場株式等についての相続税の納税猶予制度を選択し、長女が小規模宅地等の特例を選択する。

（単位：万円）

	ケース1 長男	ケース1 長女	ケース2 長男	ケース2 長女
貸付事業用宅地等	3,840	−	3,840	−
小規模宅地等の減額	△1,920	−	−	−
特定居住用宅地等	−	2,400	−	2,400
小規模宅地等の減額	−	−	−	△1,920
特例非上場株式等	10,000	−	10,000	−
現預金	−	10,000	−	10,000
その他の財産	1,160	2,600	1,160	2,600
課税価格	13,080	15,000	15,000	13,080
相続税額	2,866	3,286	3,286	2,866
納税猶予税額	1,681	−	1,600	−
納付相続税額	1,185	3,286	1,686	2,866

　以上によれば、小規模宅地等の特例の適用を誰が受けるかによって、長男の相続税の納税猶予税額は異なり、納付税額も増減します。

ケース1の場合、長男は、課税価格に占める特例非上場株式等の割合が高くなっていることから納税猶予税額も増加し、長男・長女の納付税額の合計額は81万円少なくなります。しかし、長女個別にみると、ケース2と比較して420万円納付税額が増加することとなるため、遺産分割ではそのことにも配慮する必要が生じるかもしれません。

第5節

相続税の申告期限までに遺産が未分割である場合

ポイント 相続税の申告期限までに遺産分割が調わない場合、相続税法上の各種特例の適用を受けられないものが多くあります。また、その後、遺産が分割された場合には、財産の相続税評価額が変動したり、相続税額等が増減したりすることになるため、一定の手続きが必要となります。

【解説】

1. 相続税の申告期限までに遺産が未分割の場合の留意点

相続税の申告書を提出する場合において、共同相続人間においてまだ遺産分割が済んでいないときは、民法の規定による相続分に従って財産を取得したものとして各共同相続人の課税価格を計算することとされています（相法55）。

小規模宅地等の特例及び配偶者の税額軽減の特例については、その分割の行われていない財産に適用を受けることはできませんが、相続税の申告書に「申告期限後3年以内の分割見込書」を添付して提出しておき、相続税の申告期限から3年以内に分割された場合には、適用を受けることができます。この場合、分割が行われた日の翌日から4か月以内に「更正の請求」を行うことができます（相法19の2②）。

未成年者控除及び障害者控除については、遺産が未分割であることによる適用制限がありませんので、未分割による相続税の申告においても適用を受けることができます。

非上場株式等の相続税の納税猶予制度や、農地等の相続税の納税猶予制度の選択は、対象となる遺産が未分割であると適用が認められません。また、物納申請財産も原則として未分割財産は不適格財産として対象となりません。さらに、相続税額の取得費加算も適用期間内（相続開始のあった日の翌日から相続

税の申告期限の翌日以後3年を経過する日まで）に譲渡しないと適用を受けることができません。

なお、相続税の申告期限までに自社株や広大な宅地が未分割である場合には、以下の点に留意してその後の遺産分割を考慮するようにします。

(1) 自社株の場合

相続等により株式を取得した場合において、相続税の申告期限までに、その株式が共同相続人間で分割されていないときは、相続税の各納税義務者ごとに、同人が従前から所有していた株式数と被相続人に係る相続財産である未分割株式数のすべてを取得したものとした場合の合計の株式数を基にした議決権の数によって、各相続人等に係る評価区分の基礎となる「取得後の議決権割合」を算定するものとされています。

同族株主等に該当するかどうかの判定は、相続・贈与又は譲渡があった後の株主の状況により判定します。自社株が分割されたことにより、原則的評価方式から特例的評価方式に変わることもあり得ますので、それらのことも考慮して遺産分割を考えることが大切です。

(2) 広大な宅地の場合

広大地（その地域における標準的な宅地の地積に比して著しく地積が広大な宅地で、一定の要件を満たす宅地）の判定における面積基準については、評価対象地である宅地の評価上の評価単位と同じと考えられることから、未分割である宅地が要件を満たす場合でも、その未分割宅地が分割されたことにより要件を満たさなくなることも予想されます（本章第3節参照）。

2. 遺産の一部が未分割である場合の相続税の申告方式

遺産の一部が分割され残余が未分割である場合、各共同相続人は、他の共同相続人に対し遺産全体に対する自己の相続分に応じた価額相当分から既に分割を受けた遺産の価額を控除した価額相当分について、その権利を主張することができます。相続税法第55条に規定する相続分の割合とは、共同相続人が他の共同相続人に対して、その権利を主張することができる持分的な権利の割合

をいうものと解され（平成17年3月17日裁決）、その場合には、「穴埋め方式」によって相続税の課税価格を計算することとされています。

この「穴埋め方式」による相続税の課税価格の計算に当たっては、次の点に留意する必要があります。

① 小規模宅地等の特例など、相続税における特例として遺産の価額を減算したものは、その適用前の価額による。

② 債務の金額は考慮しない。

③ 相続税法に基づく、みなし相続財産は考慮しない（相続税法第55条の計算の後に加算）。

設例

1. 被相続人　父
2. 相続人　母・子A・子B
3. 父の遺産
    ① 本来の財産：1億円（配偶者2,000万円、子A3,000万円、子B1,000万円をそれぞれ分割により取得し、残余の4,000万円は未分割）
    ② みなし相続財産：5,500万円（配偶者2,000万円、子A500万円、子B3,000万円をそれぞれが取得）
    ③ 債務：500万円（配偶者が負担）
4. 生前贈与
    ① 子Aに相続時精算課税によって3,500万円贈与
    ② 配偶者に相続開始前3年以内に2,000万円贈与

(単位：円)

	項目	合計	配偶者	子A	子B
①	分割済みの財産価額※1	60,000,000	20,000,000	30,000,000	10,000,000
②	未分割財産の総額	40,000,000	－	－	－
③	相続時精算課税制度適用財産価額	35,000,000	－	35,000,000	－
④	3年以内の贈与加算額	20,000,000	20,000,000	－	－
⑤	特別受益加算後の遺産総額（①+②+③+④）	155,000,000			

434

⑥	法定相続分※2割合	1	1/2	1/4	1/4
⑦	法定相続分の価額（⑤×⑥）	155,000,000	77,500,000	38,750,000	38,750,000
⑧	分割済みの財産価額と特別受益分の合計額（①＋③＋④）	115,000,000	40,000,000	65,000,000	10,000,000
⑨	未分割財産に対する具体的相続分の価額（⑦－⑧）※3	66,250,000	37,500,000	0 (△26,250,000)	28,750,000
⑩	未分割財産に対する具体的相続分の割合※4	1	3750/6625	0	2875/6625
⑪	未分割財産の取得可能額（②×⑩）	39,999,999	22,641,509	0	17,358,490
⑫	みなし相続財産の価額※5	55,000,000	20,000,000	5,000,000	30,000,000
⑬	債務控除額※6	5,000,000	5,000,000	－	－
⑭	課税価格（⑧＋⑪＋⑫－⑬）	204,999,000	77,641,000	70,000,000	57,358,000

※1 分割済みの財産価額には、相続税法によるみなし相続財産を含めません。
※2 相続分の指定がある場合は、当該指定相続分によります。
※3 各人の金額は、特別受益の金額が⑦法定相続分の価額を超えるとき（赤字となる場合）は、0円とします（未分割財産の取得分がない。民法第903条②）
※4 各人の割合は、⑨欄の合計金額に対して同欄の各人の金額が占める割合です。
※5 みなし相続財産は、生命保険金や退職手当金等の非課税相当額（法定相続人数×500万円）を控除した後のものを、相続税法第55条に基づき計算した価額に加算することとされています。
※6 債務については共同相続人の合意により分割の対象とした場合を除き、（具体的な財産の分配や代償金の算定において考慮はされるものの）一般に遺産分割の対象とならず、また、債務控除の規定は、実際に負担する金額を債務控除の対象とするものであることから、上記により算出した各人の取得財産の価額から債務を控除すれば足り、相続税法第55条の適用上、考慮する必要はありません。

コラム　積上げ方式と穴埋め方式

　相続税の課税価格の計算方法には、「積上げ方式」と、「穴埋め方式」があります。「積上げ方式」というのは、新たに出てきた財産をとりあえず法定相続分で分けたことにして、申告するというものです。例えば、兄弟2人で、後から4,000万円の遺産が出てきたら、それぞれ2,000万円ずつ相続したものとして課税価格を決めようという方式です。

　「穴埋め方式」は、仮に長男が先に1,000万円を相続していて、後から4,000万円の遺産が出てきたら、遺産は全体で5,000万円であると考えます。この場合、法定相続分は各々2,500万円となります。しかし、長男は1,000

> 万円を先に相続しているので、追加して相続する分は1,500万円となります。残りの2,500万円は弟が相続すると考えて、課税価格を決めるという方式です。

3. 未分割遺産が分割されたこと等による修正申告と更正の請求

　相続税の申告書を提出した後に、その申告書に記載された課税価格や相続税額に不足額があることを発見した場合には、税務署長の更正の通知があるまでは、修正申告書を提出することができます。

(1) 国税通則法の規定による修正申告
　相続税の申告書を提出した者等は、①その申告書に記載した税額に不足額があるとき、②その申告書に記載した還付金の額が過大であるとき、③その申告書の提出により納付すべき税額を記載しなかった場合において、その納付すべき税額があるとき、その申告について更正があるまで、修正申告書を提出することができます（通則法19）。

(2) 相続税法における相続税の特則
　①任意的な修正申告

　相続税の期限内申告書又は期限後申告書を提出した者（相続税について決定を受けた者を含む）は、次の1）〜6）までに規定する事由が生じたため既に確定した相続税額に不足を生じた場合には、修正申告書を提出することができます（相法31①）。

　1）未分割遺産に対する課税の規定により分割されていない財産について民法の規定による相続分又は包括遺贈の割合に従って課税価格が計算されていた場合において、その後その財産の分割が行われ、共同相続人又は包括受遺者がその分割により取得した財産に係る課税価格がその相続分又は包括遺贈の割合に従って計算された課税価格と異なることとなったこと

　2）民法の規定による認知、相続人の廃除又はその取消しに関する裁判の確定、

相続の回復、相続の放棄の取消しその他の事由により相続人に異動を生じたこと
3) 遺留分による減殺の請求に基づき返還すべき、又は弁償すべき額が確定したこと
4) 遺贈に係る遺言書が発見され、又は遺贈の放棄があったこと
5) 物納手続の規定により条件を付して物納の許可がされた場合（物納の許可の取消しの規定によりその許可が取り消され、又は取り消されることとなる場合に限る）において、その条件に係る物納に充てた財産の性質その他の事情が生じたこと
6) 上記1)から5)に規定する事由に準ずる事由が生じたこと

②義務的修正申告

　上記①に規定する者は、特別縁故者に対する相続財産の分与の規定により、被相続人から遺贈により財産を取得したものとみなされたため、既に確定した相続税額に不足を生じた場合には、その事由が生じたことを知った日の翌日から10か月以内（その者が国税通則法の規定による納税管理人の届出をしないでその期間内に国内に住所及び居所を有しないこととなるときは、その住所及び居所を有しないこととなる日まで）に修正申告書を納税地の所轄税務署長に提出しなければならないとされています（相法31②）。

　なお、修正申告書の提出期限前に相続税について更正があった場合には、この限りではありません。

(3) 租税特別措置法における相続税の特則

　国等に対して相続財産を贈与した場合等の相続税の非課税等の規定の適用を受けてこれらの規定に規定する相続又は遺贈に係る申告書を提出した者（その者の相続人及び包括受遺者を含む）は、これらの規定の適用を受けた財産について次の事由が生じた場合には、これらの規定に規定する2年を経過した日の翌日から4か月以内に修正申告書を提出し、かつ、その期限内にその修正申告書の提出により納付すべき税額を納付しなければならないとしています（措法70⑥）。

①国もしくは地方公共団体又は公益社団法人もしくは公益財団法人その他の公益を目的とする事業を行う法人でその財産の贈与を受けたものが、その

贈与があった日から2年を経過した日までにこれらの法人に該当しないこととなった場合又はその贈与により取得した財産を同日においてなおその公益を目的とする事業の用に供していない場合
②特定公益信託でその金銭を受け入れたものが、その受入れの日から2年を経過した日までに特定公益信託に該当しないこととなった場合

(4) 相続税法の特則による更正の請求に基づき更正があった場合

税務署長は、更正の請求に基づき更正をした場合において、当該請求をした者の被相続人から相続又は遺贈により財産を取得した他の者につき次に掲げる事由があるときは、当該事由に基づき、その者に係る課税価格又は相続税額の更正又は決定をすることとしています。

ただし、当該請求があった日から1年を経過した日と国税通則法の除斥期間の規定により更正又は決定をすることができないこととなる日とのいずれか遅い日以後においては、更正又は決定をすることができません（相法32、35）。

①当該他の者が相続税の期限内申告書（これらの申告書に係る期限後申告書及び修正申告書を含む）を提出し、又は相続税について決定を受けた者である場合において、当該申告又は決定に係る課税価格又は相続税額（当該申告又は決定があった後修正申告書の提出又は更正があった場合には、当該修正申告又は更正に係る課税価格又は相続税額）が当該請求に基づく更正の基因となった事実を基礎として計算した場合におけるその者に係る課税価格又は相続税額と異なることとなること
②他の者が①に掲げる者以外の者である場合において、その者につき①の事実を基礎としてその課税価格及び相続税額を計算することにより、その者が新たに相続税を納付すべきこととなること

4. 遺産が未分割であることについてやむを得ない事由がある旨の承認申請手続について

相続税の申告書の提出期限までに相続又は遺贈により取得した財産の全部又は一部が分割されていない場合において、その分割されていない財産を申告書の提出期限から3年以内に分割し、①配偶者の税額の軽減、②小規模宅地等に

についての相続税の課税価格の計算の特例、③特定計画山林についての相続税の課税価格の計算の特例、又は④特定事業用資産についての相続税の課税価格の計算の特例（配偶者の税額軽減等）の適用を受けるためには、「申告期限後3年以内の分割見込書」を相続税の申告書とともに提出することとされています（相法19の2②ほか）。

さらに、申告期限後3年を経過しても遺産が未分割である場合には、「遺産が未分割であることについてやむを得ない事由がある旨の承認申請書」を、申告期限後3年を経過する日の翌日から2か月を経過する日までに提出しなければならないとされています。

この承認申請書の提出が遅れた場合については、「政令で定めるところにより（中略）税務署長の承認を受けたとき」と規定しているのみであり、承認申請書の提出がなかった場合等についてやむを得ない事情があっても税務署長において期限の延長を認めているとは解されないとの裁決例があります。そのため、申請期限はきちんとチェックしておかなければなりません。

この承認申請書は、相続税の申告期限から3年を経過するまでの間に、遺産が分割されなかったことにつき、①訴えの提起がされている場合、②和解等の申立てがされている場合、③遺産分割の禁止等がされている場合には、それらの事情が消滅した日の翌日から4か月以内に分割された場合も、配偶者の税額軽減等の適用を受けることができます。

このように、申告期限の翌日から3年を経過する日までの間に相続又は遺贈に係る財産が分割されなかったことにつき、訴えの提起がされている場合などやむを得ない事情に該当する客観的事実が限定列挙されていますが、このほか、同日までに分割されなかったこと及び当該財産の分割が遅延したことにつき税務署長においてやむを得ない事情があると認められる場合も同様に特例の適用が受けられます。この税務署長においてやむを得ない事情があると認められる場合については、訴えの提起があった場合などと異なり、個々の具体的事例に即し、税務署長が客観的な事実に基づいて認定することとなります。

その判断基準は相続税法基本通達で以下のように定めています。

①申告期限の翌日から3年を経過する日において、共同相続人の1人又は数人が行方不明又は生死不明であり、かつ、その者に係る財産管理人が選任されていない場合

②申告期限の翌日から3年を経過する日において、共同相続人の1人又は数人が精神又は身体の重度の障害疾病のため加療中である場合

　③申告期限の翌日から3年を経過する日前において、共同相続人の1人又は数人が国外にある事務所もしくは事業所等に勤務している場合又は長期間の航海、遠洋漁業等に従事している場合において、その職務の内容などに照らして、申告期限の翌日から3年を経過する日までに帰国できないとき

　④申告期限の翌日から3年を経過する日において、訴えの提起等がされている場合や、上記①から③までに掲げる事情があったときにおいて、申告期限の翌日から3年を経過する日後にその事情が消滅し、かつ、その事情の消滅前又は消滅後新たに訴えの提起等がされている等の事情又は上記①から③までに掲げる事情が生じたとき

　以上のことから、遺産が未分割であることについてやむを得ない事情がある旨の承認申請は、訴訟手続等によって遺産分割協議が行われている場合や一定のやむを得ない事情があるときに限って承認されることとされています。単に共同相続人間で遺産分割協議をしていたが遺産分割協議が調わなかったというだけでは却下されることとなりますので、注意が必要です。

5. 遺産が全部未分割と一部未分割の場合における相続税の課税価格の計算

　遺産が未分割ということは、「遺産の全部が未分割である場合」と、「遺産の一部が未分割である場合」とに二分されます。そこで、それぞれのケース別に相続税の課税価格等の計算がどのようになるか、設例を用いて検証することとします。

(1) 遺産の全部が未分割の場合で、特別受益を受けた相続人がいる場合

　遺産の全部が未分割である場合で、特別受益を受けた相続人がいるときの相続税の課税価格の計算は次のようになります。

設例

1. 被相続人　父
2. 相続人　長男・二男・三男
3. 相続財産　預貯金等1億3,000万円、債務等4,500万円
4. その他　相続税の申告期限内に遺産分割協議は調わなかった。
5. 特別受益　長男は8年前に事業資金として父から現金5,000万円の贈与を受けている。

遺産の全部が未分割の場合の課税価格の計算例　　　　　　　　（単位：万円）

項目	合計	長男	二男	三男
① 分割済みの財産価額	—	—	—	—
② 未分割財産の総額	13,000	—	—	—
③ 特別受益の額	5,000	5,000	—	—
④ 特別受益加算後の遺産総額（①+②+③）	18,000	—	—	—
⑤ 法定相続分割合	1	1/3	1/3	1/3
⑥ 法定相続分の価額（④×⑤）	18,000	6,000	6,000	6,000
⑦ 分割済みの財産と特別受益の合計額（①+③）	5,000	5,000	—	—
⑧ 未分割財産に対する具体的相続分の価額（⑥-⑦）	13,000	1,000	6,000	6,000
⑨ 未分割財産に対する具体的相続分の割合	1	1/13	6/13	6/13
⑩ 未分割財産の取得可能額（②×⑨）	13,000	1,000	6,000	6,000
⑪ 債務控除額※	4,500	1,000 (1,500)	1,750 (1,500)	1,750 (1,500)
⑫ 課税価格（①+⑩-⑪）	8,500	0	4,250	4,250

※債務控除の計算上、未分割債務については民法第900条から第902条に規定する相続分で承継したものとして計算することとしています。その際、承継する債務の控除不足額は、他の共同相続人から均等に負担するとして債務控除額の上積みをしたところで申告しても差し支えないこととされています。

　相続税の申告書を提出する場合において、各共同相続人間において、まだ遺産分割協議が調っていないときは、民法の規定による相続分に従って財産を取得したものとして各共同相続人の課税価格を計算することとされています（相法55）。

設例では、父の遺産が未分割であるところから民法の相続分に従って各人の取得財産価額を算出しますが、長男は父から特別受益となる生前贈与を受けているので、そのよるべき相続分は民法第903条の「特別受益者の相続分」であり、この相続分によって各人の取得財産価額を計算することとなります。

なお、民法第903条の「特別受益者の相続分」は、積極財産に適用する相続分とされており、相続債務については、この相続分での承継は債権者に対抗できないことと解されています。

そこで、相続税法基本通達13-3では、その債務控除の計算上、未分割債務については民法第900条から第902条に規定する相続分で承継したものとして計算することとしています（その後、負担する債務の金額が確定したときは、その金額を基として、相続税の課税価格を計算し直すことができます）。

(2) 遺産の全部が未分割で、分割対象外財産（みなし相続財産）がある場合

設例

1. 被相続人　母
2. 相 続 人　長男・長女
3. 相 続 財 産　預貯金等1億5,000万円、生命保険金3,000万円（長男が受取人）
4. そ の 他　特別受益の額はなく、相続税の申告期限内に遺産分割協議は調わなかった。

(単位：万円)

	項　目	合　計	長男	長女
①	分割済みの財産価額	0	―	―
②	未分割財産の総額	15,000	―	―
③	特別受益の額	0	―	―
④	特別受益加算後の遺産総額（①+②+③）	15,000	―	―
⑤	法定相続分割合	1	1/2	1/2
⑥	法定相続分の価額（④×⑤）	15,000	7,500	7,500
⑦	分割済みの財産と特別受益の合計額（①+③）	0	―	―
⑧	未分割財産に対する具体的相続分の価額（⑥-⑦）	15,000	75,00	75,00

⑨	未分割財産に対する具体的相続分の割合	1	1/2	1/2
⑩	未分割財産の取得可能額（②×⑨）	15,000	7,500	7,500
⑪	みなし相続財産の価額※	2,000	2,000	—
⑫	課税価格（⑩＋⑪）	17,000	9,500	7,500

※みなし相続財産は、生命保険金や退職手当金等の非課税相当額（法定相続人数×500万円）を控除した後のものを、相続税法第55条に基づき計算した価額に加算することとされています。

相続税法基本通達55-2（相続又は遺贈により取得したものとみなされる財産）

法第55条の規定により課税価格を計算する場合において、法第3条及び第4条並びに第7条から第9条までの規定により相続又は遺贈により取得したものとみなされる財産があるときは、当該財産の価額は、その者の民法に規定する相続分又は包括遺贈の割合に応ずる本来の相続財産価額に加算して課税価格を計算するものとする。

---

(3) 遺言書により一部分割・一部未分割の場合

設例1 一部未分割の場合で遺留分の減殺請求を受けたときの相続税の申告

1. 被相続人　　父（平成27年1月死亡）
2. 相 続 人　　長男・長女
3. 相続財産　　預貯金1億4,000万円、その他の財産4,000万円
4. 父の遺言書　長男に預貯金を相続させる。
5. 特別受益　　長男は父から8年前に相続時精算課税制度によって自社株2,000万円の贈与を受けたが、父の相続発生時の時価は2億円となっている。
6. 遺留分減殺請求　長女は平成27年5月に遺留分の減殺請求を行った。
7. 遺産分割と減殺額
　　長女は相続税の申告期限後にその他の財産をすべて相続し、遺留分の減殺請求に対する代償金5,000万円を受領することとなった。

第10章 遺言書・遺産分割への対応

(単位：万円)

	期限内申告			修正申告・更正の請求		
	長男	長女	合計	長男	長女	合計
分割済みの財産価額	14,000	−	14,000	14,000	4,000	18,000
未分割財産	−	4,000※	4,000	−	−	−
相続時精算課税制度適用財産価額	2,000	−	2,000	2,000	−	2,000
代償財産	−	−	−	△5,000	5,000	−
課税価格	16,000	4,000	20,000	11,000	9,000	20,000
基礎控除額			4,200			4,200
課税遺産総額			15,800			15,800
相続税の総額			3,340			3,340
納付税額	2,672	668	3,340	1,837	1,503	3,340

※長男が取得した分割済みの財産価額が法定相続分を超えるときは、未分割財産はすべて長女に帰属することとなります。

　遺留分の減殺請求があっても、最終的な減殺額が確定したわけではないので、長男は、遺言により取得したすべての財産価額を計上して相続税の申告をします。

　遺言対象となった財産以外の財産は未分割ですので、民法に規定する相続分の割合で長男及び長女が取得したものとして申告しますが、長男への遺贈が長女の遺留分を侵害するようなものであるときは、民法第903条の規定による相続分では遺言対象外の残余の財産はすべて長女に帰属することになり、これにより申告することになります。

　相続税について申告書を提出した者は、遺留分減殺請求に基づき、返還すべき、又は弁償すべき額が確定したことに該当した場合には、それにより申告に係る相続税の課税価格及び相続税額が過大となったときは、当該事由が生じたことを知った日の翌日から4か月以内に「更正の請求をすることができる」こととされています。

　また、相続税の当初申告をし、その後、遺留分の減殺請求により遺留分として財産を取得したことにより、既に確定した相続税額に不足を生じた場合には、「修正申告書を提出することができる」と規定されています。

　一方、税務署長は、遺留分の減殺請求に係る更正の請求により（減額）更正をした場合において、当該減殺請求により遺留分を取得した者に対し

第5節 相続税の申告期限までに遺産が未分割である場合

て増額の更正（修正申告の場合）又は決定（無申告の場合）をする権限が付与されています。

したがって、設例の場合の更正の請求及び修正申告については、いずれも「することができる」との文言になっており、それらを義務化しているものではありません。そのため、いずれの者も更正の請求又は修正申告をしないで、当事者間で、従前の相続税額について調整することは何ら差し支えありません。

遺留分を超える金銭等を交付した場合には贈与税の課税が行われますが、この設例においては、特別受益を加味して代償金の支払いが行われ遺留分を超えないこととなるので、贈与課税はないと考えられます。すなわち、長男が生前に贈与を受けた自社株の贈与時の価額は2,000万円ですが、相続開始時には2億円となっています。そのため、特別受益加算後の遺産の総額は、1億4,000万円＋4,000万円＋2億円＝3億8,000万円となり、長女の遺留分は3億8,000万円×1/2×1/2＝9,500万円となります。そのため、代償金として受け取った5,000万円と相続した4,000万円の合計額は遺留分を超えないと判定されます。

設例2 一部未分割の場合の配偶者の税額軽減

1. 被相続人　父（平成27年4月死亡）
2. 相続人　母・長男
3. 相続財産　現金2億円（母が相続する）、不動産3億円（未分割）、債務1億円（負担する者が決まっていない）
4. 遺産分割　相続税の申告期限後において、長男が不動産を相続し、債務については母が負担することとなった。
5. 一部未分割による期限内申告と、申告期限後に分割協議を成立させ申告をやり直す場合

（単位：万円）

	期限内申告（一部未分割）			分割協議成立後に申告をやり直す場合		
	母	長男	合計	母	長男	合計
分割済み財産（現金）	20,000	－	20,000	20,000	－	20,000
未分割財産（不動産）	5,000	25,000	30,000	－	30,000	30,000

債務控除額	△5,000	△5,000	△10,000	△10,000	−	△10,000
課税価格	20,000	20,000	40,000	10,000	30,000	40,000
基礎控除額		4,200	4,200		4,200	4,200
課税遺産総額		35,800	35,800		35,800	35,800
相続税の総額		10,920	10,920		10,920	10,920
算出税額	5,460	5,460	10,920	2,730	8,190	10,920
配偶者の税額軽減	△5,460	−	△5,460	△2,730	−	△2,730
納付相続税額	0	5,460	5,460	0	8,190	8,190

　配偶者に対する相続税額の軽減は、相続税の申告書の提出期限までに分割されている財産に限って適用され、未分割財産に対応する税額は配偶者の税額軽減の対象になりません。そのため、配偶者の税額軽減を受ける場合の課税価格の計算をするに当たって、分割財産と未分割財産があるときは、債務の金額は、納税者有利の原則に従い、まず、未分割財産の価額から控除し、控除し切れないときに分割財産の価額から控除することとされています。

　なお、配偶者が代償分割により他の相続人に対して代償財産の引渡債務を負担する場合には、その債務の金額は、配偶者の税額軽減を受ける場合の課税価格の計算上、分割財産の価額から先に控除します。これは、代償分割に伴う債務は、遺産分割に伴う各人の取得財産の調整のために生じたものであるからです。

　相続財産の一部分割の場合の配偶者の税額軽減において、その後に、分割協議が調った場合の修正申告及び更正の請求については、修正申告が任意とされていることから、この設例の場合には、修正申告及び更正の請求をしないことが有利な選択となります。

6. 第1次相続に係る遺産が未分割である場合

(1) 遺産が未分割の場合の課税価格の計算

　相続によって財産を取得して、相続税の申告書を提出すべき義務のある人が、その相続税の申告書の提出期限前にその申告書を提出しないで死亡した場合には、その人の相続人（後に死亡した人の相続人）は、その相続（第2次相続）

第5節 相続税の申告期限までに遺産が未分割である場合

の開始があったことを知った日の翌日から10か月以内に、その死亡した人に係る相続税の申告書を、所轄税務署長に提出しなければならないことになっています（相法27①）。

その場合、相続税の課税価格は、相続又は遺贈により取得した財産の価額及び相続又は遺贈により財産を取得した者が当該相続の開始前3年以内に当該相続に係る被相続人から贈与により取得した財産の価額の合計額とされていますが、未分割の遺産がある場合には、相続税法第55条を適用して、各相続人又は包括受遺者の課税価格を計算することとされています。

そのため、第1次相続の遺産が未分割である場合に、第2次相続が開始した場合には、第1次相続の未分割財産を第1次相続の法定相続人がその相続分に応じて遺産を取得したものとみなして、第2次相続の財産に加算して第2次相続の相続税の課税価格を求めることとなります。相続実務においては、先代名義となっている不動産などについて、遺産が未分割のまま放置されているのか、あるいは、既に分割済みであるが相続登記が行われていないだけなのかなど、事実関係をしっかりと確認する必要があります。

設例

1. 第1次相続の被相続人　父（平成22年8月死亡）
2. 父の相続人　　　　　母、長男（甲）、長男の子（父の養子・乙）
3. 父の遺産　　　　　　A不動産6,000万円、その他の財産1億5,000万円
4. 第2次相続の被相続人　母（平成27年4月死亡）
5. 母の相続人　　　　　長男（甲）、長男の子（母の養子・乙）
6. 母の遺産　　　　　　現預金1億円（法定相続分により相続する）
7. 父の遺産分割

    父の相続税の申告期限（平成23年6月）には遺産分割協議が調わなかったが、第2次相続の申告期限前の平成27年6月に遺産分割協議が調った（以下の2つのケースで検証します）。

    ①すべての財産について法定相続分によって相続する。
    ②A不動産については乙が相続し、その他の財産は甲が相続する。

第10章 遺言書・遺産分割への対応

第1次相続の申告
(単位:万円)

	期限内申告(すべて未分割)			法定相続分による相続			乙が不動産・甲がその他		
	母	甲	乙	母	甲	乙	母	甲	乙
A不動産	3,000	1,500	1,500	3,000	1,500	1,500	—	—	6,000
その他の財産	7,500	3,750	3,750	7,500	3,750	3,750	—	15,000	—
課税価格	10,500	5,250	5,250	10,500	5,250	5,250	—	15,000	6,000
基礎控除額	8,000			8,000			8,000		
課税遺産総額	13,000			13,000			13,000		
相続税の総額	2,150			2,150			2,150		
算出税額	1,075	538	537	1,075	538	537	—	1,536	614
2割加算額	—	—	107	—	—	107	—	—	122
配偶者の税額軽減	0※	—	—	△1,075	—	—	—	—	—
納付相続税額	1,075	538	644	0	538	644	—	1,536	736
納付相続税額合計	2,257			1,182			2,272		

※配偶者の税額軽減は、未分割の遺産に係る財産については適用を受けることができません。

第2次相続の申告
(単位:万円)

	期限内申告(法定相続分による相続)		期限内申告(乙が不動産・甲がその他を相続)	
	甲	乙	甲	乙
父の未分割遺産	5,250	5,250	—	—
母の遺産	5,000	5,000	5,000	5,000
課税価格	10,250	10,250	5,000	5,000
基礎控除額	4,200		4,200	
課税遺産総額	16,300		5,800	
相続税の総額	3,490		770	
算出税額	1,745	1,745	385	385
2割加算額	—	349	—	77
納付相続税額	1,745	2,094	385	462
納付相続税額合計	3,839		847	
第1次・第2次通算納付相続税額	5,021		3,119	

7. 未分割のまま株式を相続し、その後会社分割を行う

被相続人が100％株式を所有している不動産管理会社が、不動産の大半を所有していて、被相続人に複数の相続人がいる場合の株式の相続については、株式が準共有状態となり、相続後の会社経営に支障が生じることが予想されます。これを回避するために、以下のような方法が考えられます。

設例

1. 被相続人　　父（甲）
2. 相　続　人　　長男・二男
3. 相続財産　　甲株式会社の株式（甲が100％所有）のみで、甲株式会社は賃貸不動産を多数所有している。
4. 遺産分割　　長男及び二男は、甲株式会社を会社分割して、それぞれが分割後の会社の株式を単独で所有したいと考えている。
5. 具　体　策　　法人税法上の適格会社分割を行うことを前提に以下のような方法が考えられます。

①甲社株式を長男及び二男が2分の1ずつ遺産分割によって相続し、その後、会社分割を行う。

②甲社株式を未分割のまま相続し、その状態のまま会社分割を行う。その後、分割会社及び分割承継会社の株式を遺産分割する。

6. 検　　証

①甲社株式を長男及び二男が2分の1ずつ分割相続した場合には、その後、甲株式会社を会社分割しても、分割会社及び分割承継会社の株式は、長男及び二男がそれぞれ2分の1ずつ所有することとなります。その場合、長男が主宰する会社では、二男が所有する株式を無議決権株式に変更すれば、長男が単独で会社を経営することが可能となります（二男が主宰する会社についても、長男が所有する株式を同様に無議決権株式に変更する）。

この場合、日常の会社の運営には支障が生じないと考えられますが、Ｍ＆Ａなどを実行する場合や会社を解散・清算するときなどに、残余

財産等の分配などの問題が生じることが予想されます。
②甲社株式を未分割のままで相続した後、甲株式会社が準共有状態のまま会社分割を行った場合には、分割会社及び分割承継会社も準共有状態となります。その後、それらの会社の株式の遺産分割で、例えば、分割会社の株式は長男が、分割承継会社の株式は二男が相続することとすれば、会社をそれぞれが単独で株式を所有することが可能となります。

8. 債務の承継者と負担する金額が確定しているか否かによる相続税の計算

　財産を取得した者の課税価格とは、相続又は遺贈により取得した財産の価額から被相続人の債務及び葬式費用のうち、その者の負担に属する部分の金額を控除した金額とされています。
　そして、各納税義務者の課税価格の合計額を基に相続税の総額を計算し、その総額を各人の課税価格に応じて各納税義務者の相続税額を算出することを制度上の原則としています。そのため、相続税の債務控除は、相続人等ごとに、課税財産の価額の範囲内でのみ債務等を控除し、課税財産の価額を超過する部分は打ち切られることになります。
　相続税法第13条（債務控除）第1項にいう「その者の負担に属する部分の金額」とは、その者が実際に負担する金額をいうものと解されていますから、遺産分割等により実際に負担する金額が確定している場合には、当然その金額によることとなります。
　共同相続人等の間において、それぞれの実際に負担する金額が確定していない場合の「その者の負担に属する部分の金額」は、民法第900条から第902条までの規定による相続分又は包括遺贈の割合に応じて負担する金額をいうものとして取り扱うとしています。
　そこで、債務の承継について、未分割による申告と遺産分割協議が調い、債務の承継者と負担する金額が確定した場合の相続税の申告の比較をします。

第5節 相続税の申告期限までに遺産が未分割である場合

設例

1. 被相続人　父（平成27年4月死亡）
2. 相 続 人　長男・二男
3. 相続財産　現金3億円・借入金2億円
4. 遺産分割案　長男は現金3億円と債務1億5,000万円、二男は平成17年に1億円の贈与（特別受益）を受けていることから債務5,000万円を承継する。
5. 未分割による場合と遺産分割案による分割協議が調った場合の相続税の申告の比較

(単位：万円)

項　目	未分割による申告 長男	未分割による申告 二男	未分割による申告 合計	分割案による申告 長男	分割案による申告 二男	分割案による申告 合計
① 分割済みの財産価額の総額	－	－	－	30,000	－	30,000
② 未分割財産の総額	－	－	30,000	－	－	－
③ 特別受益の額	－	10,000	10,000	－	－	－
④ 特別受益加算後の遺産総額（①＋②＋③）	－	－	40,000	－	－	－
⑤ 法定相続分割合	1/2	1/2	1	－	－	－
⑥ 法定相続分の価額（④×⑤）	20,000	20,000	40,000	－	－	－
⑦ 分割済みの財産と特別受益の合計額（①＋③）	－	10,000	10,000	－	－	－
⑧ 未分割財産に対する具体的相続分の価額（⑥－⑦）	20,000	10,000	30,000	－	－	－
⑨ 未分割財産に対する具体的相続分の割合	2/3	1/3	1	－	－	－
⑩ 未分割財産の取得可能額（②×⑨）	20,000	10,000	30,000	－	－	－
⑪ 債務控除額	10,000	10,000	20,000	15,000	0 (5,000)	15,000
⑫ 課税価格（①＋⑩－⑪）	10,000	0	10,000	15,000	0	15,000
基礎控除			4,200			4,200
課税遺産総額			5,800			10,800
相続税の総額			770			1,840
算出税額	770	0	770	1,840	0	1,840

第11章 相続税の書面添付

第 1 節

所得税・法人税の書面添付と相続税の書面添付の違い

> **ポイント** 所得税・法人税の確定申告書の書面添付は、税理士が行う巡回監査を前提として、関与先において適時・正確に記載された会計帳簿及び証憑書類に基づいて実施されますが、相続税の場合には、相続発生後に証拠書類の収集・分析・聞き取りによる事実確認と税務判断に基づいて書面添付を行います。

【解説】

1. 所得税・法人税の書面添付

　関与先において作成される会計帳簿は、日々の取引の発生順に、納品書、受領書、請求書、領収書、その他の書類等、整理・保管された証憑書類に基づいて、適時・正確・明瞭に記帳される限り商法、会社法によりその証拠力が法廷において認められます。われわれ税理士は、月次巡回監査で税法及び他の法令に照らして会計帳簿の適時性、正確性等を指導・確認することによって、所得税・法人税の確定申告書を作成し、税理士法第33条の2の書面添付を実施しています。

　その上で、書面添付の法的責任の範囲を明確にするために、関与先との間で「完全性宣言書」「書類範囲証明書」「業務の委任に関する基本約定書」を取り交わしています。

2. 相続税の書面添付

　相続税申告書作成においても、被相続人が日々詳細な日記帳及び家計簿を作成し、その根拠となる納品書、受領書、請求書、通帳、有価証券の取引残高報

第1節　所得税・法人税の書面添付と相続税の書面添付の違い

告書その他の書類を整理・保管している場合には、相当の法廷証拠力を持つものと考えられます。

しかし、実際の相続税申告書作成に当たっては、このような日記帳や家計簿を作成し、その根拠書類を整理・保管されているような例はほとんど見受けられません。すなわち日記帳や家計簿のような日々の記録がなく、その証憑書類が保管されていないことが通例である相続税申告の書面添付においては、本書の第3章から第10章までの理念・考え方に沿って、資料収集、手続き、調査、聞き取り、分析、判断、意思確認等を実施し、それらの記録を文書として残すことが、所得税・法人税申告の書面添付と比較して重要な意味を持ちます。

相続税申告書への書面添付では法的責任の範囲を明確にするために、「相続税申告業務の委任に関する約定書」を申告業務受任時に取り交わし、相続税申告書押印時に「完全性宣言書」を相続人全員と締結します。さらにこれらを個別具体的に文書化した各種依頼書・確認書や説明文書及び「訪問記録簿」等が別途必要となります。

第2節

相続税申告に書面添付を実施する効果

ポイント　書面添付を実施した相続税申告について、税理士への意見聴取があった場合、実地調査に移行する割合が大幅に減少します。大口資産家で金融資産の割合が多い場合でも、書面添付記載事項以外の不明点中心の調査となり、調査期間も大幅に短縮されます。

【解説】

1. 書面添付実施の相続税の調査率は低い

　相続税の総申告件数に対する調査の割合は25％前後といわれていますが筆者の会計事務所では、年間の相続税申告件数30件以上で、相続税の書面添付を実施している申告書についての意見聴取の割合はおおむね10％以下と非常に少なくなっています。意見聴取後に、税務調査に移行するのは2件ないし3件に1件程度なので現地調査率は3％から5％となっています。各国税局調査部門扱いの場合には、意見聴取無しという場合もあります。もちろん、財産総額、その中に占める金融資産の割合、海外資産の有無などによって調査対象となる可能性が異なるので、単純に調査率が低いとはいえませんが、しっかりとした理念・考え方に沿って、資料収集、手続き、調査、聞き取り、分析、判断、意思確認等を実施し、その過程を文書で記録化した書面添付実施の相続税の申告については、意見聴取率及び調査率が低い傾向にあるということだけはいえるでしょう。

2. 納税者にとっての安心は実地調査がないこと

　相続税申告の約4件に1件が相続税の税務調査の対象となっている現状ですが、納税者の多くは、相続税の申告を適正に実施し、法の許す限りの税額軽減策をできるところはしっかり実施し、正直に申告することによって、できれば税務調査を受けたくないと考えておられます。そのためにも「相続税申告業務の委任に関する約定書」を申告業務受任時に取り交わし、相続税申告書押印時に「完全性宣言書」を相続人全員と締結することによって、書面添付を実施することの重要性を丁寧に説明し、さらに実地調査率が低くなっているという実績を知っていただく必要があります。

　通常は、1月1日から12月31日までの1年間に提出された相続税申告書については、翌年7月から翌々年6月までの調査事務年度において調査される傾向があります。相続税申告の総件数や財産総額の多い年と少ない年などの関係や、財産総額の多い国税局調査部門事案で事前調査に時間がかかる場合などは、調査時期が翌々年の7月から翌々翌年の6月の期間までずれることもあります。

　税理士への意見聴取のみで調査に移行しないことが決定したときや、調査対象期間が経過したような場合には、その後はよほどのことがない限り調査がありません。この段階で納税者にそのことを伝えると非常に喜ばれます。被相続人の財産を隠しているわけでも、家族に財産を違法に移しているわけでもなければ、怖がることはないのですが、それでも不安に感じる方が多いのが相続税申告です。このような心理に十分留意して対応することが重要です。

3. 相続税の意見聴取への対応

　税理士への意見聴取では、被相続人の生前の経歴から始まって、実地調査で質問する内容を一から順次聞かれる場合と、提出書類及び添付書面を精査した上で不明点や疑問点だけを確認される場合があります。本来の書面添付の趣旨からすれば後者でなければならないはずですが、税務署の調査部門における意見聴取では前者の場合も見受けられます。

　意見聴取で聞かれる不明点は、税理士が聞いていても記述しなかった事項か納税者から聞いていない事項です。筆者も相続税の書面添付の経験が少なく不

慣れなころには、聞いていたのに添付書面に書いていなかった事項がありました。これはどこまで書かなければならないのか、どのようなことが重要事項なのかが分からなかったことが原因です。この点はある程度経験を積まなければ判断できない面があります。

納税者から聞いていて書かなかった事項は意見聴取で説明すれば解決することがほとんどです。納税者から聞いていない不明点があった場合には、後日納税者に確認して回答することになります。結果的に修正申告が必要になることもあります。

修正申告が必要な内容について、納税者自身がその事実・内容を知らなかった場合には、延滞税だけで済みますが、その事実・内容を被相続人の財産として申告しなければならないことを知っていた場合には、加算税が課される場合があります。その際には、税理士がその事項についての確認をしたかどうかが問われます。確認していて納税者がその事実を知らないまま申告していれば、納税者は延滞税を負担しなければなりません。意見聴取段階の修正申告であれば、調査移行前なので加算税の対象にはなりません。税理士が確認しており、納税者が事実を知っているにもかかわらず知らせていない場合には、「完全性宣言書」違反であり、税理士は法的に防衛されることになります。もちろん納税者に対しては、加算税が課されます。また、税理士が確認していなかった場合には、税理士法第45条第2項の相当注意義務が履行されていないことが問題となります。確認した事実を各種確認書・依頼書及び「訪問記録簿」等の書類に残して、後日検証できるようにしておくことが重要です。

4. 書面添付・意見聴取で実力アップ

相続税の申告書の精度を上げるためには、机上の勉強はもちろんですが、やはり多くの件数に携わることに勝るものはありません。しかし、年間10件以上の相続税申告を毎年続けている事務所はそれほど多くありません。たとえ、少ない相続税申告件数であっても、本書で学んだ理念・考え方に沿って、資料収集、手続き、調査、聞き取り、分析、判断、意思確認を実施し、その過程を文書で記録化した書面添付を実施すると、意見聴取で質問された不明点が税理士が添付書面に書くべき事項であったことになります。

第2節 相続税申告に書面添付を実施する効果

　この繰り返しが相続税申告書の精度の向上につながります。相続税申告書の精度が高いといわれる会計事務所もこのようにしてレベルアップしてきています。納税者に適正に申告することの意味と重要性を理解してもらうとともに、申告書作成の過程をしっかりと文書化した書面添付を実行することが重要であるといえます。

第3節

書面添付を担保する書類

ポイント　「相続税申告業務の委任に関する約定書」を申告業務受任時に取り交わし、相続税申告書押印時に「完全性宣言書」を相続人全員と締結するとともに、個別事項についても、その都度、依頼書・確認書・報告書及び「訪問記録簿」等に署名してもらうことが重要です。

【解説】

1. 巡回監査報告書に相当する「訪問記録簿」

　相互の信頼関係醸成と責任範囲の明確化による会計事務所の法的防衛のために「訪問記録簿」(第3章第1節)を作成し、それぞれの段階で必要な確認書に依頼者の署名をもらうことが必要です。「訪問記録簿」は面談し、報告・説明をした個々の相続人に署名をしてもらうものですが、重要な報告・確認については、報告書・説明書に相続人全員の署名押印をその都度もらわなければなりません。

2. 受託から申告までに必要な依頼書・確認書・報告書

(1) 「相続税申告までの手続きのご確認」

　「相続税申告までの手続き(申告スケジュール)のご確認」(第3章第2節)によって、相続人に申告終了時までのタイムスケジュールを分かりやすく説明します。説明した事実を「訪問記録簿」に記載し、署名してもらい、その控えを渡します。

(2)「相続人様へのお願い」

「相続人様へのお願い」(第3章第2節)の各項目を一つひとつ読み上げながらチェックし確認します。この確認がしっかりできていないと意見聴取(本章第2節)の際に不明点の確認をしたかどうかの証明ができなくなります。「相続人様へのお願い」の項目にない事項については、「訪問記録簿」に詳細に記載し、確認した事実を明確にしておきます。

(3)「名義財産等に関する確認書」

「被相続人の預貯金入出金確認表」(第8章第1節)において、被相続人名義の預貯金から不定期に多額の出金が確認され、その行方や使途が不明確な場合には、相続人や孫などにその使途や行方について確認する必要があります。確認しても分からないときには、そのことを書面にし「名義財産等に関する確認書」(図11-3-1)へ相続人に署名押印をしてもらいます。

第11章 相続税の書面添付

図11-3-1　名義財産等に関する確認書（例）

名義財産等に関する確認書

税理士法人〇〇〇〇
〇〇〇〇様

　このたびの被相続人〇〇〇〇の相続税の申告に際し、「相続財産を確定しなければならず、これは被相続人名義の財産だけでなく、名義は被相続人ではなくとも、実質は被相続人の財産として考えるものについては「名義借財産」として相続財産となる。」との説明を受けました。
　さらに、「最初からその名義を借用して作った、あるいは単に被相続人から親族に名義を変えた、その後においても保管・管理・運用は被相続人が行っていた「名義預金」等については贈与は成立しておらず、その財産の実質的な所有者は被相続人であるということになり、相続税の課税対象財産となる。」との説明も受けました。
　私たちは、別紙添付の金融財産については被相続人〇〇〇〇の財産を原資としたものであり、名義人が保管・管理・運用していなかった財産であると判断致します。よって、これらの金融財産については被相続人〇〇〇〇の相続財産であるとして相続税の申告書の作成を依頼します。

　　平成　　年　　月　　日

　　　住　所　..

　　　氏　名　..

　　　住　所　..

　　　氏　名　..

資料提供：税理士法人トータルマネジメントブレーン

第3節 書面添付を担保する書類

図11-3-2 相続税申告に関する報告書（例）

平成〇〇年〇〇月〇〇日

故〇〇〇〇様
相続人の皆様

〇〇市〇〇区〇-〇-〇〇
〇〇会計事務所
ＴＥＬ〇〇-〇〇〇-〇〇〇〇
ＦＡＸ〇〇-〇〇〇-〇〇〇〇
税理士　〇〇〇〇

相続税申告に関する報告書

　この度は、ご遺族の皆様におかれましては、さぞお力を落とされていることかと存じます。あらためて故〇〇〇〇様のご冥福をお祈りいたします。
　これから相続税の申告書を作成していくに当たりまして、様々な資料の収集や内容の確認など、皆様に多大なご協力をいただかなければなりませんが、どうぞよろしくお願いいたします。
　さて、今回は、以下の事項についてご説明させていただきます。

1. 名義預金について
　相続財産として計上される財産については、被相続人名義の財産以外にも名義は被相続人ではないが、実質は被相続人の財産として考えられるものについても、相続財産として相続税が課税されることとなります。
　よく、「何年も前に名義を変えたので、その時点で贈与が行われており、被相続人の財産ではないのではないか？」という話を聞きます。確かに「贈与」が行われていれば相続財産からは外され、相続税の課税対象財産とはなりません。
　しかし、単なる名義を変えただけのいわゆる「名義預金等」については「贈与」は成立しておらず、依然としてその財産の実質的な所有者は被相続人であるということとなり、相続税の課税対象財産となります。
　では、「贈与」と「名義預金等」との違いは何なのかということになります。
(1)「贈与」とは
　贈与は、当事者の一方が自己の財産を相手方に与える意思表示をし、相手方がこれを受諾することによって成立する契約です。つまり、贈与者が「あげましょう」という意思表示を行い、受贈者が「受け取ります」という受諾の意思表示をすれば、贈与契約は成立します。
　また、贈与は口頭による意思表示でも成立しますが、後々の事実関係の確認などのためにも、贈与者、受贈者の両者の署名、押印による「贈与契約書」を作成しておく方が望ましいといえます。
(2) 贈与と名義預金の違い
　贈与は上記 (1) の要件を満たしたものですので、逆に満たさないものは、法律上贈与ではありません。そこでご注意いただきたいのが「名義預金」等の取り扱いです。
　「名義預金」とは、その通帳等の名義人は、お子様など別の方の名前ですが、その資金は、名義人以外の方のものである預金のことをいいます。一般的には、親御様が、お子様やお孫様のお名前で、預金や株式などの財産を保有されているケースが多くあります。しかし、その名義人の方の収入状況などから判断して、不相当な金額の財産を保有されているということになれば、「名義預金」等として、名義人でなく、その資金は真の所有者の財産と判断されます。
　「名義預金」等は、実際に資金を動かす時には、税務当局から指摘があることは少なく、相続税の税務調査の時に、ご家族名義の預金等まで調べ上げて、その中で「名義預金」等として判断されるものについては被相続人の財産として、財産に追加され、相続税の追加（加算税、延滞税等も合わせて）納税を求められるということになります。
　このように後々の税務調査になって、精神的な負担と不用意に課税問題が生じないように、ご家族間での贈与をする場合には、名義預金等と判断されないように特に配慮しておく必要があります。
　（以下　略）

資料提供：税理士法人ＦＰ総合研究所

(4)「土地評価に関する確認書」

　最近は相続税の評価についてもインターネットなどで詳しく調べている相続人も多く、「この土地については広大地の適用ができるのではないでしょうか？」などと質問されることがあります。広大地の適用については様々な裁決事例が出てきており、その適用の可否判断の困難な事例もあります。

　次頁の「土地評価に関する確認書」を交わした事例は、広大地の適用をできるか否か非常に微妙でした。事前に所轄税務署の資産税評価担当官に相談に行っても明確な判断がもらえませんでした。

　そこで、いったん広大地の適用をせずに申告し、後日更正の請求をすることにより加算税と延滞税のリスク回避を提案しましたが、相続人の総意で広大地の適用をするとの判断がされました。

　もちろん広大地の適用をすべき場合にまで「土地評価に関する確認書」をとることは税理士としての専門家責任を回避することになるので許されません。確認書は、あくまでも判断が難しい場合に限られると考えるべきです。その点も、相続人の誤解を招くことがないよう丁寧に分かりやすく説明しておくことが求められます。もちろん、この確認書には相続人全員の署名押印をいただきます。

　また、土地評価を路線価による評価ではなく、不動産鑑定士による鑑定評価額によりたいという相続人がいるケースがあります。しかし、財産評価基本通達による評価以外の鑑定評価書による評価が認められることは特殊な例を除いて少ないと考えられます。このような相続人に対しては「土地評価を鑑定評価額によらない旨の確認書」に署名押印してもらうことも一つの方法です。

図11-3-3　土地評価に関する確認書（例）

土地評価に関する確認書

平成　　年　　月　　日

税理士法人○○事務所
　税理士:○○□□殿

　故○○○○の相続税申告に際し、次の土地評価においては、財産評価基本通達等における評価方法、評価単位等の説明を受け、また、広大地評価による方法においては、次の内容の説明を受けました。
【広大地評価について】
①広大地
　広大地とは、その地域における標準的な宅地に比して著しく地積が広大で、開発行為を行うとした場合に公共公益的施設用地の負担が必要と認められる土地をいいます。
②広大地に該当する条件の例
　普通住宅地区等に所在する土地で、各自治体が定める開発許可を要する面積基準以上のもの。
　○○市の場合は開発区域の面積が500㎡以上のもの。
③広大地に該当しない条件の例
　ⅰ．既に開発を了しているマンション・ビル等の敷地用地
　ⅱ．現に宅地として有効利用されている建築物の敷地（大規模店舗・ファミレス等）
　ⅲ．原則として容積率300％以上の地域に所在する土地（いわゆるマンション適地）
　ⅳ．公共公益的施設用地の負担がほとんど生じないと認められる土地

評価対象地：○○○番○○番
地積：630㎡（2筆合計）
地目：田

【上記評価対象地の相続税評価額】
　①通常評価　28,000,000円（利用区分：自用地）
　②広大地評価　19,000,000円（利用区分：自用地）

　この度の相続税申告に際し、上記の説明を受けた結果、当該評価対象地については、［通常評価・広大地評価］による相続税評価額により申告することを選択致します。
広大地評価が否認された場合に生ずる相続税本税増額分、過少申告加算税等の附帯税、及び延滞税の負担に対して、貴社に対して賠償を求めることはありません。

　　　　住　　所＿＿＿＿＿＿＿＿＿＿＿＿＿＿＿＿＿＿＿＿＿＿＿＿

　　　　氏　　名＿＿＿＿＿＿＿＿＿＿＿＿＿＿＿＿＿＿＿＿＿㊞

資料提供：税理士法人今仲清事務所

(5)「小規模宅地等の特例の適用確認書」

　相続人が複数いる場合の小規模宅地等の特例の適用は、適用要件を満たす土地等が複数ある場合には、誰がどの土地等で適用を受けるかを相続人に選択してもらう必要があります。税理士はどの土地等で特例を受けるのが税務上有利なのかを示すシミュレーションは提供できますが、選択するのはあくまでも相続人です。相続人によってはあえて相続税額負担が多くなる土地等を選択する例もあります。

　遺産分割協議による相続の場合に、小規模宅地等の特例の適用を受けることができる土地等を相続した相続人は、その土地の時価に比べて相続税負担が少なくなり、他の相続人と比較すると有利になります。その点も説明し、理解を得た上で遺産分割協議書を作成する必要があります。

　この手順を踏まずに遺産分割協議書を作成した後で、小規模宅地等の特例の説明をすると、遺産分割協議のやり直しということになりかねません。

　小規模宅地等の特例の適用を受ける土地等が決まった場合には、「小規模宅地等の特例の適用確認書」に相続人全員の署名押印をもらいます。なお、相続人全員の署名押印がなければ、小規模宅地等の特例の適用を受けることができません。

第3節 書面添付を担保する書類

図11-3-4　小規模宅地等の特例の適用確認書

平成　　年　　月　　日

小規模宅地等の特例の適用確認書

税理士法人○○事務所

　　　　　　　　　　殿

　私（私たち）は、小規模宅地等についての相続税の課税価格の計算の特例について、説明を受け、理解しました。
　また、小規模宅地等についての相続税の課税価格の計算の特例の適用を受ける宅地等を選択し、その選択した宅地等の取得者が、特例の適用を受けるものとして、相続税申告書を作成することに同意します。

（各相続人等の氏名）

_____㊞　　　　　_____㊞

_____㊞

■ASP8000/TPS8000帳表

第11章 相続税の書面添付

(6)「財産目録」(「相続財産等の確認書」等)

　おおよその資料収集が完了した時点で、概算相続税額と遺産分割協議の準備に入るために暫定版の「財産目録」を相続人に渡します。その時点ではあくまで暫定版なので署名押印は不要です。相続税申告書及び「完全性宣言書」への署名押印時に、財産及び債務等の詳細について確認したことについて、財産目録の「相続財産等の確認書」に署名押印してもらいます。

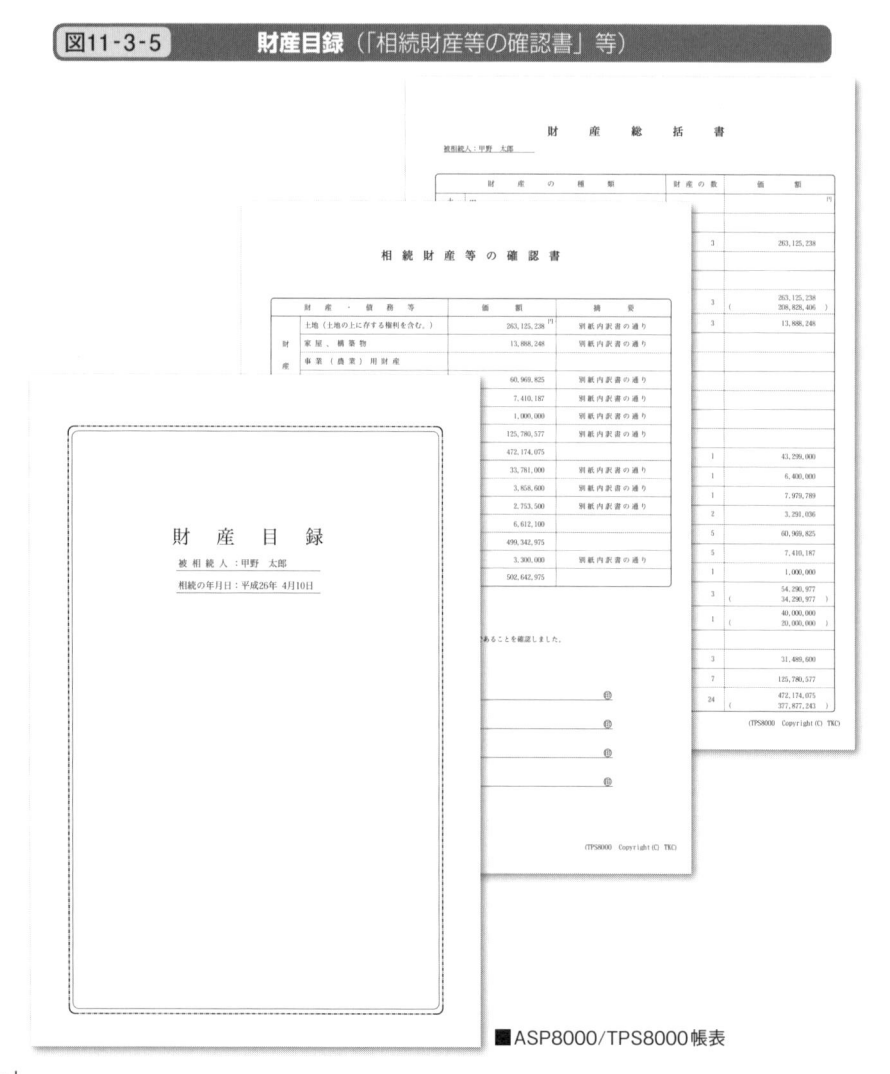

図11-3-5　財産目録（「相続財産等の確認書」等）

■ASP8000/TPS8000帳表

468

(7)「相続税の計算調整に関する確認書」

　各人の相続税の計算は、相続税の総額にあん分割合を乗じて計算しますが、このあん分割合が小数点以下第2位未満の端数があるときは、財産を取得した相続人全員が選択した方法により、各人の割合の合計が1になるようにその端数を調整して各人の相続税額を計算することができます。その選択によって各人の相続税額が異なりますので、その説明をした上で選択してもらう必要があります。

　また、未成年者控除額や障害者控除額に控除不足額がある場合には、これらの扶養義務者の相続税額から控除できます。これらの控除額は、扶養義務者全員が協議して各人ごとの控除額を決めることができます。

　これらについて、相続人全員が説明を受けて理解したこと及び選択したことについて「相続税の計算調整に関する確認書」に署名押印してもらいます。

図11-3-6 相続税の計算調整に関する確認書

平成　年　月　日

相続税の計算調整に関する確認書

税理士法人○○事務所

　　　　＿＿＿＿＿＿＿＿＿＿殿

　私（私たち）は、あん分割合・扶養義務者の未成年者控除額・扶養義務者の障害者控除額の取扱いについて、説明を受け、理解しました。
　また、あん分割合・扶養義務者の未成年者控除額・扶養義務者の障害者控除額として計算調整を行い、相続税申告書を作成することに同意します。

（各相続人等の氏名）

＿＿＿＿＿＿＿＿＿＿＿＿＿＿＿㊞　　　＿＿＿＿＿＿＿＿＿＿＿＿＿＿＿㊞

＿＿＿＿＿＿＿＿＿＿＿＿＿＿＿㊞

■ASP8000/TPS8000帳表

第4節

相続税申告業務チェックリスト

> **ポイント**　相続税申告書作成が一通り終わり、相続人等に最終の署名押印をいただく前に、事務所内において「相続税申告業務チェックリスト」を用いて、担当者とその上司でチェックを行い、さらにその後、担当者と所長で最終チェックを行います。

【解説】

1. すべての項目を一から再確認する

　相続税申告業務は、被相続人の経歴から始まって預貯金、有価証券、非上場株式等、生命保険金、保険に関する権利、生前贈与財産、土地・建物、事業用財産、債務・葬式費用、各種特例適用、税額控除などの確認、分析、判断、意思確認等しなければならない項目が膨大かつ複雑です。土地評価・金融資産確認、贈与財産か被相続人の財産かの確認、その他の財産の評価・特例適用確認など定期的に上司・所長に報告・相談・検討をすることはもちろんですが、相続人等に最後の署名押印をもらう前に、一から総合的に再確認してもらうことが不可欠です。

2. 相続税申告期限の1か月前に完了

　できるだけ相続税申告期限の1か月前までに、最終相互チェックを終えておきたいものです。何かに齟齬が生じていると、それを解決するために再調査、関係機関との調整、相続人全員との日程調整などであっという間に時間が過ぎてしまいます。しかし、相続税申告期限の2か月前に受注したなどのケースも

ありますので、理想どおりに運ぶとは限りません。間違いの生じないように、できるだけ余裕をもって作業を進めたいものです。

3. 最低でもダブルチェック

　相続税申告では特にダブルチェックが欠かせません。担当者とその上司でチェックを行い、その後で担当者と所長で再度チェックします。その都度行うチェックのときも含めて、再確認すべき事項や訂正すべき事項についてはチェックリストに朱書きで、その顛末を書くようにして確認や訂正漏れのないようにします。そのために別途チェック事項記入用紙を作成し、担当者、上司、所長がそれぞれコメントを書くようにします。

4. 税務署に提出するチェックシートは相続人への説明時に使用

　各国税局では、申告書への添付用に、納税者が単独で作成する、もしくは相続人と税理士の住所・氏名・電話番号を記載する「相続税申告チェックシート」又は「税理士法第33条の2の書面添付に係るチェックシート」を作成しています。内容は次の「相続税申告業務チェックリスト」とほぼ同じです。(第12章第2節参照)

第4節 相続税申告業務チェックリスト

図11-4-1　相続税申告業務チェックリスト

相続税申告業務チェックリスト

被相続人：甲野　太郎　様　　　　　　　　　　　　　　　　　　　　　　　　　　　　P - 1
相続の年月日：平成27年 4月10日　　　　　　　　　　　　　　　　　　　　平成27年 9月 1日(14:50)

1．被相続人

フリガナ	コウノ／タロウ	職　業	株式会社　新宿寝具　代表取締役
氏　　名	甲野　太郎	住　所	〒162-0825
相続の年月日	平成27年 4月10日(金)		東京都新宿区神楽坂
生　年　月　日	昭和 8年10月10日		○丁目△番×号
年　　齢	81歳	申告期限	平成28年 2月10日(水)

2．相続人

行	チェック内容	根拠となる資料等	チェック	資料の申告書添付
1	法定相続人の数は適切ですか？（養子の数は適切ですか？）	被相続人の戸籍（除籍）謄本（相続開始の日から10日を経過した日以後に作成されたもので、全ての相続人を明らかにするもの）	□	有（　部）・無
2	養子縁組（又はそれを取消し）した人・代襲相続人・父母の一方のみを同じくする兄弟姉妹がいますか？	各相続人の戸籍謄本（相続開始の日から10日を経過した日以後に作成されたもの）、遺言書	□	有（　部）・無
3	未成年者・障害者がいますか？	特別代理人選任の審判の証明書、身体障害者手帳等	□	有（　部）・無　有（　部）・無
4	成年後見人がいますか？	成年後見登記事項証明書	□	有（　部）・無
5	相続放棄をした人がいますか？	家庭裁判所の相続放棄申述受理証明書	□	有（　部）・無
6	相続欠格者・被廃除者がいますか？	家庭裁判所の審判・調停又は遺言書、相続欠格事由の存否	□	有（　部）・無

3．相続財産の分割等

行	チェック内容	根拠となる資料等	チェック	資料の申告書添付
1	遺言書がありますか？	遺言公正証書又は家庭裁判所の検認を受けた遺言書の写し	□	有（　部）・無
2	死因贈与がありますか？	贈与契約書	□	有（　部）・無
3	遺産分割協議書が作成されていますか？	遺産分割協議書の写し、相続人全員の印鑑証明書（原本）	□	有（　部）・無

4．相続財産
(1) 土地、建物等

行	チェック内容	根拠となる資料等	チェック	資料の申告書添付
1	未登記又は先代名義の不動産がありますか？	所有不動産を証明するもの（固定資産税評価証明書等）	□	有（　部）・無
2	共有の不動産がありますか？	所有不動産を証明するもの（登記済証、登記事項証明書等）	□	有（　部）・無
3	借地権や耕作権がありますか？	土地の賃貸借契約書、小作に付されている旨の農業委員会の証明書等	□	有（　部）・無　有（　部）・無
4	住所地以外に不動産を所有していませんか？	固定資産税評価証明書等	□	有（　部）・無

■ASP8000/TPS8000帳表

第5節

相続税の書面添付記載内容

> **ポイント** 財産の種類ごとに、評価上のポイントとなる事項や家族名義の帰属、取引の状況、未収金や保険の権利の帰属等を記入します。金融資産については、作成した分析表及び相続人からの申述から得られた内容を記入します。

【解説】

1. 確認、検討、判断した内容を具体的に記入

　それぞれの財産の区分ごとに、資料を基に確認し、検討し、判断した内容のポイントを明確にし、事実に沿って記入します。備考欄には関連資料名を記載します。多数にわたる場合には記号や番号を記載して資料と照合しやすいように工夫します。

　広大地判定に必要な資料は、1つごとの判定に必要な資料の数も多く、判断に至る説明文書が必要な場合もあるので、別途検討書としてまとめるとよいでしょう。不動産については未登記物件の確認についても触れます。

　取引相場のない株式等については、評価に関して必要な検討事項のポイントを記載します。有価証券は、名義有価証券の可能性もあるため、その検討内容を記載します。現金預金については、入出金検討表、預貯金残高推移表、概算推定収支残高推移表などに相続人への確認、聴取内容から判断した内容を記入します。

　生命保険金、保険の権利、未収金、貸付金、相続開始前3年内贈与、相続時精算課税贈与、金地金その他の財産についても検討事項を記入します。また、債務・葬式費用についての検討事項も記入します。

さらに、配偶者の税額軽減や小規模宅地等の特例及び遺産分割の状況についても記載します。また、被相続人の社会人になってからの経歴、趣味、死亡に至るまでの入院・施設入所などの状況、被相続人の財産管理の状況なども記載します。

　これらはあくまでも、収集した資料を基に税理士が分析し、事実関係を様々な書類に基づいて判断した事実及び不明な場合には相続人に確認することによって判明した事実に基づいて記入します。

2. 不明な場合は「不明」と記入

　すべてが明らかにならないこともあります。資料を徹底して集め、分析し、確認して、かつ、相続人等から聞き取りによる確認をしても不明なものは「不明」と記入しておくことも重要です。相続人が全く知らないところから思いもよらない財産が出てきたときは、相続税の課税対象となり、修正申告が必要になります。

3. 書類には番号を付け、添付書面にも記載

　これまで見てきたように相当な量の資料が必要になります。添付書面の「3　計算し、整理した主な事項」にポイントを記載し、その右端の備考欄には関連書類を記載します。ここには資産の種類ごとに整理して資料に付けた番号を記載し、整然と順次確認できるようにしておきます。

　これはそのまま、依頼者に返却する申告書の控えであり、依頼者に渡す商品でもあります。依頼者が故人を振り返るときに、良い思い出として残るような申告書にしたいものです。

第11章 相続税の書面添付

図11-5-1 「税理士法第33条の2第1項に規定する添付書面」記載例

相続税　期限内　申告書（平成〇〇年分・　　　事業年度分・平成〇〇年〇月〇日相続開始 ）に係る

税理士法第33条の2第1項に規定する添付書面　　33の2①

平成〇〇年〇月〇日
　　　　〇〇　税務署長　殿

※整理番号

税理士又は税理士法人	氏名又は名称	税理士　堤　敬士 ㊞
	事務所の所在地	東京都新宿区揚場町2-1　　電話（ 03 ）1234 - 5678
書面作成に係る税理士	氏　　　名	税理士　堤　敬士 ㊞
	事務所の所在地	東京都新宿区揚場町2-1　　電話（ 03 ）1234 - 5678
	所属税理士会等	〇〇税理士会　〇〇支部　登録番号　第　×××××　号
税務代理権限証書の提出		㊁（　　　　相続税　　　）・ 無
依頼者	氏名又は名称	相続人の代表　〇〇　〇〇
	住所又は事務所の所在地	電話（　　　）　-

私（当法人）が申告書の作成に関し、計算し、整理し、又は相談に応じた事項は、下記の1から4に掲げる事項であります。

1　自ら作成記入した帳簿書類に記載されている事項

帳簿書類の名称	作成記入の基礎となった書類等
相続税申告書、財産目録、評価明細書（土地等・家屋・構築物・定期預金等・上場株式・取引相場のない株式・生命保険契約に関する権利・一般動産）、債務及び葬式費用の明細書	除籍謄本、改製原戸籍、住民票の写し、印鑑証明書、遺産分割協議書、登記事項証明書、固定資産評価証明書、住宅地図、路線価図、公図、地積測量図、現地写真、賃貸借契約書、有価証券残高証明書、配当支払通知書、預貯金残高証明書、預金通帳、定期預金証書、生命保険証券、火災保険証券、車検証、公租公課納税通知書、医療費・葬式費用請求書・領収書、準確定申告書(控)、贈与契約書及び同申告書、過去の所得税確定申告書・決算書(控)、法人税申告書(控)

2　提示を受けた帳簿書類（備考欄の帳簿書類を除く。）に記載されている事項

帳簿書類の名称	備　　考
上記1の「作成記入の基礎となった書類等」と同じ	確認した相続人名義の預貯金

※事務処理欄	部門	業種	意見聴取連絡事績		事前通知等事績	
			年月日	税理士名	通知年月日	予定年月日
			・　・		・　・	・　・

476

第5節 相続税の書面添付記載内容

※整理番号		

3　計算し、整理した主な事項

区　分	事　項	備　考
相続人について	除籍謄本、改製原戸籍より相続人を確認した。	除籍謄本、改製原戸籍（別添1）
遺言の有無	相続人に遺言書がないことを確認するとともに、日本公証人連合会に対して公正証書遺言が存在するかどうか確認した。	公正証書遺言検索結果書面（別添2）
障害者・欠格者等	相続人○○○○氏より相続人のうちに、成年被後見人（障害者）・欠格者等に該当する相続人がいないか確認した。	身体障害者手帳(写)(別添3)
(1) 土地	・被相続人の所有する土地の利用状況について現地調査を行い、現況地目及び土地建物の利用状況を確認するとともに、公図や測量図を基に土地の形状や建物の建築状況等を確認し、評価を行った。 ・土地については公簿上の面積が実測面積と乖離していないかを確認した上で、実測面積で計算した。 ・先代以前の名義の土地は確認できなかった。	登記事項証明書、固定資産評価証明書、住宅地図、路線価図、公図、地積測量図、所得税収支内訳書、賃貸不動産情報
	・○○市○○町○○-○（地目：宅地）の賃貸住宅用地については、駐車場契約者は全員が賃貸住宅の賃借人であり、かつ、駐車場の貸付状態が賃貸住宅と一体であると認められるため、全体を貸家建付地として評価した。なお、賃貸割合は100％であった。	建物賃貸借契約書、過去の確定申告書・決算書(控)（別添4-1）
	・○○市○○町○○-○（地目：宅地）は、被相続人の主宰する㈱Xに賃貸し、同法人が工場を建築、使用している。この賃貸借については無償返還の届出書の提出を確認した。自用地評価の80％相当額で評価し、㈱Xの株式評価上、純資産価額に20％相当額を計上した。 （詳細は土地等の評価明細書の別紙を参照）	土地賃貸借契約書、土地の無償返還に関する届出書(控)、過去の確定申告書・決算書(控)、法人税申告書(控)（別添4-2）
	・○市○○町○-○○（地目：宅地）は、評基通24-4の広大地で評価した。当該地は500㎡超であり、容積率200％の地域、広大地の形式的要件を充足、マンション建築が相応しい地域又はマンション適地に移行中の地域にも該当しないため、マンション適地に該当しない。また、戸建て開発を想定した場合においては、明らかに道路開設が必要であり、潰れ地が生じることから、広大地評価を行った。	住宅地図、開発想定図、開発登録簿、都市計画図（別添4-3）
	・○○町○-○○（地目：宅地）は、被相続人の自宅敷地であり、建物と共に同居親族である長男Aが取得し、居住を継続しており、特定居住用宅地等として小規模宅地等の計算の特例を適用した。また、相続人全員の同意書を確認した。	長男Aの戸籍の附票(写)（別添4-4）
建物	・○○市○○町○○-○の賃貸住宅の評価に当たっては、相続開始時点における賃貸状況を確認し、賃貸割合は100％であった。 ・○○町○-○○の建物は、未登記物件であったため、相続人から聞き取り、固定資産課税台帳上、所有者は被相続人となっているため固定資産評価証明書との照合の上、相続財産として計上した。	登記事項証明書、賃貸借契約書、固定資産評価証明書、過去の確定申告書・決算書(控)（別添5）

第11章 相続税の書面添付

| | ※整理番号 | |

3　計算し、整理した主な事項

区　分	事　　　項	備　　考
(1) 構築物	・相続開始3年前に自宅の門及び塀を新築しており、その費用が被相続人の預金から支出されていたため、相続財産として計上した。	建築工事見積書、預金通帳(写)(別添6)
事業用財産	平成○○年分所得税の準確定申告書・青色決算書記載の減価償却資産（建物を除く）の相続開始日において定率法により償却し直した未償却残高を計上した。	平成○○年分所得税の準確定申告書・青色申告決算書(別添7)
有価証券	・○○証券○○支店との取引があり、証券会社発行の残高証明書を基に財産評価基本通達に則り評価計算した。 ・上場株式については、各銘柄の証券代行部により株式数を確認の上、単元未満株も含めて評価計算した（証券代行会社に確認済み）。 ・有価証券については、証券会社の過去10年間程度の取引状況を勘案の上で検討した。その結果、過去○○証券に家族全員の名義の証券口座が存在したが、すべて被相続人が管理・運用していたもので、相続人はその存在を知らなかったとのことである。相続開始時点では被相続人及び配偶者以外の口座残高は存在しない。配偶者名義の上場株式は、贈与の事実もなく、管理運用状態等から被相続人に帰属する財産として相続財産として計上した。 ・㈱Xの株式については、設立時から親族・知人名義の株式500株は、配当金が被相続人名義の○○銀行○○支店に振り込まれ、また、名義人が株主総会に出席していないなど、被相続人に帰属するため、相続財産として計上した。 ・㈱Xの株式の評価については、事業規模から中会社の大に該当する。純資産価額の算定に当たって、被相続人の死亡を保険事故として、㈱Xが生命保険金を受け取り、これを原資として退職金を支払っていることから、資産の部に「生命保険金請求権」、負債の部に「未払退職金」及び「退職金控除後の保険差益に対する法人税額等相当額」を計上した。 ・配偶者名義の××証券△△支店の上場株式等については現金・預貯金記載欄のとおり配偶者固有の財産と判断した。	有価証券残高証明書、配当金支払通知書、顧客勘定元帳(別添8-1) 法人税申告書(控)、決算書(控)、仮決算に基づく法人税申告書(別添8-2)
現金・預貯金	・現金については、相続人からの聞き取り及び預貯金入出金確認表により確認した。その結果、直前出金250万円及び小口現金3万円を計上した。 ・預貯金については、名義が被相続人のものでなくとも相続財産として計上すべき財産についての説明を行った上で、被相続人の過去6年間の取引状況、相続人名義の預貯金については、各口座の通帳や印鑑の保管状況と管理状況、相続人の収入を勘案し、相続人がどれだけの財産を蓄積可能であったか、現金や預貯金の贈与の有無、生活状況を勘案の上検討した。その結果、配偶者名義の○○銀行○○支店定期預金800万円及び○○銀行○○支	預金通帳(写)、預貯金入出金確認表、被相続人及び親族の相続開始日の金融資産残高一覧表、被相続人預貯金内訳表、被相続人推定収入・支出・残高推移表、相続人推定収入・支出・残高推移表(別添9)

478

第5節 相続税の書面添付記載内容

※整理番号 ☐

3 計算し、整理した主な事項

区分	事項	備考
(1)		
	店定期預金1,500万円は、平成〇〇年〇月に被相続人所有の土地の収用による譲渡資金を原資としており、配偶者に確認したところ贈与を受けていないとの返答を得たため、被相続人の相続財産として計上した。 ・配偶者は㈱Xに長期にわたって取締役として勤務し役員報酬を得ており、他の配偶者名義の預貯金及び有価証券については固有の財産であると判断した。 ・被相続人名義及び配偶者の名義借の預貯金については、既経過利息とともに計上した。 ・預貯金入出金確認表より被相続人から被相続人の姉に対して平成〇〇年〇月〇日に750万円金銭を貸付け、平成〇〇年〇月〇日にうち500万円の返済を受けていることが確認できた。残額を貸付金として計上した。	
生命保険金	被相続人を契約者、被保険者とし、被相続人が保険料を負担していた生命保険契約に基づき、〇〇生命から1,000万円、××生命から1,500万円の死亡保険金の入金が確認され、相続財産として計上した。生命保険証券により入金先が受取人のものであることを確認した。	生命保険金の支払通知書、過去の確定申告書(控)(別添10)
その他財産	・被保険者及び受取人を配偶者とする生命保険契約が確認されたが、当初の契約者は被相続人であったところ、平成〇〇年〇月に配偶者に契約者変更されている。掛金は年払いであり、相続開始日における生命保険契約の解約返戻金相当額に、既払込保険料総額に占める被相続人負担保険料の割合を乗じて計算した金額を生命保険に関する権利として、みなし相続財産として計上した。	保険証券、過去の確定申告書(控)(別添11-1)
	・自宅及び賃貸住宅についてのJA〇〇における建更は、被相続人が保険料を負担しており、相続開始日における解約返戻金相当額を相続財産として計上した。	保険証券、過去の確定申告書(控)(別添11-2)
	・〇〇銀行〇〇支店の貸金庫を配偶者及び他の相続人と共に確認したところ、〇〇グラムの金地金が保管されていたため、相続人のものでないことを確認し、相続財産として計上した。	金地金計算書、金の現物写真(別添11-3)
	・被相続人の主宰する㈱Xに対して被相続人からの貸付金700万円があったため、貸付金として相続財産に計上した。	金銭消費貸借契約書、法人決算書、法人税科目内訳書(別添11-4)、贈与税申告書(別添11-5)
	・平成〇〇年に被相続人から配偶者、長男、長女、長女の子2人に対してそれぞれ200万円の贈与があった。相続人である配偶者、長男、長女への贈与について、相続開始前3年以内の贈与加算をするとともに、贈与税額控除〇〇万円を計上した。	
	・平成〇〇年に購入している長男の車両代金〇〇〇万円については、被相続人の預金通帳の同年〇月〇日の出金による資金により取得しており、贈与を受けていない旨を確認したため、立替金として相続財産に計上した。	預金通帳(写)、預貯金入出金確認表(別添9)
	・高額医療費還付金、電話加入権はそれぞれ関係資料を確認の上計上した。 ・〇〇株及び投資信託の未収配当があり、計上した。	預金通帳(写)、預貯金入出金確認表(別添9)、配当金計算書(別添11-6)

479

第11章 相続税の書面添付

		※整理番号	

3　計算し、整理した主な事項

	区　　分	事　　　　項	備　　　考
(1)	債務	・借入金ついては、借入金返済明細書、残高証明書、相続人からの聞き取り及び資産の取得状況等により確認した。 ・未払公租公課については、所得税及び消費税等の準確定申告書並びに固定資産税等の納税通知書により相続開始日現在未払い分を計上した。 ・預り保証金及び前受家賃については、建物賃貸借契約書により確認し計上した。	残高証明書、借入金返済明細書(別添12-1) 準確定申告書(控)、固定資産税納付書(別添12-2) 建物賃貸借契約書(別添4-1)
	葬式費用	・葬儀社その他の請求書及び振込金受領書等に基づき、控除する葬式費用を確認すると共に、初七日等法事費用、香典返しに係る費用を除いた上で葬式費用として計上した。	葬儀費用請求書、振込金受領書、葬式費用の各種領収書(別添13)
(2)	(1)のうち顕著な増減事項	増　　減　　理　　由	
	建物、現金、預貯金	・被相続人推定収入・支出・残高推移表から検討したところ、相続開始日における預貯金残高と6年前の預貯金残高とを比較すると、生活費等を除いて約8,000万円の資金が減少している。その内訳はおおむね次のとおりである。 ①5年前に取得した賃貸住宅建築のための資金4,000万円 ②3年前の自宅の門及び塀の建築資金1,000万円 ③配偶者等5人に対する贈与1,000万円 ④貸付金250万円 ⑤直前出金250万円 ⑥6年間の医療費1,500万円	
	債務免除	平成○○年○月○日、㈱Xに対する貸付金○○百万円を債権放棄している。(債務免除に関する覚書を作成済)　なお、㈱Xにおいては、免除益を計上していることを確認している。	
(3)	(1)のうち会計処理方法に変更等があった事項	変　更　等　の　理　由	

第5節 相続税の書面添付記載内容

| ※整理番号 | |

4 相談に応じた事項	
事　　項	相　談　の　要　旨
相続財産の範囲	財産の名義にかかわらず、実質的に被相続人に帰属するものと考えられる財産は、相続財産として計上する必要がある旨を相続人に説明した上で、相続人及び家族名義による財産について保管状況や管理状況、相続人各位の所得状況等を確認した。 なお、相続税法第49条第1項の規定に基づく請求に対する開示請求をした結果、各相続人について、相続時精算課税の選択をしたものがなかったことを確認した。
小規模宅地の適用について	小規模宅地の適用については、租税特別措置法第69条の4（小規模宅地等についての相続税の課税価格の計算の特例）について、適用要件や計算方法を説明した。それにより自宅用地において適用可能であること、さらに限度面積があることを説明の上適用した。
遺産分割協議	申告に当たって、分割による評価上の規定及び各種特例を最大限活用できるよう遺産分割協議を行いたい旨の相談があった。上記小規模宅地等についての相続税の課税価格の計算の特例、配偶者に対する相続税額の軽減、分割取得による土地評価などの各規定を最大限に適用する場合の計算方法について説明した。結果、すべての相続人の合意によって遺産分割協議書が作成され、これに基づいて申告した。
納税について	今回の相続に当たり相続人より相続税の納税方法と納付期限について相談を受け、金銭一時納付、延納、物納の納付方法と要件について説明するとともに、申告期限（平成○○年○月○日）が納付期限であることを説明した。

5　その他

(1) 当税理士事務所は、TKC全国会認定の「書面添付実践事務所」です。
(2) 当税理士事務所は、TKC地域会研修所主催の「生涯研修受講済事務所」です。
(3) 当税理士事務所は、TKCの相続税申告書作成システム（TPS8000）を利用しています。
(4) その他、当税理士事務所が保存している書類は以下のとおりです。
　　1) 相続税申告業務の委任に関する約定書　　6) 相続税の計算調整に関する確認書
　　2) 名義財産等に関する確認書　　　　　　　7) 訪問記録簿
　　3) 土地評価に関する確認書　　　　　　　　8) 完全性宣言書
　　4) 小規模宅地等の特例の適用確認書　　　　9) 相続税申告業務チェックリスト
　　5) 財産目録・相続財産等の確認書
(5) 総合所見
　　相続税申告書作成業務を始めるに当たり「相続税申告業務の委任に関する約定書」を相続人全員と取り交わし、相続開始日における被相続人所有に係る全ての財産及び債務（葬式費用を含む）並びに相続開始前の生前贈与、その他相続税申告に影響を及ぼす一切の問題について、相続人の知る限りの情報に基づき正確かつ適正に処理致しました。
　　さらに相続人の知る限り、上記以外に被相続人の財産評価に関係する重要な契約、法的な紛争、その他の係争事件や債務関係について当方に報告しなかったものはないことを確認するとともに、報告提示した資料には仮装隠蔽の事実及び許されない租税回避行為を行った事実がないことも確認いたしました。
【参考　被相続人に関する事項】
　　被相続人は、○○大学卒業後、○○㈱に社員として勤務した後、昭和○○年個人事業を起こし、昭和○○年○月㈱Xを設立し、同事業を代表取締役として経営してきた。平成○○年○月に癌で倒れて入院し、その後2年間入退院を繰り返していた。預貯金の管理は自身が行い、亡くなる直前まで意思がはっきりとしていたが、平成○○年○月の入院を機に配偶者及び長男に任せるようになっていた。仕事一辺倒で、趣味と呼べるものはなかった。

第6節

相続税申告添付書類一覧表

ポイント　税務署提出用及び相続人全員に渡す相続税申告書には、作成した書類を添付します。添付書類にはインデックスによる番号を付け、添付書面の記載内容の右端の備考欄に該当する添付書類の番号を記載し、番号順に整理します。

【解説】

1. 相続税申告書・税務代理権限証書・添付書面

　相続税申告書、税務代理権限証書及び添付書面には提出先税務署の受付印の押印が必要なので、製本せずにそのまま提出します。未分割の場合には、「申告期限3年後以内の分割見込書」にも受付印の押印が必要です。なお、延納や物納の場合には、金銭納付を困難とする理由書や相続税延納申請書、担保提供関係提出期限延長届出書、物納申請書などにも受付印をもらう必要があります。

2. 添付書類の整理

　添付する書類は、添付書面一覧表に記載の順に製本して提出しますが、それぞれの項目ごとにインデックスを付け付番します。相続税申告書作成過程で作成した各種確認書のうち、税務署に提出しなければならないものも添付書類として関係するところに入れます。国税局によっては「相続税申告業務チェックリスト」の提出を求めているところもあるようです。これは仮に提出を求められていなくても、相続税申告業務を確実に行い、漏れや誤りがないように事務所内部で作成すべきです。

| 図11-6-1 | 添付書類一覧表（例） |

添 付 書 類

1. 戸籍等

  (1) 親族関係図　　（添付　No.1）
  (2) 原戸籍謄本、戸籍謄本、除籍謄本、住民票　　（添付　No.2）
  (3) 印鑑証明書　　（添付　No.3）

2. 死亡届・死亡診断書　　（添付　No.4）

3. 遺産分割協議書　　（添付　No.5）

4. 補足説明　　（添付　No.6）

5. 財産等

  (1) 土地等
   1. ○○市○○町3丁目536番2
   2. ○○市○○町1丁目211番1、2、3
   3. ○○市○○町1丁目264番
   4. ○○市○○町1丁目265番
   5. ○○市○○町2丁目128番1、129番1
   6. ○○市○○町3丁目232番①
   7. ○○市○○町3丁目232番②
   8. ○○市○○町3丁目235番1
   9. ○○市○○町3丁目476番1
   10. ○○市○○町3丁目395番、396番
   11. ○○市○○町3丁目414番
   12. ○○市○○町3丁目560番1
   13. ○○市○○町4丁目1234番
   14. ○○市○○町4丁目1238番、1239番
   15. ○○市○○町4丁目1240番、1241番
   16. ○○市○○町4丁目1312番、1313番
   17. ○○市○○町1丁目146番1
     ① 平成○年度名寄帳兼課税台帳　　（添付　No.7）
     ② 土地等の評価明細書
     ③ 住宅地図

④ 路線価図
⑤ 地番図
⑥ 公図
⑦ 地積測量図
⑧ 全部事項証明書
⑨ 写真
※ 広大地評価参考資料
　ⅰ．用途地域資料　　（添付　No. 8）
　ⅱ．開発申請図面・開発登録簿　　（添付　No. 9）
　ⅲ．開発想定図面　　（添付　No. 10）
　ⅳ．広大地評価について
　ⅴ．土地評価に関する確認書　（添付　No. 21）
(2) 家屋等
　1. ○○市○○町2丁目128-1（家屋番号128-1）
　2. ○○市○○町3丁目232外（家屋番号666番1）
　3. ○○市○○町3丁目540（家屋番号29）
　4. ○○市○○町3丁目540
　5. ○○市○○町4丁目1234（家屋番号1234）
　6. ○○市○○町4丁目1241外（家屋番号1232番3の2）
　　① 家屋等の評価明細書
　　② 平成○年度名寄帳兼課税台帳　　（添付　No. 7）
　　③ 全部事項証明書
(4) 有価証券等
　1. 出資払込残高証明書　　（添付　No. 11）
(5) 現金・預貯金等
　1. 残高証明書　　（添付　No. 12）
　2. 入出金確認表　（添付　No. 13）
　3. 取引履歴明細表（写し）　　（添付　No. 14）
　4. 取引履歴明細表（写し）（名義人○○○○）
　5. 直前出金一覧集計表
(6) その他の財産
　1. 仮受金の内訳書（株式会社　□□）　　（添付　No. 15）
　2. 借入金及び支払利子の内訳書（株式会社　□□）
　3. 解約返戻金相当額等証明書
　4. 介護保険料還付通知書
　5. 後期高齢者医療保険料還付通知書
　6. 高額介護サービス費給付のお知らせ
　7. 後期高齢者医療給付支給決定通知書

8. 退去時精算明細書
　(7) 退職手当金
　　　1. 小規模企業共済掛金納付状況等のお知らせ　　（添付　No. 16）
　(8) 生命保険金
　　　1. 死亡保険金計算書
　　　2. 相続開始日における為替相場

6. 債務等

　(1) 債務
　　　1. 債務の内訳書
　　　2. 残高証明書　　（添付　No. 17）
　　　3. 未払医療費領収書
　　　4. 取引履歴明細書
　(2) 葬式費用
　　　1. 葬式費用一覧　　（添付　No. 18）
　　　2. 葬式費用領収書等

7. 所得税確定申告書

　(1) 平成○年分所得税及び復興特別所得税の準確定申告書　　（添付　No. 19）
　(2) 平成□年分所得税確定申告書
　(3) 平成△年分所得税確定申告書
　(4) 平成×年分所得税確定申告書

8. 相続税の納税猶予に関する資料（△△△△△）

　(1) 相続税の納税猶予に関する適格者証明書証明願　　（添付　No. 20）
　(2) 特例適用農地等の明細書
　(3) 固定資産評価証明書
　(4) 担保提供書
　(5) 抵当権設定登記承諾書
　(6) 印鑑証明書
　(7) 特例適用農地に係る全部事項証明書
　　※上記（1）（2）の資料について申告時においては、農業委員会からの証明願受付証明（写）を添付しております。平成○年○月下旬の農業委員会において証明願本書の交付を受け、改めてご提出させていただきます。
　　また、申告時において特例適用農地の相続登記が完了していないため、

　　　　上記 (6) (7) の資料は添付しておりません。相続登記完了後、速やかに
　　　　ご提出させていただきます。

9. **延納申請に関する資料**（〇〇〇〇、△△△△）

　(1) 延納申請書
　(2) 金銭納付を困難とする理由書
　(3) 担保目録
　(4) 担保提供書
　(5) 抵当権設定登記承諾書
　(6) 担保提供関係書類提出期限延長届出書
　(7) 印鑑証明書
　(8) 担保物件（土地）に係る全部事項証明書
　　※また、申告時において特例適用農地の相続登記が完了していないため、
　　　上記 (7) (8) の資料は添付しておりません。相続登記完了後、速やかに
　　　ご提出させていただきます。

資料提供：税理士法人今仲清事務所

第12章 適正な相続税申告と確かな書面添付を支えるTKCシステム

第1節

TKC全国会の書面添付推進

> **ポイント**　税理士法における書面添付制度の沿革を通して、TKC全国会方式の書面添付の特色を明らかにするとともに、相続税の書面添付に当たって注意すべき、債務不履行責任と不法行為責任への対応、そして守秘義務への対応を考察します。

【解説】

1. 税理士法における書面添付制度の沿革

　昭和26年、わが国近代税制の確立を目指したシャウプ勧告によってスタートした税理士法は、5年後の昭和31年に税理士の業務運営の適正化を図る見地から改正され、その際に計算事項等を記載した書面の添付制度（税理士法第33条の2）が創設されました。

　この制度創設の背景には、昭和23年の証券市場における財務諸表の信頼性確保のための公認会計士法制定の影響があったものと推察されます。

　そのことは昭和30年4月、日本税理士会連合会会長から国税庁長官に対し、
①税理士の名称を用いて会計に関する整理立案を行うことができること
②税務計算書類の監査証明を税理士業務に加えること
等の陳情書を提出していることからもうかがえます。

　これに対し当時の大蔵省は「公認会計士の監査証明とは異なり、税務書類については、税務官公署が最終監査を行うのであり、この意味で税務書類については、制度上第三者たる独立職業（会計）人の監査証明は必ずしも必要とされない」と回答して、書面添付制度が創設されたという背景があります。

　その後、昭和55年度に税理士制度の抜本的な改正が行われ、税理士の使命

の明確化とともに、他人が作成した申告書の審査に関する書面の添付制度（税理士法第33条の2第2項）の創設が、さらに平成13年度改正では、税務調査の事前通知前の意見聴取制度（税理士法第35条第1項）の拡充が図られています。

このような権利拡充の一方、税理士法第46条では、税理士が添付書面に虚偽の記載をした場合の罰則規定を設けていることにも注意を要します。

平成21年発遣の国税庁事務運営指針では、意見聴取を行った結果、調査の必要がないと認められた場合に、税理士に対し原則として「意見聴取結果についてのお知らせ」（調査省略通知書）により通知がされるようになりました。

このような動きは、今日の税務当局が書面添付制度を尊重し、税務行政の一層の円滑化・簡素化を図ろうとする基本的な姿勢の表われともいえます。

図12-1-1　意見聴取結果についてのお知らせ（調査省略通知書）（例）

```
□□□-□□□□                    第××××号
東京都千代田区九段南○-○-○      平成××年×月××日
堤　敬士税理士事務所
              堤　敬士　様

                              川崎北　税　務　署　長
                              財務事務官　○○　○○　　印


              意見聴取結果についてのお知らせ

  税務行政につきましては、日ごろからご協力いただきありがとうございます。
  さて、下記の納税者の申告書に添付された税理士法第33条の2第1項又は第2項に
規定する書面に記載された事項に関し、あなた（貴法人）に税理士法第35条第1項の
規定による意見聴取を行った結果、当該納税者に係る申告（平成××年分相続税）
について、特に問題とすべき事項は認められず、現在までのところ調査は行わないこと
としましたので、お知らせします。
  なお、後日、申告内容について新たな疑問等が生じた場合には、調査を行うこともあ
りますので、その際には改めてご協力をお願いいたします。

                    記

納税者名　甲野　一郎
納税地　　神奈川県川崎市高津区久本100

                              担当者　○○　○○
                              電話　××-×××-××××
                                      内線（×××）
```

2. TKC全国会における書面添付推進運動の沿革

　現行税理士法でも同様ですが、税理士法第33条の2（書面添付制度）は第1項・第2項とも「書面を当該申告書に添付することができる」との任意規定であるにもかかわらず、税理士法第46条で「虚偽の記載をしたとき」には懲戒処分を受ける可能性があるという職業法規上の規制等から、昭和31年の創設当初から書面添付の実践状況は、はかばかしいものではありませんでした。

　しかし、昭和56年6月9日、TKC千葉県計算センター（現TKC千葉SCGサービスセンター）の開設記念式典で、約1か月前まで国税庁長官だった磯邊律男氏が『今後の税務行政と税理士の役割』と題して記念講演をされたことを形式的出発点としてTKC全国会の書面添付推進運動は始まります。

　税務調査の実調率の圧倒的な低さを訴える前長官の憂国の発言に触発された飯塚毅TKC全国会初代会長は、「自由社会の健全性の確立を基盤条件として、職域防衛・運命打開を図らんとしている会計人の血縁的集団」を標榜するTKC全国会が「この原点に立ったときに、国家機関および社会一般から、信頼され尊敬されるに足る会計人」になるにはこの途しかないと考え、翌年1月の正副会長会及び理事会で「調査省略・申告是認運動」と称した運動のスタートを決定します。これが、TKC全国会の書面添付推進運動の実質的出発点でした。

　しかし、TKC全国会の組織的な取組みが実績として評価されるまでには、その後、長い道のりがありました。取組み1年後の書面添付実践事務所数は100事務所に届かず、実践企業数も1,500件弱という状況でした。

　しかし、宮﨑健一初代書面添付推進委員長（現TKC全国会名誉顧問）をはじめとする執行部の並々ならぬ努力もあり、現在では、TKC会員事務所の過半数が書面添付に取り組み、平成27年現在、法人・個人合わせて12万件強の実践件数を数えるに至っています。

　TKC全国会の書面添付推進運動が当初、顕著な実績を挙げられなかった理由は、前述の職業法規上の規制以外に時代背景がありました。

　書面添付制度が創設された、算盤と手書きによる記帳・申告時代の昭和31年当時と、高度経済成長に伴いEDP会計が本格化した昭和57年当時とでは、時代背景が異なり、昭和57年当時においては新たな事務所体制づくり等の基

盤整備が必要とされたことが大きな原因でした。

3. TKC全国会の書面添付の特色

　昭和55年に改正された税理士法第1条の使命条項は、当然ながら書面添付制度への取組みにも大きな影響を及ぼしました。

　それは、書面添付の具体的性格が、税理士が関与した顧問先の申告書について、「独立した公正な立場」に立って、「納税義務者の信頼にこたえ」、租税法律主義に基づいた納税義務を適正に実行した証として、いかに計算し、整理し、相談に応じたかを添付書面によって明らかにしたもの、という解釈に変わったことを意味します。

　多くの税理士が、従来どおりの算盤と手書きによる記帳・申告時代の書面添付を認識していた中で、TKC全国会では、税理士法第1条の使命条項の貫徹と、いよいよ本格的となった電算機利用時代の書面添付推進との整合性とはどうあるべきかを模索し、その結果がTKC全国会の書面添付の特色となったわけです。

　つまり、TKC全国会の書面添付の実践は、その前提条件として、

①EDP会計の効果的実施は、会計事務所の体質改善を必須のものとすること

②EDP会計実践の前提条件は、申告是認率99％への諸条件を具備した形で遂行されねばならないこと

③会計事務所の業務の品質が、法律的に完全に防衛されていること

以上の3点を具備したものである、という認識でした。

　それらの理由からTKC全国会の書面添付は、

1)「正規の簿記の原則」により会計帳簿の訂正・加除の履歴を残し「帳簿の証拠力」を堅持するTKCシステムの利用が前提であること

2) 税理士法第45条の「真正の事実の確証」と「相当注意義務の履行」が可能な範囲である第33条の2第1項に限定したこと

3) 2) を可能とするため巡回監査の完全実施を必須としたこと

4) 無限定に実践先を拡大させず、関与先の選考対象要件を設定したこと

5) 業務品質の向上のため生涯研修受講の義務化を図ったこと

6) 法的防衛のため基本約定書、完全性宣言書の締結と決算証明三表（書類範囲証明書・棚卸資産証明書・負債証明書）の関与先からの徴求を図ったこと

等の特色を持つようになりました。

これら諸要件の具備は会計事務所の体質改善を伴うだけに、多くの会員の行動を促すため、次の「書面添付実践六箇条」の設定に至りました。

書面添付実践六箇条

私たちは、この書面添付六箇条の実践が「自利とは利他をいう」とのTKC理念の具現化と、税理士業務の完璧な履行によって租税正義を貫徹するとともに、関与先と我が事務所の成長発展を生み、職員の生活の豊かさを確実なものとし、更に職業会計人の名誉ある社会的地位の確立に直結するものと信じて、書面添付の実践に邁進いたします。

第1条　関与先はもとより、税務当局や地域社会から絶対の信頼と尊敬とを得、租税正義を実現するために、私たちは書面添付を実践します。

第2条　世界第一級の会計事務所を目指して、私たちは書面添付を実践します。

第3条　申告是認率99.99％を目指して、私たちは書面添付を実践します。

第4条　巡回監査の徹底化によって書面添付完全断行体制を構築し、関与先の健全な発展を指向して、私たちは書面添付を実践します。

第5条　広大な教養と実践力とを涵養し、かつ我が事務所の経営体質と業務品質の改善を推進するために、私たちは書面添付を実践します。

第6条　激動する社会環境の中で職業会計人として生き残るために、私たちは書面添付を実践します。

これらを実践規範として、書面添付推進運動は次第にTKC会員に普及していきましたが、それに伴って、今日、実践事務所と未実践事務所との業務品質

の格差が課題となっています。

　旧来の記帳代行と税務調査に追われ、過重な労働環境で人材難にあえぐ会計事務所がある一方、巡回監査と書面添付の実践で付加価値の高い業務にシフトしている会計事務所が併存している現状は、今後、相続税の書面添付推進にも大きな影響を与えるものと思われます。

4. 相続税における会計事務所の法的防衛と守秘義務に関する対応策

　ここ数年、税理士の専門家責任が問われる事例が激増する中、納税者の税理士を見る目は年々厳しくなっています。

　特に、相続税申告に係る訴訟事件は、突発性や不連続性から来る特殊事情や金額の高額化の観点から、会計事務所の信用問題のみならず存立問題にまで発展する可能性が無いとも限りません。

　そのような視点から、依頼人（相続人）との良好な関係を築きつつ、適正な納税義務の実現を図る工夫が必要となります。

　そのためには時間軸を踏まえて、(1) 相続前段階、(2) 相続開始段階、(3) 申告処理段階、(4) 申告段階のそれぞれの段階で、どのような対策をとっていくのかの検討が特に重要になってきます。

(1) 相続前段階の留意点

　まず、できるだけ早い時期から相続財産の見える化を通して、贈与対策、相続税納税資金の検討、第2次相続まで見通した遺産分割協議案の検討、これらに関連した相続人間の合意を得やすい遺言書作成の助言等を行えれば、次に述べる (2) から (4) までの手続きもスムーズに行われることになるでしょう。法人や個人事業等への長年の関与の中で、上記のような点にも十分配慮した準備が行えれば理想といえるでしょう。

(2) 相続開始段階の留意点

　次に、何らかのご縁により、相続開始後に相続税申告を依頼された場合の留意点について考えてみましょう。

第12章 適正な相続税申告と確かな書面添付を支えるTKCシステム

　依頼案件は、法人や個人事業への従前からの関与を通じて、被相続人やその相続人の人となりや相続財産の把握がある程度認識しやすいものから、突然、人を介して依頼され、しかも相続財産の把握が困難なものまで、様々な案件が予想されます。
　相続税申告は独自の知識と経験の積み重ねが要求される分野でもあるので、関与に際しては、専門家としての自分の力量と依頼人の人となりの双方から十分な検討が必要となります。

　まず、専門家としての自分の力量ですが、町医者でも自分の手に負えない患者の場合、大学病院や他の専門医へ紹介状を書くように、自信のない分野は独断で処理することがないように配慮することが大切です。
　例えば、その案件が評価しやすい居住用不動産や金融資産のみでなく、正面路線等に面する高額な不動産で特殊な地形や来歴である場合、広大地で複雑な環境に位置する場合、取引相場のない株式等の評価が事業承継税制に絡む場合、書画・骨とう類が多数存在する場合、国外財産がある場合等、様々な事例が考えられます。自分一人で処理できる案件か、他の専門家の手を借りながら処理すべき案件か、あるいは全く手に負えない案件かなどを、よく吟味して判断することが大切です。
　そういった意味で常日頃から自己研鑽のほか、同業者だけでなく、弁護士、社会保険労務士、行政書士等の他士業とのネットワークを構築したり、コラボレーションができる体制づくりが必要でしょう。

　次に依頼人の問題ですが、相続は個人の問題なので事業経営者に限らず、また、性別・年齢・職業等を問いません。そのような中で、税理士法第1条の趣旨を理解し、書面添付実践に理解を示す相続人であるか否かの見極めが、特に重要となってきます。
　時には、税理士法の制約を受けている税理士業務に、全く無理解な相続人が存在することも十分想像できることから、万一の場合の損害賠償請求への対応など、事務所の法的防衛体制の構築も重要になってきます。
　損害賠償請求の原因としては、まず依頼人からの「債務不履行」に対する責任問題（民法第415条以下）が考えられます。この責任は契約上の義務（債務）

を履行しないところにその核心があるもので、この「契約」と次の(3)で記述する「義務」の双方の観点からの検討が必要となります。

「契約」の観点からは、委任業務の範囲を明確にした契約書である「相続税申告業務の委任に関する約定書」の締結が必要となります。

委任契約は、契約書の有無にかかわらず口頭の約束(諾成契約)でも成立しますが、税理士が負う契約上の義務の範囲は、不明瞭で広範囲でありながら極めて高い義務が課せられる傾向にあります。ここはしっかりと書面による契約を行うことをお薦めします。

なお、依頼人の人となりによっては残念ながら契約ができないことも考えられます。そのような依頼者への対応については次の文章を参考にしていただきたいと思います。

「…誠実な助言指導を拒否し、脱税幇助等の脱法行為を求める依頼者を切り捨てる勇気を持つ必要がある。真の専門家を目指すなら、依頼者を選別し、依頼者として望ましくない者を切り捨てる勇気が必要である。すなわち、良い税理士を目指すのなら、良い依頼者、良い仕事に焦点を当て、努力によって専門性を磨き、さらに、依頼者や仕事の善し悪しを見分けるための人間性を高めることが必要となるのである。

『類は友を呼ぶ』と言われるように、自分が良質になれば、良質の人と出会い、良質の仕事とめぐり会えるものである。税理士賠償責任の問題も、人生観・職業観を学ぶこととつながっているのである。」(出典:鳥飼重和・齋藤和助編著『税理士の専門家責任とトラブル未然防止策』清文社、2013年)

(3) 申告処理段階の留意点

契約を締結して、いよいよ相続手続の申告処理が開始されますが、ここでは損害賠償請求の原因の2つ目の観点である法律上の「義務」に留意することが必要です。

この「義務」とは、民法第644条における「受任者は、委任の本旨に従い、善良な管理者の注意をもって、委任事務を処理する義務を負う。」いわゆる善管注意義務のことを指します。

善管注意義務の説明としては「債務者(ここでは税理士を指す)の属する階層・地位・職業等において一般的に要求されるだけの注意」といわれています

が、さらに税理士法第45条第2項の相当注意義務にも注意を要します。

　税理士における善管注意義務の履行は、法令遵守義務はもちろんのこと、併せて依頼者の利益保護義務をも含むものであるところから、その対応策としては十分吟味された「記録簿」「確認書」「相続税申告業務チェックリスト」等の活用が注目されることとなります。

　これらを活用することは、依頼人の利益保護を図るとともに、税理士自身の法令遵守義務を履行することにもつながることを認識していただきたいと思います。

(4) 申告段階の留意点

　損害賠償請求の原因に対する申告段階の留意点としては、主として第三者からの「不法行為」に対する責任問題があります。

　「不法行為」とは民法第709条における「故意又は過失によって他人の権利又は法律上保護される利益を侵害した者は、これによって生じた損害を賠償する責任を負う。」というものです。

　粉飾決算による虚偽の申告書により、金融機関等が損害を被る法人税事件等と異なり、相続税事案での第三者からの不法行為上の損害賠償請求事例はさほど多くはない模様です。しかし、今後、この部分の損害賠償請求が増加しないとも限りませんので、十分な対策が必要となります。

　申告段階の法的防衛策としては、依頼人からの「完全性宣言書」の相続手続最終段階での徴求です。いかに相続開始時に「相続税申告業務の委任に関する約定書」によって依頼人からの情報提供を促し、また、申告処理時に専門家としての善管注意義務を履行したとしても、最後に依頼人としての役割を完全に果たしたことを認める「完全性宣言書」を頂くことによって、法的防衛を図る意図があります。

　相続では、被相続人しか知り得ない事由があり、悪意によらない相続財産の脱漏が無いとも限りません。例えば、後日の税務調査で質問検査権のある調査官から、相続人でも知り得なかった、申告書上に未記載の財産の存在が指摘される可能性が無いとも限りません。税理士としてはそのような部分に関してまで責任を問われることのないように、上記のような対策を講じる必要があります。

書面添付の実践に当たっては、税理士法第1条の使命を自覚し、独立した公正な立場で適正な納税義務の実現を目指すことによって、国税当局からの信頼性を確保し、税理士としての権利を果たし、依頼人からも評価されることにつながると確信します。
　相続税法の改正により、今後申告納税者が増加するとみられているこの分野に、税理士は積極的に参加し、租税正義の実現と税理士業務の完璧な履行を果たしていかなければなりません。

　最後に、「守秘義務」に関して税理士はどのように取り組むのか、について考察してみたいと思います。
　相続案件は優れて個人的な部分を取り扱う分野であり、相続手続の各段階において相続人等のプライベートな部分に踏み込まざるを得ない可能性があります。
　しかし、そのような場合でも、税理士には税理士法第38条（秘密を守る義務）があるので、依頼人からこの点での指摘を受けないように細心の注意を要します。
　例えば、書面添付制度は税理士の権利だからと一方的に依頼人の感情を無視して良いわけはなく、相続税の添付書面上の文言についても、依頼人に開示し、「完全性宣言書」で同意を得るなどの心遣いは重要と考えます。
　以上のまとめとして、次の図を参照していただきたいと思います。

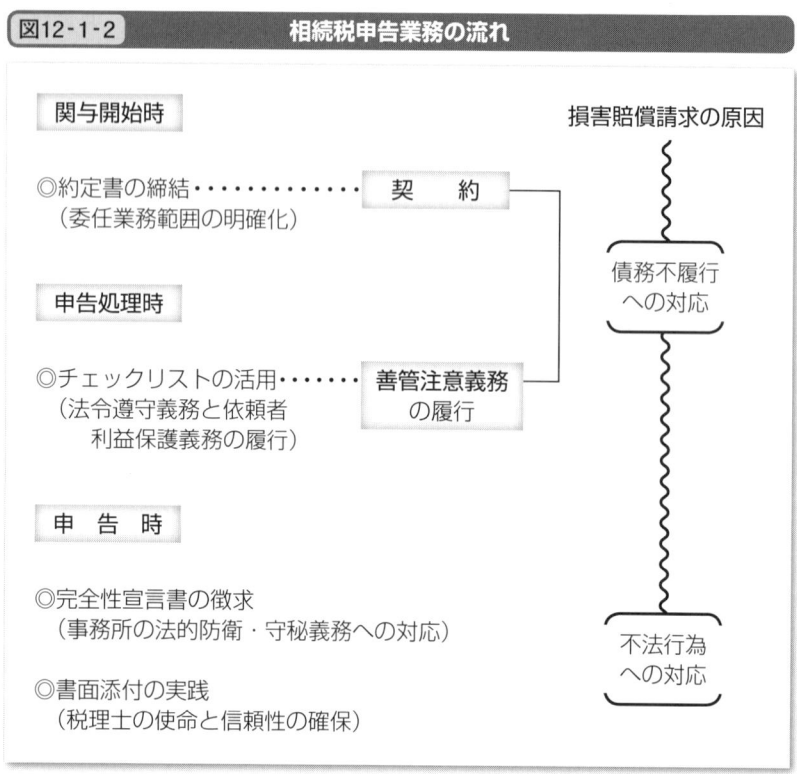

図12-1-2　相続税申告業務の流れ

関与開始時

◎約定書の締結・・・・・・・・・・・・　契　約
　（委任業務範囲の明確化）

申告処理時

◎チェックリストの活用・・・・・・・　善管注意義務
　（法令遵守義務と依頼者　　　　　の履行
　　利益保護義務の履行）

申　告　時

◎完全性宣言書の徴求
　（事務所の法的防衛・守秘義務への対応）

◎書面添付の実践
　（税理士の使命と信頼性の確保）

損害賠償請求の原因

債務不履行への対応

不法行為への対応

注）債務不履行責任においては、故意や過失は債務者（税理士）側がその不存在について立証責任を負うのに対し、不法行為責任においては、故意や過失は被害者（依頼人又は第三者）側が立証責任を負います。

5. 書面添付で安心の相続を

　相続税の申告件数も書面添付件数も、ともに増加傾向にあります。更正事案割合が多いのも本税目の特徴といえるでしょう。
　さらに平成27年からの相続税法改正により、基礎控除の4割削減等に伴って相続税申告者の割合が拡大することは明らかです。
　TKC全国会では、主に法人税・所得税及びそれらに付随する消費税について書面添付を積極的に実践してきました。それはTKCシステムを活用した月次巡回監査を前提とした書面添付こそが、帳簿の証拠力を生かし、税理士法第45条に規定された「真正の事実の確証」と「相当注意義務の履行」を充足で

第1節 TKC全国会の書面添付推進

図12-1-3　相続税の申告件数等と書面添付件数等の推移

		H22事務年度	H23事務年度	H24事務年度	H25事務年度
申告件数	①	63,573	66,096	68,086	68,785
（うち税額のある件数）		46,439	49,891	51,559	52,572
税理士関与件数	②	56,465	58,377	60,915	61,556
書面添付件数	③	3,175	3,807	4,425	5,453
書面添付割合	③／②	5.6%	6.5%	7.3%	8.9%
意見聴取件数	④	498	563	579	742
意見聴取割合	④／③	15.7%	14.8%	13.1%	13.6%
実地調査等件数	⑤	439	508	500	482
実調等省略件数	⑥	59	55	79	260
実調等省略割合	⑥／④	11.8%	9.8%	13.6%	35.0%

（国税庁等資料による）

きるものと考えてきたからです。

　しかし、税理士法第1条は、税理士の公共的使命として「租税に関する法令に規定された納税義務の適正な実現を図る」ことを明記しており、税理士法第33条の2は、税理士法第1条の使命条項を具現化したものであることを踏まえれば、書面添付は法人税・所得税及びそれらに付随する消費税に限定されないことは明らかです。

　さらに、TKC全国会の事業目的では、

（1）租税正義を実現するための社会的基盤の整備に関する事業
（2）税理士業務の完璧な履行を支援するために必要とする事業

を掲げており、これは単にスローガンを掲げたものではなく、TKC会計人の実践原理と位置付けられています。

　したがって、更正事案が多ければ、なおさら税務の専門家として適正な納税義務の実現のため、納税者の啓蒙・教育のために使命感を発揮するべきであるといえるでしょう。

　ただし、前述のとおり、相続事案は法人や個人事業と異なり、帳簿の証拠力が第一義的には認識されず、かつ非継続的・臨時的な性格を持ち、さらに、深い知識と多くの経験とが要求される分野でもあることから、相続税の経験の少ない事務所でも安心して書面添付に取り組めるような環境整備が必要となります。

　今後は、TKC全国会の相続税の書面添付実践につき、書面添付実践六箇条

の見直しをはじめ、書面添付の対象となる相続税申告依頼人の選考基準、事務所の法的防衛・守秘義務への対応条件などの整備も必要だと考えられます。

　相続税申告における事務所の業務品質を高め、書面添付を実践することで、税理士自身はもちろん、依頼人の方々も安心できる相続税申告を目指しましょう。

第2節

TKCの相続税関連システム

> **ポイント**
> 間違いのない相続税申告を業務フローに沿って進められるTKCの相続税申告書作成システム（ASP8000/TPS8000）や、生前からの相続対策を支援する相続対策支援システム（TPS8200）等について解説します。

【解説】

1. 品質の高い相続税申告書の作成を支えるTKCシステム
　──ASP8000/TPS8000シリーズの特徴

　平成27年度の税制改正で相続税の課税対象者が増加しましたが、経験の少ない税理士にとっては相続税申告業務のハードルが高いことは否めません。また、実務作業を会計事務所の職員が担当することも多いと思われます。このような場合でも、ASP8000/TPS8000シリーズを活用することにより、税理士法第33条の2の書面添付の前提となる間違いのない適正な相続税申告が行うことが可能になります。

　ASP8000/TPS8000シリーズの特徴は以下のとおりです。

(1) 相続税法の法令や財産評価基本通達等の関連通達に完全準拠

　ASP8000/TPS8000シリーズは、毎年のように行われる相続税法改正に即時に対応し、申告書への表示も税法に準拠しており、標準的で間違いのない申告書の作成が可能です。税法改正を伴うシステム改訂は、TKC税務研究所の協力を得て行われています。

(2) 自動計算機能の搭載によりエラーの排除

　財産評価を含め、自動計算機能を高めているので入力の際の判断ミスを防ぐことができます。また、誤った入力をした場合には、その入力で正しいかの確認を要求するか、それ以上作業が進まないように制御がかかります。さらに、エキスパートチェックによって入力された内容をチェックし、その計算根拠が確認できます。これらの機能によって会計事務所の職員が作業しても間違いなく申告書を作成できるよう支援しています。

(3) 相続税申告書作成の業務フローに従った申告書作成手順

　相続税の申告は依頼者からの受託で始まります。受託から申告書作成完了までを所定の業務フローに従って作業していくことによって完全な申告書作成ができます。相続税の申告作業は、単に税額の計算、申告書の作成だけでなく、所得税や消費税等の他の税法手続、民法上の手続き、遺産分割、遺産整理手続等、相続手続の全般にかかわります。特に遺産分割では複数回の協議が行われることも多く、その都度、計算をし直さなければなりませんが、ASP8000/TPS8000では瞬時に新たなプランに基づく計算を行うことができます。このように相続手続全般の作業を完全にフォローできるシステムとなっています。

(4) インフォームドコンセント機能の充実

　インフォームドコンセント（十分な説明と同意）は、医療の世界ではもはや当たり前になっています。命の次に大事な財産の相続においても、説明責任が求められるようになってきました。相続人の確認や同意を得ないで進めた結果、誤った処理をしたり、相続人の間でのトラブルに発展するなどして損害賠償請求事案となるケースも時として見受けられます。そのような事態を避けるために、ASP8000/TPS8000では、相続人に説明し、確認し、同意を得る書類を多数用意しています。例えば「相続財産等の確認書」は相続財産の範囲に間違いがないかを相続人に説明し、確認していただく書面です。また「相続税の納税方法に関する確認書」は現金納付か、延納か、物納かといった納税方法について相続人の意志を確認する書面です。このような書類を取り交わしていけば、書面添付の可能な、完璧な申告書が作成可能です。

(5) チェック機能の充実

システム上では、作業の都度チェック機能が働くエキスパートチェックによって確認ができるようになっています。これに加え「相続税申告業務チェックリスト」や各種財産評価のチェックリストが用意されています。これらのツールによって相続税申告計算や財産評価に当たっての判断の確認や根拠資料の収集・添付等が適正に処理されます。

(6) ASP8000/TPS8000シリーズ、他システム間との連携

ASP8000/TPS8000シリーズは相続税申告書作成システム（ASP8000/TPS8000）、財産評価システム（TPS8100）、相続対策支援システム（TPS8200）、事業承継税制適用要件判定プログラム（TPS8800）で構成されています。システム間でのデータ連携機能が充実されており、相続対策から相続税申告書作成まで一気通貫で支援できる仕組みになっています。

図12-2-1　ASP8000/TPS8000シリーズによる相続業務支援

さらに、他システムとの連携も強化されており、取引相場のない株式等の評価に当たっては、法人決算申告システム（TPS1000）から評価に必要なデータを複写できるので、簡単に評価額の計算ができます。また、譲渡所得の相続税の取得費加算（措法39）においても、計算明細書の作成と取得費加算額を個人決算申告システム（TPS2000）に連携させ、簡単に譲渡所得の計算ができます。これらによって質の高い書面添付が可能となります。

システム開発に当たっては、全国から専任された相続税に詳しい税理士と株式会社TKCの開発部門とが共同して、実務に即したシステムを開発していることもその特徴の一つです。

〈ASP8000/TPS8000シリーズのシステム体系〉

ASP8000/TPS8000シリーズは、相続税申告、財産評価、生前対策、非上場株式等の納税猶予判定と、生前対策から相続税申告まで相続業務全般にわたって依頼者への支援が一気通貫でできるようなシステム構成となっています。各々のシステムは連携しており1つのデータを変更すると、すべてに反映されます。

(1) 相続税申告書作成システム（ASP8000/TPS8000）

ASP8000/TPS8000は、相続税の申告受託時のスケジュール作成から相続財産の評価・評価明細書の作成、相続税申告書の作成、延納申請書・物納申請書の作成までの一連の業務をサポートします。

(2) 財産評価システム（TPS8100）

TPS8100は、贈与税や相続税の申告事案以外であっても、決算報告会・事業承継のための自社株評価や相続対策のための事前の財産評価など、単独で財産評価を行えます。

(3) 相続対策支援システム（TPS8200）

TPS8200は、相続税や納税資金の試算及び節税対策や納税資金準備の

ための相続対策アクションプランを検討できます（複数の相続対策アクションプランを比較検討できます）。

(4) 事業承継税制適用要件判定プログラム（TPS8800）

事業承継税制を適用する場合に、適用要件の判定、適用した場合の納税猶予税額の試算、各種申請書の作成などが行えます。

2. 相続税申告書作成システム（ASP8000/TPS8000）の主な機能

次にASP8000/TPS8000の主な機能を紹介します。

(1) 相続税の相談受託から申告・納付までの最適な相続税申告の業務プロセスを実現

業務プロセスがそのままメニュー画面となっているため、メニューの順番に従って処理を行うだけで、効率的に相続税申告業務を行うことができます。

■ASP8000/TPS8000画面(メニュー)

(2) 申告スケジュールの作成、資料収集、チェックリスト等の作成

　相続人に相続手続全体を理解していただくことは相続税申告をスムーズに行うためにも非常に重要なことです。相続人との事前協議に必要な「相続税申告までの手続き（申告スケジュール）のご確認」が作成できます。

　また、各種書類収集のために「相続人様へのお願い」、各種相続手続を行うために「名義変更の手続きについてのご確認」などの文書も用意してあります。このほか、担当者が申告業務を間違いなく進められるように「相続税申告業務チェックリスト」をシステムが自動作成するなど、相続税申告業務の開始時点から申告書作成までを総合的に支援します。

　また、被相続人の遺産の概要や相続人等の基本的な情報に基づき、おおよその相続税を試算できるので、相続人に対して、早い時期に相続税の概算額を知らせることができます。

相続税申告までの手続き(申告スケジュール)のご確認

依頼人:甲野　一郎　　様　　　　　　　　　　　　　　平成27年 9月 1日

　故:甲野　太郎　様に係る相続税の申告までの標準的な手順は、以下のようになりますのでご確認ください。なお、具体的な日程については、後日のご相談となります。

日　程	関連事項	備　考
相続の開始 [平成27年 4月10日(金)]	□ 被相続人の死亡 □ 葬儀	死亡届の提出(7日以内) 葬式費用の領収書の整理・保管
	□ 四十九日の法要	[平成27年 5月28日(木)]
	□ 遺言書の有無の確認 □ 遺産・債務・生前贈与の概要と相続税の概算額の把握 □ 遺産分割協議の準備	家庭裁判所の検認・開封 未成年者の特別代理人の選定準備(家庭裁判所へ)
3か月以内 [平成27年 7月10日(金)]	□ 相続の放棄又は限定承認 □ 相続人の確認	家庭裁判所へ申述
	□ 百か日の法要	[平成27年 7月18日(土)]
4か月以内 [平成27年 8月10日(月)]	□ 被相続人に係る所得税の申告・納付(準確定申告) □ 被相続人に係る消費税・地方消費税の申告・納付	被相続人の死亡した日までの所得税を申告 被相続人の死亡した日までの消費税・地方消費税を申告
	□ 根抵当の設定された物件の登記(6か月以内) □ 遺産の調査、評価・鑑定 □ 遺産分割協議書の作成	[平成27年10月13日(火)]
	□ 各相続人が取得する財産の把握 □ 未分割財産の把握 □ 特定の公益法人へ寄附等 □ 特例農地等の納税猶予の手続き	農業委員会への証明申請等
	□ 相続税の申告書の作成 □ 納税資金の検討	
10か月以内 [平成28年 2月10日(水)]	□ 相続税の申告・納付 　(延納・物納の申請) □ 遺産の名義変更手続き	被相続人の住所地の税務署に申告

(注)1. 被相続人の事業を承継する場合の所得税や消費税の申告書等の提出期限
　　　　…別紙「事業承継の場合の申告書等の提出期限」参照
　　2. 相続税額の取得費加算の特例適用、未分割財産についての配偶者の税額軽減や小規模宅地等・特定計画山林・特定事業用資産の特例適用
　　　　…申告期限後3年(平成31年 2月10日(日))以内に相続財産を譲渡又は未分割財産を分割

堤　敬士　税理士事務所　　　　(TPS8000 Copyright (C) TKC)

■ASP8000/TPS8000帳表(相続税申告までの手続き(申告スケジュール)のご確認)

第12章 適正な相続税申告と確かな書面添付を支えるTKCシステム

相 続 人 様 へ の お 願 い

依頼人：甲野　一郎　　様

P - 1
平成27年 9月 1日

　故：甲野　太郎　様に係る相続税の申告にあたり、以下の各項目についてのご確認をお願いいたします。

Ⅰ 被相続人に関する確認事項

行	確認事項	確認	確認していただく書類	交付を受ける機関	書類の準備	準備していただく日
1	被相続人について	□ 有 □ 無	□ 被相続人の戸籍（除籍）謄本（出生から相続開始まで）（相続開始後10日以後に作成されたもの）	本籍地の市区町村役所（場）	□ 要 □ 否	月　　日 （　　　　通）
			□ 被相続人の住民票の除票（本籍と現住所が異なる場合）	住所地の市区町村役所（場）	□ 要 □ 否	月　　日 （　　　　通）
2	確定申告はしていますか？	□ 有 □ 無	□ 被相続人の所得税確定申告書(控)		□ 要 □ 否	月　　日 （　　　　通）
			□ 財産・債務の明細書及び国外財産調書		□ 要 □ 否	月　　日 （　　　　通）
3	今回の相続開始以前に相続により財産を取得していますか？	□ 有 □ 無	□ 前回の相続税の申告書		□ 要 □ 否	月　　日 （　　　　通）

Ⅱ 相続人に関する確認事項

行	確認事項	確認	確認していただく書類	交付を受ける機関	書類の準備	準備していただく日
1	相続人について	□ 有 □ 無	□ 各相続人の戸籍謄本（相続開始後10日以後に作成されたもの）	本籍地の市区町村役所（場）	□ 要 □ 否	月　　日 （　　　　通）
			□ 各相続人の住民票（本籍地の記載があるもの）	住所地の市区町村役所（場）	□ 要 □ 否	月　　日 （　　　　通）
			□ 遺言書（認知に関する記載）		□ 要 □ 否	月　　日 （　　　　通）
2	未成年者がいますか？	□ 有 □ 無	□ 特別代理人選任の審判の証明書	家庭裁判所	□ 要 □ 否	月　　日 （　　　　通）
3	成年被後見人がいますか？	□ 有 □ 無	□ 成年後見登記事項証明書		□ 要 □ 否	月　　日 （　　　　通）
4	障害者がいますか？	□ 有 □ 無	□ 身体障害者手帳等		□ 要 □ 否	月　　日 （　　　　通）
5	被相続人の兄弟姉妹がいますか？（被相続人の子や親がいない場合）	□ 有 □ 無	□ 被相続人の父及び母の戸籍謄本（父母の出生から死亡まで）	被相続人の父母の本籍地の市区町村役所（場）	□ 要 □ 否	月　　日 （　　　　通）
6	相続放棄をした人はいますか？	□ 有 □ 無	□ 家庭裁判所の相続放棄申述受理証明書	家庭裁判所	□ 要 □ 否	月　　日 （　　　　通）
7	相続欠格者はいますか？	□ 有 □ 無	□ 相続欠格事由の存否		□ 要 □ 否	月　　日 （　　　　通）

TKC
09999001

堤　敬士　税理士事務所

(TPS8000　Copyright (C) TKC)

■ASP8000/TPS8000帳表（相続人様へのお願い）

名義変更の手続きについてのご確認

依頼人：甲野　一郎　　様

P－1
平成27年 9月 1日

相続に関する名義変更の手続きには、以下のようなものがありますので、ご確認ください。

Ⅰ．相続開始後に行うもの

行	項　目	期　限 (相続開始後)	手　続　先	必　要　書　類　等
1	□ 公共料金　電気		電力会社	□ 領収書（旧使用者番号）
	ガス		ガス会社	□ 領収書（旧使用者番号）
	水道		水道局	□ 領収書（旧使用者番号）
	電話		電話会社	□ 領収書（旧使用者番号）
2	□ 公共料金の口座振替の変更		取扱いの金融機関	□ 口座一括振替書 □ 金融機関の通帳及び通帳の印鑑
3	□ クレジットカードの退会		クレジットカード会社	□ 解約届
4	□ 役員変更登記	2週間以内	法務局（司法書士へ依頼）	□ 役員変更登記申請書 □ 死亡届出書
5	□ 固定資産税 　(相続登記前に1月1日を過ぎた場合)		市町村の税務課	□ 相続人の代表者指定届

(注)　上記の必要書類等は、被相続人・相続人の状況や地域により異なる場合がありますので、詳しくはそれぞれの手続先にご確認ください。

Ⅱ．遺産分割協議終了後に行うもの

行	項　目	期　限 (相続開始後)	手　続　先	必　要　書　類　等
1	□ 自動車		自動車登録代行センター（ディーラーが代行）	□ 被相続人の戸籍（除籍）謄本 □ 被相続人の住民票の除票 □ 相続人の戸籍謄本 □ 遺産分割協議書 □ 相続人の印鑑証明書・印鑑 □ 自動車検査証
2	不動産 □ ①登記済みのもの		法務局（司法書士へ依頼）	□ 被相続人の戸籍（除籍）謄本 □ 被相続人の住民票の除票 □ 相続人の戸籍謄本 □ 遺産分割協議書 □ 相続人の印鑑証明書・印鑑 □ 相続人の住民票 □ 代理権限証書（委任状）
	□ ②未登記の家屋		市区町村の税務課	□ 家屋課税台帳名義人変更願
3	□ 賃貸借契約		地主又は家主	□ 契約書 □ 地主等が要求する書類

TKC
09999001

堤　敬士　税理士事務所

(TPS8000　Copyright (C) TKC)

■ASP8000/TPS8000帳表（名義変更の手続きについてのご確認）

相続税申告業務チェックリスト

被相続人：甲野 太郎 様
相続の年月日：平成27年 4月10日

P - 1
平成27年 9月 1日 (14:50)

1．被相続人

フリガナ	コウノタロウ	職　業	株式会社　新宿寝具　代表取締役
氏　名	甲野 太郎	住　所	〒162-0825 東京都新宿区神楽坂 ○丁目△番×号
相続の年月日	平成27年 4月10日 (金)		
生 年 月 日	昭和 8年10月10日		
年　齢	81歳	申 告 期 限	平成28年 2月10日 (水)

2．相続人

行	チェック内容	根拠となる資料等	チェック	資料の申告書添付
1	法定相続人の数は適切ですか？ （養子の数は適切ですか？）	被相続人の戸籍（除籍）謄本（相続開始の日から10日を経過した日以後に作成されたもので、全ての相続人を明らかにするもの）	□	有（　部）・無
2	養子縁組（又はそれを取消し）した人・代襲相続人・父母の一方のみを同じくする兄弟姉妹がいますか？	各相続人の戸籍謄本、(相続開始の日から10日を経過した日以後に作成されたもの)、遺言書	□	有（　部）・無
3	未成年者・障害者がいますか？	特別代理人選任の審判の証明書、身体障害者手帳等	□	有（　部）・無 有（　部）・無
4	成年後見人がいますか？	成年後見登記事項証明書	□	有（　部）・無
5	相続放棄をした人がいますか？	家庭裁判所の相続放棄申述受理証明書	□	有（　部）・無
6	相続欠格者・被廃除者がいますか？	家庭裁判所の審判・調停又は遺言書、相続欠格事由の存否	□	有（　部）・無

3．相続財産の分割等

行	チェック内容	根拠となる資料等	チェック	資料の申告書添付
1	遺言書がありますか？	遺言公正証書又は家庭裁判所の検認を受けた遺言書の写し	□	有（　部）・無
2	死因贈与がありますか？	贈与契約書	□	有（　部）・無
3	遺産分割協議書が作成されていますか？	遺産分割協議書の写し、相続人全員の印鑑証明書（原本）	□	有（　部）・無

4．相続財産
(1) 土地、建物等

行	チェック内容	根拠となる資料等	チェック	資料の申告書添付
1	未登記又は先代名義の不動産がありますか？	所有不動産を証明するもの（固定資産税評価証明書等）	□	有（　部）・無
2	共有の不動産がありますか？	所有不動産を証明するもの（登記済証、登記事項証明書）	□	有（　部）・無
3	借地権や耕作権がありますか？	土地の賃貸借契約書、小作に付されている旨の農業委員会の証明書等	□	有（　部）・無 有（　部）・無
4	住所地以外に不動産を所有していませんか？	固定資産税評価証明書等	□	有（　部）・無

TKC
09999001

堤　敬士　税理士事務所

(TPS8000　Copyright (C) TKC)

■ASP8000/TPS8000帳表（相続税申告業務チェックリスト）

第2節 TKCの相続税関連システム

(3) 法定相続人の確定と相続分の自動計算

　相続税の申告書作成業務の出発点であり、最も重要な「相続人の確定」を支援します。

　相続人と推定される親族等の家族関係（血縁）などを入力するだけで、「法定相続人」を判定し、「民法上の相続分」と「相続税法上の相続分」と「相続税の2割加算対象者」等を自動判定します。

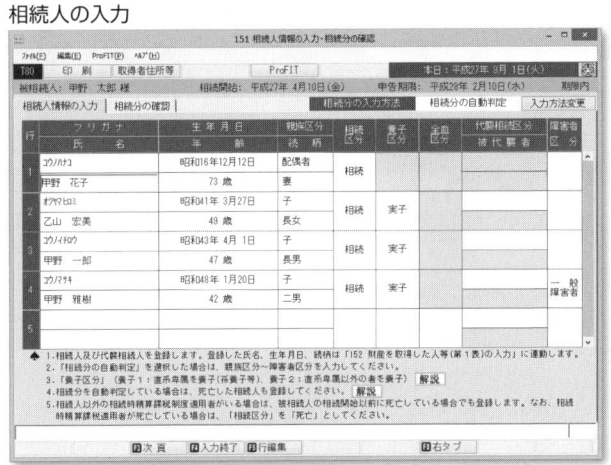

相続人の入力

■ASP8000/TPS8000画面（相続人情報の入力）

法定相続分を自動計算

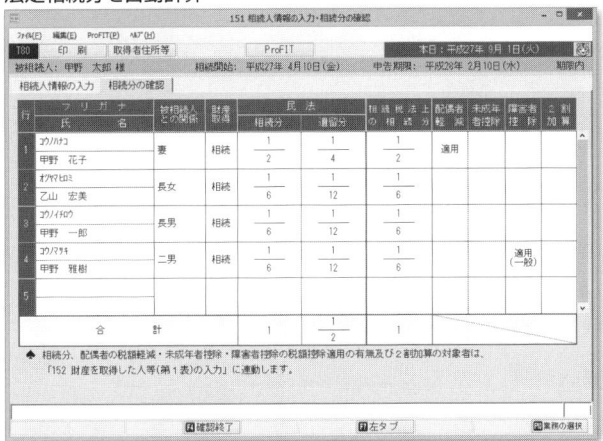

■ASP8000/TPS8000画面（相続分の確認）

(4) 税法エキスパートチェック機能

　税法エキスパートチェック機能により、相続税の申告計算の全般において、税法上の論理チェックを行うとともに、チェック結果を文書情報で確認できます。さらに、「相続税の申告計算全体」としての税法エキスパートチェックだけでなく、「相続人ごと」の税法エキスパートチェックも確認できます。

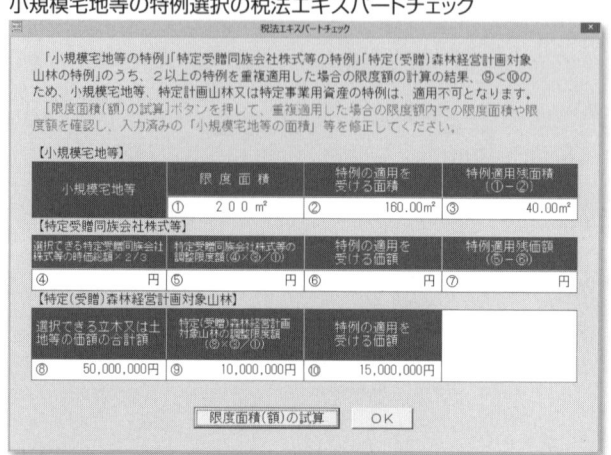

小規模宅地等の特例選択の税法エキスパートチェック

■ASP8000/TPS8000画面（税法エキスパートチェック）

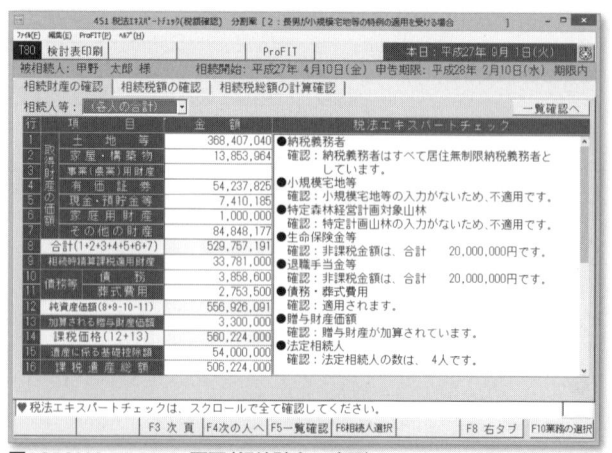

■ASP8000/TPS8000画面（相続財産の確認）

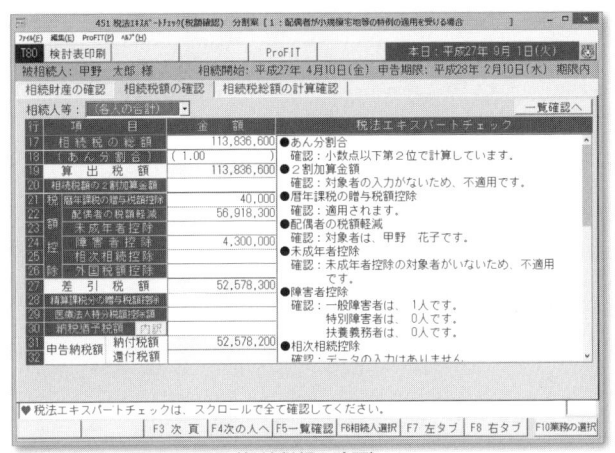

第2節 TKCの相続税関連システム

■ASP8000/TPS8000画面（相続税額の確認）

(5) 遺産分割シミュレーション機能

遺産分割の方法によって税額は大きく変わります。ASP8000/TPS8000では、遺産分割案を10案まで作成できます。相続人の将来について公平にアドバイスすることができるように、画面を見ながら「分割財産（課税価格）」と「納付相続税額」の関係を検討することができます。しかも、遺産分割協議の結果、確定した遺産分割案を「相続税申告計算」に反映させることができます。

■ASP8000/TPS8000画面（遺産分割案の入力）

513

■ASP8000/TPS8000画面(分割案の比較)

(6)「財産目録」の作成

相続税申告書作成業務の要ともいえる「財産目録」を自動作成します。

この「財産目録」には、相続税申告書の適正性を確保することができるように、「相続人の署名」欄が用意されています。これにより、申告計算の基礎となる「相続財産」を確定することができます。

(7) 小規模宅地等の特例の最適な選択を試算

小規模宅地等の特例を適用する宅地等がある場合において、課税価格が最も小さくなる宅地等の選択を試算できます。

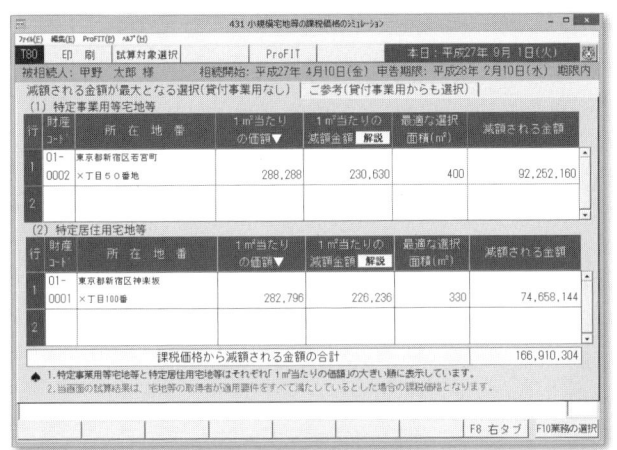

■ASP8000/TPS8000画面(小規模宅地等の試算)

(8) 第2次相続税額の試算

第2次相続を考慮した遺産の分割を支援します。

被相続人の配偶者の相続（第2次相続）に係る相続税を考慮した遺産分割のために、第2次相続税額を試算することができます。

また、配偶者の相続財産に応じた第1次・第2次相続税額のシミュレーションも行うことができます。

(9) 最適な納税計画案の策定シミュレーションと「延納申請書」「物納申請書」の作成

相続税の申告計算に基づき、「延納できる相続人」を判定するだけでなく、「延納相続税額」に応じた「延納可能年数」と「利子税の割合」も自動判定します。

さらに、相続人の状況（希望）を考慮した「延納シミュレーション」により、相続人に最適な延納計画を策定した後、「延納申請書」を作成することができます。また、申告計算結果を連動（複写）することにより、速やかに相続税を物納申請する際の「物納申請書」も作成できます。

(10) 税理士法第33条の2第1項に規定する添付書面の作成

相続税申告書や財産の評価明細書だけでなく、税理士法第33条の2第1項に規定する添付書面を作成できます。

添付書面の作成に当たっては、ProFIT（TKC全国会ネットワーク）の「添付書面文例データベース」に掲載されている「計算し、整理した主な事項」や「相談に応じた事項」等の相続税に関する記載文例を参照できます。

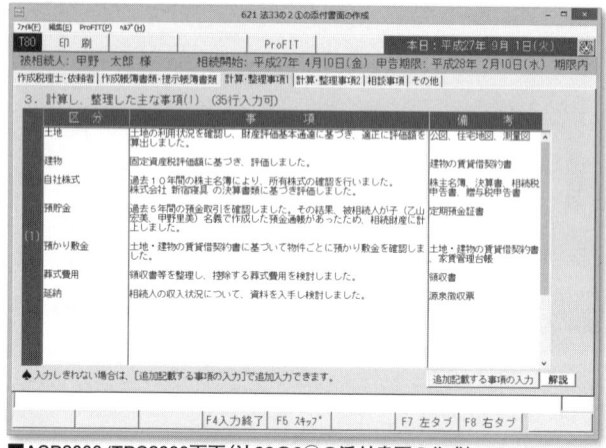

■ASP8000/TPS8000画面（法33の2①の添付書面の作成）

(11)「完全性宣言書（相続税）」等の書面の作成

相続税の書面添付に不可欠な書類である「相続税申告業務の委任に関する約定書」と「完全性宣言書（相続税）」を印刷できます。

「相続税申告業務の委任に関する約定書」は、相続税の申告に関する委任範囲を明確にした契約書であり、「完全性宣言書（相続税）」は、依頼人がその役割を完全に果たしたことを認める宣言書です。これらの書面を依頼人と取り交わすことによって、税理士としての法的防衛を図ることができます。

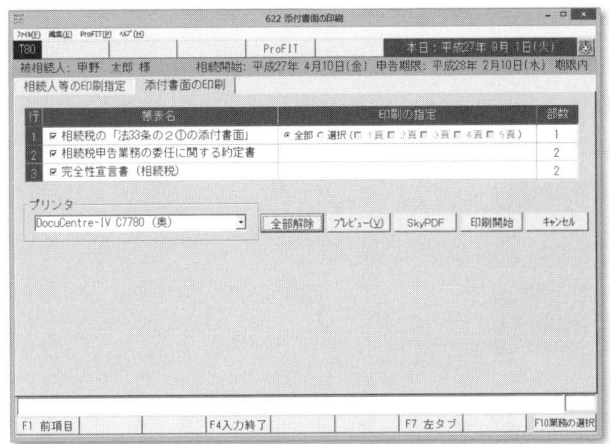

■ASP8000/TPS8000画面(完全性宣言書等の印刷)

3. 財産評価システム（TPS8100）の主な機能

　財産評価はASP8000/TPS8000でも可能ですが、財産評価システム（TPS8100）では贈与税や相続税の申告事案以外であっても、決算報告会・事業承継のための自社株評価や相続対策のための事前の財産評価などを単独で行うことができます。

(1) 様々な土地の評価計算に対応
　宅地だけでなく、農地・山林などのすべての地目の土地についての評価計算を行うことができます。また、借地権や貸宅地はもちろん、土地の上に存する権利が競合する場合の土地等についても対応しています。
　さらに、がけ地、私道、セットバックの土地や広大地など、様々な土地の評価計算に対応しています。また、2以上の計算方法による評価額がある場合は、最も低い評価額を自動判定し、評価明細書を作成します。

(2) 正面路線の自動判定
　2以上の路線に接する土地等の正面路線は、路線価が高い方とは限りません。TPS8100では、財産評価基本通達に基づいて、正しい正面路線を判定するために、専用の判定機能を用意しています。

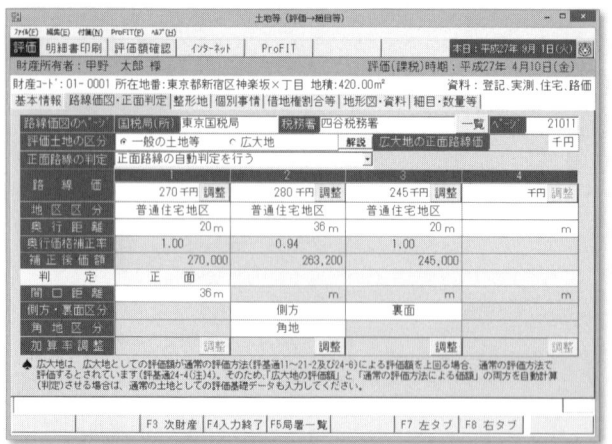

第12章 適正な相続税申告と確かな書面添付を支えるTKCシステム

■TPS8100画面（正面路線の自動判定）

(3) 不整形地補正率を自動計算

不整形地について、財産評価基本通達20の（1）から（4）に定められた評価方法をシステム化し、それぞれの評価方法ごとの専用画面を用意しています。TPS8100では、想定整形地の地積を入力するだけで、かげ地割合と地区区分から不整形地補正率を自動計算します。このため補正率を誤って入力することを防止できます。

(4) 充実した自社株評価機能

「同族株主等」の自動判定機能により、複雑な親族関係であっても、株主相互間の親族関係や持株数を入力するだけで、株主が「同族株主等」に該当するか、「同族株主以外の株主等」に該当するかを自動判定することができます。この判定に基づき、それぞれの株主について原則的評価方式又は配当還元方式の適用をシステムが自動選択します。

(5) 類似業種比準株価DBのダウンロード

最新の類似業種比準株価DBをダウンロードして、類似業種比準方式により株式評価を行う場合の類似業種の業種目及び業種目別株価を自動登録できます。

第2節 TKCの相続税関連システム

4. 相続対策支援システム（TPS8200）の主な機能

　最適な節税と円滑な相続対策（特に事業承継）のためには、相当の時間（期間）が必要です。いざ相続が発生してからではなく、生前から相続人と話し合い、長期にわたって相続対策を考えていただくことが望ましいでしょう。

　相続税の基礎控除の引下げや相続税の税率構造の見直しが行われたこの機会に、将来の相続に安心して備えていただけるよう、税理士には関与先経営者の良き相談相手としての役目を果たすことが期待されています。

　会計事務所の相続に関する相談業務への円滑な対応を支援するため、関与先の現時点の相続税を試算し、相続の対策をシミュレーションできる相続対策支援システム（TPS8200）が開発されました。

　TPS8200は3つのステップで構成されています。まず、現状を試算し（STEP1）、対策（アクションプラン）を考え（STEP2）、対策後の相続税等の試算をする（STEP3）という流れになっています。

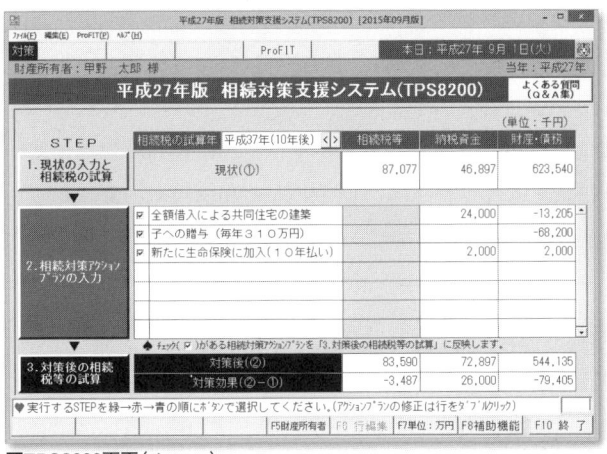

■TPS8200画面（メニュー）

STEP1：現状の入力と相続税の試算

　①財産所有者の家族構成と所有する財産・債務を入力することにより、現在及び将来（10年後まで）の相続税を試算できます。

　②TPS8100で評価した財産データから、評価結果を複写できます。

　③平成27年からの基礎控除の引下げにより相続税がどの程度増加するのか、

第12章 適正な相続税申告と確かな書面添付を支えるTKCシステム

相続税の納税資金の過不足はあるか、などを検討できます。

■TPS8200画面（所有財産の入力）

STEP2：相続対策アクションプランの入力

①暦年課税や相続時精算課税での財産の贈与、財産の評価下げ・組換え、生命保険への加入など、相続税の節税や納税資金の準備のための相続対策アクションプランを入力できます。

②複数入力した相続対策アクションプランの中から、適用するアクションプランを選択することにより、財産の額や相続税額の変化をシミュレーションできます。

■TPS8200画面（アクションプランの選択）

第2節 TKCの相続税関連システム

STEP3：対策後の相続税等の試算

入力した相続対策アクションプランに基づき、対策後の相続税・贈与税の税額を試算でき、対策による納税資金の変化、財産・債務等の変化を確認できます。さらに、ドリルダウン機能により、特定の年における相続税や贈与税の試算額も確認できます。

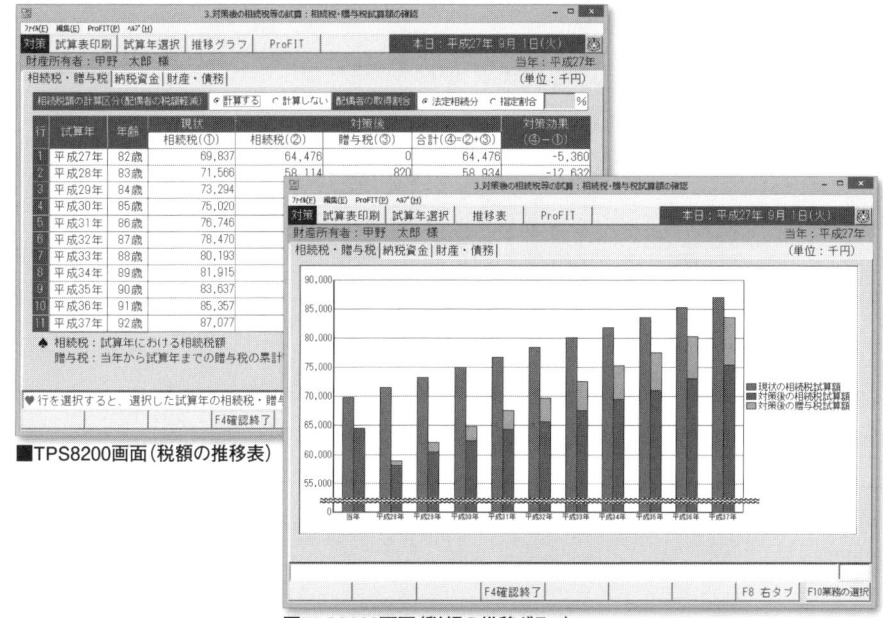

■TPS8200画面（税額の推移表）

■TPS8200画面（税額の推移グラフ）

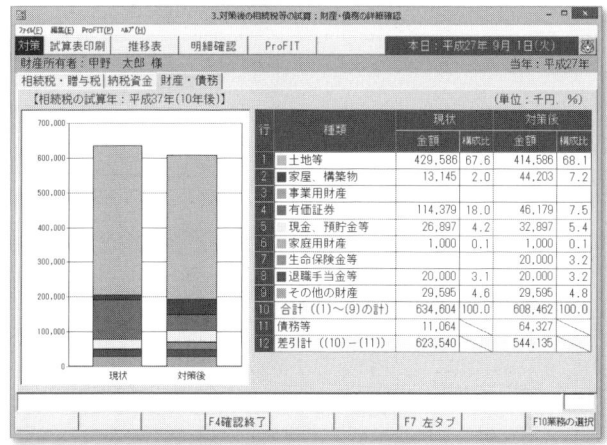

■TPS8200画面（財産構成のグラフ）

第12章 適正な相続税申告と確かな書面添付を支えるTKCシステム

■TPS8200帳表(相続対策案の試算表)

　相続税等の試算期間は、「当年」として入力した年を起点として、10年後まで試算できます。例えば、「当年」を平成27年とした場合は、10年後である平成37年まで試算できます。また、財産所有者1人について、「当年」を複数登録することもできます。

522

第2節 TKCの相続税関連システム

5. 事業承継税制適用要件判定プログラム（TPS8800）の主な機能

　事業承継税制適用要件判定プログラム（TPS8800）は、事業承継税制の適用を受けるために必要な手続き等を支援する機能を搭載しています。

(1)「認定申請書」の作成機能

　事業承継税制適用要件の判定の基礎となるデータを入力すれば、事業承継税制が適用できるかどうかを判定できます。同時に相続税・贈与税の納税猶予税額を試算できます。さらに相続開始後（贈与実施後）に経済産業大臣に申請する「認定申請書」を作成できます。なお、経済産業大臣の事前確認は認定の要件から外れましたが、制度自体は存続されており、任意で提出できる「確認申請書」の作成もできます。

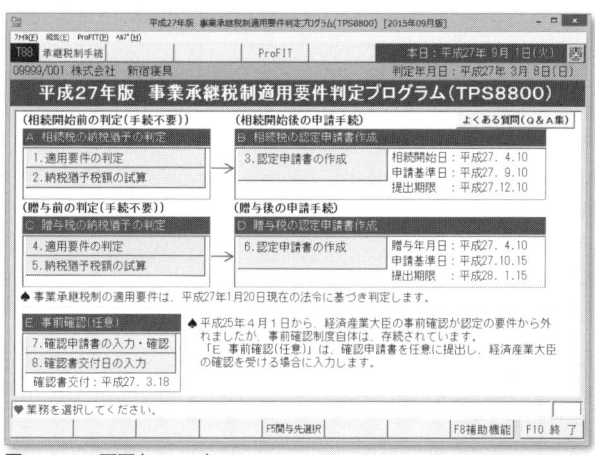

■TPS8800画面（メニュー）

523

（2）適用要件の判定機能

　税制の適用要件の判定基礎となるデータを入力し、事業承継税制が適用できるかどうかを判定できます。エキスパートチェックで「経営者情報」「後継者情報」「株主情報」など、事業承継税制適用の「要件を満たしている項目」「要件を満たしていない項目」のそれぞれの内容を確認できます。

適用可能と判定された場合

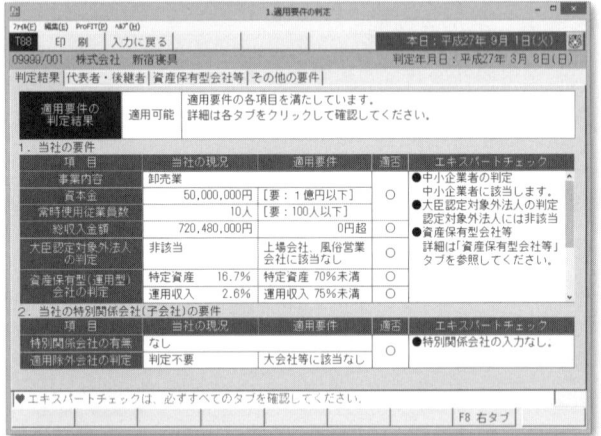

■TPS8800画面（適用可能）

適用要件が満たされていないと判定された場合

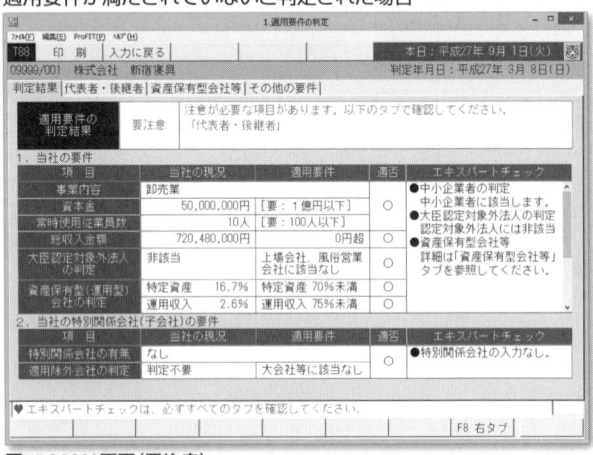

■TPS8800画面（要注意）

(3) 納税猶予税額の試算機能

　事業承継税制を適用した場合の納税猶予税額が試算できます。財産の分割内容に応じた試算結果も瞬時に確認できます。

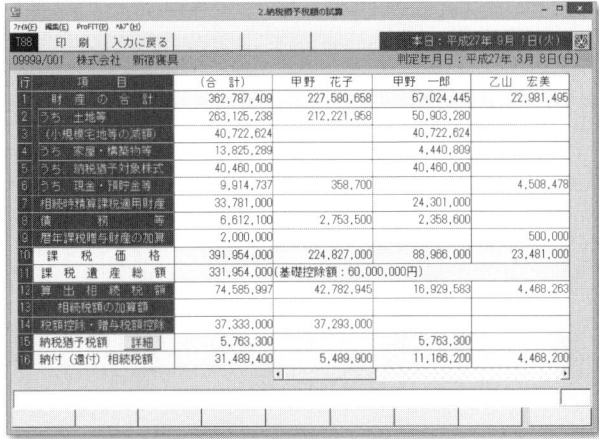

■TPS8800画面（納税猶予税額の試算）

第12章 適正な相続税申告と確かな書面添付を支えるTKCシステム

〈ASP8000/TPS8000から出力される各種確認書〉

■小規模宅地等の特例の適用確認書

■相続税の計算調整に関する確認書

■相続税の納税方法に関する確認書

参考文献

- 飯塚毅著『電算機利用による会計事務所の合理化』TKC、1969年
- 今仲清・下地盛栄著『三訂版 図解 都市農地の特例活用と相続対策』清文社、2014年
- 今仲清・坪多晶子著『必ず見つかる相続・相続税対策 不動産オーナーのための羅針盤』大蔵財務協会、2014年
- 今仲清・坪多晶子・畑中孝介著『平成26年度 すぐわかるよくわかる 税制改正のポイント』TKC出版、2014年
- 菊地紀之著『税大ジャーナル（1号）平成17年4月発行「相続税100年の軌跡」』国税庁ホームページ
- 国税庁ホームページ『相続税の申告のしかた（平成26年分）』
- 国税庁ホームページ『平成25年分の相続税の申告の状況について』
- 笹岡宏保著『平成25年2月改訂 具体事例による財産評価の実務』清文社、2013年
- 坪多晶子著『相続・相続税 幸せを遺す知恵～今昔を理解し、大増税時代に備える～』大蔵財務協会、2014年
- 坪多晶子著『平成25年9月改訂 成功する事業承継Q&A』清文社、2013年
- 『TKC会報』1982年2月号
- TKC全国会書面添付推進委員会編『TKC全国会による書面添付制度総合マニュアル（第4版）』TKC出版、2014年
- TKC全国会中央研修所編『TKC基本講座（第4版）』TKC出版、2014年
- 鳥飼重和・齋藤和助編著『税理士の専門家責任とトラブル未然防止策―法的責任から賠償訴訟の対応まで』清文社、2013年
- 中川昌泰監修、遺産分割研究会編『設例解説 遺産分割と相続発生後の対策―相続税の申告に携わる実務家のための法務・税務のすべて』大蔵財務協会、2006年
- 中野伸也著『相続税課税方式の今日的あり方』租税資料館賞受賞論文集 第21回（2012年）下巻、公益財団法人租税資料館
- 中村淳一編『平成26年版 図解 相続税・贈与税』大蔵財務協会、2014年
- 中村淳一編『平成26年版 図解 譲渡所得』大蔵財務協会、2014年
- 税理士制度沿革史編纂委員会編『税理士制度沿革史』日本税理士会連合会、1969年
- 長谷川昭男編『平成25年版 株式・公社債評価の実務―相続税 贈与税』大蔵財務協会、2013年
- 山本和義著『平成26年10月改訂 タイムリミットで考える 相続税対策実践ハンドブック』清文社、2014年
- 山本高志著『税理士の歩いてきた道・進む道』大蔵財務協会、2001年

あとがき

　関係各位の様々なご助言により、読者の皆様に本書をお届けできることを深く感謝申し上げます。

　本年1月からの改正相続税法施行に伴い、年央からの相続税申告の激増が予測される中、TKC全国会でも、従来の巡回監査を前提とした書面添付の実践から、さらに一歩を進め、「税理士業務の完璧な履行によって租税正義を貫徹する」との原点に立って、相続税の書面添付の在り方について議論を深めてまいりました。

　相続税の書面添付を標準業務として、数多く実践されている業界第一人者の方々が永年蓄積されたノウハウを余すところなく開示されているところにも、本書の特色があろうかと存じます。

　読者の皆様におかれましては、本書を通じて相続税の書面添付について、より具体的にイメージされ、本書を今後の実践上の指針とされますことを心よりご祈念申し上げます。

TKC全国会
相続税書面添付検討チーム
リーダー　内海敬夫

索　引

[い]
家制度 ―― 4, 5, 7, 9, 15, 18
意見聴取 ―― 99, 102, 456-458, 461, 489, 499
意見聴取結果についてのお知らせ ―― 489
遺産課税方式 ―― 41, 44, 45, 48, 50, 54
遺産取得課税方式 ―― 41, 44-48, 50, 52-55, 81
遺産分割 ―― 19, 20, 22-34, 53-55, 58, 65, 103, 107-109, 111, 116, 119, 121-125, 131, 133, 139-142, 151, 172, 175, 193, 194, 196, 197, 282, 317, 318, 326-329, 339, 342, 343, 347, 375, 377, 381-386, 396, 397, 401, 402, 404, 406, 407, 413, 415, 417, 419, 424, 425, 429-433, 435, 439-443, 445-447, 449-451, 466, 468, 473, 475, 476, 481, 483, 493, 502, 507, 509, 510, 513, 515
遺産分割シミュレーション機能 ―― 513
遺贈 ―― 19, 20, 22, 33-38, 41, 66, 67, 69, 71, 74-76, 78, 80-83, 123, 144, 150, 168, 173, 304, 326-328, 331, 340, 343, 354, 355, 359, 364, 367, 370, 371, 373, 377, 379, 383, 393, 397, 399, 402, 422, 423, 436-439, 443, 444, 447, 450
一体評価 ―― 191
遺留分 ―― 19, 20, 22, 23, 33, 35-38, 116, 174, 175, 377, 437, 443-445
遺留分減殺請求 ―― 33, 35, 37, 38, 174, 443, 444
遺留分放棄 ―― 174, 175
隠居 ―― 6-8, 10, 16

[う]
売掛債権等 ―― 287

[え]
エキスパートチェック ―― 502, 503, 512, 524
延納 ―― 111, 122, 123, 167, 356, 364-367, 381, 481, 482, 486, 502, 504, 507, 515, 526
延納の要件 ―― 365

[お]
女戸主制度 ―― 6

[か]
外国税額控除 ―― 80, 83, 84
介護保険料 ―― 127, 128, 179, 484
家屋 ―― 85, 87, 120, 133, 164, 183, 190, 207, 224-227, 263, 304, 329, 333-335, 364, 476, 484, 509, 522
火災保険契約 ―― 292, 293
貸金庫 ―― 122, 176, 479
貸付金債権等 ―― 287, 297-299
貸付事業用宅地等 ―― 331, 332, 338, 430
貸家建付地 ―― 85-87, 195, 207, 265, 477
家庭用財産 ―― 67, 88, 178, 522
家督相続 ―― 2, 4, 6-16, 18, 29, 40-45, 48, 50, 125, 317
家督相続人 ―― 6, 7, 9, 10-13
株式保有特定会社 ―― 266, 267, 277
株主の判定 ―― 234, 235, 420
換価分割 ―― 29
完全性宣言書 ―― 103, 105, 109, 124, 454, 455, 457, 458, 460, 468, 481, 492, 496-498, 516, 517
かんぽ生命・簡易生命保険 ―― 158, 293
管理処分不適格財産 ―― 364, 368

529

[き]

機械・器具・備品等 ················ 288
教育資金一括贈与非課税措置 ······ 73, 75, 115
居所指定権 ················ 6
拒否権付株式 ················ 280-282, 284, 358
金銭消費貸借契約書 ················ 161, 479
均分相続 ················ 2, 14-18, 34, 50, 317
金融資産 ········ 93, 114, 134, 152, 155, 178, 304, 308, 309, 312, 316, 367, 456, 471, 474, 478, 494

[く]

偶然所得課税説 ················ 41
クリーンハンズの原則 ················ 315

[け]

経営承継相続人 ·········· 354, 356-361, 363, 428-430
KSKシステム ················ 90, 91, 171
契約書 ········ 27, 91, 100, 102, 113, 126, 141, 146, 147, 161, 162, 165, 187, 188, 193, 204, 219, 224, 225, 286, 289, 298, 316, 319, 463, 473, 476, 477, 479, 480, 495, 509, 510, 516
結婚・子育て資金一括贈与非課税措置 ······ 73, 75, 115
原則的評価方法 ······ 177, 230-233, 241, 242, 267, 279, 417-419, 421, 433, 518
現地確認 ················ 120, 182-185, 193, 202
限定承認 ················ 13, 111, 117, 143, 144, 507
現物分割 ················ 29, 33, 34

[こ]

高額療養費 ················ 129, 179
後期高齢者医療保険料 ················ 127-129, 179, 484
公衆用道路 ················ 151, 191
公正証書遺言 ················ 107, 172, 376-380, 477
広大地 ········ 184, 185, 193, 208-212, 216, 217, 406-408, 433, 464, 465, 474, 477, 484, 494, 517
広大地評価 ······ 184, 185, 208-212, 216, 217, 406, 465, 477, 484
国外財産 ······ 63, 91, 112, 155, 156, 169, 170, 494, 508

国外財産調書 ······ 91, 112, 155, 156, 169, 170, 508
国外送金等調書 ················ 91, 93, 155
国際相続税調査 ················ 91
戸籍法 ················ 5, 7, 11
固定資産課税台帳（名寄帳）······ 115, 182, 183, 224, 225, 288, 317, 347, 477, 483, 484
固定資産税の課税明細書 ················ 150, 183, 317
ゴルフ会員権等 ················ 67, 134, 297, 299-301
ゴルフ場用地 ················ 221

[さ]

財産債務調書 ················ 89-91, 169
財産評価システム ················ 503, 504, 517
財産目録・相続財産等の確認書 ······ 468, 481
採草放牧地 ················ 340, 341, 343, 344, 347
債務 ········ 13, 24, 27, 43, 51, 57, 66, 68, 70, 76, 89-91, 96, 98-101, 103, 105, 111, 112, 117, 120, 124, 131-133, 143, 144, 159, 161-164, 166, 169, 170, 188, 259, 290, 298, 299, 319, 355, 356, 371, 382, 383, 387-392, 395, 396, 402, 434, 435, 441, 442, 445, 446, 450, 451, 468, 471, 474, 476, 480, 481, 485, 488, 494, 495, 498, 507, 508, 519, 521, 522
債務の承継 ················ 133, 387, 450
雑種地 ················ 190-193, 197, 212, 219-223, 273
残高証明書 ······ 152, 154, 158, 178, 476, 478, 480, 484, 485

[し]

事業承継税制適用要件判定プログラム ······ 357, 503, 505, 523
地震保険料控除 ················ 157
自宅内金庫 ················ 122, 177
失踪宣告 ················ 140
実地調査 ················ 89, 90, 99, 456, 457, 499
指定家督相続人 ················ 9-11
指定相続分 ················ 34, 435
自動車 ······ 88, 136, 163, 167, 187, 306, 358, 390, 399, 509
自筆証書遺言 ················ 376, 377, 379
死亡退職金等 ················ 67, 295-297, 423

索引

死亡退職金等の非課税限度額 295, 296
シミュレーション 121, 122, 381, 466, 513, 515, 519, 520
地目別評価 190
シャウプ勧告 44-48, 51, 81, 488
借地権 85-87, 145-150, 161, 188, 189, 194, 195, 204-207, 218, 222, 258, 273, 368, 415, 473, 510, 517
借地権者 86, 149, 150, 189, 206
社債類似株式 280, 282-284
シャベル勧告 44-46, 51
従業員維持基準 361
終身営農 340
終身定期金 294
住宅取得等資金贈与非課税措置 73, 75, 115
収納価額 369
守秘義務 102, 488, 493, 497, 498, 500
種類株式 177, 279-282, 284, 358
巡回監査 96, 97, 108, 454, 460, 491-493, 498
準確定申告 109, 111, 116, 117, 143, 144, 164, 167, 178, 286, 388, 390-392, 395, 476, 478, 480, 485, 507
準確定申告の還付所得税 178
準農地 340, 344, 349
障害者控除 80, 82, 83, 393, 394, 432, 469, 470, 522, 526
小規模宅地等の特例 51, 52, 58, 124, 150, 331, 332, 334, 338, 369, 394, 402, 410-416, 429, 430, 432, 434, 466, 467, 475, 477, 481, 512, 514, 522, 526
小規模宅地等の特例の適用確認書 466, 467, 481, 526
上場株式等 85, 87, 93, 97, 106, 120, 153, 154, 178, 230, 231, 278, 356, 373, 476, 478
上場株式等の単元未満株式 154, 178
書画・骨とう 88, 134, 136, 494
職歴や趣味・嗜好品等 134, 136
所得税・法人税の書面添付 454
書面添付実践六箇条 492, 499
資料等の収集 110
真正の事実の確証 491, 498
親族図 237

人物像と家族関係 135
信頼関係構築 96, 98, 108, 460

[せ]

生計の資本としての贈与 19-21
生産緑地 193, 213, 216-219, 341, 344, 348, 349
生前相続 7, 8
生前贈与 19, 20, 22, 23, 33-36, 57, 99, 101, 103, 105, 109, 111, 114, 124, 162, 175, 176, 290, 315, 340, 382, 383, 385, 408, 409, 420, 421, 434, 442, 471, 481, 507
成年後見人 142
成年被後見人 83, 112, 378, 473, 477, 508, 510
税法エキスパートチェック機能 512
税務調査 90, 91, 93, 99, 103, 114, 122, 125, 126, 177, 304, 305, 313, 456, 457, 463, 489, 490, 493, 496
生命共済等 158
生命保険金 21, 51, 66, 68, 70, 92, 157, 158, 289-291, 328, 386, 435, 442, 443, 471, 474, 478, 479, 485, 522
生命保険契約 67, 70, 157-159, 291-294, 304, 476, 479
生命保険料控除 157
税理士に対するクレーム 115
税理士の使命 97, 98, 488, 491, 497-499
「税理士法第33条の2第1項に規定する添付書面」記載例 476
絶家 7
セットバック 186, 201, 517
善管注意義務 495, 496
先代名義の不動産 150, 151, 447, 473, 510
選定家督相続人 9-12

[そ]

葬式費用 57, 66, 68-70, 76, 99, 101, 103, 111, 124, 163, 164, 355, 387, 450, 471, 474, 476, 480, 481, 485, 507
相次相続控除 80, 83, 168, 384, 403-405
相続時精算課税 51, 55, 57, 60, 66, 68-76, 78, 80, 83, 84, 114, 115, 119, 120, 168, 175, 176,

531

330, 373, 427, 434, 443, 444, 474, 481, 520, 522
相続時精算課税適用財産の贈与税額控除…83
相続税申告業務の委任に関する約定書……99, 101, 455, 457, 460, 481, 495, 496, 516
相続税申告書作成システム……108, 110, 481, 501, 503-505
相続税申告添付書類一覧表……482, 483
相続税申告までの手続きのご確認…110, 111, 460, 506, 507
相続税の計算調整に関する確認書……469, 470, 481, 526
相続税の書面添付……453, 454, 456, 457, 474, 488, 493, 499, 516
相続対策アクションプラン……505, 520, 521
相続対策支援システム……501, 503, 504, 519
相続人様へのお願い…110, 112, 120, 461, 506, 508
相続放棄…9, 12, 67, 81, 82, 111, 112, 143, 144, 174, 291, 296, 327, 437, 473, 507, 508, 510
相当注意義務……98, 100, 458, 491, 496, 498
相当の地代……147-149, 189
贈与税額控除……78, 80, 83, 383, 385, 408-410, 479, 522

[た]

第2次相続…61, 64, 65, 328-330, 381, 384, 385, 401-404, 408, 410-413, 415-417, 419-421, 423, 424, 426, 427, 446-448, 493, 515
代襲相続……16, 17, 72, 78, 473, 510
代償分割……29, 409, 446
タイムスケジュール……110, 116, 460
宅地の評価……85, 186, 194, 195, 198, 208, 406, 407, 433
棚卸資産……131, 263, 273, 286, 492
単元未満株式等……154, 178
団体信用生命保険……159

[ち]

中心的な株主……232, 235
中心的な同族株主……232, 234, 235, 237, 417-420, 422

弔慰金……162, 295, 296, 399
調停……28, 30-32, 473, 510
調停機関……31, 32
調停手続……30-32
直系尊属……6, 9, 12, 15-17, 35, 42, 46, 50, 75
直系卑属……6, 9, 11-14, 17, 35, 42, 46, 50, 78, 425

[て]

定期金……70, 157, 293, 294
TKC全国会方式の書面添付……488
TKC相続税申告書作成システム（ASP8000/TPS8000）……108, 110, 481, 501, 503-505
手許現金……178
添付書類……175, 482, 483
電話加入権……88, 179, 479

[と]

同族会社との取引……162
同族株主……177, 230-235, 237, 241, 262, 273, 276, 277, 279, 281, 282, 361, 417-420, 422, 433, 518
同族関係者……232, 235-237, 243, 356, 359, 361, 362
特定遺贈……34, 36, 327
特定受遺者……36
特定同族会社事業用宅地等……331, 332, 337, 415
特別受益の持戻し……19, 20, 22
特例的評価方法……177, 230-233, 242, 277, 417, 418, 433
特例農地等……111, 330, 340-345, 347-349, 507
都市計画道路予定地……201, 202
土地の無償返還……146, 189, 477
土地評価に関する確認書……464, 465, 481, 484
土地保有特定会社……271-273, 277
富の再分配……41, 45, 49, 51
取引相場のない株式……85, 87, 93, 123, 162, 177, 229-231, 233, 238, 240, 241, 260, 261, 269, 272, 278, 283, 367, 399, 417, 419, 474, 476, 494, 504

索引

[に]
認定承継会社················357, 359
認定申請書····················523

[の]
農業委員会····111, 113, 343, 344, 347, 348, 473, 485, 507, 510
農業相続人····329, 330, 340, 342, 343, 347-350
農業投資価格················330, 340, 341
農地········4, 68, 111, 113, 123, 184, 185, 191-193, 196, 197, 202, 212-214, 216-218, 220, 221, 329, 330, 340-345, 347-353, 372, 432, 485, 486, 507, 517, 526
農地等の相続税の納税猶予制度·······329, 330, 340-342, 344, 347, 432

[は]
廃家··6, 7
配偶者の税額軽減····58, 61, 74, 78, 80, 81, 111, 114, 124, 326-330, 384, 385, 401, 402, 404, 405, 408-410, 412-414, 416, 427, 432, 439, 445, 446, 448, 475, 507, 522
配偶者の範囲················327
配当還元価額による移転········417
配当優先株式················281-283
倍率方式··············85, 86, 198, 214, 264

[ひ]
非上場株式等の帰属判定··········321
非上場株式等の相続税の納税猶予制度····354, 357, 358, 360, 362, 363, 428, 429, 432, 504
被相続人及び親族の相続開始日の金融資産残高一覧表············308, 309, 478
被相続人の過去10年間の概算推定収入・支出残高推移表·······308, 310, 478, 480
被相続人の預貯金入出金確認表······304-306, 308, 313, 461
秘密証書遺言············172, 173, 376-380
平等相続························2
病歴と死亡原因················134

[ふ]
不合理分割·············194, 196, 197, 407
不在者財産管理人················139, 140
物納·········111, 122, 123, 217, 356, 364, 365, 367-369, 371, 381, 432, 437, 481, 482, 502, 504, 507, 515, 526
物納の要件························367
物納不適格財産················368, 369
物納劣後財産························368
不動産所有権付きリゾート会員権·······301
不動産の帰属判定················317
不動産の賃貸借契約書················161

[へ]
弁護士会照会制度················159

[ほ]
包括遺贈·············36, 436, 443, 450
包括受遺者·····31, 36, 116, 436, 437, 447
法定家督相続人················9, 10, 13
法定相続分·····3, 17-21, 23-28, 31-34, 37, 48, 51-55, 62-65, 70, 74, 77, 78, 81, 116, 119, 124, 125, 131, 317, 318, 326-328, 382, 383, 396, 402-405, 409-413, 418, 419, 426, 427, 435, 441, 442, 444, 447, 448, 451, 511
法定相続分課税方式················52-55
訪問記録簿····100, 103, 104, 108, 109, 122, 455, 458, 460, 461, 481
保険契約····21, 67, 70, 88, 157-159, 289-294, 304, 476, 479
保証人················27, 144, 161, 163, 166

[ま]
マイナンバー················89, 91, 93

[み]
未支給年金················127, 130
未収給与等························297
未成年後見人················142, 143
未成年者控除····78, 80-82, 393, 432, 469, 470, 522, 526
みなし相続財産····66, 67, 70, 88, 159, 289, 292,

533

293, 295-297, 327, 434, 435, 442, 443, 479
未分割……102, 111, 119, 124, 151, 407, 432-436, 438-451, 482, 507

[む]

無議決権株式……177, 282-284, 422, 449
無期定期金……294
無道路地……186, 196-201

[め]

名義株主……322, 323
名義財産等に関する確認書……461, 462, 481
名義有価証券……474
名義預金……93, 109, 114, 177, 304, 312, 313, 315, 316, 462, 463

[や]

役員……27, 144, 232, 235, 236, 314, 323, 337, 355, 356, 358, 360, 373, 398, 417-420, 422, 479, 509
役員退職金の現物支給……398

[ゆ]

遺言……10, 11, 22, 25, 33-37, 43, 54, 68, 107, 139, 172-174, 355, 376-380, 444, 477
遺言書……30, 33, 34, 37, 107, 111, 112, 119, 123, 125, 131, 138, 139, 172-175, 317, 318, 347, 375-380, 422, 437, 443, 473, 477, 493, 507, 508, 510
遺言の効力の発生……378, 380
遺言の成立……380
遺言の撤回……378
有期定期金……294
ゆうちょ銀行……152, 153
有料老人ホームの入所保証金……179

[よ]

預貯金……24-27, 29, 33, 56, 67, 87-89, 91, 96, 97, 99, 106, 110, 113, 115, 122, 125, 141, 152, 155-157, 178, 298, 304-306, 308, 309, 312-316, 367, 380, 441-443, 461, 471, 474, 476, 478-481, 484, 522

[り]

離籍……6, 7

[る]

類似業種比準方式……87, 231, 233, 241-246, 248, 258, 262, 273-275, 282, 330, 417, 423, 518
累積的取得税……45-47

[れ]

暦年課税制度……73, 75, 114
連帯債務者……161, 166
連帯保証人……27, 144, 161, 163, 166

[ろ]

路線価方式……85, 86, 198, 199, 264

■執筆者略歴

内海 敬夫（うちうみ　たかお）

執筆担当：第12章〈第1節〉

宮城県塩竈市出身。1987年税理士事務所を仙台市にて開業。2012年中小企業診断士登録。TKC全国会書面添付推進委員会委員長。「巡回監査と書面添付を標準業務に」を、最低限の税理士業務と位置付けている。

著書に、TKC会員事務所の経営品質向上三部作として、『経営品質向上マニュアル』『事務所承継の視点と戦略』『事務所管理の視点と戦略』（以上、共著、TKC出版）、『中小企業金融と税理士の新たな役割』（共著、中央経済社）など。

今仲 清（いまなか　きよし）

執筆担当：第3章〈第1・2節〉、第8章、第11章

大阪市出身。1984年税理士事務所開業。1988年有限会社サポートシステムズ設立（のち、株式会社に移行）、代表取締役。2013年税理士法人今仲清事務所設立、代表社員。TKC全国会中央研修所副所長、TKC全国政経研究会政策審議副委員長、TKC全国会資産対策研究会副代表幹事。不動産有効活用・相続対策の実践活動を指揮しつつ、セミナー講師として年間100回にものぼる講演を行っている。

著書に、『Q&A事業承継税制徹底活用マニュアル』（ぎょうせい）、『財産承継・遺言書作成マニュアル』（共著、ぎょうせい）、『必ず見つかる相続・相続税対策 不動産オーナーのための羅針盤』（共著、大蔵財務協会）、『図解 都市農地の新制度活用と相続対策』（共著、清文社）、『Q&A病院・診療所の相続・承継をめぐる法務と税務』（共著、新日本法規出版）など。

押田 吉真（おしだ　よしまさ）

執筆担当：第5章、第7章、第9章〈第3・4節〉第12章〈第2節〉

神奈川県小田原市出身。1991年押田会計事務所開業。2002年税理士法人押田会計事務所設立、代表社員。同年株式会社TMSコンサルティング設立、代表取締役。TKC全国会システム委員会委員長。TKC全国会相続税申告書システム作成小委員会委員長。中小企業・資産家・企業オーナーの事業承継や資産対策から税務・相続対策までをトータルにサポート。講演を通して地域への情報発信にも力を入れている。

著書に、『設例解説 遺産分割と相続発生後の対策』（共著、大蔵財務協会）、『「やりすぎ」相続税対策が子を貧乏にする』（幻冬舎）、など。

坪多 晶子（つぼた　あきこ）

執筆担当：第1章、第2章、第6章、第9章〈第1・2・5・6節〉

京都市出身。1990年坪多税理士事務所設立。2012年税理士法人トータルマネジメントブレーン設立、代表社員。TKC全国会中央研修所・租税法研修小委員会委員長、TKC全国会資産対策研究会・特別研修会企画委員会委員長。上場会社や中小企業の資本政策、資産家や企業オーナーの資産承継や事業承継、さらに税務や相続対策などのコンサルティングを行うとともに、全国で講演活動を行っている。

著書に、『相続・相続税 幸せを遺す知恵』（大蔵財務協会）、『Q&A105 新時代の生前贈与と税務』（ぎょうせい）、『平成25年9月改訂 成功する事業承継Q&A』（清文社）、『必ず見つかる相続・相続税対策 不動産オーナーのための羅針盤』（共著、大蔵財務協会）、『Q&A病院・診療所の相続・承継をめぐる法務と税務』（共著、新日本法規出版）、など。

山本 和義（やまもと　かずよし）

執筆担当：第3章〈第3・4節〉、第4章、第10章

大阪市出身。1982年山本和義税理士事務所開業。1985年有限会社FP総合研究所（のち、株式会社に移行）設立、代表取締役。2004年税理士法人FP総合研究所設立、代表社員。TKC全国会資産対策研究会幹事。資産運用・土地の有効利用並びに相続対策、節税対策等を中心に、各種の講演会・研修会を企画運営、並びに講師として活動。また、資産税に関する研修会を定期的に開催。

著書に、『立場で異なる自社株評価と相続対策』『タイムリミットで考える相続税対策実践ハンドブック』『巡回監査担当者のための相続対策の基礎知識と標準業務の進め方』『税理士のための相続税の申告実務の進め方』（以上、清文社）、『不動産オーナーのための不動産取引の消費税対策』『不動産管理会社を設立・活用した税務対策』（以上、共著、清文社）、『設例解説 遺産分割と相続発生後の対策』（共著、大蔵財務協会）など。

■執筆者
TKC全国会相続税書面添付検討チーム
リーダー　　税理士　内海 敬夫
メンバー　　税理士　今仲　清
　　　　　　税理士　押田 吉真
　　　　　　税理士　坪多 晶子
　　　　　　税理士　山本 和義

TKC全国会書面添付推進委員会
TKC全国会資産対策研究会
TKC全国会システム委員会

TKC税務研究所
TKCシステム開発研究所

相続税の申告と書面添付―安心の相続を実現するために―

2015年10月15日　第1版第1刷　　　　　定価（本体3,000円＋税）

編　著	TKC全国会 相続税書面添付検討チーム
発 行 所	株式会社TKC出版 〒102-0074 東京都千代田区九段南4-8-8 日本YWCA会館4F　TEL03(3239)0068
印刷・製本	東京ラインプリンタ印刷株式会社
装　丁	株式会社ぺぺ工房

Ⓒ2015 Printed in Japan
落丁本・乱丁本はお取り替えいたします。
ISBN 978-4-905467-29-8